Informe Final de la Trigésima Quinta Reunión Consultiva del Tratado Antártico

REUNIÓN CONSULTIVA
DEL TRATADO ANTÁRTICO

Informe Final
de la Trigésima Quinta
Reunión Consultiva
del Tratado Antártico

Volumen II

Hobart, Australia
11 al 23 de junio de 2012

Secretaría del Tratado Antártico
Buenos Aires
2012

Reunión Consultiva del Tratado Antártico (35°: 2012 : Hobart)
   Informe Final de la XXXV Reunión Consultiva del Tratado
   Antártico. Hobart, Australia, del 11 al 23 de junio de 2012.
   Buenos Aires: Secretaría del Tratado Antártico, 2012.
   298 p.

ISBN 978-987-1515-47-9 (v.II)

1. Derecho internacional – Aspectos ambientales. 2. Sistema del Tratado Antártico. 3.
      Derecho ambiental - Antártida. 4. Protección del medio ambiente - Antártida.

DDC 341.762 5

ISBN 978-987-1515-47-9

9 789871 515479

Índice

VOLUMEN I

Decisión 1 (2012) Medidas sobre asuntos operacionales que ya no están vigentes

Anexo: Medidas sobre asuntos operacionales que ya no están vigentes

Decisión 2 (2012) Informe, Programa y Presupuesto de la Secretaría

Anexo 1: Informe financiero auditado 2010/2011

Anexo 2: Estimado de Ingresos y desembolsos 2011/12
Anexo 3: Programa y presupuesto de la Secretaría para 2012/13 y Presupuesto proyectado para 2013/2014

Decisión 3 (2012) Formulación de un plan de trabajo estratégico plurianual para la Reunión Consultiva del Tratado Antártico

Anexo 1: Principios

Decisión 4 (2012) Sistema electrónico de intercambio de información

3. Resoluciones

Resolución 1 (2012) Fortalecimiento del respaldo del Protocolo al Tratado Antártico sobre la Protección del Medio Ambiente

Resolución 2 (2012) Cooperación en temas relacionados con el ejercicio de la jurisdicción en el área del Tratado Antártico

Resolución 3 (2012) Introducir mejoras en la cooperación antártica

Resolución 4 (2012) Directrices de sitios para visitantes

Resolución 5 (2012) Directrices para sitios para visitantes a la Isla Barrientos (islas Aitcho)

Resolución 6 (2012) Regiones Biogeográficas de Conservación Antártica

Anexo: Regiones Biogeográficas de Conservación Antártica

Resolución 7 (2012) Seguridad de los buques en el área del Tratado Antártico

Resolución 8 (2012) Mejorada coordinación de la Búsqueda y rescate marítimo y aeronáutico

Resolución 9 (2012) Evaluación de las actividades de expedición en tierra

Anexo: Preguntas para considerar como parte del proceso de autorización de actividades no gubernamentales en tierra en la Antártida

Resolución 10 (2012) Directrices para yates

Anexo: Lista de verificación de artículos específicos para yates, a fin de preparar viajes seguros a la Antártida

Resolución 11 (2012) Lista de verificación para los visitantes durante las actividades en terreno

Documento adjunto : Lista de verificación para actividades de visitantes en el terreno

Imagen y diagrama de imágenes

VOLUMEN II

Siglas y abreviaciones

ACAP	Acuerdo sobre la Conservación de Albatros y Petreles
API	Año Polar Internacional
ASOC	Coalición Antártica y del Océano Austral
CAML	Censo de Vida Marina Antártica
CC–CCRVMA	Comité Científico de la CCRVMA
CCFA	Convención para la Conservación de las Focas Antárticas
CCRVMA	Convención para la Conservación de los Recursos Vivos Marinos Antárticos
CEE	Evaluación Medioambiental Global
CIUC	Consejo Internacional de Uniones Científicas
CMNUCC	Convención Marco de las Naciones Unidas sobre el Cambio Climático
COI	Comisión Oceanográfica Intergubernamental
COMNAP	Consejo de Administradores de Programas Nacionales Antárticos
CPA	Comité para la Protección del Medio Ambiente
EIA	Evaluación del Impacto Ambiental
GCI	Grupo de Contacto Intersesional
GIECC	Grupo Intergubernamental de Expertos sobre el Cambio Climático
GT	Grupo de Trabajo
HCA	Comité Hidrográfico sobre la Antártida
IAATO	Asociación Internacional de Operadores Turísticos en la Antártida
IEE	Evaluación Medioambiental Inicial
IP	Documento de información
IUCN	Unión Internacional para la Conservación de la Naturaleza y los Recursos Naturales
OHI	Organización Hidrográfica Internacional
OMI	Organización Marítima Internacional
OMM	Organización Meteorológica Mundial
OMT	Organización Mundial del Turismo
OPI-API	Oficina del Programa del Año Polar Internacional
ORGP	Organización Regional de Gestión de la Pesca
PCTA	Parte Consultiva del Tratado Antártico
PNUMA	Programa de las Naciones Unidas para el Medio Ambiente
RCETA	Reunión Consultiva Especial del Tratado Antártico
RCTA	Reunión Consultiva del Tratado Antártico
SCALOP	Comité Permanente de Logística y Operaciones Antárticas
SCAR	Comité Científico de Investigación Antártica
SMH	Sitio y Monumento Histórico
SP	Documento de la Secretaría
STA	Sistema del Tratado Antártico o Secretaría del Tratado Antártico
WP	Documento de Trabajo
ZAEA	Zona Antártica Especialmente Administrada
ZAEP	Zona Antártica Especialmente Protegida
ZEP	Zona Especialmente Protegida

PARTE II

Medidas, Decisiones y Resoluciones (Cont.)

4. Planes de Gestión

Plan de Gestión de la Zona Antártica Especialmente Protegida N° 109

ISLA MOE, ISLAS ORCADAS DEL SUR

Introducción

La principal razón para designar a la isla Moe, islas Orcadas del Sur (Latitud 60°44'S, Longitud 045°41'O), como Zona Antártica Especialmente Protegida (ZAEP) N°. 109 es proteger los valores ambientales, y principalmente la flora terrestre dentro de la Zona.

La Zona fue designada originalmente ZEP N° 13 mediante la Recomendación IV-13 (1966) a raíz de una propuesta presentada por el Reino Unido, porque constituía una muestra representativa del ecosistema marítimo de la Antártida, porque las investigaciones experimentales intensivas de la vecina isla Signy podrían alterar su ecosistema, y porque se debía conferir protección especial a la isla Moe como zona de control para las comparaciones futuras.

Esos motivos siguen siendo válidos. Aunque no hay pruebas de que las actividades de investigación en la isla Signy hayan alterado en gran medida los ecosistemas de la región, el sistema terrestre de baja altitud ha experimentado un cambio significativo como resultado del rápido crecimiento de la población de lobos finos antárticos (*Arctocephalus gazella*). Las comunidades de plantas de la cercana isla Signy han sufrido una perturbación física debido a que los lobos marinos las aplastan a su paso, además de que el enriquecimiento del suelo por el nitrógeno de los excrementos de los lobos marinos ha provocado el reemplazo de briofitas y líquenes por la macroalga *Prasiola crispa*. Los escurrimientos enriquecidos de las tierras circundantes han afectado considerablemente a los lagos de baja altitud. Hasta la fecha, la invasión de la isla Moe por los lobos finos antárticos ha sido limitada y, debido a la topografía de la isla, es poco probable que los lobos marinos penetren en las áreas interiores más vulnerables. La isla Moe ha sido visitada en contadas ocasiones y nunca ha estado ocupada por más de unas horas.

La Resolución 3 (2008) recomendaba usar el "Análisis ambiental de dominios para el continente antártico" como modelo dinámico para identificar las zonas antárticas especialmente protegidas dentro del marco ambiental-geográfico sistemático a que se refiere el Artículo 3(2) del anexo V del Protocolo (véase también Morgan et al, 2007). Usando este modelo, la ZAEP 111 se encuentra dentro de un Dominio ambiental G (geológico de islas de mar afuera de la Península Antártica). La escasez del Dominio G en relación con las demás áreas de dominios ambientales significa que se han invertido grandes esfuerzos en conservar los valores encontrados en otras partes dentro de este tipo de ambiente: otras áreas protegidas que incluyen un Dominio G son las ZAEP 111, 112, 114, 125, 126, 128, 145, 149, 150, y 152 y las ZAEA 1 y 4.

Las otras tres ZAEP presentes dentro de las islas Orcadas del Sur (la ZAEP 110, isla Lynch, la ZAEP 111, isla Powell del Sur y las islas adyacentes, y la ZAEP 114, isla Coronación del Norte) fueron principalmente designadas para proteger la vegetación terrestre y las comunidades de aves. La isla Moe complementa la red local de ZAEP, al proteger una muestra representativa del ecosistema marítimo de la Antártida, incluidas las comunidades terrestres y costeras dominadas por criptógamas.

1. Descripción de los valores que requieren protección

Luego de una visita a la ZAEP en febrero de 2011, los valores especificados en la designación anterior fueron reafirmados. Estos valores se exponen de la siguiente manera:

- La Zona contiene valores ambientales excepcionales, vinculados a la composición y diversidad biológicas de un ejemplo casi prístino del ecosistema terrestre y del litoral marino de la Antártida marítima.
- La isla Moe contiene las extensiones ininterrumpidas más vastas de césped del musgo *Chorisodontium-Polytrichum* de toda la Antártida.

2. Objetivos y finalidades

Las finalidades de la gestión de la isla Moe son las siguientes:

- evitar modificaciones importantes en la estructura y la composición de la vegetación terrestre, en particular de los bancos de musgo;
- prevenir la perturbación innecesaria de la Zona por los seres humanos;
- evitar o reducir a un mínimo la introducción en la zona de plantas, animales y microorganismos no autóctonos;
- permitir la investigación científica en la Zona siempre y cuando esto sea por razones indispensables, que no puedan cumplirse en otro lugar y que no pondrá en peligro el sistema ecológico natural de la Zona;
- permitir visitas con fines de gestión concordantes con los objetivos del plan de gestión;
- reducir al mínimo la posibilidad de introducir patógenos que pudieran causar enfermedades en las poblaciones de aves de la Zona;

3. Actividades de gestión

Se realizarán las siguientes actividades de gestión para proteger los valores de la Zona:

- Se efectuarán las visitas necesarias para determinar si la ZAEP continúa sirviendo a los fines para los cuales ha sido designada, y cerciorarse de que las medidas de gestión y mantenimiento sean adecuadas.

- El Plan de Gestión se revisará con una frecuencia no inferior a cinco años y se actualizará cuando se considere conveniente.

- Los indicadores, los carteles y las estructuras erigidos dentro de la Zona con fines científicos o de gestión estarán bien sujetos, se mantendrán en buen estado y se los eliminará cuando dejen de ser necesarios.

- De acuerdo con los requisitos del Anexo III al Protocolo al Tratado Antártico sobre Protección del Medio Ambiente, los equipos o materiales abandonados deberán retirarse en la mayor medida posible, siempre y cuando ello no produzca un impacto adverso sobre el ambiente o los valores de la Zona.

- Una copia de este Plan de Gestión se encontrará disponible en la estación de investigación de Signy (Reino Unido; 60°42′30″ S, 045°36′30″ O) y la estación Orcadas (Argentina; 60°44′15″ S, 044°44′20″ O).

- Cuando resulte adecuado, se alienta a los Programas Nacionales Antárticos a mantener un estrecho contacto a fin de garantizar la implementación de las actividades de gestión. En particular, se alienta a los Programas Nacionales Antárticos a consultarse entre sí, a fin de prevenir la toma excesiva de muestras de material biológico dentro de la Zona. Se recomienda también a los Programas Nacionales Antárticos considerar la implementación conjunta de las directrices orientadas a reducir al mínimo la introducción y dispersión de especies no autóctonas dentro de la Zona.

- Todas las actividades científicas y de gestión desarrolladas dentro de la Zona deben estar sujetas a una Evaluación de Impacto Ambiental, de conformidad con los requisitos establecidos en el Anexo I al Protocolo al Tratado Antártico sobre Protección del Medio Ambiente.

4. Período de designación

Designación por tiempo indeterminado.

5. Mapas

Mapa 1. Ubicación de la isla Moe en relación con las islas Orcadas del Sur y las demás zonas protegidas de la región. Infografía: ubicación de las Islas Oreadas del Sur en la Antártida. Especificaciones cartográficas: Proyección: polar antártica estereográfica WGS84 Paralelo estándar: 71 °S. Meridiano central: 45° O

Mapa 2. La isla Moe con mayor grado de detalle Especificaciones cartográficas: Proyección: polar antártica estereográfica WGS84 Paralelo estándar: 71 °S. Meridiano central: 45° O

6. Descripción de la Zona

6(i) *Coordenadas geográficas, indicaciones de límites y rasgos naturales*

LÍMITES Y COORDENADAS

Las coordenadas limítrofes de la Zona, comenzando desde de la posición más nororiental y desplazándose en sentido horario se muestran en la Tabla 1.

Número	Latitud	Longitud
1	60°43'40'' S	045°42'15'' O
2	60°43'40'' S	045°40'30'' O
3	60°43'55'' S	045°40'10'' O
4	60°44'40'' S	045°40'10'' O
5	60°44'40'' S	045°42'15'' O

La Zona incluye toda la isla Moe, e islas e islotes adyacentes sin nombre. La Zona abarca todo el territorio libre de hielo, el hielo permanente y semipermanente ubicado dentro de los límites, pero excluye el medio marino que se extiende más allá de 10 m costa afuera desde la línea de la marea baja (Mapa 2). No se han colocado las indicaciones de límites debido a que la costa propiamente dicha está bien delimitada y es un límite visual evidente.

DESCRIPCIÓN GENERAL DE LA ZONA

La isla Moe, islas Orcadas del Sur, es una isla pequeña de forma irregular situada a 300 m del extremo sudoeste de la isla Signy, de la cual está separada por el canal Fyr. Mide aproximadamente 1,3 km de nordeste a sudoeste y 1 km de noroeste a sudeste. Cabe señalar que la posición de la isla Moe en la carta de navegación del Almirantazgo Nº 1775 (60°44'S, 45°45'O) no coincide con las coordenadas del Mapa 2, que son más exactas (60°44'S, 45°41'O).

Los lados nordeste y sudeste de la isla se elevan abruptamente, formando el pico Snipe (de 226 m de altura). Hay una cumbre secundaria arriba de la punta South (102 m de altura), así como colinas más bajas en cada uno de los tres promontorios del lado occidental arriba de la punta Corral (92 m), la punta Conroy (89 m) y la punta Spaull (56 m). En las laderas orientadas hacia el este y el sur hay pequeñas zonas de hielo permanente, mientras que en las laderas occidentales abruptas hay zonas de nieve tardía. No hay arroyos ni charcas permanentes.

GEOLOGÍA

Las rocas son esquistos metamórficos de mica-cuarzo, con mantos ocasionales ricos en biotita y cuarzo. En la costa nororiental hay un manto delgado de anfibolita no diferenciada. Gran parte de la isla está cubierta de escombro glaciar y pedregales. Los suelos son principalmente depósitos inmaduros de arcilla y arena, cuya textura va de fina a gruesa, mezcladas con grava, piedras y rocas. Por la acción del congelamiento y el deshielo, en lugares altos o expuestos los suelos suelen estar clasificados en círculos, polígonos, franjas y lóbulos pequeños. Hay acumulaciones profundas de turba (de hasta 2 m de espesor en las laderas occidentales) y gran parte de su superficie está desnuda y erosionada.

COMUNIDADES BIOLÓGICAS TERRESTRES

Las comunidades predominantes de plantas son el páramo de *Andreaea-Usnea* y bancos de musgo *Chorisodontium-Polytrichum* (el mayor ejemplo de este tipo de comunidad conocido en la Antártida). Estos bancos de musgo tienen un gran valor biológico, y constituyen una de las razones para la designación de la Zona. La flora criptógama es diversa. La mayoría de estos bancos de musgo han sido poco dañados por los lobos marinos y muestran pocos signos visibles de degradación, excepto por los que están en el extremo norte, alrededor de la punta Spaull. Aunque estos bancos de musgo todavía son extensos, se calcula que fueron dañados en un 50% por los lobos finos antárticos (*Arctocephallus gazella*) durante un estudio realizado en enero de 2006. Durante dicho estudio, se observó un lobo fino antártico macho subadulto en esta área de bancos de musgo. Los lobos marinos con mayor certeza llegan a esta comunidad de plantas por la pendiente suave que conduce hacia el interior de la isla desde la pequeña playa de guijarros situada en la esquina nordeste de la caleta Landing.

Debajo de las piedras es común encontrar los ácaros *Gamasellus racovitzai* y *Stereotydeus villosus*, así como el tisanuro *Cryptopygus antarcticus*.

FAUNA DE VERTEBRADOS

En 1978-1979 había cinco colonias de pingüinos de barbijo (*Pygoscelis antarctica*) que sumaban alrededor de 11.000 parejas. En una visita realizada en febrero de 1994 se observaron menos de 100 parejas en el lado septentrional de la caleta Landing y más de 1.000 en el lado meridional. En una visita realizada en febrero de 2011 se observaron alrededor de 75 parejas en el lado septentrional de la caleta Landing, y alrededor de 750 parejas en el lado meridional. Durante una visita en enero de 2006, se observaron aproximadamente 100 parejas reproductoras en la punta Spaull. En la isla se reproducen muchas otras aves, sobre todo unas 2.000 parejas de petreles dameros (*Daption capensis*) en 14 colonias (1966) y un gran número de petreles paloma (*Pachyptila desolata*).

En las bahías del lado occidental de la isla hay focas de Weddell (*Leptonychotes weddelli*), focas cangrejeras (*Lobodon carcinophaga*) y focas leopardo (*Hydrurga leptonyx*). Por el lado norte de la caleta Landing llegan a tierra grupos cada vez más numerosos de lobos finos antárticos (*Arctocephalus gazella*), en su mayoría machos jóvenes, que han causado algunos daños a la vegetación de esa área. Sin embargo, cabe la posibilidad de que, por la naturaleza del terreno, estos animales se vean restringidos a este promontorio, donde los daños podrían intensificarse.

6(ii) Acceso a la zona

- Siempre que resulte posible, se utilizará una lancha pequeña para el acceso. No hay restricciones a los desembarcos por mar. En general es más seguro desembarcar en la esquina nororiental de la caleta Landing (60°43'55"S, Long. 045°41'06" O; Mapa 2). Si la caleta Landing es inaccesible debido a las condiciones del hielo, se puede desembarcar en el extremo occidental de la punta Spaull (Lat. 60°43'54" S, Long. 045°41'15" O), justo frente a una roca de 26 m de altura frente a la costa.
- En circunstancias excepcionales, cuando resulte necesario para fines acordes a los objetivos del Plan de Gestión, se permitirá el aterrizaje de helicópteros dentro de la Zona.
- Los helicópteros podrán aterrizar sólo en la cresta que conecta la colina de 89 m y la ladera occidental del pico Snipe. (Lat. 60°44'09" S, Long. 045°41'23" O; Mapa 2). El aterrizaje sobre vegetación en la cresta deberá evitarse en la mayor medida de lo posible. Para no volar sobre colonias de aves, la aproximación debería efectuarse preferiblemente desde el sur, aunque también está permitida la aproximación desde el norte.
- Dentro de la Zona, la operación de aeronaves debería efectuarse, como requisito mínimo, de conformidad con las 'Directrices para la operación de aeronaves cerca de concentraciones de aves en la Antártida' contenidas en la Resolución 2 (2004). En los casos en que las condiciones exijan que la aeronave vuele a una altura menor que la recomendada en las directrices, la aeronave deberá mantenerse a la máxima altura posible y reducir a un mínimo la duración del tránsito por la Zona.
- Se prohíbe el uso de granadas de humo de helicópteros en la zona salvo que sea imprescindible por motivos de seguridad. Si se usan granadas de humo, todas ellas deberán ser recuperadas.

6(iii) Ubicación de estructuras dentro de la zona y en áreas adyacentes

En el extremo nororiental de la caleta Landing, al fondo de la pequeña playa de guijarros y pasando la rompiente, hay un cartel indicador sujeto con pernos a la parte superior de una roca plana. (Lat. 60°43'55" S, Long. 045°41'05" O). Durante los períodos de grandes nevadas, el cartel podría quedar sepultado por la nieve y ser difícil de encontrar.

En la punta Spaull (Lat. 60°43'49" S, Long.045°41'05" O) hay un montículo de piedras y los restos de un mástil de levantamientos topográficos, colocado en 1965-1966. Este mástil es de interés para los estudios liquenométricos y no debería retirarse. No hay ninguna otra estructura en la isla Moe.

6(iv) Ubicación de otras zonas protegidas en las cercanías

La ZAEP N° 110, isla Lynch, está a unos 10 km al nornordeste de la isla Moe. La ZAEP N° 114, parte norte de la isla Coronación, está a unos 19 km de distancia. La ZAEP N° 111, la isla Powell del Sur y las islas adyacentes, se encuentra a unos 41 km al este (Mapa 1).

6(v) Áreas especiales dentro de la Zona

Ninguno

7. Condiciones para la expedición de permisos

7(i) Condiciones generales para la expedición de permisos

El ingreso a la Zona está prohibido, salvo de conformidad con un Permiso otorgado por una autoridad nacional habilitada, según se establece en el Artículo 7 del Anexo V al Protocolo al Tratado Antártico sobre Protección del Medio Ambiente.

Las condiciones para la expedición de Permisos para ingresar a la Zona son las siguientes:
- se expedirán permisos únicamente para fines científicos indispensables que no puedan llevarse a cabo en otro sitio; o
- se expedirán permisos con fines de gestión indispensables tales como inspección, mantenimiento o examen;
- las acciones permitidas no pondrán en peligro el sistema ecológico natural de la Zona;
- toda actividad administrativa deberá respaldar los objetivos del Plan de Gestión;
- las actividades permitidas deberán atenerse a este Plan de Gestión
- se deberá portar el permiso o una copia autorizada de éste dentro de la Zona;
- el permiso se emitirá solo para el período indicado;
- se deberá presentar un informe a la autoridad o las autoridades que figuren en el permiso;
- se deberá informar a las autoridades pertinentes sobre cualquier actividad o medida que no esté comprendida en el permiso.

7(ii) Acceso a la Zona y circulación dentro de la Zona o sobre ella
- Se prohíbe la circulación de vehículos terrestres en la Zona.

- Los desplazamientos dentro de la Zona se realizarán a pie.

- Los pilotos, la tripulación de helicópteros o embarcaciones u otras personas a bordo de helicópteros o embarcaciones tienen prohibido desplazarse a pie más allá del área inmediatamente lindante con su lugar de aterrizaje/ desembarco, a menos que el Permiso específicamente autorice lo contrario.

- El tránsito de peatones deberá reducirse al mínimo de conformidad con los objetivos de toda actividad autorizada, y se deberán hacer el mayor esfuerzo posible para reducir al mínimo los efectos de las pisadas, es decir, todo desplazamiento deberá realizarse con cuidado para reducir a un mínimo la perturbación del suelo, y las superficies con vegetación, caminando sobre terreno rocoso si fuera posible.

7(iii) Actividades que pueden llevarse a cabo dentro de la Zona

- Investigaciones científicas indispensables que no puedan realizarse en otro lugar y que no pongan en peligro al ecosistema de la Zona
- Actividades de gestión esenciales, incluido el seguimiento.

7(iv) Instalación, modificación o desmantelamiento de estructuras

No se podrán erigir estructuras ni instalar ningún equipo científico en la Zona, salvo para actividades científicas o de gestión indispensables y para el plazo de validez preestablecido que se especifique en el permiso. La instalación (incluida la selección del sitio), mantenimiento, modificación o desmantelamiento de las estructuras y equipos se deberán emprender de una manera que limite al mínimo la perturbación a los valores de la Zona. Todas las estructuras o equipo científico instalados en la Zona deben estar claramente identificados, con una indicación del país al que pertenecen, el nombre del principal investigador y el año de su instalación. Todos dichos elementos deben estar libres de organismos, propágulos (por ejemplo semillas y huevos) y suelo no estéril, y deben estar confeccionados con materiales que soporten las condiciones ambientales y que representen el mínimo riesgo posible de contaminación de la Zona. El desmantelamiento de estructuras o equipos específicos para los cuales el permiso haya expirado debe ser una condición para el otorgamiento del permiso. Se prohíbe erigir estructuras permanentes.

7(v) Ubicación de los campamentos

Como norma general, no se permite acampar dentro de la Zona. Si es indispensable acampar por motivos de seguridad, al instalar las tiendas de campaña se deberá tener cuidado de ocasionar el menor daño posible a la vegetación o la menor perturbación a la fauna.

7(vi) Restricciones relativas a los materiales y organismos que puedan introducirse en la Zona

Se prohíbe la introducción deliberada de animales vivos, material de plantas o microorganismos en la Zona. A fin de mantener los valores florísticos y ecológicos de la zona, se deberán tomar precauciones especiales para evitar la introducción accidental de microbios, invertebrados o plantas de otros lugares de la Antártida, incluidas las bases, o de regiones de fuera de la Antártida. Todo el equipo de muestreo o marcadores que se lleven a la Zona deberán limpiarse o esterilizarse. En la medida de lo posible, antes de ingresar en la Zona se deberá limpiar minuciosamente el calzado y demás equipo que se use en la zona o que se lleve a ésta (incluidas las mochilas y los bolsos). Para obtener directrices más detalladas, se deberá consultar el Manual sobre especies no autóctonas del CPA (Edición 2011) y las Listas de verificación del COMNAP/SCAR para gestores de cadenas de suministro de los Programas Antárticos Nacionales para la reducción del riesgo de transferencia de especies no autóctonas. En vista de la presencia de colonias de aves reproductoras dentro de la Zona, no podrán verterse en la zona ni en sus alrededores derivados de aves, incluidos los productos que contengan huevos desecados crudos ni los desechos de tales productos.

No se llevarán a la Zona herbicidas ni plaguicidas. Cualquier otro producto químico, incluidos los radionucleidos y los isótopos estables, que se introduzcan con fines científicos o de gestión especificados en el permiso, deberán ser retirados de la Zona a más tardar cuando concluya la actividad para la cual se haya expedido el permiso. Debe evitarse la descarga directa al ambiente de radionúclidos o isótopos estables de una manera que los vuelva irrecuperables. No deben almacenarse combustibles ni otros productos químicos en la Zona, salvo que esto se haya autorizado específicamente en las condiciones del permiso. Estos deben almacenarse y manipularse de manera de reducir al mínimo el riesgo de que se introduzcan por accidente en el ambiente. Los materiales que se introduzcan en la Zona deberán permanecer en ella solo por un período determinado y deben retirarse al concluir dicho período. De ocurrir un derrame o liberación que pueda comprometer los valores de la Zona, se insta a retirar lo vertido únicamente en la medida en que el impacto probable de dicho retiro no sea mayor que el de dejar el material *in situ*. Se deberá notificar a la autoridad competente acerca de toda substancia liberada y no retirada que no estuviese incluida en el permiso.

7(vii) Recolección de ejemplares de flora y fauna autóctonas o intromisión perjudicial

Se prohíbe la toma de ejemplares de la flora o fauna autóctonas y la intromisión perjudicial en ellas, excepto con un permiso otorgado de conformidad con el Anexo II al Protocolo al Tratado Antártico sobre Protección del Medio Ambiente. En caso de toma de animales o intromisión perjudicial con los mismos, se deberá usar como norma mínima el *Código de conducta del SCAR para el uso de animales con fines científicos en la Antártida*.

7(viii) Recolección o traslado de materiales que no hayan sido traídos a la Zona por el titular del permiso

Se podrán recolectar o retirar aquellos materiales no llevados a la Zona solamente con un permiso. El material extraído debe limitarse al mínimo necesario para fines científicos o de gestión.

Otros materiales de origen humano susceptibles de comprometer los valores de la Zona y que no hayan sido ingresados a ésta por el titular del permiso o autorizados de otro modo, podrán ser retirados de la Zona a menos que el impacto ambiental provocado por su traslado sea mayor que los efectos que pueda ocasionar dicho material en el lugar; si es el caso, se debe notificar a la autoridad nacional correspondiente y se debe obtener su aprobación.

7(ix) Eliminación de desechos

Como estándar mínimo, todos los desechos se eliminarán de conformidad con el Anexo III al Protocolo al Tratado Antártico sobre Protección del Medio Ambiente. Asimismo, todos los desechos deberán ser retirados de la Zona. Los desechos humanos líquidos podrán verterse en el mar. Los desechos humanos sólidos no deben verterse en el mar, sino que deberán retirarse de la Zona. No deberá eliminarse ningún desecho humano líquido o sólido tierra adentro.

7(x) Medidas que podrían requerirse para garantizar el continuo cumplimiento de los objetivos y las finalidades del Plan de Gestión

- Se podrán conceder permisos para ingresar en la Zona a fin de realizar investigaciones científicas, actividades de vigilancia e inspecciones del sitio, para lo cual podría ser necesario tomar un número pequeño de muestras para análisis, instalar o reparar carteles indicadores o tomar medidas de protección.

- Todos los sitios donde se realicen observaciones a largo plazo deberán estar debidamente marcados y se deberán mantener los señalizadores o letreros.

- Las actividades científicas se llevarán a cabo de conformidad con el '*Código de conducta ambiental para el trabajo de investigación sobre el terreno en la Antártida*' del SCAR.

7(xi) Requisitos relativos a los informes

El titular principal de un permiso para cada visita a la Zona deberá presentar un informe ante la autoridad nacional correspondiente tan pronto como sea posible, dentro de un plazo que no supere los 6 meses posteriores a la visita. Dichos informes deberán incluir, según corresponda, la información señalada en el formulario para informe de visita contenido en la *Guía para la Preparación de Planes de Gestión para las Zonas Antárticas Especialmente Protegidas.* Si procede, la autoridad nacional también debe enviar una copia del informe de visita a la Parte que haya propuesto el plan de gestión, a fin de brindar asistencia en la administración de la Zona y en la revisión del Plan de Gestión. Las Partes deben, de ser posible, depositar los originales o copias de los informes de visita originales en un archivo de acceso público, a fin de mantener un registro del uso, para fines de revisión del Plan de Gestión y también para fines de organización del uso científico de la zona.

8. Documentación respaldatoria

Harris, C. M., Carr, R., Lorenz, K. and Jones, S. 2011. Important Bird Areas in Antarctica: Antarctic Peninsula, South Shetland Islands, South Orkney Islands – Final Report. Prepared for BirdLife International and the Polar Regions Unit of the UK Foreign & Commonwealth Office. Environmental Research & Assessment Ltd., Cambridge. Available at:
http://www.birdlife.org/datazone/userfiles/file/IBAs/AntPDFs/IBA_Antarctic_Peninsula.pdf

Longton, R.E. 1967. Vegetation in the maritime Antarctic. In Smith, J.E., *Editor*, A discussion of the terrestrial Antarctic ecosystem. *Philosophical Transactions of the Royal Society of London,* B, **252**, 213-235.

Morgan, F., Barker, G., Briggs, C., Price, R. and Keys, H. 2007. Environmental Domains of Antarctica Version 2.0 Final Report, Manaaki Whenua Landcare Research New Zealand Ltd. 89 pp.

Ochyra, R., Bednarek-Ochyra, H. and Smith, R.I.L. *The Moss Flora of Antarctica.* 2008. Cambridge University Press, Cambridge. 704 pp.

Øvstedal, D.O. and Smith, R.I.L. 2001. *Lichens of Antarctica and South Georgia. A Guide to their Identification and Ecology.* Cambridge University Press, Cambridge, 411 pp.

Peat, H., Clarke, A., and Convey, P. 2007. Diversity and biogeography of the Antarctic flora. *Journal of Biogeography,* 34, 132-146.

Poncet, S., and Poncet, J. 1985. A survey of penguin breeding populations at the South Orkney Islands. *British Antarctic Survey Bulletin,* No. 68, **71-81.**

Smith, R. I. L. 1972. British Antarctic Survey science report 68. British Antarctic Survey, Cambridge, 124 pp.

Smith, R. I. L. 1984. Terrestrial plant biology of the sub-Antarctic and Antarctic. In: Antarctic Ecology, Vol. 1. Editor: R. M. Laws. London, Academic Press.

Mapa 1. Ubicación de la isla Moe en relación con las islas Orcadas del Sur y las demás zonas protegidas de la región. Infografía: ubicación de las Islas Oreadas del Sur en la Antártida.

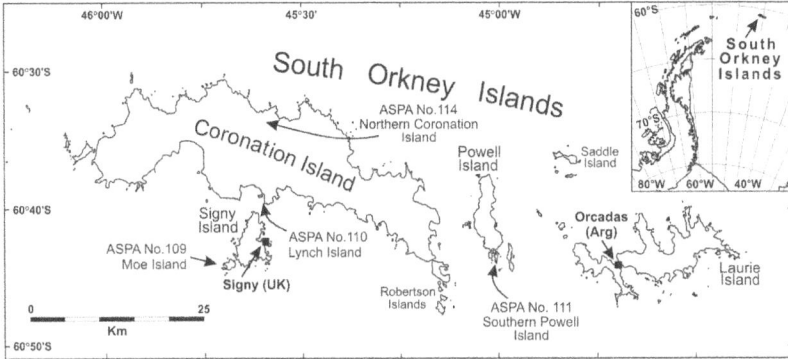

Mapa 2. La isla Moe con mayor grado de detalle

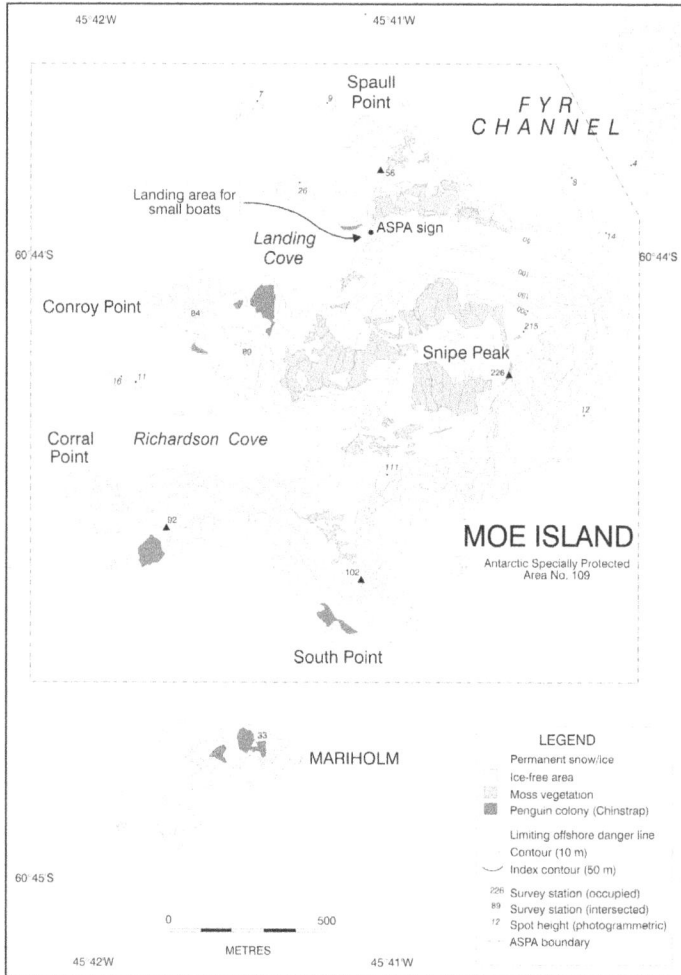

Plan de Gestión para la Zona Antártica Especialmente Protegida No. 110

Isla Lynch, Islas Orcadas del Sur

Introducción

La principal razón para designar a la isla Lynch, islas Orcadas del Sur (Latitud 60°39'10'' S, Longitud 045°36'25'' O; 0.1 km²), como Zona Antártica Especialmente Protegida (ZAEP) N°. 110 es proteger los valores ambientales, y principalmente la flora terrestre dentro de la Zona.

La isla Lynch, bahía Marshall, islas Orcadas del Sur, fue originalmente designada como Zona especialmente protegida mediante la Recomendación IV - 14 (1966, ZEP No. 14) a raíz de una propuesta del Reino Unido. Se la designó porque la isla "contiene una de las superficies más extensas y densas de pasto (*Deschampsia antarctica*) conocidas en la zona del Tratado Antártico y que brinda un destacado ejemplo de un sistema ecológico natural". Estos valores fueron reiterados en la Recomendación XVI - 6 (1991) cuando se adoptara un plan de gestión para el sitio.

La isla Lynch se encuentra a 2,4 Km. de la isla Signy, donde funciona la estación de investigación de Signy (Reino Unido), y a unos 200 m de la isla Coronación, la más grande de las Islas Orcadas del Sur. Se le ha otorgado protección especial a la Zona durante la mayor parte del período de actividad científica en la región, siendo que los permisos de ingreso se han otorgado únicamente por razones científicas indispensables. Por lo tanto, la isla no ha tenido visitas, investigación científica o muestreo frecuentes. El número de focas peleteras antárticas en las islas Orcadas del Sur ha aumentado considerablemente desde 1983, con la consiguiente destrucción de las zonas accesibles de vegetación, allí donde las focas entran a la costa. Ciertas zonas de vegetación de la Isla Lynch han sido dañadas, como por ejemplo, las zonas accesibles de bancos de musgo de *Polytrichum* y *Chorisodontium* así como de *Deschampsia* en los lados noreste y este de la isla, donde el daño ha sido considerable. Una visita en febrero de 2011 registró la presencia de focas peleteras antárticas en el sector este de la isla [que prácticamente divide el sitio de desembarco (Lat. 60°39'05" S, Long. 045°36'12" O; Mapa 2) y la cima de la isla (Lat. 60°39'05" S, Long. 045°36'12" O). Se observó la presencia de focas en el punto más elevado de la isla, y se registraron 30 focas en la cima. A pesar de ello, tanto el pasto antártico *Deschampsia Antarctica* como *Colobanthus quitensis* proliferar. Según se informó en febrero de 2011, el área cubierta por *Deschampsia* es más vasta que en el informe anterior. El pasto ha crecido en abundancia y ha aumentado su rango de distribución, en una zona al este de la isla, que se extiende hacia el oeste hasta el punto más alto de la cima, cubre ampliamente la cima y toda el área que rodea el montículo que determina la cima (Mapa 3). Durante una visita en febrero de 1999 se observó que las zonas más exuberantes de pasto en las laderas norte y noroeste aún no se veían afectadas, y se confirmó esta observación durante una visita en febrero de 2011. A pesar de cierta destrucción localizada, hasta el momento no han quedado profundamente comprometidos los valores de la isla antes mencionados, por el acceso ya sea de seres humanos o de focas.

La Resolución 3 (2008) recomendaba usar el "Análisis ambiental de dominios para el continente antártico" como modelo dinámico para identificar las zonas antárticas especialmente protegidas dentro del marco ambiental-geográfico sistemático a que se refiere el Artículo 3(2) del anexo V del Protocolo (véase también Morgan et al, 2007). La ZAEP 110 no se encuentra categorizada en Morgan et al.; sin embargo, es probable que la ZAEP 111 se encuentre dentro de un Dominio ambiental G (geológico de islas costa afuera de la Península Antártica). La escasez del Dominio G en relación con las demás áreas de dominios ambientales significa que se han invertido grandes esfuerzos en conservar los valores encontrados en otras partes dentro de este tipo de ambiente: otras áreas protegidas que contienen el Dominio G son las ZAEP 109, 111, 112, 114, 125, 128, 126, 145, 149, 150 y 152 y las ZAEA 1 y 4.

Las otras tres ZAEP presentes dentro de las islas Orcadas del Sur (la ZAEP 109, isla Moe, la ZAEP 111, isla Powell del Sur y las islas adyacentes, y la ZAEP 114, isla Coronación del Norte) fueron principalmente designadas para proteger la vegetación terrestre y las comunidades de aves. La isla Lynch complementa la red local de ZAEP, al proteger una muestra representativa del ecosistema marítimo de la Antártida, incluidas las comunidades terrestres y costeras dominadas por fanerógamas.

1. Descripción de los valores que requieren protección

Luego de una visita a la ZAEP en febrero de 2011, los valores especificados en la designación anterior fueron revisados. Los valores de la Zona se exponen de la siguiente manera:

- La Zona contiene exuberantes matas del pasto antártico *Deschampsia antarctica*, y la única otra planta que florece en la Antártida, el mosto perla de la Antártida (*Colobanthus quitensis*), también abunda. Es uno de los pocos lugares del que se sepa que el pasto *Deschampsia* crece directamente en bancos de musgo de *Polytrichum-Chorisodontium*.
- Si bien la vegetación de criptógamos es típica de la región, hay diversas variedades de musgo en la isla (*Polytrichastrum alpinum* (=*Polytrichum alpinum*) y *Muelleriella crassifolia*) que son excepcionalmente fértiles dada su ubicación meridional. Posiblemente sea el único lugar conocido de la Antártida en donde la *Polytrichastrum alpinum* desarrolla abundantes esporofitas cada año. Asimismo, la *Polytrichum strictum* (=*Polytrichum alpestre*) ocasionalmente produce florescencias macho en abundancia local, caso extraño en esta especie en la Antártida, y el musgo *Plagiothecium ovalifolium*, raro, aparece en las grietas de las rocas húmedas y a la sombra, cerca de la costa.
- El suelo de tipo arcilloso, poco profundo, que viene con estos pastizales, contiene una rica fauna invertebrada. La densidad poblacional de la comunidad de artrópodos que aparece con la *Deschampsia* en la Isla Lynch aparece excepcionalmente alta. Algunas mediciones indican que es la más alta del mundo. El sitio tiene también una diversidad poco común por ser un sitio Antártico. También se encontró un gusano raro del tipo *enchytraeidia* en el musgo húmedo en las grietas de la roca en la parte norte de la isla. Una especie de artrópodos, la *Globoppia loxolineata*, está próxima al límite septentrional de su propia distribución, y los especímenes tomados en las Isla Lynch mostraron características morfológicas extrañas cuando se las compara con los especímenes obtenidos en otros lados de las islas Orcadas del Sur, dentro de la Península Antártica.
- La bacteria *Chromobacterium*, las levaduras y hongos se encuentran con densidades mayores que en la Isla Signy. Se cree que se debe a la menor acidez de los suelos donde crece la *Deschampsia* y el microclima más favorable de la Isla Lynch.
- El suelo con grava de tipo arcilloso, poco profundo, que se encuentra por debajo de estos pastizales de *Deschampsia*, tal vez represente uno de los tipos de suelo más avanzados de la Antártida.

2. Finalidades y objetivos

La finalidad de la gestión en la Isla Lynch consiste en:

- evitar modificaciones importantes en la estructura y la composición de la vegetación terrestre;
- prevenir la perturbación innecesaria de la Zona por los seres humanos;
- evitar o reducir a un mínimo la introducción en la zona de plantas, animales y microorganismos no autóctonos;
- permitir la investigación científica en la Zona, siempre que sea por razones indispensables que no puedan llevarse a cabo en otro lugar y siempre que no ponga en peligro el sistema ecológico natural de la zona;
- cerciorarse que la flora y la fauna no tengan efectos adversos por un muestreo excesivo en la Zona;
- permitir visitas con fines de gestión concordantes con los objetivos del plan de gestión;
- reducir al mínimo la posibilidad de introducir patógenos que pudieran causar enfermedades en las poblaciones de vertebrados de la Zona;

3. Actividades de gestión

Se deberán emprender las siguientes actividades de gestión en aras de proteger los valores de la Zona:

- Se efectuarán las visitas necesarias para determinar si la ZAEP continúa sirviendo a los fines para los cuales ha sido designada, y cerciorarse de que las medidas de gestión y mantenimiento sean adecuadas.

- El Plan de Gestión se revisará con una frecuencia no inferior a cinco años y se actualizará cuando se considere conveniente.

- Los indicadores, los carteles y las estructuras erigidos dentro de la Zona con fines científicos o de gestión estarán bien sujetos, se mantendrán en buen estado y se los eliminará cuando dejen de ser necesarios.

- De acuerdo con los requisitos del Anexo III al Protocolo al Tratado Antártico sobre Protección del Medio Ambiente, los equipos o materiales abandonados deberán retirarse en la mayor medida posible, siempre y cuando ello no produzca un impacto adverso sobre el ambiente o los valores de la Zona.

- Una copia de este Plan de Gestión se encontrará disponible en la estación de investigación Signy (Reino Unido; 60°42'30" S, 045°36'30" O) y la estación Orcadas (Argentina; 60°44'15" S, 044°44'20" O).

- Cuando resulte adecuado, se alienta a los Programas Nacionales Antárticos a mantener un estrecho contacto a fin de garantizar la implementación de las actividades de gestión. En particular, se alienta a los Programas Nacionales Antárticos a consultarse entre sí, a fin de prevenir la toma excesiva de muestras de material biológico dentro de la Zona. Se recomienda también a los Programas Nacionales Antárticos considerar la implementación conjunta de las directrices orientadas a reducir al mínimo la introducción y dispersión de especies no autóctonas dentro de la Zona.

- Todas las actividades científicas y de gestión desarrolladas dentro de la Zona deben estar sujetas a una Evaluación de Impacto Ambiental, de conformidad con los requisitos establecidos en el Anexo I al Protocolo al Tratado Antártico sobre Protección del Medio Ambiente.

4. Período de designación

Designación por tiempo indeterminado.

5. Mapas y fotografías

Mapa 1. Ubicación de la isla Lynch en relación con las islas Orcadas del Sur y las demás zonas protegidas de la región. Infografía: ubicación de las Islas Orcadas del Sur en la Antártida. Especificaciones cartográficas: Proyección: polar antártica estereográfica WGS84. Paralelo estándar: 71 °S. Meridiano central: 45° O.

Mapa 2. ZAEP 110, isla Lynch, islas Orcadas de Sur, mapa topográfico. Proyección: cónica conforme de Lambert. Paralelos normales: 1st 60°40'00'' O; 2nd 63°20'00'' S. Meridiano central: 45° 26' 20" O; Latitud de Origen: 63° 20' 00" S; Esferoide: WGS84. Datum: Nivel medio del mar. Precisión horizontal de los puntos de control: ±1 m.

Mapa 3. ZAEP 110, isla Lynch, islas Orcadas de Sur, mapa de la vegetación. Especificaciones del mapa: como las del Mapa 2.

6. Descripción de la Zona

6(i) Coordenadas geográficas, indicaciones de límites y rasgos naturales

LÍMITES Y COORDENADAS
La Zona abarca toda la isla Lynch pero excluye todas las islas e islotes adyacentes sin nombre. La Zona abarca todo el territorio libre de hielo, el hielo permanente y semipermanente ubicado dentro de la isla Lynch, pero excluye el medio marino que se extiende más allá de 10 m costa afuera desde la línea de la marea baja (Mapa 2). No se han colocado las indicaciones de límites debido a que la costa propiamente dicha está bien delimitada y es un límite visual evidente.

DESCRIPCIÓN GENERAL

La isla Lynch (Latitud 60°39'10" S, Longitud 045°36'25" O; superficie), es una isla pequeña ubicada en el extremo oriental de la Bahía Marshall en las Islas Orcadas del Sur, a unos 200 m al sur de la Isla Coronación y a 2,4 Km. al norte de la Isla Signy (Mapa 1). La isla, de 500 m x 300 m, tiene acantilados bajos de hasta 20 m de altura en sus lados sur, este y oeste, cortados por barrancos llenos de canto rodado. El lado norte tiene un acantilado bajo por debajo de una terraza rocosa, a unos 5-8 m de altura, por encima del cual se elevan laderas moderadas hasta una meseta ancha que se encuentra a unos 40 - 50 m, con una altura máxima de 57 m. Hay una playa, en el extremo oriental de la costa norte, que permite un acceso fácil a las laderas relativamente suaves que llevan a la zona de la meseta central. Los acantilados de la costa por regla general dificultan el acceso a la parte superior de la isla por otros caminos, aunque el acceso es posible a través de uno o dos de los barrancos situados al este y el norte. En verano aparecen pequeños arroyos de deshielo temporarios en las laderas, pero no hay arroyos o charcas permanentes, y aparecen muy escasas manchas de nieve tardías en el sur de la isla. No hay datos meteorológicos disponibles para la Isla Lynch, pero a grandes rasgos se anticipa que las condiciones sean las mismas que en la estación de investigación Signy, próxima. Sin embargo, observaciones puntuales tienden a indicar que hay diferencias microclimáticas significativas en la Isla Lynch como pareciera indicarlo el mayor grado de protuberancia de las comunidades de plantas. La isla está expuesta a los vientos sudoeste y a vientos catabáticos y föhn que bajan de la isla Coronación al norte. No obstante, por otra parte la isla está bastante resguardada de los vientos del norte, este y sur, procediendo de Isla Coronación, Cabo Hansen e Isla Signy, respectivamente. El efecto föhn puede aumentar rápidamente la temperatura del aire de hasta 10° C en la Isla Signy. A menudo se ha observado que la Isla Lynch tiene sol cuando la región circundante está tapada con nubes bajas. El ángulo de la incidencia solar también es relativamente alto en el norte de la isla debido a su pendiente y aspecto generales. Los factores mencionados anteriormente pueden constituir razones importantes para explicar la abundancia de las dos plantas que florecen encontradas en la isla.

GEOLOGÍA

El lecho rocoso en la Isla Lynch consiste en esquistos cuarzo-feldespáticos y micáceos del complejo metamórfico Scotia, pero tiene poca exposición y las rocas equivalentes se notan mucho más en la zona del Cabo Hansen, al este de la Isla Coronación.

PEDOLOGÍA

En Isla Lynch se han identificado tres tipos principales de suelo:

(i) una turba ácida (pH 3,8 - 4,5), con musgo, formada por los musgos altos *Chorisodontium aciphyllum* y *Polytrichum strictum* (=*Polytrichum alpestre*), que aparece sobre todo en el extremo noreste de la isla. Esta turba llega hasta una profundidad de unos 50 cm y es similar a la turba de la Isla Signy donde llega hasta una profundidad de 2 m. Cuando la profundidad de la turba excede los 3o cm hay gelisuelo. En los pocos lugares en los cuales el sustrato está húmedo, se acumuló una turba de escasa profundidad (10-15 cm) con un pH de 4,8 a 5,5 por debajo de los musgos que forman una alfombra: *Warnstorfia laculosa* (=*Calliergidium austro-stramineum*) y *Sanionia uncinata* (=*Drepanocladus uncinatus*).

(ii) un suelo poco profundo, de grava arcillosa y que se parece a los suelos marrones de la tundra, por debajo de matas densas de pasto *Deschampsia antarctica*. Raras veces tiene una profundidad de más de 30 cm (pH 5,0 - 5,8) y probablemente sea uno de los tipos de suelo más avanzado de la Antártida.

(iii) un aluvión glacial con material que va desde la arcilla fina (pH 5,2 - 6,0) y arena hasta la grava y piedras mayores. Esto recubre la meseta de la cumbre y se encuentra en depresiones rocosas en toda la isla, al igual que en la terraza rocosa. En la meseta, la crioturbación ha subdividido el material en varios lados en características con formas, con pequeños círculos y polígonos de piedra en el piso horizontal y líneas en el que tiene pendiente. En el extremo noreste de la isla, el aporte de conchilla de lapa (*Nacella concinna*) por parte de la gaviota dominicana (*Lanus dominicanus*) ha redundado en un suelo mineral más calcáreo en las depresiones rocosas, con un pH de 6,5 -6,8.

FLORA TERRESTRE

La vegetación de criptógamos y fanerógamos típica de la Antártida marítima se encuentra en gran parte de la isla (Mapa 3). El aspecto más significativo de la vegetación es la abundancia y el éxito reproductivo de las dos plantas antárticas autóctonas que dan flores, el pasto en mata antártico (*Deschampsia antarctica*) y el mosto perla de la Antártida (*Colobanthus quitensis*), que se encuentra sobre todo en las laderas septentrionales (Mapa 3). Ambas especies florecen abundantemente y la viabilidad de las semillas es mucho mayor que en la Isla Signy. La Isla Lynch tiene los montes más grandes de *Deschampsia* y la mayor abundancia de *Colobanthus* que se conozca en las Islas Orcadas del Sur y una de las más extensas de toda la Zona del Tratado Antártico.

En la terraza rocosa y la ladera húmeda que se encuentra por encima de la costa norte, el pasto forma extensas alfombras de césped, de hasta 15 m x 50 m. Estas alfombras van de montes continuos de plantas relativamente exuberantes en los sitios y bancos más húmedos a plantas pequeñas, amarillentas, más ralas en terreno más seco, con mayor cantidad de piedras y más expuesto. En general el *Colobanthus* es también asociado con el pasto, pero aquí las plantas no se agrupan para formar manchones cerrados. Es uno de los pocos sitios conocidos donde el *Deschampsia* crece directamente en bancos de musgo de *Polytrichum-Chorisodontium*. En otros puntos de la isla, el pasto, y, en menor medida, el *Colobanthus* son socios frecuentes en otras comunidades, especialmente los montes de vegetación de páramos rocosos más densos donde los diversos musgos y líquenes (particularmente hacia el extremo occidental de la terraza norte) permiten una cobertura bastante alta.

Son frecuentes los bancos poco profundos pero a veces extensos (unos 50 m^2) de *Chorisodontium aciphyllum* y *Polytrichum strictum* en el extremo noroeste de la isla y, en menor medida, del lado sur. Son típicos de los bancos de musgo que aparecen en la Isla Signy y en otros lados de la Antártida marítima septentrional, con varios líquenes del tipo *fruticosus* y *crustosus* que crecen de manera epifita en la superficie del musgo. En las pequeñas depresiones húmedas, hay alfombras de *Warnstorfia laculosa* y *Sanionia uncinata*, con algo de *Warnstorfia sarmentosa* (=*Calliergon sarmentosum* y *Cephaloziella varians* (= *C. exiliflora*). En el suelo húmedo y los bancos rocosos es frecuente el *Brachythecium austro-salebrosum*. En los suelos más pedregosos y con superficies rocosas más secas, más alcanzados por el viento - sobre todo en la zona de la meseta - una comunidad rocosa abierta típica de muchos briofitos y de formaciones de líquenes constituyen un mosaico complejo. Las especies dominantes en este lugar son los líquenes *Usnea antarctica* y *U. aurantiaco-atra* (=*U. fasciata*) y los musgos *Andreaea depressinervis*; *Sphaerophorus globosus* y otras especies de *Alectoria*, *Andreaea*, *Cladonia*, y *Stereocaulon* también son comunes, no así las especies *Himantormia lugubris* y *Umbilicaria antarctica*. Los líquenes de tipo *crustosus* son abundantes en todas las superficies rocosas. Los musgos y macrolíquenes de esta zona están agarrados con poca fuerza en suelos finos y son fáciles de dañar. En los cantos rodados protegidos y húmedos y la cara de las rocas se encuentran grandes talos de *Usnea* spp. y de *Umbilicaria antarctica*, especialmente en el lado sur de la isla.

Las comunidades de líquenes de tipo *crustosus* aparecen en los acantilados por encima de la marca de agua, especialmente en los lugares donde la roca se ve afectada por pájaros que allí anidan o se posan. La distribución de diversas especies forma zonas diversificadas en función de la inundación por el agua de mar que se rocía o la exposición al viento. Las comunidades mejor desarrolladas de tipos ornitocoprófilos de colores brillantes aparecen en el extremo occidental de la isla donde son frecuentes las especies de *Caloplaca* spp., *Haematomma erythromma*, *Mastodia tesselata*, *Physcia caesia*, *Xanthoria candelaria*, *X. elegans*, y de *Buellia* y *Verrucaria*. El musgo halófilo *Muelleriella crassifolia*, poco frecuente, también aparece dentro de la zona en que se rocía el agua de mar.

El único musgo raro visto en la Isla Lynch es el *Plagiothecium ovalifolium*, que se encuentra en las grietas de rocas a la sombra cerca de la costa. No obstante, la isla tal vez sea el único sitio conocido en la Antártida marina donde el musgo *Polytrichastrum alpinum* desarrolla abundantes esporofitas todos los años; esto ocurre entre las *Deschampsia*, *Colobanthus* y los criptógamos en la parte norte de la isla; en el resto de la Antártida las esporofitas pueden ser muy escasas algunos años. Asimismo, la *Polytrichum strictum* produce florescencias macho en abundancia local, fenómeno raro en esta especie en la Antártida. Si bien el talo *hepaticae* conocido como *Marchantia berteroana* es localmente común en la Isla Signy, la Isla Lynch es una de las muy contadas localidades, aparte de la anterior, donde se la conoce en las Islas Orcadas del Sur. No se han observado en la Isla Lynch algunas de las diversas especies de criptógamos de distribución sumamente restringida en la Antártida, pero que son comunes en la Isla Signy y en la tierra firme de la Isla Coronación, a pocos metros de distancia.

INVERTEBRADOS TERRESTRES

La fauna microinvertebrada asociada con los ricos pastos *Deschampsia* antes descriptos comprende 13 tipos: tres tisanuros (*Cryptopygus antarcticus*, *Friesea woyciechowskii* e *Isotoma* (*Folsomotoma*) *octooculata* (=*Parisotoma octooculata*), un acárido mesoestigmátido (*Gamasellus racovitzal*), dos acáridos criptoestigmátidos (*Alaskozetes antarcticus* y *Globoppia loxolineata*), y siete acáridos proestigmátidos (*Apotriophtydeus* sp., *Ereynetes macquariensis*, *Nanorchestes berryi*, *Stereotydeus villosus*, y tres especies de *Eupodes*). La cantidad de tipos identificados probablemente aumente con un muestreo más amplio. La comunidad está dominada por el Collembolla, especialmente el *Cryptopygus antarcticus* (84% de todos los artrópodos obtenidos), con cifras relativamente altas de *I. octooculata*; el acárido principal era una especie no determinada de *Eupodes*. El *Globoppia loxolineata* se encuentra cerca del límite septentrional de su distribución conocida. En general, la densidad poblacional de la comunidad de artrópodos en los montes de pasto de la Isla Lynch parece ser excepcionalmente alta. Algunas mediciones parecen indicar que es una de las más altas del mundo. Lo cual también muestra bastante diversidad para un sitio antártico, aunque esta observación se basó en un número pequeño de réplicas de muestra y haría falta un muestreo adicional para disponer de mayor confiabilidad en la estimación de densidades: esto es difícil de lograr en la Isla Lynch dada la escasa extensión de las comunidades disponibles para el muestreo.

La Isla Lynch fue el primer sitio de la Antártida donde se encontrara una *enchytraeidia* (en el suelo por debajo de musgo *Hennediella antarctica* en un banco rocoso por encima de la costa septentrional); en pocos lugares solamente de las Islas Orcadas del Sur se ha encontrado este gusano, aunque se han obtenido pocas muestras y falta identificar la especie. De la fauna tardígrada, la mayoría de los 16 individuos aislados de una muestra de *Brachythecium* eran *Hypsibius alpinus* y *H. pinguis* con algunos *H. dujardini*, mientras que de los 27 aislados de una muestra de *Prasiola crispa*, casi todos eran de especies tardías, siendo que algunos eran otras especies de *Hypsibius*.

MICROORGANISMOS

Los suelos minerales y orgánicos de la Isla Lynch tienen un pH ligeramente superior a los suelos equivalentes de la vecina Isla Signy. Este mayor estado de nutrientes y alcalinidad, junto con un microclima más favorable, se ve reflejado en el número mayor de bacterias (incluso la *Chromobacterium*), levaduras y hongos comparado con suelos similares de la Isla Signy. La cantidad de bacterias de la turba *Polytrichum* en la Isla Lynch son superiores en un factor 8, y en la turba *Warnstorfia* en un factor 6, a las turbas correspondientes de la Isla Signy; asimismo las levaduras y los hongos son mucho más abundantes. El suelo asociado con las dos plantas que florecen contenían varios hongos nematófagos: en el suelo con *Deschampsia*, se encontraron *Acrostalagmus goniodes*, *Cephalosporium balanoides* y *Dactylaria gracilis*; en el de *Colobanthus*, *Cephalosporium balanoides*, *Dactylaria gracilis*, *Dactylella stenobrocha* y *Harposporium anguillulae*. El hongo basidiomycete *Galerina antarctica* y el *G. longinqua* aparecen en el musgo húmedo.

VERTEBRADOS

La isla no tiene colonia de pingüinos o colonias importantes de otros pájaros que aniden allí. Hay grupos de pingüinos de barbijo (*Pygoscelis antarctica*), Adela (*P. adeliae*) y Papua (*P. papua*) y, a veces, cormoranes de ojos azules (*Phalacrocorax atriceps*) que se juntan a menudo en los extremos noreste y oeste de la isla. A principios de los años 80 se observaron varias parejas de gaviotas pardas (*Catharacta lonnbergii*), y por lo menos dos parejas de gaviotas dominicanas (*Larus dominicanus*), que anidaban en el extremo noreste. También puede aparecer una pequeña colonia de golondrinas antárticas (*Sterna vittata*) en la vecindad, aunque en febrero de 1994 no se observaran nidos. El petrel damero (*Daption capense*) y el petrel de las nieves (*Pagodroma nivea*) suelen anidar en los acantilados más altos en el extremo oriental y a lo largo de la costa noroeste de la isla. Pocas parejas de petrel de las nieves y de Wilson (*Oceanites oceanicus*) anidan en los bancos y por debajo de los cantos rodados del lado sur de la isla.

Periódicamente se avistan focas de Weddell (*Leptonychotes weddellii*), focas cangrejeras (*Lobodon carcinophagus*), ocasionalmente leopardos marinos (*Hydrurga leptonyx*), y pequeños grupos de elefantes marinos (*Mirounga leonina*) en la costa y en los témpanos de la vecindad. De ninguno se sabe que se reproduzca en la Isla Lynch. Desde principios de los años 80 se han observado cantidades crecientes de focas peleteras antárticas (*Arctocephalus gazella*) en la Isla Lynch, virtualmente todos machos no reproductores inmaduros, accediendo algunos a las pendientes menos escarpadas del noroeste con zonas con vegetación, donde han causado daños a los bancos de musgo y otras comunidades que, aunque localizados, son graves.

El acceso de las focas a la playa se hace principalmente desde la playa de la costa noreste. Una vez que las focas accedieron allí, no existen otras trabas geográficas considerables para que se puedan desplazar más ampliamente por la isla. Se han observado grupos de focas cerca de la cumbre. Fue en 1988 cuando se notificó por primera vez la destrucción de campos de *Deschampsi*. En el momento de la inspección más reciente de la isla (febrero de 2011) se observó que las zonas más exuberantes de *Deschampsia* y *Colobanthus* sobre las laderas norte y noroeste aún no habían sido afectadas. Las zonas accesibles de la vegetación, en la parte oriente y la nororiente de la isla, especialmente los bancos de musgo de *Polytrichum* y *Chorisodontium*, habían sido seriamente dañados por las focas peleteras antárticas. En algunas de las áreas al este y noreste que han sido severamente afectadas por las focas peleteras antárticas, *Deschampsia* y *Colobanthus* han sido dañadas o han muerto, pero en zonas menos afectadas a mayores altitudes, estas plantas continúan creciendo, y es posible que aumenten en abundancia y extiendan su rango de distribución en la isla (véase el Mapa 3).

6(ii) Acceso a la Zona

- Siempre que resulte posible, se utilizará una lancha pequeña para el acceso. El acceso desde el mar debería hacerse desde la ribera este de la costa norte de la isla (Lat. 60°39'05" S, Long. 045°36'12" O; Mapa 2), a menos que el Permiso autorice específicamente el desembarco en otro punto o cuando el desembarco en esta costa sea impracticable en virtud de condiciones adversas.
- En circunstancias excepcionales, cuando resulte necesario para fines acordes a los objetivos del Plan de Gestión, se permitirá el aterrizaje de helicópteros dentro de la Zona.
- El aterrizaje de helicópteros dentro de la Zona se realizará en la ubicación designada en la plataforma rocosa (8 m) en el extremo noroeste de la isla (Lat. 60°39'04.5" S, Long. 045°41'12" O; Mapa 2).
- Dentro de la Zona, la operación de aeronaves debería efectuarse, como requisito mínimo, de conformidad con las 'Directrices para la operación de aeronaves cerca de concentraciones de aves en la Antártida' contenidas en la Resolución 2 (2004). En los casos en que las condiciones exijan que la aeronave vuele a una altura menor que la recomendada en las directrices, la aeronave deberá mantenerse a la máxima altura posible y reducir a un mínimo la duración del tránsito.
- Se prohíbe el uso de granadas de humo de helicópteros en la zona salvo que sea imprescindible por motivos de seguridad. Si se usan granadas de humo, todas ellas deberán ser recuperadas.

6(iii) Ubicación de estructuras dentro de la Zona y en áreas adyacentes

No hay estructuras en la Zona, aparte de los diversos montículos de piedras que marcan los sitios para los estudios topográficos. El montículo que determina la cima de la isla se ubica en la Lat. 60°39'05" S, Long. 045°36'12" W. Un cartel indicador de la situación de protección de la Isla Lynch fue erigido en febrero de 1994 en un afloramiento rocoso prominente por encima de la playa recomendada para desembarcar, pero fue destruido por los fuertes vientos.

La estación de investigación de Signy (Reino Unido) se encuentra a 6,4 Km. al sur de Caleta Factory, Bahía Jorge, en la Isla Signy.

6(iv) Ubicación de las zonas protegidas en las cercanías

Las zonas protegidas más próximas a la Isla Lynch son la Isla Coronación del Norte ZAEP No. 114, que se encuentra a unos 5 Km. al norte, la Isla Moe (ZAEP No. 109), a unos 10 Km. al SSO, y la Isla Powell del Sur e islas adyacentes (ZAEP No. 111), a unos 35 Km. al este (Mapa 1).

6(v) Áreas especiales dentro de la Zona

Ninguna.

7. Condiciones para la expedición de permisos

7(i) Condiciones generales para la expedición de permisos

El ingreso a la Zona está prohibido, salvo de conformidad con un Permiso otorgado por una autoridad nacional habilitada, según se establece en el Artículo 7 del Anexo V al Protocolo al Tratado Antártico sobre Protección del Medio Ambiente.

Las condiciones para la expedición de Permisos para ingresar a la Zona son las siguientes:
- se expedirán permisos únicamente para fines científicos indispensables que no puedan llevarse a cabo en otro sitio; o
- se expedirán permisos con fines de gestión indispensables tales como inspección, mantenimiento o examen;
- las acciones permitidas no pondrán en peligro el sistema ecológico natural de la Zona;
- toda actividad administrativa deberá respaldar los objetivos del Plan de Gestión;
- las actividades permitidas deberán atenerse a este Plan de Gestión
- se deberá portar el permiso o una copia autorizada de éste dentro de la Zona;
- el permiso se emitirá solo para el período indicado;
- se deberá presentar un informe a la autoridad o las autoridades que figuren en el permiso;
- se deberá informar a las autoridades pertinentes sobre cualquier actividad o medida que no esté comprendida en el permiso.

7(ii) Acceso a la Zona y desplazamientos en su interior o sobre ella
- Se prohíbe la circulación de vehículos terrestres en la Zona.

- Los desplazamientos dentro de la Zona se realizarán a pie.

- Los pilotos, la tripulación de helicópteros o embarcaciones u otras personas a bordo de helicópteros o embarcaciones tienen prohibido desplazarse a pie más allá del área inmediatamente lindante con su lugar de aterrizaje/ desembarco, a menos que el Permiso específicamente autorice lo contrario.

- El tránsito de peatones deberá reducirse al mínimo de conformidad con los objetivos de toda actividad autorizada, y se deberán hacer el mayor esfuerzo posible para reducir al mínimo los efectos de las pisadas, es decir, todo desplazamiento deberá realizarse con cuidado para reducir a un mínimo la perturbación del suelo, y las superficies con vegetación, caminando sobre terreno rocoso si fuera posible.

7(iii) Actividades que pueden llevarse a cabo dentro de la Zona

- Investigaciones científicas indispensables que no puedan realizarse en otro lugar y que no pongan en peligro al ecosistema de la Zona
- Actividades de gestión esenciales, incluido el seguimiento.

7(iv) Instalación, modificación o desmantelamiento de estructuras

No se podrán erigir estructuras ni instalar ningún equipo científico en la Zona, salvo para actividades científicas o de gestión indispensables y durante el plazo de validez preestablecido que se especifique en el permiso. La instalación (incluida la selección del sitio), mantenimiento, modificación o desmantelamiento de las estructuras y equipos se deberán emprender de una manera que limite al mínimo la perturbación a los valores de la Zona. Todas las estructuras o equipo científico instalados en la Zona deben estar claramente identificados, con una indicación del país al que pertenecen, el nombre del principal investigador y el año de su instalación. Todos dichos elementos deben estar libres de organismos, propágulos (por ejemplo semillas y huevos) y suelo no estéril (véase la Sección 7(vi)), y deben estar confeccionados con materiales que soporten las condiciones ambientales y que representen el mínimo riesgo posible de contaminación de la Zona. El desmantelamiento de estructuras o equipos específicos para los cuales el permiso haya expirado debe ser una condición para el otorgamiento del permiso. Se prohíbe erigir estructuras permanentes.

7(v) Ubicación de los campamentos

Debería evitarse el acampar en la Zona. No obstante, cuando sea absolutamente necesario, a los efectos de los objetivos especificados en el Permiso, se permitirá el campamento temporario en el sitio designado en el extremo noroeste de la isla (Lat. 60°39'04" S, Long. 045°41'37" O; Mapa 2).

7(vi) Restricciones relativas a los materiales y organismos que puedan introducirse en la Zona

Se prohíbe la introducción deliberada de animales, plantas o microorganismos vivos a la Zona. A fin de mantener los valores florísticos y ecológicos de la zona, se deberán tomar precauciones especiales para evitar la introducción accidental de microbios, invertebrados o plantas de otros lugares de la Antártida, incluidas las bases, o de regiones de fuera de la Antártida. Todo el equipo de muestreo o marcadores que se lleven a la Zona deberán limpiarse o esterilizarse. En la medida de lo posible, antes de ingresar en la Zona se deberá limpiar minuciosamente el calzado y demás equipo que se use en la zona o que se lleve a ésta (incluidas las mochilas y los bolsos). Para obtener directrices más detalladas, se deberá consultar el Manual sobre especies no autóctonas del CPA (Edición 2011) y las Listas de verificación del COMNAP/SCAR para gestores de cadenas de suministro de los Programas Antárticos Nacionales, para la reducción del riesgo de transferencia de especies no autóctonas.

No se llevarán a la Zona herbicidas ni plaguicidas. Cualquier otro producto químico, incluidos los radionucleidos y los isótopos estables, que se introduzcan con fines científicos o de gestión especificados en el permiso, deberán ser retirados de la Zona a más tardar cuando concluya la actividad para la cual se haya expedido el permiso. Debe evitarse la descarga directa al ambiente de radionúclidos o isótopos estables de una manera que los vuelva irrecuperables. No deben almacenarse combustibles ni otros productos químicos en la Zona, salvo que esto se haya autorizado específicamente en las condiciones del permiso. Estos deben almacenarse y manipularse de manera de reducir al mínimo el riesgo de que se introduzcan por accidente en el ambiente. Los materiales que se introduzcan en la Zona deberán permanecer en ella solo por un período determinado y deben retirarse al concluir dicho período. De ocurrir un derrame o liberación que pueda comprometer los valores de la Zona, se insta a retirar lo vertido únicamente en la medida en que el impacto probable de dicho retiro no sea mayor que el de dejar el material *in situ*. Se deberá notificar a la autoridad competente acerca de toda substancia liberada y no retirada que no estuviese incluida en el permiso.

7(vii) Recolección de flora y fauna autóctonas o intromisión perjudicial

La toma de ejemplares de la flora y fauna autóctona está prohibida, excepto con un permiso otorgado de conformidad con el Anexo II al Protocolo al Tratado Antártico sobre Protección del Medio Ambiente. Si se trata de animales, se deberá usar como norma mínima el *Código de conducta SCAR para el Uso de Animales con Fines Científicos en la Antártida*.

7(viii) Recolección o traslado de materiales que no hayan sido traídos a la Zona por el titular del permiso

Se podrán recolectar o retirar aquellos materiales no llevados a la Zona solamente con un permiso. El material extraído debe limitarse al mínimo necesario para fines científicos o de gestión.

No se otorgarán permisos si existe una preocupación razonable de que el muestreo propuesto resultaría en la recolección, retiro o daño de una cantidad tal de tierra o ejemplares de la flora o fauna que su distribución o abundancia en la zona se vería significativamente afectada.

Otros materiales de origen humano susceptibles de comprometer los valores de la Zona y que no hayan sido ingresados a ésta por el titular del permiso o autorizados de otro modo, podrán ser retirados de la Zona a menos que el impacto ambiental provocado por su traslado sea mayor que los efectos que pueda ocasionar dicho material en el lugar; si éste es el caso, se debe notificar a la autoridad nacional correspondiente y se debe obtener su aprobación.

7(ix) Eliminación de desechos

Como estándar mínimo, todos los desechos se eliminarán de conformidad con el Anexo III al Protocolo al Tratado Antártico sobre Protección del Medio Ambiente. Asimismo, todos los desechos deberán ser retirados de la Zona. Los desechos humanos líquidos podrán verterse en el mar. Los desechos humanos sólidos no deben verterse en el mar, sino que deberán retirarse de la Zona. No deberá eliminarse ningún desecho humano líquido o sólido tierra adentro.

7 (x) Medidas que pueden ser necesarias para garantizar el continuo cumplimiento de los objetivos y las finalidades del plan de gestión

- Se podrán conceder permisos para ingresar en la Zona a fin de realizar investigaciones científicas, actividades de vigilancia e inspecciones del sitio, que pueden incluir la toma de un número pequeño de muestras para análisis, la instalación o reparación de carteles indicadores o la toma de medidas de protección.

- Todos los sitios donde se realicen observaciones a largo plazo deberán estar debidamente marcados y se deberán mantener los señalizadores o letreros.

- Las actividades científicas se llevarán a cabo de conformidad con el *Código de conducta ambiental para el trabajo de investigación sobre el terreno en la Antártida del SCAR.*

7(xi) Requisitos relativos a los informes

El titular principal de un permiso para cada visita a la Zona deberá presentar un informe ante la autoridad nacional correspondiente tan pronto como sea posible, dentro de un plazo que no supere los 6 meses posteriores a la visita. Dichos informes deberán incluir, según corresponda, la información señalada en el formulario para informe de visita contenido en la *Guía para la Preparación de Planes de Gestión para las Zonas Antárticas Especialmente Protegidas.* Si procede, la autoridad nacional también debe enviar una copia del informe de visita a la Parte que haya propuesto el plan de gestión, a fin de brindar asistencia en la administración de la Zona y en la revisión del Plan de Gestión. Las Partes deben, de ser posible, depositar los originales o copias de los informes de visita originales en un archivo de acceso público, a fin de mantener un registro del uso, para fines de revisión del Plan de Gestión y también para fines de organización del uso científico de la Zona.

8. Documentación respaldatoria

Convey, P. 1994. Modelling reproductive effort in sub- and maritime Antarctic mosses. *Oecologica* **100**: 45-53.

Block, W. and Christensen, B. 1985. Terrestrial Enchytraeidae from South Georgia and the Maritime Antarctic. *British Antarctic Survey Bulletin* **69**: 65-70.

Bonner, W.N. and Smith, R.I.L. (Eds) 1985. *Conservation areas in the Antarctic.* SCAR, Cambridge: 73-84.

Bonner, W.N. 1994. Active management of protected areas. In Smith, R.I.L., Walton, D.W.H. and Dingwall, P.R. (Eds) *Developing the Antarctic Protected Area system. Conservation of the Southern Polar Region I.* IUCN, Gland and Cambridge: 73-84.

Booth, R.G., Edwards, M. and Usher, M.B. 1985. Mites of the genus Eupodes (Acari, Prostigmata) from maritime Antarctica: a biometrical and taxonomic study. *Journal of the Zoological Society of London (A)* **207**: 381-406. (samples of Eupodes analysed)

Buryn, R. and Usher, M.B. 1986. A morphometric study of the mite, *Oppia loxolineata*, in the Maritime Antarctic. *British Antarctic Survey Bulletin* **73**: 47-50.

Chalmers, M.O. 1994. Lynch Island fur seal exclosure report 01/01/94. Unpublished British Antarctic Survey report BAS Ref AD6/2H/1993/NT2.

Greene, D.M and Holtom, A. 1971. Studies in *Colobanthus quitensis* (Kunth) Bartl. and *Deschampsia antarctica* Desv.: III. Distribution, habitats and performance in the Antarctic botanical zone. *British Antarctic Survey Bulletin* **26**: 1-29.

Hodgson, D.A. and Johnston, N.M. 1997. Inferring seal populations from lake sediments. *Nature* **387**(1 May).

Hodgson, D.A., Johnston, N.M., Caulkett, A.P., and Jones, V.J. 1998. Palaeolimnology of Antarctic fur seal *Arctocephalus gazella* populations and implications for Antarctic management. *Biological Conservation* **83**(2): 145-54.

Hooker, T.N. 1974. Botanical excursion to Lynch Island, 13/03/74. Unpublished British Antarctic Survey report BAS Ref AD6/2H/1973-74/N12.

Jennings, P.G. 1976. Tardigrada from the Antarctic Peninsula and Scotia Ridge region. *British Antarctic Survey Bulletin* **44**: 77-95.

Shears, J.R. and Richard, K.J. 1994. Marking and inspection survey of Specially Protected Areas in the South Orkney Islands, Antarctica 07/01/94 – 17/02/94. Unpublished British Antarctic Survey report BAS Ref AD6/2H/1993/NT5.

Smith, R.I. Lewis 1972. Vegetation of the South Orkney Islands. *BAS Scientific Report* **68**, British Antarctic Survey, Cambridge.

Smith, R.I. Lewis 1990. Signy Island as a paradigm of environmental change in Antarctic terrestrial ecosystems. In K.R. Kerry and G. Hempel. *Antarctic Ecosystems: ecological change and conservation*. Springer-Verlag, Berlin: 32-50.

Smith, R.I. Lewis 1994. Introduction to the Antarctic Protected Area System. In Smith, R.I.L., Walton, D.W.H. and Dingwall, P.R. (Eds) *Developing the Antarctic Protected Area system. Conservation of the Southern Polar Region I*. IUCN, Gland and Cambridge: 14-26.

Smith, R.I. Lewis 1997. Impact of an increasing fur seal population on Antarctic plant communities: resilience and recovery. In Battaglia, B. Valencia, J. and Walton, D.W.H. *Antarctic communities: species, structure and survival*. Cambridge University Press, Cambridge: 432-36.

Star, J. and Block, W. 1998. Distribution and biogeography of oribatid mites (Acari: Oribatida) in Antarctica, the sub-Antarctic and nearby land areas. *Journal of Natural History* **32**: 861-94.

Usher, M.B. and Edwards, M. 1984. The terrestrial arthropods of the grass sward of Lynch Island, a specially protected area in Antarctica. *Oecologica* **63**: 143-44.

Usher, M.B. and Edwards, M. 1986. A biometrical study of the family Tydeidae (Acari, Prostigmata) in the Maritime Antarctic, with descriptions of three new taxa. *Journal of the Zoological Society of London (A)* **209**: 355-83.

Wynn-Williams, D.D. 1982. The microflora of Lynch Island, a sheltered maritime Antarctic site. *Comité National Française Recherche en Antarctiques* **51**: 538.

Mapa 1. Ubicación de la isla Lynch en relación con las islas Orcadas del Sur y las demás zonas protegidas de la región. <u>Infografía</u>: ubicación de las Islas Orcadas del Sur en la Antártida.

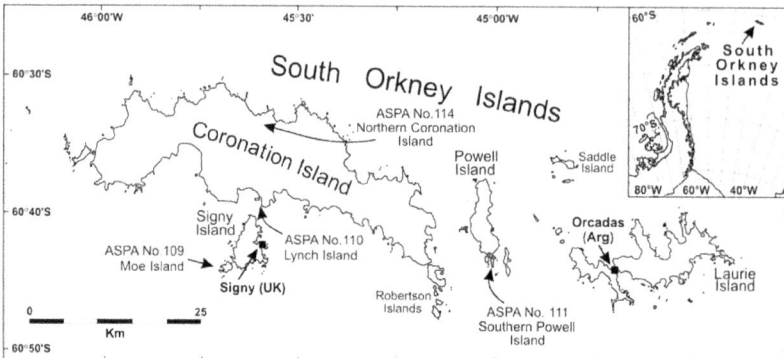

Mapa 2. ZAEP 110, isla Lynch, islas Orcadas de Sur, mapa topográfico.

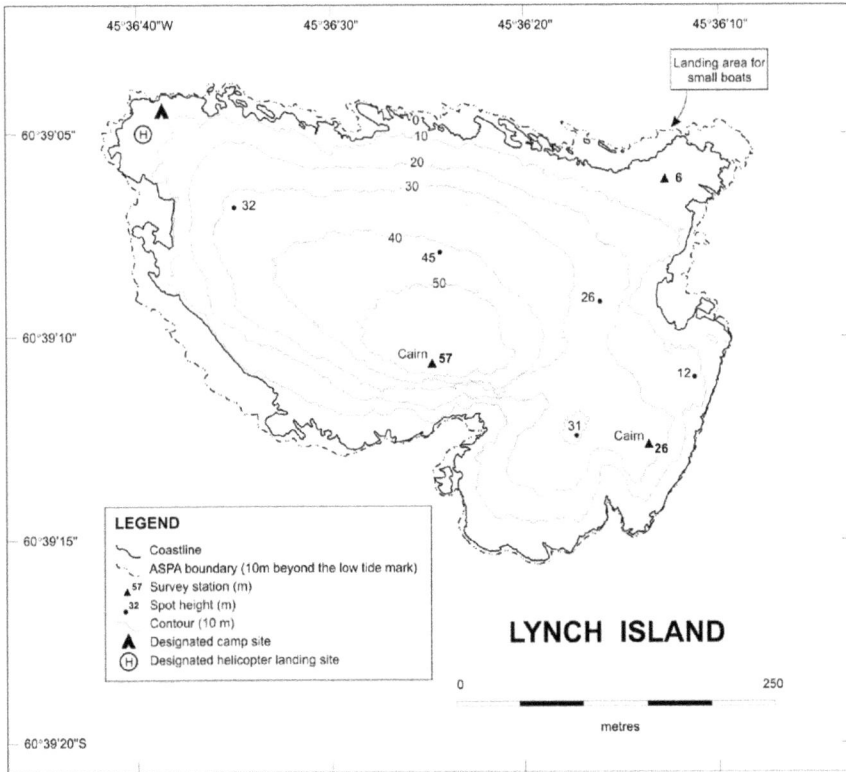

LYNCH ISLAND

LEGEND

- Coastline
- ASPA boundary (10m beyond the low tide mark)
- ▲57 Survey station (m)
- •32 Spot height (m)
- Contour (10 m)
- ▲ Designated camp site
- Ⓗ Designated helicopter landing site

Mapa 3. ZAEP 110, isla Lynch, islas Orcadas de Sur, mapa de la vegetación.

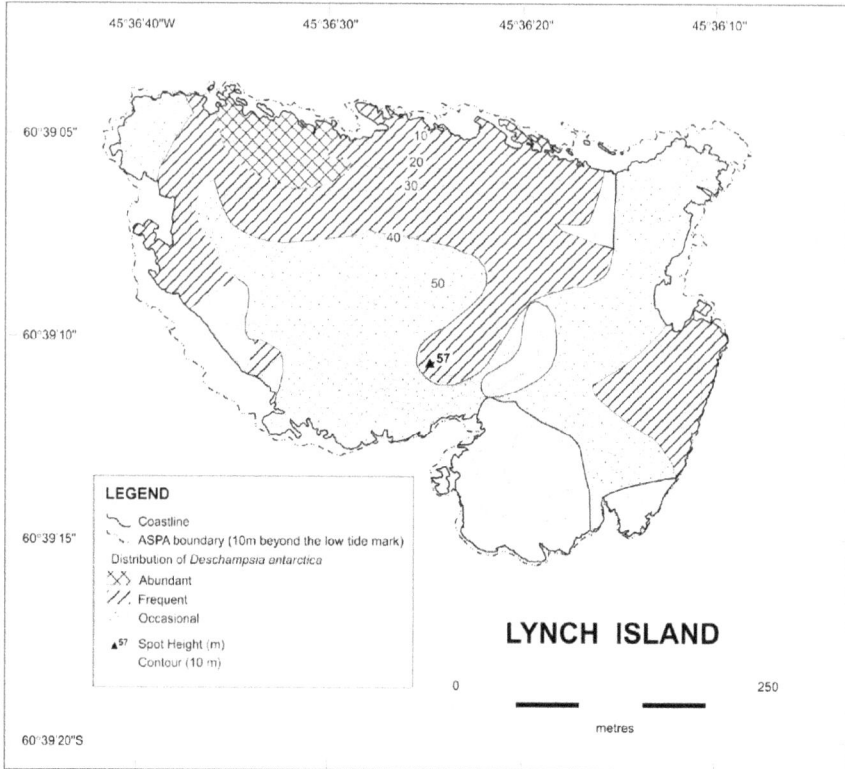

Plan de Gestión para la Zona Antártica Especialmente Protegida N.º 111

ISLA POWELL DEL SUR E ISLAS ADYACENTES, ISLAS ORCADAS DEL SUR

Introducción

La razón principal para la designación de la isla Powell del Sur e islas adyacentes, islas Orcadas del Sur (Lat. 62°57'S, Long. 60°38'O) como Zona Antártica Especialmente Protegida (ZAEP) consiste en proteger los valores ambientales, principalmente las poblaciones de aves y focas reproductoras, y en menor medida, la vegetación terrestre dentro de la Zona.

La Zona fue designada inicialmente en la Recomendación IV-15 (1966, ZAP N.º 15) luego de la propuesta del Reino Unido, basada en la vegetación sustancial y la considerable fauna avícola y mamífera presentes en la isla Powell del Sur e islas adyacentes. La Zona era representativa de la ecología natural de la islas Orcadas del Sur, y adquirió mayor importancia debido al núcleo de una colonia de lobos finos antárticos en expansión (*Arctocephalus gazella*). Estas razones aún son relevantes, aunque la expansión de la colonia de lobos finos avanza lentamente.

La Zona también es reconocida por su valor científico. Está bien establecido actualmente que el cambio climático afecta el Océano Austral, y que la región en torno a la Península Antártica, Mar de Escocia e islas Orcadas del Sur presenta algunos de los impactos más evidentes del cambio climático. Las temperaturas del aire y del océano han aumentado, algunas plataformas de hielo han colapsado, y actualmente se ha reducido bastante el hielo marino estacional. Esto tiene consecuencias importantes para las comunidades biológicas y algunas de las consecuencias más obvias del cambio ambiental se han registrado para los pingüinos *pygoscelis*. En particular, se cree que actualmente los pingüinos Adelia, una especie de los bancos de hielo, está reduciéndose en la mayoría de las localidades de la Península y en las islas Orcadas del Sur. Asimismo, se cree que actualmente la especie de los pingüinos de barbijo, una especie del océano más abierto, se está reduciendo. Por lo tanto, es especialmente importante comprender el comportamiento de búsqueda de alimentos de los pingüinos para intentar relacionarlo con su hábitat preferido para la búsqueda de alimentos. Comprender la manera en que los pingüinos *pygoscelis* utilizan el océano que los rodea es fundamental si deseamos proteger adecuadamente sus colonias reproductoras, incluidas las zonas biodiversas protegidas, como la isla Powell del Sur.

La Resolución 3 (2008) recomendaba usar el "Análisis ambiental de dominios para el continente antártico" como modelo dinámico para identificar las zonas antárticas especialmente protegidas dentro del marco ambiental-geográfico sistemático a que se refiere el Artículo 3(2) del anexo V del Protocolo (véase también Morgan et al, 2007). Usando este modelo, la ZAEP 111 se encuentra dentro de un Dominio ambiental G (geológico de islas de mar afuera de la Península Antártica). La escasez del Dominio G en relación con las demás áreas de dominios ambientales significa que se han invertido grandes esfuerzos en conservar los valores encontrados en otras partes dentro de este tipo de ambiente: otras áreas protegidas que contienen el Dominio G son las ZAEP 109, 112, 114, 125, 126, 128, 140, 145, 149, 150 y152 y las ZAEA 1 y 4. El Dominio A también está presente (geológico del norte de la Península Antártica). Otras zonas protegidas que contienen el Domino ambiental A incluyen las ZAEP 128, 151 y la ZAEA 1.

Las otras tres ZAEP presentes dentro de las islas Orcadas del Sur (ZAEP 109 isla Moe, ZAEP 110 isla Lynch y ZAEP 114 isla Coronación del Norte) fueron designadas principalmente para proteger la vegetación terrestre. Por lo tanto, la isla Powell del Sur e islas adyacentes complementan la red local de ZAEP, protegiendo principalmente las poblaciones reproductoras de aves y focas, y también la vegetación terrestre.

1. Descripción de los valores que requieren protección

Luego de una visita a la ZAEP en febrero de 2012, los valores especificados en la designación inicial fueron reafirmados. Estos valores se exponen de la siguiente manera:

- La avifauna reproductora de la zona es diversa y abarca hasta cuatro especies de pingüinos [pingüino de barbijo (*Pygoscelis antarctica*) y pingüino papúa (*P. papua*), pingüinos Adelia y pingüinos frente dorada (*Eudyptes chrysolophus*)] petreles de Wilson (*Oceanites oceanicus*), petreles dameros (*Daption capense*), gaviotas cocineras (*Larus dominicanus*), petreles gigantes del sur (*Macronectes giganteus*), petreles de vientre negro (*Fregetta tropica*), cormoranes de ojos azules (*Phalacrocorax atriceps*), skúas pardas (*Catharacta loennbergi*) y palomas antárticas (*Chionis alba*) petreles de las nieves *(Pagodroma nivea)* y posiblemente petreles paloma *(Pachyptila desolata)*.

- El sitio de reproducción de lobos finos más antiguo que se conoce en la Antártida, desde que estos mamíferos fueron prácticamente exterminados en el siglo XIX, se encuentra dentro de la Zona.

- Una flora diversa típica de la región, incluidos bancos de musgo con turba subyacente, tapetes de musgo en áreas húmedas, algas de nieve y la macroalga nitrófila *Prasiola crispa* asociada con las colonias de pingüinos, se encuentra dentro de la Zona.

- La Zona tiene valor científico como lugar para la recolección de datos telemétricos para explorar el comportamiento de búsqueda de alimentos de los pingüinos. Esta información contribuirá a la elaboración de modelos de hábitat que describirán la relación entre el comportamiento de búsqueda de alimentos de los pingüinos y la extensión de hielo marino estacional.

2. Finalidades y objetivos

La gestión de la isla Powell y las islas adyacentes tiene como objetivo:

- evitar las perturbaciones humanas innecesarias a fin de no degradar los valores de la Zona o crear riesgos considerables para los mismos;

- permitir la investigación científica en la Zona, siempre que sea por razones indispensables que no puedan llevarse a cabo en otro lugar y siempre que no ponga en peligro el sistema ecológico natural de la zona;

- evitar o reducir a un mínimo la introducción en la zona de plantas, animales y microorganismos no autóctonos;

- reducir al mínimo la posibilidad de introducir patógenos que pudieran causar enfermedades en las poblaciones de aves de la Zona;

- preservar el ecosistema natural de la Zona como área de referencia para futuros estudios comparativos y para monitorear el cambio florístico y ecológico, los procesos de colonización y el desarrollo de las comunidades;

- permitir visitas con fines de gestión concordantes con los objetivos del plan de gestión;

- Permitir la recolección de datos sobre el estado de la población de los pingüinos y focas residentes en forma regular y de manera sostenible.

3. Actividades de gestión

- Se efectuarán las visitas necesarias para determinar si la ZAEP continúa sirviendo a los fines para los cuales ha sido designada, y cerciorarse de que las medidas de gestión y mantenimiento sean adecuadas.

- El Plan de Gestión se revisará con una frecuencia no inferior a cinco años y se actualizará cuando se considere conveniente.

- Los indicadores, los carteles y las estructuras erigidos dentro de la Zona con fines científicos o de gestión estarán bien sujetos, se mantendrán en buen estado y se los eliminará cuando dejen de ser necesarios.

- De acuerdo con los requisitos del Anexo III al Protocolo al Tratado Antártico sobre Protección del Medio Ambiente, los equipos o materiales abandonados deberán retirarse en la mayor medida posible, siempre y cuando ello no produzca un impacto adverso sobre el ambiente o los valores de la Zona.

- Una copia de este Plan de Gestión se encontrará disponible en la estación de investigación Signy (Reino Unido; 60°42'30" S, 045°36'30" O) y la estación Orcadas (Argentina; 60°44'15" S, 044°44'20" O).

- Cuando resulte adecuado, se alienta a los Programas Nacionales Antárticos a mantener un estrecho contacto a fin de garantizar la implementación de las actividades de gestión. En particular, se alienta a los Programas Nacionales Antárticos a consultarse entre sí, a fin de prevenir la toma excesiva de muestras de material biológico dentro de la Zona. Se recomienda también a los Programas Nacionales Antárticos considerar la implementación conjunta de las directrices orientadas a reducir al mínimo la introducción y dispersión de especies no autóctonas dentro de la Zona.

- Todas las actividades científicas y de gestión desarrolladas dentro de la Zona deben estar sujetas a una Evaluación de Impacto Ambiental, de conformidad con los requisitos establecidos en el Anexo I al Protocolo al Tratado Antártico sobre Protección del Medio Ambiente.

4. Período de designación

La Zona 111 se designa por tiempo indefinido.

5. Mapas

Mapa 1. Ubicación de la isla Powell del Sur e islas adyacentes en relación con las islas Orcadas del Sur y otras zonas protegidas en la región. Infografía: ubicación de las Islas Orcadas del Sur en la Antártida. Especificaciones cartográficas: Proyección: polar antártica estereográfica WGS84. Paralelo estándar: 71 °S. Meridiano central: 45° O.

El Mapa 2 muestra la Zona en mayor detalle.

6. Descripción de la Zona

6 (i) Coordenadas geográficas y rasgos naturales

LÍMITES Y COORDENADAS
Las coordenadas de los extremos de la Zona se presentan en la Tabla 1.

Extremo	Latitud	Longitud
noroeste	60°42'35'' S	45°04'00'' O
noreste	60°42'35'' S	44°58'00'' O
sudoeste	60°45'30'' S	45°04'00'' O
sudeste	60°45'30'' S	44°58'00'' O

La Zona abarca toda la isla Powell al sur de la cima meridional de los picos John (415 m de altitud), junto con toda la isla Fredriksen, la isla Michelsen (una península con régimen de marea en el extremo sur de la isla Powell), la isla Christoffersen, la isla Grey y las islas adyacentes sin nombre. La Zona cubre todo el territorio libre de hielo, el hielo permanente y semipermanente ubicado dentro de los límites, pero excluye el medio marino que se extiende más allá de 10 m costa afuera desde la línea de la marea baja. Todas excepto la llanura de hielo Crutchley al sur de la isla Powell se encuentran libres de hielo durante el verano, aunque existen parches de nieve semipermanente o nieve tardía en algunos lugares.

GEOLOGÍA

Las rocas de las islas Powell del Sur, Michelsen y Christoffersen son conglomerados de la era cretácea-jurásica. Los dos promontorios al oeste de los picos John están formados por esquistos-grauvacas del Carbonífero. En torno a puerto Falkland hay grandes rocas que contienen fósiles de plantas en los depósitos glaciales. Gran parte de la región central y sur de la isla Fredriksen está compuesta de areniscas y esquistos filíticos oscuros. El noreste y probablemente la mayor parte del norte de esta isla consiste en un conglomerado cizallado con esquisitos de barro. La Zona tiene una capa gruesa de morrena glacial, fuertemente afectada por el guano de aves marinas.

COMUNIDADES BIOLÓGICAS

La isla Michelsen está prácticamente desprovista de vegetación terrestre, aunque en las rocas hay grandes comunidades de líquenes entre los que predomina la especie *nitrophilous crustose*. También se han propagado en la isla Fredriksen y en otras áreas con la influencia de poblaciones de aves sobre los acantilados y rocas cerca de la orilla. La vegetación de la isla Powell tiene una mayor diversidad en los dos promontorios y en el pedregal vecino a éstos al oeste de puerto Falkland. Tanto aquí, como en la isla Christoffersen y en la parte septentrional de la isla Fredriksen hay bancos de musgo con una capa subyacente de turba. Las zonas húmedas sirven de apoyo para el tapete de musgo. Hay grandes extensiones de nitrophilous macroalga *Prasiola crispa* vinculada a las colonias de pingüinos en la Zona. En la llanura de hielo y en las parcelas de nieve que persisten a finales del verano predominan las algas de nieve.

No se dispone de información sobre la población de antrópodos, pero probablemente es muy similar a la de la isla Signy. Debajo de las piedras abundan los tisanuros *Cryptopygus antarcticus* y *Parisotoma octoculata* así como los ácaros *Alaskozetes antarcticus*, *Stereotydeus villosus* y *Gamasellus racovitzai*.

Son pocas las observaciones que se han efectuado de los invertebrados y la biota marina en la Zona, pero es probable que sea muy similar a la de la isla Signy, que ha sido investigada en detalle. En la zona relativamente encerrada de puerto Falkland-Ellefsen y en la bahía al este de la península es muy fuerte la influencia de los escurrimientos glaciares procedentes de la llanura de hielo.

Son numerosos los pingüinos y petreles que se reproducen en toda la Zona. Hay varios miles de parejas de pingüinos de barbijo (*Pygoscelis antarctica*), principalmente en la isla Fredriksen. Asimismo, se observa una gran cantidad de pingüinos Adelia (*P. adeliae*) principalmente en el área comprendida entre la isla Powell del Sur y la isla Michelsen. Aquí existen también varios miles de parejas de pingüinos papúa (*P. papua*) y muy pocas parejas de pingüinos frente dorada (*Eudyptes chrysolophus*) que se crían entre los pingüinos papúa.

Otras aves reproductoras incluyen petreles gigantes del sur (*Macronectes giganteus*), petreles dameros (*Daption capensis*), petreles de las nieves (*Pagodroma nivea*), petreles de Wilson (*Oceanites oceanicus*), cormoranes de ojos azules (*Phalacrocorax atriceps*), gaviotas cocineras (*Larus dominicanus*), skúas pardas (*Catharacia lonnbergi*), palomas antárticas (*Chionis alba*), y posiblemente petreles paloma (*Pachyptila desolata*) y petreles de vientre negro (*Fregetta tropica*).

La isla Michelsen es el lugar de reproducción de lobos finos más antiguo que se conoce en la Antártida desde que estos mamíferos fueron casi exterminados en el siglo XIX. La cantidad de crías que nace anualmente ha ido aumentando lentamente aunque en forma constante, de 11 en 1956 a alrededor de 60 en 1989. En enero de 1994 se registraron treinta y cuatro crías vivas. Muchos machos no reproductores visitan la Zona durante el verano. Suelen verse otros tipos de focas en las playas, principalmente elefantes marinos (*Mirounga leonina*) y focas Weddell (*Leptopychotes weddelli*). Las focas leopardo (*Hydrurga leptonyx*) y las focas cangrejeras (*Lobodon carcinophagus*) suelen observarse ocasionalmente sobre los témpanos de hielo durante el invierno.

6(ii) Acceso a la Zona

- El acceso será mediante lancha pequeña.
- No existen restricciones especiales para los desembarcos en lancha o aplicables a las rutas marítimas utilizadas para ingresar a la Zona o salir de ella. Debido a la gran extensión de costa accesible alrededor de la Zona, es posible aterrizar en muchos lugares. No obstante, de ser posible, el desembarco de carga y equipos científicos debe hacerse cerca del campamento recomendado, a 60°43'20''S, 045°01'32''O.
- En circunstancias excepcionales, si es necesario para fines concordantes con los objetivos del Plan de Gestión, podrán aterrizar helicópteros en los sitios de aterrizaje designados ubicados junto al campamento recomendado a 60°43'20''S, 045°01'32''O. Los helicópteros no podrán aterrizar en ningún otro lugar dentro de la Zona.

- Para evitar alterar la avifauna reproductora, están prohibidos los aterrizajes de helicópteros dentro de la Zona entre el período que va desde el 1 de noviembre al 15 de febrero.
- Dentro de la Zona, la operación de aeronaves debería efectuarse, como requisito mínimo, de conformidad con las 'Directrices para la operación de aeronaves cerca de concentraciones de aves en la Antártida' contenidas en la Resolución 2 (2004). En los casos en que las condiciones exijan que la aeronave vuele a una altura menor que la recomendada en las directrices, la aeronave deberá mantenerse a la máxima altura posible y reducir a un mínimo la duración del tránsito.
- Los helicópteros que sobrevuelan la Zona deberán evitar los sitios donde hay concentraciones de aves (por ejemplo, el área comprendida entre la isla Powell del Sur y la isla Michelsen o la isla Fredriksen).
- Se prohíbe el uso de granadas de humo de helicópteros en la zona salvo que sea imprescindible por motivos de seguridad. Si se usan granadas de humo, todas ellas deberán ser recuperadas.

6(iii) Ubicación de estructuras dentro de la Zona y en áreas adyacentes

Se han colocado carteles indicadores de la condición de Zona protegida en los siguientes lugares:

- Isla Powell del Sur: Sobre un pequeño afloramiento rocoso situado al fondo de la playa de guijarros en el lado este del promontorio sur de la isla (60°43'20''S, 045°01'40''O).
- Isla Michelsen: En una roca baja situada a unos 50 m de la orilla, al fondo de una playa alta de guijarros ubicada en el extremo sur de la isla (60°44'06''S, 045°01'25''O).
- Isla Christoffersen: en un pequeño promontorio en la orilla noreste de la isla, en la entrada del puerto Falkland. El cartel está ubicado al fondo de la playa, justo abajo de un pequeño criadero de pingüinos Adelia (60°43'36''S, 045°02'08''O).
- Isla Fredriksen: en el extremo septentrional de la playa de guijarros y piedras ubicada del lado oeste de la isla, debajo de un pequeño criadero de pingüinos barbijo. El cartel se encuentra al fondo de la playa sobre un pequeño afloramiento rocoso (60°44'06''S, 044°59'25''O).

No existe ninguna otra estructura en la Zona, pero en la playa se encuentran diversas cadenas y anillos de amarre asociados con el uso de los puertos Ellefsen y Falkland por parte de los buques balleneros en la década de 1920.

6(iv) Ubicación de otras zonas protegidas en las cercanías de la Zona

La ZAEP N.º 109, isla Moe, y la ZAEP N.º 110, isla Lynch, están ubicadas aproximadamente a 35 km al oeste de la Zona. La ZAEP N.º 114, isla Coronación del Norte, está ubicada aproximadamente a 35 km oeste-norte-oeste de la Zona en el lado septentrional de la isla Coronación (véase el Mapa 1).

6(v) Áreas restringidas dentro de la Zona

Ninguna.

7. Condiciones para la expedición de permisos

7(i) Condiciones generales para la expedición de permisos

El ingreso a la Zona está prohibido, salvo de conformidad con un Permiso otorgado por una autoridad nacional habilitada, según se establece en el Artículo 7 del Anexo V al Protocolo al Tratado Antártico sobre Protección del Medio Ambiente.

Las condiciones para la expedición de Permisos para ingresar a la Zona son las siguientes:

- se expedirán permisos únicamente para fines científicos indispensables que no puedan llevarse a cabo en otro sitio;

- se expedirán permisos con fines de gestión indispensables tales como inspección, mantenimiento o examen;
- las acciones permitidas no pondrán en peligro el sistema ecológico natural de la Zona;
- toda actividad administrativa deberá respaldar los objetivos del Plan de Gestión;
- las actividades permitidas deberán atenerse a este Plan de Gestión
- se debe llevar el permiso dentro de la Zona;
- el permiso se emitirá solo para el período indicado;
- se deberá presentar un informe a la autoridad o las autoridades que figuren en el permiso;
- se deberá informar a las autoridades pertinentes sobre cualquier actividad o medida que no esté comprendida en el permiso.

7(ii) Acceso a la Zona y circulación dentro de la Zona o sobre ella

- Se prohíben los vehículos terrestres en la Zona.

- Si bien no hay rutas para peatones designadas dentro de la Zona, las personas que se desplazan a pie deben evitar caminar por áreas con vegetación o perturbar la vida salvaje siempre que sea posible.

- Para reducir la perturbación de las especies de aves, se sugiere enfáticamente no anclar dentro del puerto Falkland y puerto Ellefsen, salvo en caso de emergencia.

- Los pilotos, los tripulantes y otras personas que lleguen en aeronaves o lanchas no podrán avanzar a pie más allá de las inmediaciones del sitio de desembarco, a menos que tengan un permiso que les autorice específicamente a hacerlo.

7(iii) Actividades que pueden llevarse a cabo dentro de la Zona
Estas actividades son:

- investigación científica indispensable que no puede realizarse en otro lugar
- actividades administrativas indispensables, como la vigilancia.

7(iv) Instalación, modificación o desmantelamiento de estructuras

No se podrán erigir estructuras ni instalar ningún equipo científico en la Zona, salvo para actividades científicas o de gestión indispensables y durante el plazo de validez preestablecido que se especifique en el permiso. La instalación (incluida la selección del sitio), mantenimiento, modificación o desmantelamiento de las estructuras y equipos se deberán emprender de una manera que limite al mínimo la perturbación a los valores de la Zona. Todas las estructuras o equipo científico instalados en la Zona deben estar claramente identificados, con una indicación del país al que pertenecen, el nombre del principal investigador y el año de su instalación. Todos dichos elementos deben estar libres de organismos, propágulos (por ejemplo semillas y huevos) y suelo no estéril (véase la Sección 7(vi)), y deben estar confeccionados con materiales que soporten las condiciones ambientales y que representen el mínimo riesgo posible de contaminación de la Zona. El desmantelamiento de estructuras o equipos específicos para los cuales el permiso haya expirado debe ser una condición para el otorgamiento del permiso. Se prohíbe erigir estructuras permanentes.

7(v) Ubicación de los campamentos

Para minimizar el área de terreno dentro de la ZAEP que resultará afectada por las actividades de campamento, las carpas deben instalarse en el campamento designado, ubicado a 60°43'20''S, 045°01'32''O. Si es necesario para los fines especificados en el permiso, se permitirá acampar temporalmente más allá del campamento designado en la Zona. Los campamentos deberán emplazarse en lugares sin vegetación, como las partes más secas de las terrazas costeras, o sobre una capa gruesa de nieve (de más de 0,5 m de espesor) si es posible, y deberán evitarse los lugares de concentración de aves o mamíferos reproductores.

7(vi) Restricciones relativas a los materiales y organismos que puedan introducirse en la Zona

Se prohíbe la introducción deliberada de animales, plantas o microorganismos vivos a la Zona. A fin de mantener los valores florísticos y ecológicos de la zona, se deberán tomar precauciones especiales para evitar la introducción accidental de microbios, invertebrados o plantas de otros lugares de la Antártida, incluidas las bases, o de regiones de fuera de la Antártida. Todo el equipo de muestreo o marcadores que se lleven a la Zona deberán limpiarse o esterilizarse. En la medida de lo posible, antes de ingresar en la Zona se deberá limpiar minuciosamente el calzado y demás equipo que se use en la zona o que se lleve a ésta (incluidas las mochilas y los bolsos). Para obtener directrices más detalladas, se deberá consultar el Manual sobre especies no autóctonas del CPA (Edición 2011) y las Listas de verificación del COMNAP/SCAR para gestores de cadenas de suministro de los Programas Antárticos Nacionales, para la reducción del riesgo de transferencia de especies no autóctonas. En vista de la presencia de colonias de aves reproductoras dentro de la Zona, no podrán verterse en la zona ni en sus alrededores derivados de aves, incluidos los productos que contengan huevos desecados crudos ni los desechos de tales productos.

No se llevarán a la Zona herbicidas ni plaguicidas. Cualquier otro producto químico, incluidos los radionucleidos y los isótopos estables, que se introduzcan con fines científicos o de gestión especificados en el permiso, deberán ser retirados de la Zona a más tardar cuando concluya la actividad para la cual se haya expedido el permiso. Debe evitarse la descarga directa al ambiente de radionúclidos o isótopos estables de una manera que los vuelva irrecuperables. No deben almacenarse combustibles ni otros productos químicos en la Zona, salvo que esto se haya autorizado específicamente en las condiciones del permiso. Estos deben almacenarse y manipularse de manera de reducir al mínimo el riesgo de que se introduzcan por accidente en el ambiente. Los materiales que se introduzcan en la Zona deberán permanecer en ella solo por un período determinado y deben retirarse al concluir dicho período. De ocurrir un derrame o liberación que pueda comprometer los valores de la Zona, se insta a retirar lo vertido únicamente en la medida en que el impacto probable de dicho retiro no sea mayor que el de dejar el material *in situ*. Se deberá notificar a la autoridad competente acerca de toda substancia liberada y no retirada que no estuviese incluida en el permiso.

7(vii) Recolección de ejemplares de la flora y fauna autóctonas o intromisión perjudicial

Se prohíbe la toma de ejemplares de la flora o fauna autóctonas y la intromisión perjudicial en ellas, excepto con un permiso otorgado de conformidad con el Anexo II al Protocolo al Tratado Antártico sobre Protección del Medio Ambiente. En caso de toma de animales o intromisión perjudicial en los mismos, se deberá usar como norma mínima el *Código de conducta del SCAR para el uso de animales con fines científicos en la Antártida*.

7(viii) Recolección y traslado de materiales que el titular del permiso no haya llevado a la Zona

Se podrán recolectar o retirar aquellos materiales no llevados a la Zona solamente con un permiso. El material extraído debe limitarse al mínimo necesario para fines científicos o de gestión.

Otros materiales de origen humano susceptibles de comprometer los valores de la Zona y que no hayan sido ingresados a ésta por el titular del permiso o autorizados de otro modo, podrán ser retirados de la Zona a menos que el impacto ambiental provocado por su traslado sea mayor que los efectos que pueda ocasionar dicho material en el lugar; si éste es el caso, se debe notificar a la autoridad nacional correspondiente y se debe obtener su aprobación.

7(ix) Eliminación de desechos

Como estándar mínimo, todos los desechos se eliminarán de conformidad con el Anexo III al Protocolo al Tratado Antártico sobre Protección del Medio Ambiente. Asimismo, todos los desechos deberán ser retirados de la Zona. Los desechos humanos líquidos podrán verterse en el mar. Los desechos humanos sólidos no deben verterse en el mar, sino que deberán retirarse de la Zona. No deberá eliminarse ningún desecho humano líquido o sólido tierra adentro.

7(ix) Medidas que podrían requerirse para garantizar el continuo cumplimiento de los objetivos y las finalidades del Plan de Gestión

- Se podrán conceder permisos para ingresar en la Zona a fin de realizar investigaciones científicas, actividades de vigilancia e inspecciones del sitio, que pueden incluir la toma de un número pequeño de muestras para análisis, la instalación o reparación de carteles indicadores o la toma de medidas de protección.

- Todos los sitios donde se realicen observaciones a largo plazo deberán estar debidamente marcados y se deberán mantener los señalizadores o letreros.

- Las actividades científicas se llevarán a cabo de conformidad con el *Código de conducta ambiental para el trabajo de investigación sobre el terreno en la Antártida del SCAR*.

7(xi) Requisitos relativos a los informes

El titular principal de un permiso para cada visita a la Zona deberá presentar un informe ante la autoridad nacional correspondiente tan pronto como sea posible, dentro de un plazo que no supere los 6 meses posteriores a la visita. Dichos informes deberán incluir, según corresponda, la información señalada en el formulario para informe de visita contenido en la Guía para la Preparación de Planes de Gestión para las Zonas Antárticas Especialmente Protegidas. Si procede, la autoridad nacional también debe enviar una copia del informe de visita a la Parte que haya propuesto el Plan de Gestión, a fin de brindar asistencia en la administración de la Zona y en la revisión del Plan de Gestión. Las Partes deben, de ser posible, depositar los originales o copias de los informes de visita originales en un archivo de acceso público, a fin de mantener un registro del uso, para fines de revisión del Plan de Gestión y también para fines de organización del uso científico de la Zona.

8. Documentación respaldatoria

Cantrill, D. J. 2000. A new macroflora from the South Orkney Islands, Antarctica: evidence of an Early to Middle Jurassic age for the Powell Island Conglomerate. *Antarctic Science* **12**: 185-195.

Harris, C. M., Carr, R., Lorenz, K. and Jones, S. 2011. Important Bird Areas in Antarctica: Península Antártica, Islas Shetland del Sur, Islas Orcadas del Sur Prepared for BirdLife International and the Polar Regions Unit of the UK Foreign & Commonwealth Office. Environmental Research & Assessment Ltd., Cambridge. Disponible en:

http://www.birdlife.org/datazone/userfiles/file/IBAs/AntPDFs/IBA_Antarctic_Peninsula.pdf

Holmes, K. D. 1965. *Interim geological report on Matthews and Powell islands.* British Antarctic Survey AD6/2H/1965/G2. 2pp

Longton, R.E., 1967. Vegetation in the maritime Antarctic. En Smith, J.E., *Editor*, A discussion of the terrestrial Antarctic ecosystem. *Philosophical Transactions of the Royal Society of London*, B, **252**, 213-235.

Morgan, F., Barker, G., Briggs, C., Price, R. and Keys, H. 2007. *Environmental Domains of Antarctica Version 2.0 Final Report.* Manaaki Whenua Landcare Research New Zealand Ltd, 89 pp.

Ochyra, R., Bednarek-Ochyra, H. y Smith, R.I.L. *The Moss Flora of Antarctica.* 2008. Cambridge University Press, Cambridge: 704 pp.

Øvstedal, D.O. y Smith, R.I.L. 2001. *Lichens of Antarctica and South Georgia. A Guide to their Identification and Ecology.* Cambridge University Press, Cambridge, 411 pp.

Peat, H., Clarke, A., and Convey, P. 2007. Diversity and biogeography of the Antarctic flora. *Journal of Biogeography,* 34, 132-146.

Poncet, S., and Poncet, J. 1985. A survey of penguin breeding populations at the South Orkney Islands. *British Antarctic Survey Bulletin,* No. 68, 71-81.

Smith, R. I. L. 1972. *British Antarctic Survey science report 68.* British Antarctic Survey, Cambridge, 124 pp.

Smith, R. I. L. 1984. Terrestrial plant biology of the sub-Antarctic and Antarctic. En: *Antarctic Ecology,* Vol. 1. Editor: R. M. Laws. London, Academic Press.

Thomson, J. W. 1973. The geology of Powell, Christoffersen and Michelsen islands, South Orkney Islands. *British Antarctic Survey Bulletin,* Nos. 33 & 34, 137-167.

Thomson, M. R. A. 1981. Late Mesozoic stratigraphy and invertebrate palaeontology of the South Orkney Islands. *British Antarctic Survey Bulletin,* No. 54, 65-83.

Mapa 1. Ubicación de la isla Powell del Sur en relación con las islas Orcadas del Sur y las demás zonas protegidas de la región. <u>Infografía</u>: ubicación de las Islas Orcadas del Sur en la Antártida.

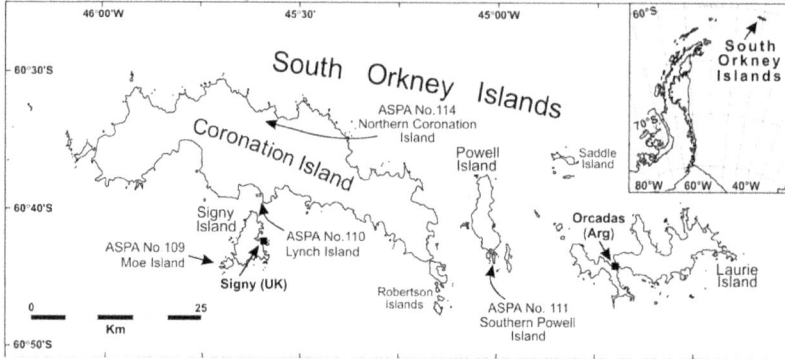

Mapa 2. Isla Powell del Sur y las islas adyacentes Zona Antártica Especialmente Protegida N.° 111.

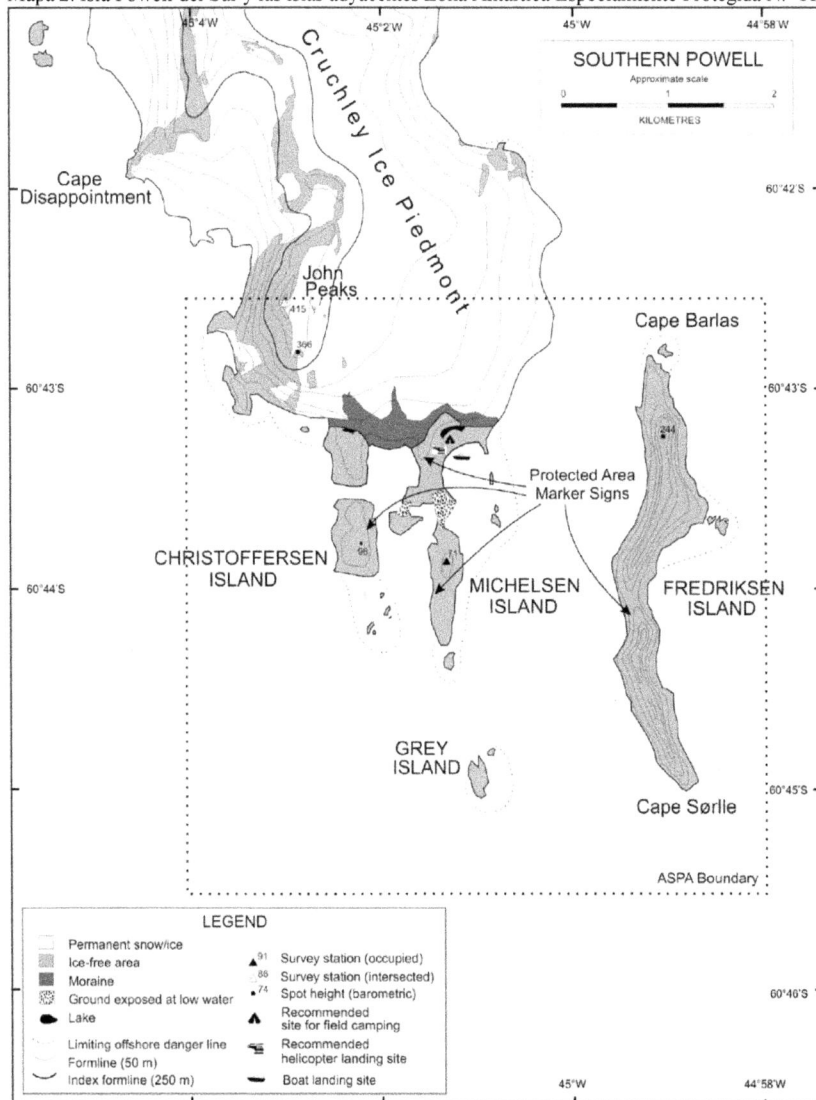

Plan de Gestión de la Zona Antártica Especialmente Protegida Nº 112

PENÍNSULA COPPERMINE, ISLA ROBERT, ISLAS SHETLAND DEL SUR

Introducción

La península Coppermine (62°24'S; 59°30'W) se ubica en la costa noroeste de la isla Robert, islas Shetland del Sur, enfrentando el estrecho Inglés. La Zona fue designada Zona Especialmente Protegida, ZEP, No 16 por medio de la Recomendación VI-10 (1970). El primer plan de gestión fue aprobado mediante la Recomendación XVI-6 (1991). En conformidad con la Decisión 1 (2002), la Zona pasó a denominarse Zona Antártica Especialmente Protegida No 112.

Se protege el área principalmente por corresponder a un ecosistema terrestre relevante, con la presencia de importantes colonias de flora y fauna antárticas, las que son de especial interés para las investigaciones científicas.

1. Descripción de los valores que requieren protección

La Península Coppermine es una zona de gran riqueza biológica, con una biota variada característica de las islas Shetland del Sur. Posee una amplia gama de comunidades vegetales con la fauna de invertebrados asociada; también está particularmente bien representada la fauna de vertebrados.

Gran parte de las tierras altas están permanente cubiertas de hielo. En verano, hay numerosos riachuelos y lagunas.

El principal valor de la Zona corresponde a la vegetación, la cual está caracterizada por una extensa carpeta de musgos, junto a especies de hepáticas, líquenes y algas. También está presente en la Zona una de las especies de plantas vasculares antárticas. La Zona también es reconocida por la presencia de colonias de aves nidificando en ella, principalmente el petrel gigante, *Macronectes giganteus*.

Los estudios científicos en el área se han desarrollado con la finalidad de conocer la composición de las comunidades biológicas del lugar y reconocer los impactos a los cuales se enfrentan.

2. Finalidades y objetivos

Las finalidades de la gestión de la península Coppermine son las siguientes:

- proteger el ecosistema terrestre y la comunidad de aves que se reproducen en la Zona;
- evitar las perturbaciones humanas innecesarias, a fin de evitar la degradación de los valores de la zona o el riesgo sustancial para los mismos;
- evitar cambios importantes en la estructura y composición de las comunidades de flora y fauna;
- permitir las investigaciones científicas en el medio terrestre, protegiéndolo al mismo tiempo del muestreo excesivo;
- permitir el desarrollo de otras investigaciones científicas en la Zona, siempre que no comprometan los valores por los cuales la Zona ha sido protegida, y
- permitir las visitas con fines de gestión, para cumplir los objetivos del presente plan de gestión.

3. Actividades de gestión

Se realizarán las siguientes actividades de gestión para proteger los valores de la Zona:

- El personal autorizado a ingresar a la Zona será instruido particularmente sobre las condiciones del presente plan de gestión.
- Se evitará la aproximación a la fauna, salvo cuando los proyectos científicos así lo requieran y esto esté establecido en los permisos correspondientes.
- La toma de muestras se limitará al mínimo requerido para el desarrollo de los planes de investigación científica aprobados.
- En los casos en que sea posible, se deberá limpiar y desinfectar la ropa, el calzado y el equipo antes de visitar la Zona a fin de evitar la introducción de microorganismos.
- Se permitirá la disposición de señalética (señalizadores, letreros u otras estructuras informativas) en sitios que no perturben a los valores protegidos o al desarrollo de las investigaciones, ya sea con fines científicos, de gestión o de divulgación, los que deberán mantenerse en buen estado.
- La señalética o estructuras que deban ser instalados en la Zona con fines científicos o de gestión, deberán mantenerse en buen estado.
- Los equipos y materiales que se instalen en la Zona deberán ser retirados en cuanto su uso ya no sea necesario.
- Se prohíbe estrictamente la entrada de vehículos de cualquier tipo a la Zona.
- Se realizarán las visitas necesarias para determinar si la Zona continúa sirviendo a los fines para los cuales fue designada y para verificar si las medidas de gestión son apropiadas.

4. Período de designación

La designación abarca un período indeterminado.

5. Mapas

Mapa 1: Parte de las islas Shetland del Sur, mostrando la ubicación de las islas Nelson, Robert y Greenwich, así como de las Zonas Antárticas Especialmente Protegidas ubicadas en ellas, incluida la ZAEP No 112, península Coppermine.

Mapa 2: Península Coppermine, isla Robert. En gris se demarca la ZAEP No 112. Basado en la Carta del Instituto Hidrográfico de la Armada de Chile Estrecho Inglés y Paso Lautaro, escala 1:40.000.

6. Descripción de la zona

6(i) Coordenadas geográficas, indicaciones de límites y rasgos naturales

DESCRIPCIÓN GENERAL

La península Coppermine (62°24'S; 59°30'W) se ubica en el extremo noroccidental de la isla Robert. Constituye una franja alargada de 2 km de longitud, desde el istmo que la conecta a la isla Robert al cabo Fort Williams, por 500 m de ancho. El relieve es irregular, con alturas promedio entre los 30 y 40 msnm y algunas prominencias que se elevan por sobre los 80 msnm, como las columnas basálticas de la Catedral de Neptuno y el morro próximo a las instalaciones de la base Luis Risopatrón (Chile).

La península está compuesta por rocas volcánicas del Cretácico Superior, que corresponden principalmente a lavas de basalto y olivino, con prominente coloración roja escoriacea en las interfases. Las columnas articuladas de Fort Williams y la Catedral de Neptuno son intrusiones del Plioceno o períodos recientes.

La formación de suelo por descomposición vegetal y depositación de humus es lenta escasa, pero la acumulación de materia orgánica puede alcanzar localmente unos 85 cm. Los suelos bajos se asemejan a carpetas de musgos, generalmente de 3 a 10 cm de profundidad.

La topografía y las condiciones climáticas de la Zona proporcionan una variedad de tipos de hábitat en las comunidades de plantas, las cuales son fuertemente influenciadas por los aerosoles marinos.

LÍMITES

La península Coppermine se extiende desde cabo Morris hasta el cerro Triplet, separando las caletas Carlota y Coppermine. Esta península es la zona más occidental de la isla Robert y termina en extremo oeste en Fort Williams, cabo con llamativas formas, como la Roca Morris, que se sitúa en el área costera. Esta península representa una de las etapas más antiguas del volcanismo Cenozoico Superior de la región.

La península se une a la isla Robert por un istmo con forma de terraza, compuesto de gravas marinas, de cota cercana a los 10 m, con un ancho de aproximadamente 250 m. Este istmo se ve interrumpido hacia el oriente por un pequeño cerro, en forma de herradura. En el extremo sureste de la caleta Coppermine emerge el cerro Triplet, de 140 m de altura.

FLORA

El principal valor de la Zona corresponde a la vegetación, la cual está caracterizada por una extensa carpeta de musgos que cubre cerca de 1,5 ha, representando una de las más importantes comunidades de briófitas en la Antártica. Las áreas más húmedas de la península son dominadas por *Calliergidium austro-stramineum* y *Calliergon sarmentosum*, el cual se fusiona al interior de *Drepanocladus uncinatus*, donde el drenaje es mayor. En las áreas marginales más secas, *Polytrichumalpinum*, *Bryum algens*, *Psoroma cinnamomeum*, *Sphaerophorus globosus*, *Ceratidon* sp., y *Usnea* sp., junto a otros líquenes, se asocian con el *Drepanocladus*. En las pendientes húmedas cercanas a la cumbres, las turbas de musgos se han desarrollado con turbas húmedas de aproximadamente 85 cm de profundidad. Las áreas con suelos de cenizas húmedas en depresiones y suelos de los valles presentan extensas comunidades de líquenes foliosos. Las rocas costeras, por su parte, está frecuentemente cubierta por líquenes, principalmente por *Caloplaca* sp., *Haematomma erythromma*, *Physcia caesia*, *Ramalia tenebrata* y *Usnea* sp., las que ocasionalmente se asocian a musgos.

En las áreas con influencia de colonias de aves, se encuentra el alga *Prasiola crispa*, y algunas áreas es posible encontrar al alga verde azulada *Nostoc commune*. En las áreas cubiertas de nieve puede registrarse las algas *Clammydomonas nivalis* y *Scottiella antarctica*, que le dan un color rojizo característico al hielo.

Deschampsia antarctica se localiza frecuentemente en las pendientes protegidas de la península.

En el cuadro 1 se presentan las especies vegetales registradas en la Zona:

Cuadro 1. Especies vegetales presentes en la península Coppermine, isla Robert.

Plantas vasculares		
Deschampsia antarctica		
Musgos		
Andreaea depressinervis	*Caratodon* cf. *grossiretis*	*Polytrichum piliferum*
Andreaea gainii	*Caratodon* cf. *purpureus*	*Pottia austro-georgica*
Andreaea regularis	*Chorisodontium aciphyllum*	*Schistidium (=Grimmia) antarcticum*
Bartramia patens	*Dicranoweisia grimmiaceae*	*Tortula* cf. *conferta*
Brachythecium austro-salebrosum	*Drepanocladus uncinatus*	*Tortula excelsa*
Bryum algens	*Pohlia cruda* var. *imbricata*	*Tortula fusco-viridis*
Calliergidium austro-stramineum	*Pohlia nutans*	*Tortula grossiretis*
Calliergon sarmentosum	*Polytrichum alpinum*	
Hepáticas	**Algas**	

Barbilophozia hatcheri	*Nostoc commune*
Cephaloziella varians	*Prasiola crispa*

Líquenes		
Buellia sp.	*Haematomma erythromma*	*Ramalia terebrata*
Caloplaca regalis	*Lecania brialmontii*	*Rinodina* sp.
Caloplaca sp.	*Lecanora* sp.	*Sphaerophorus globosus*
Candelariella vitellina	*Leptogium puberulum*	*Stereocaulon glabrum*
Cladonia balfourii	*Mastodia tesselata*	*Umbilicaria antarctica*
Cladonia cf. *carneola*	*Ochrolechia frigida*	*Usnea aurantiaco-atra* (forma postrada)
Cladonia furcata	*Physcia caesia*	*Usnea fasciata*
Cladonia sp.	*Psoroma hypnorum*	*Xanthoria candelaria*
Cornicularia epiphorella	*Psoroma* cf. *cinnamomea*	*Xanthoria elegans*

FAUNA

La vegetación presente en la Zona proporciona hábitats para comunidades de invertebrados terrestres. En los ambientes en la península Coppermine están presentes colémbolos, ácaros, nemátodos, rotíferos, tardígrados y diferentes grupos de protozoos. El principal representante de este grupo corresponde al colémbolo *Cryptopygus antarcticus*, el que habitualmente se encuentra asociado a las carpetas de musgo.

En la península Coppermine se encuentran varias colonias de aves marinas, ya sea reproductivas o de descanso. Entre aquellas que se reproducen en el sitio se tienen los petreles gigantes, *Macronectes giganteus*, los petreles de Wilson, *Oceanites oceanicus*, el gaviotín antártico, *Sterna vittata*, las gaviotas dominicanas, *Larus dominicanus*, y las skúas pardas, *Stercorarius (Catharacta) lonnbergi*.

La Zona es visitada, además, por focas y lobos marinos, los que son registrados descansando en las playas.

Cuadro 2. Fauna presente en la península Coppermine, isla Robert

Vertebrados	
Aves voladoras	
Nombre científico	**Nombre común**
Macronectes giganteus	Petrel gigante
Daption capense	Petrel moteado
Oceanites oceanicus	Petrel de Wilson
Phalacrocorax bransfieldensis	Cormorán antártico
Larus dominicanus	Gaviota dominicada
Sterna vittata	Gaviotín antártico
Stercorarius (Catharacta)	Skúa parda

antarcticus	
Chionis albus	Paloma antártica

Aves nadadoras	
Nombre científico	**Nombre común**
Pygoscelis antarctica	Pingüino antártico o de barbijo
Pygoscelis papua	Pingüino papúa o de pico rojo
Pygoscelis adeliae	Pingüino de Adelia

Pinnipedios	
Nombre científico	**Nombre común**
Mirounga leonina	Elefante marino del sur
Leptonychotes weddelli	Foca de Weddell
Hydrurga leptonyx	Foca leopardo
Arctocephalus gazella	Lobo fino antártico

6(ii) Acceso a la Zona

Se puede acceder a la Zona exclusivamente vía marítima, desembarcando en las playas de caleta Carlota o de caleta Coopermine, sólo frente a las instalaciones de la estación científica Luis Risopatrón (Chile).

Sólo en casos de emergencia se podrá acceder vía aérea, con helicópteros, los que deberán aterrizar al este del istmo, en la isla Robert, fuera de la Zona.

6(iii) Ubicación de estructuras dentro de la Zona o en áreas adyacentes

A unos 100 m al oeste de la Zona, en la península Coppermine, se ubica la estación científica Luis Risopatrón (Chile). La estación científica se emplaza a unos 40 m sobre el nivel del mar, en una superficie de roca sólida, a unos 150 m de la línea de costa y consta de 5 módulos, de habitabilidad, laboratorios y almacenaje. La estación opera en el verano austral y permite actualmente alojar a 5 personas.

6 (iv) Ubicación de las zonas protegidas en las cercanías

En las proximidades de la península Coppermine se ubican, las siguientes zonas protegidas:

- ZAEP N° 133, punta Armonía, isla Nelson, a unos 30 km al noroeste.
- ZAEP N° 144, bahía Chile, isla Greenwich, a unos 12 km de distancia hacia el sur.

6 (v) Áreas especiales al interior de la Zona

Ninguna.

7. Términos y Condiciones para los permisos de ingreso

7 (i) Condiciones generales de los permisos

Se prohíbe el ingreso a la Zona excepto con un permiso expedido por una autoridad nacional pertinente. Las condiciones para la expedición de un permiso para ingresar a la Zona son los siguientes:

- que el permiso se expida con fines científicos o de gestión esenciales y compatibles con los objetivos del plan, como inspecciones, tareas de mantenimiento o examen que no puedan realizarse en otro sitio;
- que las acciones permitidas no pongan en peligro los valores científicos y ecológicos de la Zona;
- que toda actividad de gestión facilite la consecución de los objetivos del plan de gestión;
- que las acciones permitidas sean compatibles con este plan de gestión;
- que el personal científico presente en la Zona lleve el permiso o una copia autorizada durante el período especificado; y
- que al finalizar el período se presente un informe a la autoridad nacional pertinente mencionada en el permiso, haciendo referencia a toda actividad llevada a cabo que no esté mencionada explícitamente en el permiso.

7(ii) Acceso a la Zona y desplazamiento en su interior o sobre ella

Se puede acceder a la Zona exclusivamente vía marítima, desembarcando en las playas de caleta Carlota o de caleta Coopermine, frente a las instalaciones de la estación científica Luis Risopatrón (Chile).

El desplazamiento dentro de la Zona debe desarrollarse a pie.

Acceso de vehículos

Se prohíbe el ingreso en la Zona de vehículos de cualquier tipo.

Sobrevuelos

Debido a la presencia de aves marinas que se reproducen en la isla, se prohíbe el aterrizaje de aeronaves en la Zona. En casos de emergencia se podrá acceder al área vía aérea, con helicópteros, los que deberán aterrizar fuera de la Zona, al este del istmo. Además, todo sobrevuelo deberá ceñirá a las directrices establecidas en la Resolución 2 (2004), *Directrices para las operaciones de aeronaves cerca de concentraciones de aves.*

7(iii) Actividades que se pueden llevar a cabo dentro de la Zona

- Investigaciones científicas que no pongan en peligro los valores del ecosistema o los valores científicos de la Zona o que no afecten de manera alguna el valor de la Zona como sitio de referencia.
- Actividades de gestión indispensables, entre ellas el monitoreo.

7(iv) Instalación, modificación o retiro de estructuras

- No se podrán erigir estructuras en la Zona, excepto aquellas que se especifiquen en un permiso. Se prohíben las estructuras o instalaciones permanentes.
- Todas las estructuras, el equipo científico y los señalizadores que se instalen en la Zona deberán estar autorizados en un permiso por un período determinado, y deberán indicar claramente el nombre del país, el nombre del investigador principal y el año de instalación. Todos estos artículos deberían estar hechos de materiales que presenten un riesgo mínimo de contaminación de la Zona.
- La instalación (incluida la selección del sitio), el mantenimiento, la modificación o el retiro de estructuras, deberá efectuarse de una forma que ocasione una perturbación mínima a la flora y la fauna presentes.
- El retiro de equipo específico, cuyo permiso haya vencido, será responsabilidad de la autoridad que haya expedido el permiso original y será una condición para el otorgamiento del permiso.

7(v) Ubicación de campamentos

Está prohibido acampar en la Zona. La estación científica Luis Risopatrón estará disponible para albergar a los investigadores, lo que deberá ser tramitado con el Programa Antártico Chileno con la debida antelación.

No se considera dentro de esta exclusión la instalación de carpas con instrumental o material científico, o las empleadas como base de observación, las que deberán removerse en cuanto concluya la actividad.

De ser necesario acampar en la península Coppermine, las carpas deberán ubicarse en las inmediaciones de la estación Risopatrón. No deben utilizarse otros sitios para este propósito, a fin de limitar el impacto humano.

7 (vi) Restricciones relativas a los materiales y organismos que puedan introducirse en la Zona

- Se prohíbe la introducción deliberada de animales vivos, plantas o partes de ellas y microbios no autóctonos en la Zona y se deben tomar todas las precauciones necesarias para evitar su introducción accidental. Siempre que sea posible, se deberá inspeccionar y limpiar minuciosamente toda la ropa, el calzado y el equipo antes de entrar en la Zona.
- A fin de mantener los valores faunísticos, florísticos y ecológicos de la zona, los visitantes deberán tomar precauciones especiales para evitar la introducción accidental de microorganismos o invertebrados de otros lugares de la Antártica, o de regiones de fuera de la Antártica. Todos los equipos de muestreo y los señalizadores que se lleven a la zona, en la medida de lo posible, deberán limpiarse o esterilizarse antes de ser usados en la Zona.
- A fin de proteger la avifauna de la isla, se prohíbe introducir en la Zona carne de aves y sus derivados para la alimentación de los investigadores.
- No se introducirán herbicidas o plaguicidas. Cualquier producto químico, incluidos radio nucleótidos o isótopos estables, que se introduzca con fines científicos o de gestión, especificados en el permiso, deberá ser retirado de la Zona a más tardar cuando haya concluido la actividad para la cual se extendió el permiso.
- Todo el material que se introduzca a la Zona podrá permanecer en ella sólo durante el período especificado en el permiso; deberá ser retirado cuando concluya dicho período, o con anterioridad, y deberá ser manipulado de forma tal que se reduzca a un mínimo el riesgo de introducción en el medio ambiente.
- Si se producen vertimientos que puedan comprometer los valores de la Zona, se recomienda extraer el material únicamente si no es probable que el impacto de dicho retiro sea mayor que el de dejar el material in situ.

7(vii) Recolección de flora y fauna autóctonas o daños que puedan sufrir éstas

Se prohíbe la toma de ejemplares de la flora o fauna autóctonas y la intromisión perjudicial en ellas, excepto con un permiso otorgado de conformidad con el artículo 3 del Anexo II al Protocolo al Tratado Antártico sobre Protección del Medio Ambiente, por una autoridad nacional pertinente específicamente con ese fin.

En caso de toma de animales o intromisión perjudicial en los mismos, se deberá usar como norma mínima el *Código de conducta del SCAR para el uso de animales con fines científicos en la Antártica*.

7(viii) Recolección o retiro de materiales que no hayan sido traídos a la Zona por el titular del permiso

- Se podrá recolectar o retirar material de la Zona únicamente de conformidad con un permiso, y dicho material debe limitarse al mínimo necesario para fines de índole científica o de gestión. No se otorgarán permisos si existe una preocupación prudencial de que el muestreo propuesto resultará en la toma, el retiro o el daño de una cantidad tal de tierra, sedimento o ejemplares de la flora o fauna, que su distribución o abundancia en la zona se vería muy afectada.
- Todo material de origen humano que probablemente comprometa los valores de la zona y que no haya sido llevado a la zona por el titular del permiso, o que no esté comprendido en otro tipo de autorización, podrá ser retirado, salvo que el impacto de su extracción pueda ser mayor que el efecto de dejar el material in situ. En tal caso, se deberá notificar a las autoridades pertinentes.

7(ix) Eliminación de desechos

Deberán retirarse todos los desechos de la Zona. Sin embargo, los desechos orgánicos humanos podrán verterse en el mar de conformidad con el artículo 5 del Anexo III del Protocolo al Tratado Antártico sobre Protección del Medio Ambiente.

Los desechos generados como consecuencia de las actividades realizadas en la Zona deben almacenarse temporalmente en las proximidades de estación científica, en un lugar donde estén protegidos contra la pérdida accidental. Deberán rotularse adecuadamente como basura. Al finalizar el período de desarrollo de las actividades, se retirarán de la Zona y del Área del Tratado.

7(x) Medidas que puedan requerirse para garantizar el continuo cumplimiento de los objetivos y las finalidades del plan de gestión

Se podrán otorgar permisos para ingresar en la Zona a fin de realizar actividades de monitoreo biológico e inspección del sitio, las que pueden incluir la recolección de muestras limitadas para análisis o examen, o para tomar medidas de protección.

En los casos en que sea factible, todos los sitios donde se lleven a cabo actividades de monitoreo a largo plazo, que sean vulnerables a la perturbación involuntaria, deberían estar debidamente marcados en el sitio y en los mapas de la Zona.

7(xi) Requisitos relativos a los informes

Las Partes deberán cerciorarse de que el titular principal de cada permiso expedido presente a la autoridad pertinente un informe de las actividades realizadas, en un plazo que no supere los seis meses después de la visita. Dichos informes deberán incluir, según corresponda, la información señalada en el formulario para el Informe de Visitas, contenido en el Apéndice 2 de la Resolución 2 (2011).

Las Partes deberán llevar un registro de dichas actividades y, en el intercambio anual de información, presentar descripciones resumidas de las actividades realizadas por las personas bajo su jurisdicción, suficientemente pormenorizados como para que se pueda determinar la eficacia del plan de gestión. Siempre que sea posible, las Partes deberán depositar el informe original o copias de él en un archivo al cual el público tenga acceso, a fin de llevar un registro del uso que pueda utilizarse en las revisiones del plan de gestión y en la organización del uso científico de la zona.

Se deberá informar a la autoridad pertinente sobre cualquier actividad realizada, medida adoptada o material vertido y no extraído, que no estén incluidos en un permiso.

8. Documentos de apoyo

Bustamante, R., I. Serey y G. Guzmán. 1987. Importancia de península Coppermine (isla Robert) para el desarrollo de un programa de investigación en ecología terrestre. Bol. Antárt. Chileno 7 (2): 5-8.

Bustamante, R., I. Serey y G. Guzmán. 1989. Mortalidad de musgos y distribución de *Usnea aurantiacoatra*: ¿Efectos alelopáticos?. Ser. Cient. INACH 39: 69-73.

Casanova-Katny, M.A., G.E. Zúñiga, L.J. Corcuera, L. Bravo y M. Alberdi. 2010. *Deschampsia antarctica* Desv. primary photochemistry performs differently in plants grown in the field and laboratory. Polar Biol. 33 (4): 477-483.

Casaretto, J.A., L.J. Corcuera, I. Serey y G.E. Zúñiga. 1994. Size structure of tussocks of a population of *Deschampsia antarctica* Desv. in Robert Island, maritime Antarctica. Ser. Cient. INACH 44: 61-66.

Cuba, M., A. Gutiérrez-Moraga, B. Butendieck y M. Gidekel. 2005. Micropropagation of *Deschampsia antarctica* – a frost-resistant Antarctic plant. Antarctic Science 17 (1): 69-70.

Etchegaray, J., F. Sáiz y E.R. Hajek. 1977. Análisis de las relaciones entre mesofauna antártica y algunos factores climáticos. Ser. Cient. INACH 5 (1): 35-44.

Machado., A., F. Chemale Jr., R.V. Conceição, K. Kawaskita, D. Morata, O. Oteíza y W.R. Van Schmus. 2005. Modeling of subduction components in the genesis of the Meso-Cenozoic igneous rocks from the South Shetland Arc, Antarctica. Lithos 82: 435-453.

Orrego, C. y C. Campusano. 1970. Investigaciones ecológicas en isla Robert (Shetland del Sur). Instituto Antártico Chileno, Boletín No 5: 40-41.

Orrego, C. y C. Campusano. 1971. Temperaturas de nidificación de aves de isla Robert (Shetland del Sur). Ser. Cient. INACH 2 (1): 51-63.

Pefaur, J.E. y R. Murúa. 1972. Estudios Ecológicos en Isla Robert (Shetland del Sur). 7. Aves de la península de isla Robert. Ser. Cient. INACH 2 (2): 11-23.

Saíz, F. y E.R. Hajek. 1967. Estudios Ecológicos en Isla Robert (Shetland del Sur). 1. Observaciones de temperatura en nidos de petrel gigante. Publicación INACH. 15 pp

Schlatter, R., W. Hermosilla y F. Di Castri. 1968. Estudios Ecológicos en Isla Robert (Shetland del Sur). 2. Distribución altitudinal de los artrópodos terrestres. Publicación INACH. 26 pp.

Schlatter, R., W. Hermosilla, F. Di Castri y R. Covarrubias. 1970. Estudios Ecológicos en Isla Robert (Shetland del Sur). Efecto de filtros microclimáticos sobre la densidad de artrópodos muscícolas en la Antártica. Instituto Antártico Chileno, Boletín No 5: 11-16.

Serrano, E. y J. López-Martínez.1997. Geomorfología de la península Coppermine. Ser. Cient. INACH 47: 19-29.

Torres-Mellado, G.A., R. Jaña y M.A. Casanova-Katny.2011. Antarctic hairgrass expansion in the South Shetland archipelago and Antarctic Peninsula revisited. Polar Biol. 34 (11): 1679-1688.

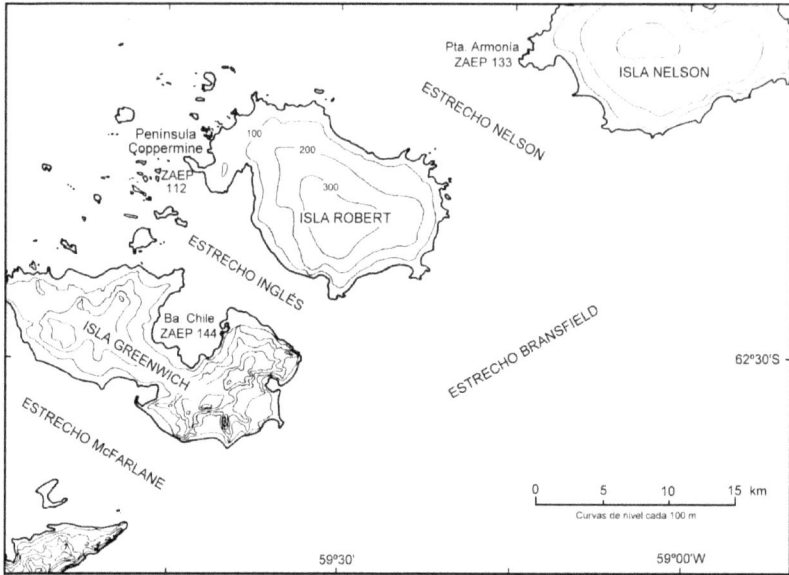

Mapa 1: Parte de las islas Shetland del Sur, mostrando la ubicación de las islas Nelson, Robert y Greenwich, así como de las Zonas Antárticas Especialmente Protegidas ubicadas en ellas, incluida la ZAEP N° 112, península Coppermine.

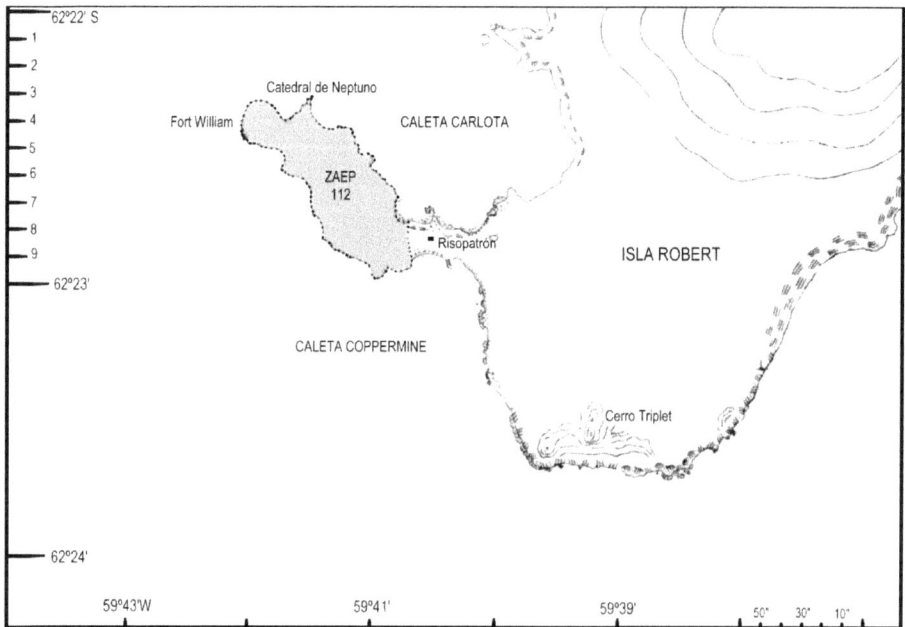

Mapa 2: Península Coppermine, isla Robert. En gris se demarca la ZAEP 112.
Basado en la Carta del Instituto Hidrográfico de la Armada de Chile Estrecho Inglés y Paso Lautaro, escala 1:40.000.

Map 1. Part of South Shetland Islands, showing the location of Nelson, Robert and Greenwich Islands, as well as the Antarctic Specially Protected Areas located there, including ASPA No. 112, Coppermine Peninsula.

Español	English	Français	Русский
Isla Nelson	Nelson Island	Île Nelson	Остров Нельсон
Punta Armonía, ZAEP 133	Harmony Point, ASPA133	Pointe Harmony, ZSPA133	Мыс гармония, ООРА 133
Estrecho Nelson	Nelson Strait	Détroit Nelson	Пролив Нельсон
Isla Robert	Robert Island	Île Robert	Остров Роберт
Península Coppermine, ZAEP 112	Coppermine Peninsula, ASPA 112	PéninsuleCoppermine, ZSPA 112	Полуостров Коппермайн, ООРА 112
Estrecho Inglés	English Strait	Détroit anglais	Английский пролив
Bahía Chile, ZAEP 144	Chile Bay, ASPA 144	Baie Chile, ZSPA 144	Залив Чили, ООРА 144
Isla Greenwich	Greennwich Island	Île Greenwich	Остров Гринвич
Estrecho McFarlane	McFarlane Strait	Détroit McFarlane	Пролив МакФарлейн
Estrecho Bransfield	Bransfield Strait	Détroit Bransfield	Пролив Брансфилд
Curvas de nivel cada 100 m	Level contours each 100 m	Courbes de niveau tous les 100 m	Горизонтали проведены через каждые 100 м.

Map 2: Coppermine Peninsula, Robert Island ASPA No. 112 is shown in grey.
Based on the Chart of the Hydrographical Institute of the Chilean Army. English Strait and Lautaro Channel, scale 1:40,000.

Español	English	Français	Русский
Isla Robert	Robert Island	Île Robert	Остров Роберт
Caleta Carlota	Carlota Cove	Anse Carlota	Бухта Карлота
Caleta Coppermine	Coppermine Cove	Anse Coppermine	Бухта Коппермайн
Catedral de Neptuno	Neptune´s Cathedral	Cathédrale de Neptune	Храм Нептуна
Fort William	Fort William	Fort William	Мыс Форт-Вильям
ZAEP 112	ASPA 112	ZSPA 112	ООРА 112
Risopatrón	Risopatron	Risopatron	Станция «Ризопатрон»
Cerro Triplet	Triplet Hill	Colline Triplet	Тройной холм

Plan de Gestión para la Zona Antártica Especialmente Protegida N.º 115

ISLA LAGOTELLERIE, BAHÍA MARGARITA, GRAHAM LAND

Introducción

La principal razón para designar a la isla Lagotellerie, bahía Margarita, Graham Land (Latitud 67° 53'20" S, Longitud 67° 25'30" O; superficie 1,58 km^2) como Zona Antártica Especialmente Protegida (ZAEP) es proteger los valores ambientales, y principalmente la flora y la fauna terrestres, pero también la avifauna, dentro de la Zona.

La isla Lagotellerie mide alrededor de 2 km por 1,3 km, orientada generalmente en una dirección este-oeste. La Zona está a 11 km al sur de la isla Porquois Pas y a 3,25 km al oste del extremo sur de la isla Horseshoe. La isla Lagotellerie fue indicada en un mapa por primera vez por Jean-Baptiste Charcot durante la Deuxième Expédition Antarctiques Française en 1908-1910. No hay registros de otras visitas hasta los años cuarenta, cuando la isla recibió visitas ocasionales por parte de expediciones de campo de Estados Unidos, Argentina y Gran Bretaña procedentes de las estaciones científicas cercanas. La isla no ha sido objeto de ninguna investigación científica importante y, por lo tanto, permanece en gran parte sin perturbaciones causadas por actividades humanas.

La isla Lagotellerie, fue designada originalmente como Zona Especialmente Protegida mediante la Recomendación XIII-II (1985, ZEP N.º 19) a raíz de una propuesta presentada por el Reino Unido. Fue designada debido a que la isla contiene riqueza y diversidad en términos de flora y fauna típicas de la región sur de la Península Antártica. Estos valores se reiteraron en la Recomendación XVI-6 (1991) cuando se adoptó un plan de gestión para el sitio, y se reafirman en gran parte nuevamente en el presente plan de gestión.

La Resolución 3 (2008) recomendaba usar el Análisis ambiental de dominios para el continente antártico como modelo dinámico para identificar las Zonas Antárticas Especialmente Protegidas dentro del marco ambiental-geográfico sistemático a que se refiere el Artículo 3(2) del Anexo V del Protocolo (véase también Morgan et al, 2007). Usando este modelo, la ZAEP 115 se encuentra dentro de un Dominio ambiental B (geológico de latitudes del norte medio de la Península Antártica). Otras zonas protegidas que contienen un Dominio B incluyen las ZAEP 108, 134, 140 y 153, y la ZAEA 4.

Las otras tres ZAEP están presentes dentro del área de la bahía Margarita (ZAEP 107, isla Emperor, islas Dion, ZAEP 117, isla Avian y ZAEP 129, punta Rothera). La ZAEP 107, isla Emperor y la ZAEP 117, isla Avian, fueron designadas para proteger principalmente la avifauna del área, mientras que la ZAEP 129, punta Rothera, fue designada para vigilar el impacto de la estación cercana sobre un ecosistema de páramo antártico. Por lo tanto, la isla Lagotellerie complementa la red local de ZAEP protegiendo principalmente las comunidades biológicas terrestres.

1. Descripción de los valores que requieren protección

Luego de una visita a la ZAEP en febrero de 2011, los valores especificados en la designación anterior fueron reafirmados. Estos valores se exponen de la siguiente manera:

- La isla Lagotellerie contiene una fauna relativamente diversa típica de la región sur de la Península Antártica. La abundancia de las únicas dos plantas que florecen en la Antártida, *Deschampsia antarctica* y *Colobanthus quitensi*, que forman montes de hasta 10 m^2, resulta de particular interés. Estos se encuentran entre los montes más grandes conocidos al sur de las islas Shetland del Sur, que están sólo a 90 km al norte de su límite sur. Ambas especies florecen profusamente, y las semillas tienen una mayor viabilidad que las producidas en las islas Orcadas del Sur o las islas Shetland del Sur.

- Numerosos musgos y líquenes forman comunidades bien desarrolladas en la isla. Unos pocos musgos son fértiles, lo cual es un fenómeno raro en la mayoría de los lugares de la Antártida.

- La isla se destaca por la presencia de *Deschampsia antarctica* en la altitud más alta registrada al sur de los 56° S, con plantas pequeñas dispersas a alturas de hasta 275 m. Por lo tanto, la isla tiene un valor científico especial futuro para el estudio de la influencia del gradiente altitudinal sobre la viabilidad biológica de las especies de plantas representadas en este sitio.La isla se destaca por la presencia de *Deschampsia antarctica* en la altitud más alta registrada al sur de los 56° S, con plantas pequeñas dispersas a alturas de hasta 275 m. Por lo tanto, la isla tiene un valor científico especial futuro para el estudio de la influencia del gradiente altitudinal sobre la viabilidad biológica de las especies de plantas representadas en este sitio.

- La fauna invertebrada es rica, y la isla es uno de los sitios más meridionales para la mosca áptera *Belgica antarctica.*

- El suelo de loam poco profundo desarrollado debajo de la vegetación y su fauna invertebrada y microbiota asociadas probablemente sean únicos en esta latitud.

- Hay una colonia de alrededor de 1850 pingüinos Adelia (*Pygoscelis adeliae*) y una de las colonias más meridionales de una escasa docena de cormoranes de ojos azules (*Phalacrocorax atriceps*) en el ángulo sudeste de la isla. Numerosas parejas de skúas pardas y antárticas (*Catharacta lonnbergii* y *C. maccormicki*) se reproducen en la isla.

- Actualmente, se considera que los valores asociados con las colonias de pingüinos y skúas son su interrelación ecológica con otras características biológicas de valor excepcional mencionados anteriormente.

- Los estratos fosilíferos presentes en el extremo oeste de la isla son de particular valor geológico, dado que dichas formaciones no están comúnmente expuestos en el Grupo Volcánico de la Península Antártica.

- La isla no ha sido objeto de vistas frecuentes, investigación científica ni muestreos y, por lo tanto, puede considerarse como una de las áreas con abundante vegetación más intactas de la región.

2. Finalidades y objetivos

La gestión en la isla Lagotellerie tiene por objetivo:

- evitar las perturbaciones humanas innecesarias a fin de no degradar los valores de la Zona o crear riesgos considerables para los mismos;

- permitir la investigación científica en la Zona, siempre que sea por razones indispensables que no puedan llevarse a cabo en otro lugar y siempre que no ponga en peligro el sistema ecológico natural de la Zona;

- permitir visitas con fines de gestión concordantes con los objetivos del plan de gestión;

- evitar o reducir a un mínimo la introducción en la zona de plantas, animales y microorganismos no autóctonos;

- reducir al mínimo la posibilidad de introducir patógenos que pudieran causar enfermedades en las poblaciones de aves de la Zona;

- preservar el ecosistema natural de la Zona como área de referencia para futuros estudios.

3. Actividades de gestión

Se realizarán las siguientes actividades de gestión para proteger los valores de la Zona:

- Se efectuarán las visitas necesarias para determinar si la ZAEP continúa sirviendo a los fines para los cuales ha sido designada, y cerciorarse de que las medidas de gestión y mantenimiento sean adecuadas.

- El Plan de Gestión se revisará con una frecuencia no inferior a cinco años y se actualizará cuando se considere conveniente.

- Los indicadores, los carteles y las estructuras erigidos dentro de la Zona con fines científicos o de gestión estarán bien sujetos, se mantendrán en buen estado y se los eliminará cuando dejen de ser necesarios.

- De acuerdo con los requisitos del Anexo III al Protocolo al Tratado Antártico sobre Protección del Medio Ambiente, los equipos o materiales abandonados deberán retirarse en la mayor medida posible, siempre y cuando ello no produzca un impacto adverso sobre el ambiente o los valores de la Zona.

- Una copia de este Plan de Gestión deberá estar disponible en la estación de investigaciones Rothera (Reino Unido; Latitud 67° 34' S, Longitud 68° 07' O) y en la estación General San Martín (Argentina; Latitud 68° 08' S, Longitud 67° 06' O).

- Todas las actividades científicas y de gestión desarrolladas dentro de la Zona deben estar sujetas a una Evaluación de Impacto Ambiental, de conformidad con los requisitos establecidos en el Anexo I al Protocolo al Tratado Antártico sobre Protección del Medio Ambiente.

4. Período de designación

La ZAEP se designa por tiempo indefinido.

5. Mapas

Mapa 1. Zona Antártica Especialmente Protegida N.° 115, isla Lagotellerie bahía Margarita, mapa de ubicación que muestra la ubicación de la estación General San Martín (Arg.), la estación Teniente Luis Carvajal (Chile), isla Adelaide, la estación de investigaciones Rothera (Reino Unido) y la ZAEP 129 cercana, en punta Rothera, también en la isla Adelaide, y la ubicación de las demás zonas protegidas en la región [isla Emperor, islas Dion (ZAEP 107) e isla Avian (ZAEP 117)]. Se muestra la "Base Y" (Reino Unido) (Monumento Histórico N.° 63) en la isla Horseshoe. Infografía: ubicación de la isla Lagotellerie a lo largo de la Península Antártica.

Mapa 2. Mapa topográfico de la isla Lagotellerie (ZAEP 115). Especificaciones cartográficas: Proyección: cónica conforme de Lambert. Paralelos normales: primero 63° 20' 00" S; segundo 76° 40' 00"S. Meridiano central: 65° 00' 00" O. Latitud de origen: 70° 00' 00" S. Esferoide: WGS84. Datum: Nivel Medio del mar. Equidistancia de las curvas de nivel 20 m. Se prevé una exactitud horizontal y vertical mejor que ±5 m.

Mapa 3. Croquis geológico de la isla Lagotellerie (ZAEP 115).

6. Descripción de la Zona

6 (i) Coordenadas geográficas y rasgos naturales

LÍMITES Y COORDENADAS
Las coordenadas de los extremos de la Zona se presentan en la Tabla 1.

Extremo	Latitud	Longitud
noroeste	67° 52'30'' S	67° 27'00'' O
noreste	67° 52'30'' S	67° 22'00'' O
sudoeste	67° 54'00'' S	67° 27'00'' O
sudeste	67° 54'00'' S	67° 22'00'' O

La Zona incluye toda la isla Lagotellerie, e islas e islotes adyacentes sin nombre. La Zona abarca todo el territorio libre de hielo, el hielo permanente y semipermanente ubicado dentro de los límites, pero excluye el medio marino que se extiende más allá de 10 m costa afuera desde la línea de la marea baja (Mapa 2). No se han colocado las indicaciones de límites debido a que la costa propiamente dicha está bien delimitada y es un límite visual evidente.

La isla Lagotellerie es rocosa y tiene laderas empinadas, y aproximadamente el 13% está cubierta por hielo permanente, la mayor parte del cual se encuentra en las laderas del sur. La isla se eleva hasta picos gemelos de 268 m y 288 m separados por una amplia ensillada a alrededor de 200 m, con acantilados cortados a pico hasta esta altura en sus lados sur, oeste y este. Las laderas norte superiores también tienen acantilados escarpados, cruzados por barrancos, desmoronamientos y atravesados por amplias terrazas de roca. Las laderas norte inferiores son menos escarpadas, en particular en la mitad este de la isla, con una amplia terraza de rocas a una elevación de aproximadamente 15 m que está formada por derrubios de playa elevados fracturados por gelifracción.

GEOLOGÍA

La mayor parte de la isla Lagotellerie está formada por diorita de cuarzo de edad de desconocida, cortada por granodiorita rosada de grano grueso y numerosos filones básicos y félsicos (Mapa 3). En el extremo este de la isla, las rocas plutónicas están en contacto por falla con rocas volcánicas plegadas, ligeramente hornfélsicas de la era jurásica-cretácea. Se trata de aglomerados, lavas y tobas andesíticas del Grupo Volcánico de la Península Antártica, con restos de plantas —probablemente jurásicos— presentes en lechos de esquistos intercalados con toba. Dichos estratos fosilíferos no están comúnmente expuestos en el Grupo Volcánico de la Península Antártica y, por lo tanto, revisten una particular importancia geológica.

Hay áreas localmente extensas de arena gruesa y grava derivadas de diorita de cuarzo erosionada en laderas, bancos, barrancos y depresiones; las acumulaciones más extensas están en la ensillada ente las dos cimas, donde el suelo se divide entre polígonos, círculos y franjas de piedra bien desarrollados. En las amplias terrazas de roca los montes tupidos de musgo y pasto han desarrollado una tierra de loam relativamente rica de hasta 25 cm de profundidad. En la isla son comunes los bloques erráticos.

COMUNIDADES BIOLÓGICAS TERRESTRES

La isla tiene una flora relativamente diversa y desarrollo exuberante de comunidades vegetales, representativas de la región marítima sur de la Antártida. La rica biología terrestre de la isla Lagotellerie fue observada por primera vez por Herwil Bryant, biólogo en la Base Este (Estados Unidos, en la isla Stonington; ahora Monumento Histórico N.º 55), durante una visita en 1940-41 cuando observó crecimientos de musgo, el pasto antártico *Deschampsia antarctica*, y "una pequeña planta que florece" (casi con certeza, el mosto perla de la Antártida *Colobanthus quitensis*), en un pequeño barranco —que se cree es el que se encuentra en el extremo noreste de la isla— considerado de tal riqueza inusual para la región que fue denominado extraoficialmente como "Valle de Shangri-la". No describió las menos exuberantes pero más extensas comunidades de *Deschampsia antarctica* y *Colobanthus quitensis* que se encuentran en las laderas más altas orientadas al norte de la isla. Estas laderas y terrazas también proporcionan condiciones microclimáticas favorables para el crecimiento, con una temporada de crecimiento sin nieve relativamente larga, y favorecen la abundancia de *Deschampsia antarctica* y *Colobanthus quitensis*, el pasto que forma alfombras de césped tupidas de hasta 10 m^2 en algunas de las terrazas. Estos se encuentran entre los montes más grandes de estas plantas conocidos en el sur de las islas Shetland del Sur. Ambas especies florecen abundantemente, y las semillas tienen una mayor viabilidad que las producidas en las islas Orcadas del Sur o las islas Shetland del Sur, aunque están cerca del límite sur de su alcance. La isla Lagotellerie, sin embargo, se destaca por el crecimiento de *Deschampsia antarctica* a la altitud más alta registrada al sur de los 56° S, con plantas pequeñas dispersas a alturas de hasta 275 m. Se ha observado crecimiento de *Colobanthus quitensis* de hasta 120 m en la isla.

La isla Lagotellerie también tiene una rica flora criptógama, con montes pequeños de comunidades bien desarrolladas que contienen diversos musgos y líquenes que son raros en esta latitud (especialmente, los musgos *Platydictya jungermannioides* y *Polytrichastrum alpinum*, y los líquenes *Caloplaca isidioclada*, *Fuscoparmelia gerlachei* y *Usnea trachycarpa*). La cantidad de especies de briofitas identificadas hasta el momento incluye 20 musgos y dos agrimonias (*Barbilophozia hatcheri* y *Cephaloziella varians*), y hay, al menos, 60 especies de líquenes. Aún no se ha realizado un estudio florístico completo de la isla, y numerosas especies, en especial de líquenes crustosos, aún deben determinarse con exactitud.

La vegetación está mejor desarrollada en una serie de terrazas de roca a alrededor de 30-50 m sobre el nivel del mar en el lado norte de la isla. Aquí, abundan tanto *Deschampsia* como *Colobanthus*, y alfombras de césped tupidas forman montes de varios metros cuadrados. Asociados con estos, especialmente en las terrazas más húmedas, suelen encontrarse los musgos *Brachythecium austro-salebrosum*, *Bryum* spp., *Pohlia nutans*, *Polytrichastrum alpinum* y *Sanionia uncinata*, y las agrimonias *Barbilophozia hatcheri* y

Cephaloziella varians. Muchas de estas alfombras de césped son utilizadas como sitios de anidación por las skúas.

En hábitats más secos, especialmente en caras con pedregales y rocas, hay montes localmente densos dominados por los macrolíquenes *Usnea sphacelata* y *U. subantarctica*, con *Pseudephebe minuscula*, *Umbilicaria decussata*, y una gran cantidad de grupos taxonómicos crustosos. Varios líquenes están asociados con comunidades de pasto y musgo (por ejemplo, *Cladonia* spp., *Leproloma* spp., *Leptogium puberulum*, *Ochrolechia frigida*, *Psoroma* spp.). Cerca de las colonias de pingüinos y cormoranes abundan varios líquenes nitrófilos coloridos (por ejemplo, *Buellia* spp., *Caloplaca* spp., *Fuscoparmelia gerlachei*, *Xanthoria* spp.).

Numerosos líquenes (en especial *Caloplaca isidioclada*, *Pseudephebe minuscula*, *Usnea sphacelata*, *Umbilicaria decussata* y muchos grupos taxonómicos crustosos) y algunos musgos (en especial *Grimmia refelxidens*) se presentan cerca de la cima de la isla, al igual que plantas individuales dispersas de *Deschampsia*. Unas pocas briofitas producen esporofitas en latitudes del extremo sur, pero varios musgos son fértiles en la isla Lagotellerie (por ejemplo, *Andreaea regularis*, *Bartramia patens*, *Bryum amblyodon*, *B. pseudotriquetrum*, *Grimmia reflexidens*, *Hennediella heimii*, *Pohlia nutans*, *Schistidium antarctici*, *Syntrichia princeps*).

No se han llevado a cabo estudios específicos de la fauna invertebrada en la isla Lagotellerie. Sin embargo, se han registrado, al menos, seis especies de artrópodos: *Alaskozetes antarcticus*, *Gamasellus racovitzai*, *Globoppia loxolineata* (Acari), *Cryptopygus antarcticus*, *Friesea grisea* (Collembola), y *Belgica antarctica* (Diptera, Chironomidae). Varias especies de hongos nematófagos se han aislado de los suelos asociados con musgos y *Deschampsia* en la isla Lagotellerie (*Cephalosporium balanoides*, *Dactylaria gracilis*, *Dactylella ellipsospora*), especies ampliamente distribuidas en hábitats similares en toda la Antártida y que también suelen encontrarse en suelos templados.

Bryant informó la presencia de varias charcas pequeñas en la isla a principios de los años cuarenta, que se supone son las mismas o parecidas a las observadas más recientemente en el extenso territorio bajo y llano en el lado norte de la isla. Registró que las charcas contenían muchos crustáceos filópodos identificados como *Branchinecta granulosa*. Las rocas en una de las charcas estaban cubiertas por un alga filamentosa de color verde brillante, en la que se observaron los ácaros *Alaskozetes antarcticus*. También era común el *A. antarcticus* debajo de guijarros en el fondo de la charca. También se observaron otros microorganismos del tipo de *trochelminth* que viven en las algas, con un rotífero rosado identificado como *Philodina gregaria* particularmente numeroso. Se observaron pequeñas matas de un alga gris y verde, sobre grandes guijarros cerca del fondo de la charca. Las algas no han sido descriptas con mayores detalles, aunque se observó la presencia de *Prasiola crispa*. Según observaciones más recientes, a principios de los años ochenta, pareciera no haber cuerpos de agua dulce permanentes en la isla, aunque se encontraron arroyos en verano, con algunas charcas salobres en depresiones rocosas cerca de la costa norte. Una inspección realizada en enero de 1989 y en febrero de 2011 observó la presencia de varias pequeñas charcas de agua de deshielo de unos 5-10 m^2, algunas con alfombras de musgos mojados marginales, e indicó que probablemente se tratase del hábitat de *Belgica antarctica*.

FAUNA DE VERTEBRADOS

Hay una pequeña colonia de pingüinos Adelia (*Pygoscelis adeliae*) que ocupa el promontorio oriental de la isla (Mapa 2). Las cifras varían, pasando de un mínimo de unas 350-400 parejas, de acuerdo con una estimación realizada en diciembre de 1936, a un máximo de 2402 parejas registradas en un recuento preciso de nidos en noviembre de 1955. Un recuento de la colonia realizado el 19 de febrero de 2011 observó aproximadamente 1850 aves adultas y crías (precisión con un margen de error del 10%). La colonia servía de fuente habitual de suministro de huevos para el personal de la base británica Y en la isla Horseshoe entre 1955 y 1960. Se indicó que en el año 1955 se sacaron unos 800 huevos. La cantidad de parejas reproductoras bajó a unas 1000 en 1959 y 1960. Se sabe que las colonias de pingüinos Adelia tienen grandes variaciones de un año a otro a causa de una variedad de factores naturales, y en marzo de 1981 se observó que los aproximadamente 1000 polluelos de la colonia habían muerto. Un recuento de polluelos realizado en febrero de 1983 indicaba que la colonia tenía unas 1.700 parejas, lo cual es considerado exacto con un margen de error del 15-25%.

Se observó asimismo una pequeña colonia de cormoranes de ojos azules *(Phalacrocorax atriceps)* en el promontorio oriental de la isla, uno de los lugares de reproducción más meridionales conocidos para esta especie. Se observaron unas 200 aves inmaduras cerca de la isla, a la vista de la colonia, el 16 de enero de 1956. El 17 de febrero de 1983 se indicó que la colonia constaba de 10 nidos. La colonia no fue vista en la inspección realizada en enero de 1989 en la isla Lagotellerie; sin embargo, en febrero de 2011, se observaron alrededor de 250 adultos y polluelos y con muchos nidos que contenían dos polluelos grandes.

También están presentes skúas pardas y antárticas *(Catharacta loenbergi* y *C. maccormicki),* con 12 nidos señalados en 1956, cuando se observó que muchos de los polluelos eran, sin lugar a dudas, skúas antárticas *(C. maccormicki).* En 1958 se estimó que había cinco parejas anidando cerca de la colonia de pingüinos y que ambas especies estaban presentes. El 12 de enero de 1989 se tomó nota de un grupo de 59 aves no reproductoras a mitad camino del lado norte de la isla. Dos nidos de petreles de Wilson *(Oceanites oceanicus)* fueron señalados el 14 de enero de 1956. Bryant registró un nido de gaviota dominicana *(Larus dominicanus),* con huevos, en el "Valle de Shangri-la" en diciembre de 1940.

La inspección realizada en enero de 1989 informó 12 focas de Weddell *(Leptonychotes weddellii)* recluidas en una pequeña playa de guijarros en la base de un banco rocoso en la costa norte, pero no se avistaron otras focas. En cambio, la visita de inspección de febrero de 2011 observó alrededor de 200 focas peleteras en el lado norte de la isla y dentro de la colonia de pingüinos Adelia (en particular al sur de la colonia sobre las playas de guijarros). También se observaron veinte focas de Weddell.

IMPACTO HUMANO

El impacto ambiental más significativo en la isla Lagotellerie parece haber provenido de la práctica de la recolección de huevos para alimentar al personal de las bases que operaban en las cercanías en el período 1955-60. La visita de inspección de febrero de 2011 informó que no había indicaciones de ningún tipo de cambio físico o biológico reciente en la isla, y concluyó que la Zona seguía cumpliendo el objetivo para el cual había sido designada.

6(ii) Acceso a la Zona

- El acceso a la Zona será en lancha. El acceso desde el mar debería hacerse en la costa norte de la isla (Mapa 2), a menos que el Permiso autorice específicamente el desembarco en otro punto o cuando el desembarco en esta costa sea imposible a causa de condiciones adversas. La costa es, por lo general, muy recosa, y hay sitios de desembarco recomendados en la costa norte a Lat. 67° 52'57'' Long. 067° 24'03'' y Lat. 67°53'04'' Long. 067° 23'30'' (véase el Mapa 2).

- No se permite el acceso a la Zona a 100 m de cualquiera de los lados del barranco en la costa noreste a la Lat. 67° 53'10'' Long. 067°23'13'' (es decir, la costa debajo del valle llamada extraoficialmente "Valle de Shangri-la" por Bryant; véase el Mapa 2). El interior del valle de esta costa contiene el crecimiento de vegetación más rico de la isla, y para reducir los impactos del pisoteo, se sugiere evitar la actividad no esencial dentro de esta área (Mapa 2). Estas restricciones rigen igualmente para las personas que deseen acceder a la Zona a través del hielo marino en invierno.

- En circunstancias excepcionales, si es necesario para fines concordantes con los objetivos del Plan de Gestión, podrán aterrizar helicópteros en los sitios de aterrizaje designados ubicados junto al campamento recomendado en la plataforma de roca ancha/nieves perennes aproximadamente a mitad de camino de la costa noroeste, a unos 15 m de altitud, y a 200 m de la costa, tierra adentro (Lat. 67° 53'04'' Long. 067°23'43''). Los helicópteros no podrán aterrizar en otro lugar dentro de la Zona a menos que se haya autorizado específicamente mediante un permiso.

- Dentro de la Zona, la operación de aeronaves debería efectuarse, como requisito mínimo, de conformidad con las 'Directrices para la operación de aeronaves cerca de concentraciones de aves en la Antártida' contenidas en la Resolución 2 (2004). En los casos en que las condiciones exijan que la aeronave vuele a una altura menor que la recomendada en las directrices, la aeronave deberá mantenerse a la máxima altura posible y reducir a un mínimo la duración del tránsito.

- Está prohibido sobrevolar la colonia de pingüinos/cormoranes en el extremo oriental de la isla por debajo de los 610 m (2.000 pies) de altura (Mapa 2).

- Se prohíbe el uso de granadas de humo de helicópteros en la Zona salvo que sea imprescindible por motivos de seguridad. Si se usan granadas de humo, todas ellas deberán ser recuperadas.

6(iii) Ubicación de estructuras dentro de la Zona y en áreas adyacentes

En la cumbre de la isla se encuentran un montículo de piedras y los restos de un mástil erigido en los años sesenta para fines topográficos. Durante la visita de inspección realizada en febrero de 2011, se retiraron algunos de los cables y los restos de la bandera negra de levantamiento topográfico asociados con el mástil. Los cinco postes de bambú de 8-10 m de largo, con los cuales se había construido el mástil original, fueron recogidos y sujetados con seis estacas de metal cerca de la cumbre oriental de la isla (288 m).

Hay un montículo de piedras (alrededor de 1 m de alto) en la costa norte de la isla (Lat. 67° 53'16'' Long. 067° 22'51'') y hay una pila de piedras de 30 cm de alto, que contiene un poste de madera corto con un disco de metal de 2,5 cm de diámetro en un extremo que lleva inscripto el número "10" en los acantilados al oeste de la colonia de pingüinos (Lat. 67° 53'17'' Long. 067° 22'46''). No se sabe de ninguna otra estructura en la isla.

Hay dos estaciones de investigación científica que funcionan durante todo el año en las cercanías: General San Martín (Argentina; Lat. 68° 08' S, Long. 67° 06' O) que se encuentra a 29,5 km al sur-sudeste, y la estación de investigaciones Rothera (Reino Unido; Lat. 67° 34' S, Long. 68° 07' O), a 46 km al noroeste. Una estación que funciona únicamente en verano, Teniente Luis Carvajal (Lat. 67° 46' S, Long. 68° 55' O), ha sido operada por Chile al extremo sur de la isla Adelaide desde 1985.

6(iv) Ubicación de las zonas protegidas en las cercanías

Las zonas protegidas más cercanas a la isla Lagotellerie son la isla Emperor, islas Dion (ZAEP 107) alrededor de 55 km al oeste, la isla Avian (ZAEP 117) a 65 km al oeste y punta Rothera (ZAEP 129) a 46 km al noroeste (Mapa 1). Hay varios Sitios y Monumentos Históricos ubicados en las cercanías: "Base Y" (Reino Unido) en la isla Horseshoe (SMH N.° 63); "Base E" (Reino Unido) (SMH N.° 64) y edificios y artefactos en la Base Este (Estados Unidos) (SMH N.° 55) y cerca de ésta, ambas en la isla Stonington; e instalaciones de la estación San Martín (Argentina) en la isla Barry (SMH N.° 26).

6(v) Áreas especiales dentro de la Zona

Ninguna.

7. Condiciones para la expedición de permisos

7(i) Condiciones generales para la expedición de permisos

El ingreso a la Zona está prohibido, salvo de conformidad con un Permiso otorgado por una autoridad nacional habilitada, según se establece en el Artículo 7 del Anexo V al Protocolo al Tratado Antártico sobre Protección del Medio Ambiente.

Las condiciones para la expedición de Permisos para ingresar a la Zona son las siguientes:

- se expedirán permisos únicamente para fines científicos indispensables que no puedan llevarse a cabo en otro sitio;
- se expedirán permisos con fines de gestión indispensables tales como inspección, mantenimiento o examen;
- las acciones permitidas no pondrán en peligro el sistema ecológico natural de la Zona;
- toda actividad administrativa deberá respaldar los objetivos del Plan de Gestión;
- las actividades permitidas deberán atenerse a este Plan de Gestión;
- se debe llevar el permiso dentro de la Zona;
- el permiso se emitirá solo para el período indicado;
- se deberá presentar un informe a la autoridad o las autoridades que figuren en el permiso;
- se deberá informar a las autoridades pertinentes sobre cualquier actividad o medida que no esté comprendida en el permiso.

7(ii) Acceso a la Zona y circulación dentro de la Zona o sobre ella

- Se prohíben los vehículos dentro de la Zona

- Los desplazamientos dentro de la Zona se realizarán a pie.

- Los pilotos, la tripulación de helicópteros o embarcaciones u otras personas a bordo de helicópteros o embarcaciones tienen prohibido desplazarse a pie más allá del área inmediatamente lindante con su lugar de aterrizaje/ desembarco, a menos que el Permiso específicamente autorice lo contrario.

- El tránsito de peatones deberá reducirse al mínimo de conformidad con los objetivos de toda actividad autorizada, y se deberá hacer el mayor esfuerzo posible para reducir al mínimo los efectos de las pisadas, es decir, todo desplazamiento deberá realizarse con cuidado para reducir a un mínimo la perturbación del suelo, y las superficies con vegetación, caminando sobre terreno rocoso si fuera posible.

7(iii) Actividades que pueden llevarse a cabo dentro de la Zona

- Investigaciones científicas que no pongan en peligro el ecosistema o los valores científicos de la Zona y que no puedan llevarse a cabo en otro sitio;

- Actividades de gestión fundamentales, como la de vigilancia.

7(iv) Instalación, modificación o desmantelamiento de estructuras

No se podrán erigir estructuras ni instalar ningún equipo científico en la Zona, salvo para actividades científicas o de gestión indispensables y durante el plazo de validez preestablecido que se especifique en el permiso. La instalación (incluida la selección del sitio), mantenimiento, modificación o desmantelamiento de las estructuras y equipos se deberán emprender de una manera que limite al mínimo la perturbación a los valores de la Zona. Todas las estructuras o equipo científico instalados en la Zona deben estar claramente identificados, con una indicación del país al que pertenecen, el nombre del principal investigador y el año de su instalación. Todos dichos elementos deben estar libres de organismos, propágulos (por ejemplo semillas y huevos) y suelo no estéril y deben estar confeccionados con materiales que soporten las condiciones ambientales y que representen el mínimo riesgo posible de contaminación de la Zona (véase la Sección *7(vi)*). El desmantelamiento de estructuras o equipos específicos para los cuales el permiso haya expirado debe ser una condición para el otorgamiento del permiso. Se prohíbe erigir estructuras permanentes.

7(v) Ubicación de los campamentos

Si es necesario para los fines especificados en el permiso, se permitirá acampar temporalmente en el sitio designado en la plataforma de roca ancha/nieves perennes aproximadamente a mitad de camino de la costa noroeste, a unos 15 m de altitud, y a 200 m de la costa, tierra adentro (Lat. 67° 53'04'' Long. 067° 23'43''; Mapa 2).

7(vi) Restricciones relativas a los materiales y organismos que puedan introducirse en la zona

Se prohíbe la introducción deliberada de animales, plantas o microorganismos vivos a la Zona. A fin de mantener los valores florísticos y ecológicos de la Zona, se deberán tomar precauciones especiales para evitar la introducción accidental de microbios, invertebrados o plantas de otros lugares de la Antártida, incluidas las estaciones, o de regiones de fuera de la Antártida. Todo el equipo de muestreo o marcadores que se lleven a la Zona deberán limpiarse o esterilizarse. En la medida de lo posible, antes de ingresar en la Zona se deberá limpiar minuciosamente el calzado y demás equipo que se use en la Zona o que se lleve a ésta (incluidas las mochilas y los bolsos). Para obtener directrices más detalladas, se deberá consultar el Manual sobre especies no autóctonas del CPA (Edición 2011) y las Listas de verificación del COMNAP/SCAR para gestores de cadenas de suministro de los Programas Antárticos Nacionales, para la reducción del riesgo de transferencia de especies no autóctonas. En vista de la presencia de colonias de aves reproductoras dentro de la Zona, no podrán verterse en la zona ni en sus alrededores derivados de aves, incluidos los productos que contengan huevos desecados crudos ni los desechos de tales productos.

No se llevarán a la Zona herbicidas ni plaguicidas. Cualquier otro producto químico, incluidos radionúclidos o isótopos estables, que se introduzca con fines científicos o de gestión especificados en el permiso deberá ser retirado de la Zona cuando concluya la actividad para la cual se haya expedido el permiso o con anterioridad. Debe evitarse la descarga directa al ambiente de radionúclidos o isótopos estables de una manera que los vuelva irrecuperables. No deben almacenarse combustibles ni otros productos químicos en la Zona, salvo que esto se haya autorizado específicamente en las condiciones del permiso. Estos deben almacenarse y manipularse de manera de reducir al mínimo el riesgo de que se introduzcan por accidente en el ambiente. Los materiales que se introduzcan en la Zona deberán permanecer en ella solo por un período determinado y deben retirarse al concluir dicho período. De ocurrir un derrame o liberación que pueda comprometer los valores de la Zona, se insta a retirar lo vertido únicamente en la medida en que el impacto probable de dicho retiro no sea mayor que el de dejar el material *in situ*. Se deberá notificar a la autoridad competente acerca de toda sustancia liberada y no retirada que no estuviese incluida en el permiso.

7(vii) Recolección de flora y fauna autóctonas o intromisión perjudicial

Se prohíbe la toma de ejemplares de la flora o fauna autóctonas y la intromisión perjudicial en ellas, excepto con un permiso otorgado de conformidad con el Anexo II al Protocolo al Tratado Antártico sobre Protección del Medio Ambiente. Si se trata de animales, se deberá usar como norma mínima el *Código de conducta SCAR para el Uso de Animales con Fines Científicos en la Antártida*.

Para evitar las perturbaciones humanas de la colonia de cormoranes en reproducción y, en particular, del emplumamiento prematuro de las crías de cormoranes, los visitantes no deben acercarse dentro de los 10 m de la colonia de cormoranes en la punta este de la isla entre el 15 de octubre y el 28 de febrero, salvo que esté autorizado en un permiso para fines científicos o de gestión específicos.

7(viii) Recolección y traslado de materiales que el titular del permiso no haya llevado a la Zona

Se podrán recolectar o retirar aquellos materiales no llevados a la Zona solamente con un permiso. El material extraído debe limitarse al mínimo necesario para fines científicos o de gestión. No se otorgarán permisos en los casos en que se proponga la recolección, retiro o daño de una cantidad tal de tierra o ejemplares de la flora o fauna autóctonas que su distribución o abundancia en la isla Lagotellerie se vería significativamente afectada. Todo material de origen humano que probablemente comprometa los valores de la Zona y que no haya sido llevado a la Zona por el titular del permiso, o que no esté comprendido en otro tipo de autorización, podrá ser retirado, salvo que el impacto de su extracción pueda ser mayor que el efecto de dejar el material *in situ*. Si se retirase el material, habría que avisar a las autoridades pertinentes.

7(ix) Eliminación de desechos

Como estándar mínimo, todos los desechos se eliminarán de conformidad con el Anexo III al Protocolo al Tratado Antártico sobre Protección del Medio Ambiente. Asimismo, todos los desechos deberán ser retirados de la Zona. Los desechos humanos líquidos podrán verterse en el mar. Los desechos humanos sólidos no deben verterse en el mar, sino que deberán retirarse de la Zona. No deberá eliminarse ningún desecho humano líquido o sólido tierra adentro.

7(x) Medidas que podrían requerirse para garantizar el continuo cumplimiento de los objetivos y las finalidades del Plan de Gestión

- Se podrán conceder permisos para ingresar en la Zona a fin de realizar investigaciones científicas, actividades de vigilancia e inspecciones del sitio, que pueden incluir la toma de un número pequeño de muestras para análisis, la instalación o reparación de carteles indicadores o la toma de medidas de protección.

- Todos los sitios donde se realicen observaciones a largo plazo deberán estar debidamente marcados y se deberán mantener los señalizadores o letreros.

- Las actividades científicas se llevarán a cabo de conformidad con el *Código de conducta ambiental para el trabajo de investigación sobre el terreno en la Antártida del SCAR*.

7(xi) Requisitos relativos a los informes

El titular principal de un permiso para cada visita a la Zona deberá presentar un informe ante la autoridad nacional correspondiente tan pronto como sea posible, dentro de un plazo que no supere los 6 meses posteriores a la visita. Dichos informes deberán incluir, según corresponda, la información señalada en el formulario para informe de visita contenido en la *Guía para la Preparación de Planes de Gestión para las Zonas Antárticas Especialmente Protegidas.* Si procede, la autoridad nacional también debe enviar una copia del informe de visita a la Parte que haya propuesto el plan de gestión, a fin de brindar asistencia en la administración de la Zona y en la revisión del Plan de Gestión. Las Partes deben, de ser posible, depositar los originales o copias de los informes de visita originales en un archivo de acceso público, a fin de mantener un registro del uso, para fines de revisión del Plan de Gestión y también para fines de organización del uso científico de la Zona.

8. Documentación respaldatoria

Bryant, H.M. 1945. Biology at East Base, Palmer Peninsula, Antarctica. Reports on scientific results of the United States Antarctic Service Expedition 1939-1941. En *Proceedings of the American Philosophical Society* **89**(1): 256-69.

Block, W. and Star, J. 1996. Oribatid mites (Acari: Oribatida) of the maritime Antarctic and Antarctic Peninsula. *Journal of Natural History* **30**: 1059-67.

Convey, P. and Smith, R.I. Lewis 1997. The terrestrial arthropod fauna and its habitats in northern Marguerite Bay and Alexander Island, maritime Antarctic. *Antarctic Science* **9**(1):12-26.

Croxall, J.P. and Kirkwood, E.D. 1979. The distribution of penguins on the Antarctic Peninsula and the islands of the Scotia Sea. British Antarctic Survey, Cambridge.

Farquharson, G.W and Smellie, J.L. 1993. Sedimentary section, Lagotellerie Island. Documento sin publicar, British Antarctic Survey Archives Ref 1993/161.

Gray, N.F. and Smith, R.I. Lewis. 1984. The distribution of nematophagous fungi in the maritime Antarctic. *Mycopathologia* **85**: 81-92.

Lamb, I.M. 1964. Antarctic lichens: the genera *Usnea, Ramalina, Himantormia, Alectoria, Cornicularia*. *BAS Scientific Report* **38**, British Antarctic Survey, Cambridge.

Matthews D.W. 1983. The geology of Horseshoe and Lagotellerie Islands, Marguerite Bay, Graham Land. *British Antarctic Survey Bulletin* **52**: 125-154.

McGowan, E.R. 1958. Base Y Ornithological report 1958-59. Informe interno del BAS sin publicar AD6/2Y/1958/Q.

Morgan, F., Barker, G., Briggs, C., Price, R. and Keys, H. 2007. Environmental Domains of Antarctica Version 2.0 Final Report, Manaaki Whenua Landcare Research New Zealand Ltd, 89 páginas.

Poncet, S. and Poncet, J. 1987. Censuses of penguin populations of the Antarctic Peninsula, 1983-87. *British Antarctic Survey Bulletin* **77**: 109-129.

Smith, H.G. 1978. The distribution and ecology of terrestrial protozoa of sub-Antarctic and maritime Antarctic islands. *BAS Scientific Report* **95**, British Antarctic Survey, Cambridge.

Smith, R.I. Lewis, 1982. Farthest south and highest occurrences of vascular plants in the Antarctic. *Polar Record* **21**: 170-73.

Smith, R.I. Lewis, 1996. Terrestrial and freshwater biotic components of the western Antarctic Peninsula. In Ross, R.M., Hofmann, E.E. and Quetin, L.B. *Foundations for ecological research west of the Antarctic Peninsula. Antarctic Research Series* **70**: American Geophysical Union, Washington D.C.: 15-59.

Star, J. and Block, W. 1998. Distribution and biogeography of oribatid mites (Acari: Oribatida) in Antarctica, the sub-Antarctic and nearby land areas. *Journal of Natural History* **32**: 861-94.

Reino Unido. 1997. *List of protected areas in Antarctica*. Foreign and Commonwealth Office, Londres.

Usher, M.B. 1986. Further conserved areas in the maritime Antarctic. *Environmental Conservation* 13: 265-66.

Vaughan, A. 1994. A geological field report on N and E Horseshoe Island and SE Lagotellerie Island, Marguerite Bay, and some adjoining areas of S. Graham Land. 1993/94 Field Season. Informe sin publicar, BAS Archives Ref R/1993/GL5.

Woehler, E.J. (ed) 1993. The distribution and abundance of Antarctic and sub-Antarctic penguins. SCAR, Cambridge

Mapa 1. Zona Antártica Especialmente Protegida N.º 115, isla Lagotellerie bahía Margarita, mapa de ubicación que muestra la ubicación de la estación General San Martín (Arg.), la estación Teniente Luis Carvajal (Chile), isla Adelaide, la estación de investigaciones Rothera (Reino Unido) y la ZAEP 129 cercana, en punta Rothera, también en la isla Adelaide, y la ubicación de las demás zonas protegidas en la región [isla Emperor, islas Dion (ZAEP 107) e isla Avian (ZAEP 117)]. Se muestra la "Base Y" (Reino Unido) (Monumento Histórico N.º 63) en la isla Horseshoe. <u>Infografía</u>: ubicación de la isla Lagotellerie a lo largo de la Península Antártica.

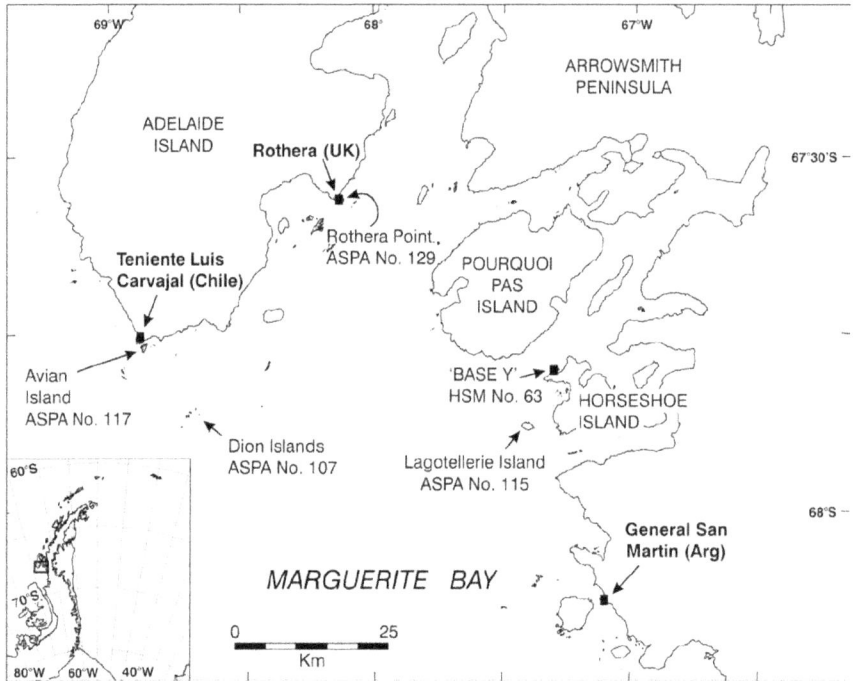

Mapa 2. Mapa topográfico de la isla Lagotellerie (ZAEP 115).

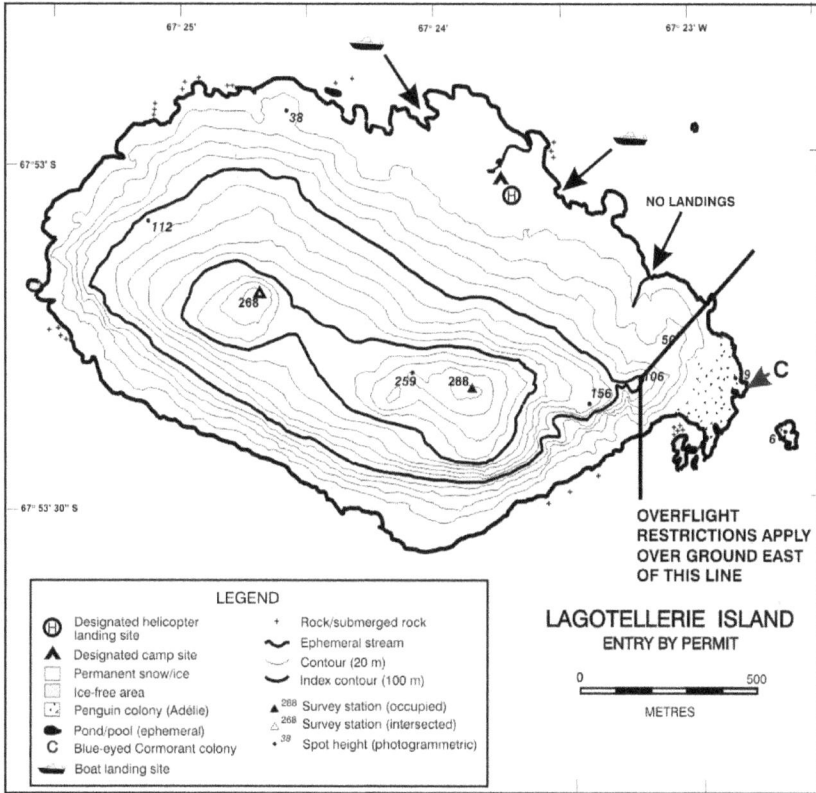

Mapa 3. Croquis geológico de la isla Lagotellerie (ZAEP 115).

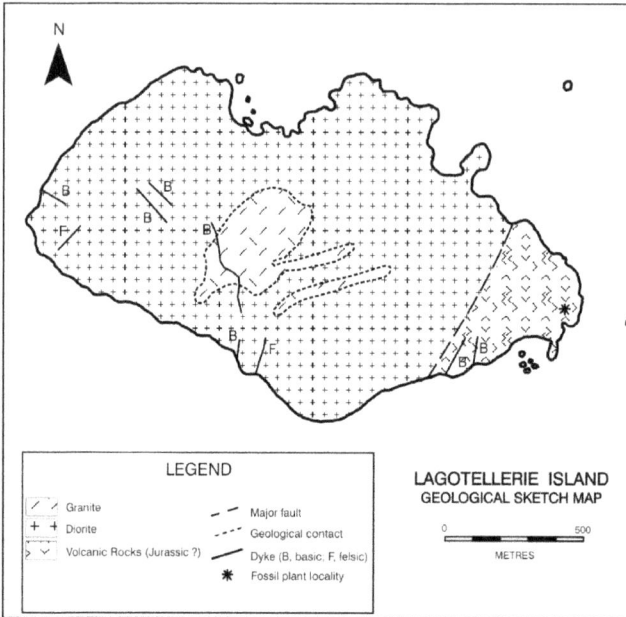

LEGEND

LAGOTELLERIE ISLAND
GEOLOGICAL SKETCH MAP

Granite

Diorite

Volcanic Rocks (Jurassic ?)

Major fault

Geological contact

Dyke (B, basic, F, felsic)

Fossil plant locality

0   500
METRES

Plan de Gestión de la Zona Antártica Especialmente Protegida (ZAEP) N° 129

PUNTA ROTHERA, ISLA ADELAIDE

Introducción

La principal razón para designar a la zona de punta Rothera, isla Adelaide (Lat. 68°07'S, Long. 67°34'O), islas Shetland del Sur, como una Zona Antártica Especialmente Protegida (ZAEP), consiste en proteger sus valores científicos, principalmente, que la Zona serviría como área de control para monitorear los efectos del impacto humano asociado con la Estación de Investigaciones Rothera (Reino Unido) adyacente, en un ecosistema de páramo antártico. La punta Rothera fue designada originalmente en la Recomendación XIII-8 (1985, SEIC N° 9), tras la presentación de una propuesta por parte del Reino Unido. La Zona en sí tiene pocos valores intrínsecos relacionados con la conservación de la naturaleza.

La Zona es única en la Antártida, dado que es la única zona protegida designada actualmente sólo por su valor para la vigilancia del impacto humano. El objetivo es usar la Zona como un área de control que ha sido relativamente poco afectada por el impacto directo de las actividades humanas, en la evaluación del impacto en el medio ambiente antártico de las actividades realizadas en la Estación de Investigaciones Rothera. Los estudios de vigilancia de la punta Rothera realizados por el Estudio británico sobre la Antártida (British Antarctic Survey, BAS) comenzaron en 1976, antes del emplazamiento de la estación ese mismo año. Las actividades de vigilancia ambiental en curso dentro de la Zona y la punta Rothera incluyen: (i) determinación de la concentración de metales pesados en los líquenes; (ii) medición de la concentración de hidrocarburos y metales pesados en la grava y el suelo y (iii) un estudio de la población de aves reproductoras.

La Resolución 3 (2008) recomendaba usar el "Análisis ambiental de dominios para el continente antártico" como modelo dinámico para identificar las zonas antárticas especialmente protegidas dentro del marco ambiental-geográfico sistemático a que se refiere el Artículo 3(2) del anexo V del Protocolo (véase también Morgan et al, 2007). Usando este modelo, la punta Rothera es predominantemente un Dominio ambiental E (península Antártica y los principales campos de hielo de las islas Alejandro), presente también en las ZAEP 113, 114, 117, 126, 128, 129, 133, 134, 139, 147, 149, 152 y las ZAEA 1 y 4. Sin embargo, dado que la punta Rothera se encuentra mayormente libre de hielo, es posible que este dominio no sea totalmente representativo del medio ambiente abarcado por esta Zona. Si bien no se describe específicamente como tal, es también posible que la punta Rothera abarque un Dominio ambiental B (geológico de latitudes del norte medio de la península Antártica). Otras zonas protegidas que contienen un Dominio ambiental B incluyen las ZAEP 108, 115, 134, 140 y 153, y la ZAEA 4.

1. Descripción de los valores que requieren protección

- La Zona en sí tiene pocos valores intrínsecos relacionados con la conservación de la naturaleza. Sin embargo, representa un valor científico como área de control para la vigilancia de los efectos del impacto humano asociado a la adyacente Estación de Investigaciones Rothera (Reino Unido) en un ecosistema de páramo antártico.
- La Zona tiene también valor como sitio de investigaciones biológicas, especialmente para los científicos que trabajan en el laboratorio Bonner (Estación de Investigaciones Rothera).

2. Finalidades y objetivos

La gestión de la Zona tiene por objetivo:

- evitar las perturbaciones humanas innecesarias a fin de no degradar los valores de la zona o crear riesgos considerables para los mismos;
- evitar grandes cambios en la estructura y la composición de los ecosistemas terrestres, en particular el ecosistema de páramo y las aves reproductoras, al (i) prevenir el desarrollo físico de la Zona, y

limitar el acceso de los seres humanos a la Zona, a fin de mantener su valor como zona de control para estudios de vigilancia ambiental;

- posibilitar la investigación científica y los estudios de vigilancia en la zona, siempre que sea por razones indispensables que no puedan llevarse a cabo en ningún otro lugar, y siempre que no pongan en peligro el sistema ecológico natural de la zona;
- reducir en la mayor medida de lo posible la introducción de especies no autóctonas que pudieran comprometer los valores científicos de la Zona.
- preservar el ecosistema natural de la Zona como área de referencia para futuros estudios comparativos;
- permitir visitas regulares con fines de gestión para cumplir los objetivos del plan de gestión.

3. Actividades de gestión

Se realizarán las siguientes actividades de gestión para proteger los valores de la Zona:

- En los principales puntos de acceso se colocarán letreros con ilustraciones de la ubicación y los límites de la Zona, así como las restricciones al ingreso, que serán objeto de un mantenimiento regular.

- Se colocará un mapa de la ubicación y los límites de la Zona, que indique los requisitos para el ingreso, en un lugar bien visible de la Estación de Investigaciones Rothera.

- Se efectuarán las visitas necesarias para determinar si la zona continúa sirviendo a los fines para los cuales ha sido designada, y cerciorarse de que las medidas de gestión y mantenimiento sean adecuadas.

- Los equipos o materiales abandonados deberán eliminarse en el mayor grado posible siempre y cuando su eliminación no produzca un impacto adverso en el medioambiente o en los valores de la Zona.

4. Período de designación

Designación por tiempo indeterminado.

5. Mapas

Mapa 1. Ubicación de la ZAEP Nº 129, punta Rothera
Especificaciones cartográficas: Proyección: polar antártica estereográfica WGS84 Paralelo estándar: 71° S
Meridiano central: 67°45'O

Mapa 2. Mapa topográfico de la ZAEP Nº 129, punta Rothera
Especificaciones cartográficas: Proyección: polar antártica estereográfica WGS84 Paralelo estándar: 71° S
Meridiano central: 67°45'O

6. Descripción de la Zona

6 (i) Coordenadas geográficas, indicaciones de límites y rasgos naturales

LÍMITES Y COORDENADAS

La punta Rothera (67° 34'S, 68° 08'O) está ubicada en la bahía Ryder, en el ángulo sudeste de la península Wright, en el lado oriental de la isla Adelaide, al sudoeste de la península Antártica (Mapa 1). La Zona abarca la punta Rothera (Mapa 2) y es representativa del área en su conjunto. Mide alrededor de 280 m de oeste a este y 230 m de norte a sur, con una altitud máxima de 36 m. En la costa, el límite de la Zona es la curva de nivel de 5 m. Por consiguiente, la parte superior de la playa, el litoral y el sublitoral de la punta Rothera no están incluidos en la ZAEP. El límite meridional de la Zona, que atraviesa la punta Rothera, está marcado parcialmente por gaviones llenos de piedras con carteles que indican el límite de la ZAEP. El resto del límite no está marcado. Hay dos carteles justo fuera del perímetro de la Zona, en el punto de partida de la ruta de acceso peatonal alrededor de la punta Rothera (véase el Mapa 2). Este límite se encuentra representado en términos generales por las siguientes coordenadas, mencionadas en sentido horario, comenzando desde el punto más septentrional.

Zona	Número	Latitud	Longitud
ZAEP 129 punta Rothera	1	67°33'59'' S	068°06'47'' O
	2	67°34'06'' S	068°06'48'' O
	3	67°34'06'' S	068°07'00'' O
	4	67°34'02'' S	068°07'08'' O

La Estación de Investigaciones Rothera (Reino Unido) está a unos 250 m al oeste del límite occidental de la Zona (véase el recuadro del Mapa 2).

DESCRIPCIÓN GENERAL

En el norte y el sur de la cima de la ZAEP hay áreas pequeñas de hielo permanente. No hay arroyos ni charcas permanentes. Las rocas son en su mayoría intrusiones heterogéneas de diorita, granodiorita y adamelita del Ciclo Orogénico Andino del cretáceo medio al terciario inferior. Hay vetas de mineral de cobre que tienen el aspecto de manchas prominentes de color verde vivo en la roca. El suelo se limita a focos pequeños de morrena de fondo y arena en los farallones rocosos. Los depósitos locales más profundos producen pequeños círculos y polígonos dispersos de material crioseleccionado. No hay áreas extensas de suelo estructurado. Alrededor de las afloraciones rocosas prominentes donde suelen posarse gaviotas cocineras (*Larus dominicanus*) hay acumulaciones de valvas de lapas (*Nacella concinna*) recientes y en descomposición que forman parches de suelo calcáreo. No hay accidentes geológicos o geomorfológicos especiales o extraños en la Zona.

El escaso interés en la biota terrestre de la Zona se limita a los farallones rocosos, donde hay un crecimiento proliferativo localmente abundante de plantas, entre las que crecen abundantemente los líquenes. En la vegetación, representativa del ecosistema de páramo antártico "marítimo" meridional, predominan el liquen fruticoso *Usnea antarctica*, *Usnea sphacelala* y *Pseudephebe minuscula*, así como el liquen folioso *Umbilicaria decussata*. Hay varios líquenes crustosos, pero las briofitas (principalmente la especia *Andreaea* spp.) son escasas. Existe una sola población muy pequeña, de clavel antártico (*Colobanthus quitensis*) debajo del acantilado septentrional de la Zona, La fauna de invertebrados es pobre. Consiste únicamente en algunas especies de ácaros y tisanuros, siendo los más comunes *Halozetes belgicae* y *Cryptopygus antarcticus*.

Las skúas pardas y antárticas (*Catharacta lonnbergii* y *C. maccormicki*) son las aves reproductoras más abundantes de la Zona, habiéndose documentado la presencia de cinco parejas de skúas con nidos. En la Zona anida una pareja de gaviotas cocineras (*Larus dominicanus*) y también se han encontrado nidos de petreles de Wilson (*Oceanites oceanicus*).

6(ii) Acceso a la zona

- El acceso a la Zona será a pie.

- Los aterrizajes de helicópteros están prohibidos dentro de la zona.

- La operación de aeronaves debería efectuarse, en la mayor medida posible, de conformidad con las 'Directrices para la operación de aeronaves cerca de concentraciones de aves en la Antártida' contenidas en la Resolución 2 (2004). Sin embargo, la Zona se encuentra a sólo unos 250 m de la pista de aterrizaje de la Estación de Investigación Rothera, y se admite que, por razones de seguridad, puede que el pleno cumplimiento no siempre sea posible.

- El límite de la Zona se extiende hasta la curva de nivel de 5 m en la costa. Por debajo de esta curva de nivel alrededor del límite de la Zona no hay restricciones al acceso peatonal. La ruta de acceso recomendada para peatones sigue la marca media de la pleamar y se indica en el Mapa 2. Durante los períodos en que el suelo está cubierto de nieve y se ha formado hielo marino, los peatones deberán permanecer a una distancia segura de la costa para no correr el peligro de caminar accidentalmente en hielo marino inestable o caer en grietas mareales.

6(iii) Ubicación de estructuras dentro de la zona y en áreas adyacentes

Un montículo de piedras marca la cima de la Zona (36 m; Lat. 68°34'01.5'' S, Long. 068°06'58'' O) y 35 m al estesudeste existe otro montículo que marca una estación de relevamientos topográficos (35,4 m; Lat. 68°34'02'' S, Long. 068°06'55'' O).

La Estación de Investigaciones Rothera (Reino Unido) está a unos 250 m al oeste del límite occidental de la Zona (véase el recuadro del Mapa 2). Se observan mástiles y antenas en la terraza costera adyacente al límite meridional de la Zona.

6(iv) Ubicación de las zonas protegidas en las cercanías

La ZAEP N° 107, isla Emperador, islas Dion, bahía Marguerite, está a unos 15 km al sur de la isla Adelaide. La ZAEP N° 115, isla Lagotellerie, bahía Marguerite, está a unos 11 km al sur de la isla Pourquoi Pas. La ZAEP N° 117, isla Avian, bahía Marguerite, está a unos 0,25 km al sur del extremo sudoeste de la isla Adelaide. En el Mapa 1 se muestra la ubicación de estas ZAEP.

6(v) Áreas especiales al interior de la Zona

Ninguna.

7. Condiciones para la expedición de permisos

7(i) Condiciones generales para la expedición de permisos

El ingreso a la Zona está prohibido, salvo de conformidad con un Permiso otorgado por una autoridad nacional habilitada. Las condiciones para la expedición de Permisos para ingresar a la Zona son las siguientes:

- se expedirán permisos únicamente para investigaciones científicas indispensables que no puedan cumplirse en ningún otro lugar; o
- se expedirán permisos con fines de gestión indispensables tales como inspección, mantenimiento o examen;
- las acciones permitidas no habrán de poner en peligro los valores ambientales o científicos de la Zona;
- toda actividad administrativa deberá respaldar los objetivos del plan de gestión.
- las actividades permitidas deberán atenerse a este plan de gestión
- se deberá portar el permiso o una copia autorizada dentro de la Zona;
- el permiso se emitirá solo para el período indicado;
- se deberá informar a las autoridades pertinentes sobre cualquier actividad o medida que no esté comprendida en el permiso.

7(ii) Acceso a la Zona y circulación dentro de la Zona a o sobre ella

- El acceso a la Zona y la circulación dentro de la Zona o sobre ella se realizará a pie.
- Se prohíben los vehículos terrestres en la zona.
- Se prohíbe el aterrizaje de helicópteros en la Zona.
- Todo desplazamiento deberá efectuarse con cuidado para reducir a un mínimo la perturbación del suelo y la vegetación.

7(iii) Actividades que pueden llevarse a cabo dentro de la zona

En la Zona se llevan a cabo o se pueden llevar a cabo las siguientes actividades:

- investigaciones científicas o actividades de vigilancia que no pongan en peligro los ecosistemas de la Zona; y
- actividades fundamentales de gestión.

7(iv) Instalación, modificación o desmantelamiento de estructuras

No se podrán erigir estructuras ni instalar ningún equipo científico en la Zona, salvo para actividades científicas o de gestión indispensables y para el plazo de validez preestablecido que se especifiquen en el permiso. La instalación (incluida la selección del sitio), mantenimiento, modificación o desmantelamiento de las estructuras y equipos se deberán emprender de una manera que limite al mínimo la perturbación a los valores de la zona. Todas las estructuras o equipo científico instalados en la Zona deben estar claramente identificados, con una indicación del país al que pertenecen, el nombre del principal investigador y el año de su instalación. Todos dichos elementos deben estar libres de organismos, propágulos (por ejemplo semillas y huevos) y suelo no estéril, y deben estar confeccionados con materiales que soporten las condiciones ambientales y que representen el mínimo riesgo posible de contaminación de la Zona. El desmantelamiento de estructuras o equipos específicos para los cuales el permiso haya expirado debe ser una condición para el otorgamiento del Permiso. Se prohíbe erigir estructuras permanentes.

7(v) Ubicación de los campamentos
Se prohíbe acampar en la Zona. Puede haber alojamiento disponible en la Estación de Investigaciones Rothera.

7(vi) Restricciones relativas a los materiales y organismos que puedan introducirse en la Zona

Se prohíbe la introducción deliberada de animales vivos, material de plantas o microorganismos en la Zona. A fin de asegurar la conservación de los valores de la Zona, se deberán tomar precauciones especiales para evitar la introducción accidental de microbios, invertebrados o plantas de otros lugares de la Antártida, incluidas las bases, o de regiones de fuera de la Antártida. Todo el equipo de muestreo o marcadores que se lleven a la zona deberán limpiarse o esterilizarse. En la medida de lo posible, antes de ingresar en la zona se deberá limpiar minuciosamente el calzado y demás equipo que se use en la zona o que se lleve a la misma (incluidas las mochilas y los bolsos). No se podrá llevar carne de aves, huevos o sus derivados a la Zona. Para obtener directrices más detalladas, se deberá consultar el *Manual sobre especies no autóctonas* del CPA y las *Listas de verificación para gestores de cadenas de suministro de los Programas Antárticos Nacionales para la reducción del riesgo de transferencia de especies no autóctonas*, del COMNAP/SCAR.

No se llevarán a la Zona herbicidas ni plaguicidas. Cualquier otro producto químico, incluidos los radionúclidos e isótopos estables, que se introduzca con fines científicos o de gestión especificados en el permiso deberá ser retirado de la zona cuando concluya la actividad para la cual se haya expedido el permiso o con anterioridad. No se permitirá la descarga directa al ambiente de radionúclidos o isótopos estables de una manera que los vuelva irrecuperables.

No se podrá depositar combustible, alimentos y otros materiales en la zona, salvo que esté autorizado en el permiso con fines científicos o administrativos específicos. No se permiten los depósitos permanentes. Todo el material que se introduzca podrá permanecer durante un período determinado únicamente, deberá ser retirado cuando concluya dicho período o con anterioridad y deberá ser almacenado y manipulado de forma tal que se reduzca a un mínimo el riesgo introducirlo en el medio ambiente. De ocurrir un derrame o liberación que pueda comprometer los valores de la Zona, se insta a retirar lo vertido únicamente en la medida en que el impacto probable de dicho retiro no sea mayor que el de dejar el material *in situ*. Se deberá informar a la autoridad pertinente sobre el escape de cualquier material que no se haya retirado y que no esté incluido en el permiso.

7(vii) Recolección de ejemplares de flora y fauna autóctonas o intromisión perjudicial

Queda prohibida la recolección de ejemplares de flora y fauna autóctonas, o la intromisión perjudicial, salvo que se realice de conformidad con un Permiso emitido conforme al Anexo II del *Protocolo al Tratado Antártico sobre Protección del Medio Ambiente*. Cuando se produzca la recolección de animales o la interferencia perjudicial en relación con dichos animales, se debería usar como norma mínima el *Código de conducta del SCAR para el uso de animales con fines científicos en la Antártida*.

7(viii) Recolección o traslado de materiales que no hayan sido traídos a la Zona por el titular del permiso

Se permite la recolección o el retiro de material biológico o geológico de la Zona sólo de conformidad con un permiso y deberá limitarse al mínimo necesario para las actividades científicas o de gestión. No se otorgarán permisos si existe una preocupación razonable de que el muestreo propuesto resultaría en la recolección, retiro o daño de una cantidad tal de tierra, sedimento o ejemplares de la flora o fauna que su distribución o abundancia en la zona se vería significativamente afectada. Todo material de origen humano que no haya sido llevado a la zona por el titular del permiso o que no esté comprendido en otro tipo de autorización y que probablemente comprometa los valores de la Zona deberá ser retirado salvo que el impacto de su extracción probablemente sea mayor que el efecto de dejar el material in situ. En tal caso se deberá notificar a las autoridades apropiadas.

7(ix) Eliminación de desechos

Todos los desechos deberán ser retirados de la zona de conformidad con el Anexo III (Eliminación y manejo de desechos) del Protocolo al Tratado Antártico sobre Protección del Medio Ambiente (1998). Todos los desechos humanos sólidos o líquidos deberán ser retirados de la Zona.

7 (x) Medidas que pueden ser necesarias para garantizar el continuo cumplimiento de los objetivos y las finalidades del plan de gestión

- Se podrán conceder permisos para ingresar en la Zona a fin de realizar investigaciones científicas, actividades de vigilancia e inspecciones del sitio, para lo cual podría ser necesario tomar un número pequeño de muestras para análisis, instalar o reparar carteles indicadores o tomar medidas de protección.
- Todos los sitios donde se realicen observaciones a largo plazo deberán estar debidamente marcados y se deberán mantener los señalizadores o letreros.
- Las actividades científicas se llevarán a cabo de conformidad con el 'Código de conducta ambiental para el trabajo de investigación sobre el terreno en la Antártida' del SCAR.

7(xi) Requisitos relativos a los informes

El titular principal de un permiso para cada visita a la zona debe presentar un informe ante la autoridad nacional correspondiente tan pronto como sea posible, dentro de un plazo que no supere los 6 meses posteriores a la visita. Dichos informes deberán incluir, según corresponda, la información señalada en el formulario para informe de visita (contenido como Apéndice en la *Guía para la preparación de planes de gestión para las Zonas Antárticas Especialmente Protegidas* (disponible en el sitio Web de la Secretaría del Tratado Antártico, www.ats.aq)). Si procede, la autoridad nacional también debe enviar una copia del informe de visita a la Parte que haya propuesto el plan de gestión, a fin de brindar asistencia en la administración de la zona y en la revisión del plan de gestión. Las Partes deben, de ser posible, depositar los originales o copias de los informes de visita originales en un archivo de acceso público, a fin de mantener un registro del uso, para fines de revisión del plan de gestión.

8. Documentación respaldatoria

Block, W., and Star, J. 1996. Oribatid mites (Acari: Oribatida) of the maritime Antarctic and Antarctic Peninsula. *Journal of Natural History* **30**: 1059-67.

Bonner, W. N. 1989. *Proposed construction of a crushed rock airstrip at Rothera Point, Adelaide Island - final Comprehensive Environmental Evaluation*. NERC, Swindon. 56 pp.

Convey, P., and Smith, R.I.L. 1997. The terrestrial arthropod fauna and its habitats in northern Marguerite Bay and Alexander Island, maritime Antarctic. *Antarctic Science* **9**:12-26.

Downie, R., Ingham, D., Hughes, K. A., and Fretwell, P. 2005. *Initial Environmental Evaluation: proposed redevelopment of Rothera Research Station, Rothera Point, Adelaide Island, Antarctica*. British Antarctic Survey, Cambridge, 29 pp.

Milius, N. 2000. The birds of Rothera, Adelaide Island, Antarctic Peninsula. Marine Ornithology **28**: 63-67.

Morgan, F., Barker, G., Briggs, C., Price, R., and Keys, H. 2007. *Environmental Domains of Antarctica Version 2.0 Final Report*. Manaaki Whenua Landcare Research New Zealand Ltd, 89 pp.

Øvstedal, D.O. and Smith, R.I.L. 2001. *Lichens of Antarctica and South Georgia. A Guide to their Identification and Ecology*. Cambridge University Press, Cambridge, 411 pp.

Ochyra, R., Bednarek-Ochyra, H. and Smith, R. I. L. 2008. *The Moss Flora of Antarctica*. Cambridge University Press, Cambridge. pp 704.

Peat, H., Clarke, A., and Convey, P. 2007. Diversity and biogeography of the Antarctic flora. *Journal of Biogeography*, **34**: 132-146.

Riley. T. R., Flowerdew, M. J. and Whitehouse, M. J. *2011*. Chrono- and lithostratigraphy of a Mesozoic– Tertiary fore- to intra-arc basin: Adelaide Island, Antarctic Peninsula. *Geologocial Magazine*, doi:10.1017/S0016756811001002

Shears, J. R. 1995. *Initial Environmental Evaluation – expansion of Rothera Research Station, Rothera Point, Adelaide Island, Antarctica*. British Antarctic Survey, Cambridge, 80 pp.

Shears, J. R., and Downie, R. 1999. *Initial Environmental Evaluation for the proposed construction of an accommodation building and operations tower at Rothera Research Station, Rothera Point, Adelaide Island, Antarctica*. British Antarctic Survey, Cambridge, 22 pp.

Mapa 1. Ubicación de la ZAEP Nº 129, punta Rothera
Especificaciones cartográficas: Proyección: polar antártica estereográfica WGS84 Paralelo estándar: 71º S
Meridiano central: 67º45'O

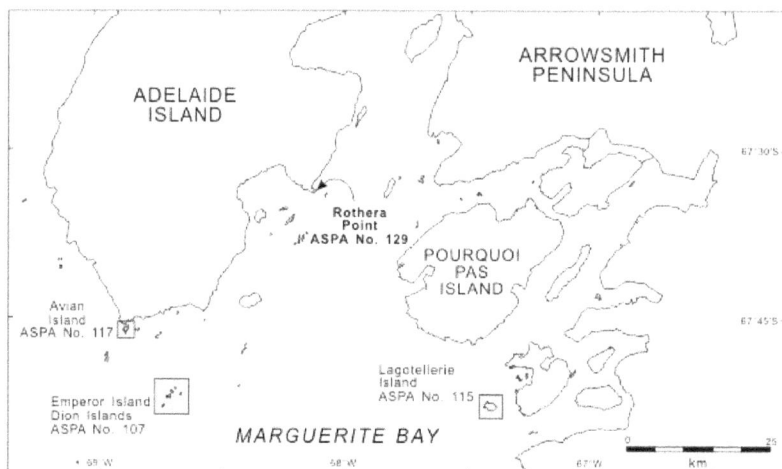

Mapa 2. Mapa topográfico de la ZAEP Nº 129, punta Rothera
Especificaciones cartográficas: Proyección: polar antártica estereográfica WGS84 Paralelo estándar: 71° S
Meridiano central: 67°45'O

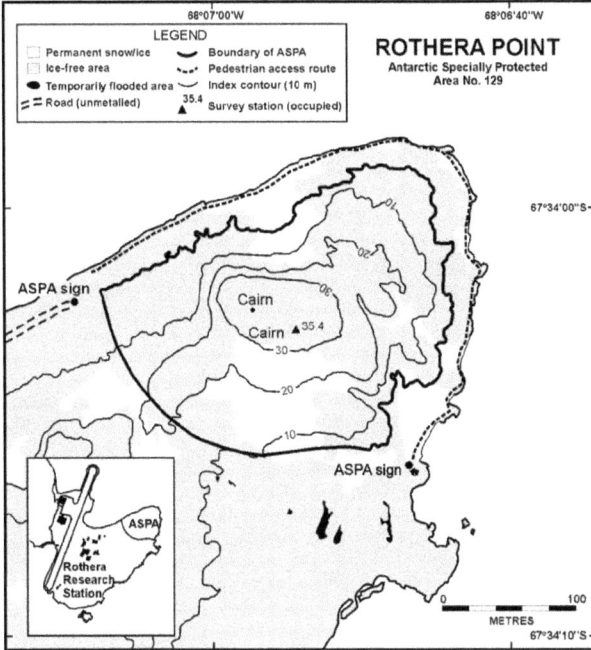

Plan de gestión para la Zona Antártica Especialmente Protegida N° 133

PUNTA ARMONÍA ISLA NELSON, ISLAS SHETLAND DEL SUR

Introducción

Esta Zona fue originariamente designada como Sitio de Especial Interés Científico N° 14 bajo la Recomendación RCTA XIII-8 (1985), a propuesta de la Argentina, debido a que la Zona constituye un excelente ejemplo de las comunidades de aves y ecosistemas terrestres de la Antártida marítima, en la región de las islas Shetland del Sur, y permite el desarrollo de investigaciones a largo plazo sin daño o interferencia.

En el año 1997, el Plan de Gestión fue adaptado a los requerimientos del Anexo V al Protocolo al Tratado Antártico sobre Protección del Medio Ambiente, y aprobado mediante la Medida 3 (1997). La presente versión constituye la revisión del Plan de Gestión aprobado según la Medida 2 (2005) y es la segunda revisión desde la entrada en vigor del Anexo V.

Las razones originales para la designación de la Zona son aún relevantes y son detalladas en el siguiente punto. El disturbio antrópico podría poner en peligro los estudios a largo plazo que allí se realizan, especialmente en épocas coincidentes con los períodos reproductivos.

1. Descripción de valores que se desea proteger

Los valores a ser protegidos en la Zona continúan asociados a la composición y diversidad biológica de este sitio.

Las áreas libres de hielo albergan importantes colonias reproductivas de 12 especies de aves, entre las que se destaca una de las colonias más grandes de pingüino de barbijo (*Pygoscelis antarctica*) de la Antártida. Existe en el área también una extensa colonia de petrel gigante (*Macronectes giganteus*), especie altamente sensible al disturbio humano, y una extensa colonia de pingüino Papúa (*Pygoscelis papua*).

La Zona presenta una abundante vegetación, desarrollada sobre variados tipos de suelos, caracterizada particularmente por la presencia de extensas carpetas de musgos, además de líquenes y hongos. En la Zona también es posible encontrar dos especies de plantas vasculares. Teniendo en cuenta que la vegetación es uno de los factores formadores de los suelos, la protección de la Zona asegura el desarrollo de investigaciones ligadas a los suelos y a la flora presente en el área.

2. Finalidades y objetivos

- Evitar disturbio humano innecesario;
- Permitir el desarrollo de cualquier investigación científica, siempre y cuando no comprometa los valores por los cuales la Zona se encuentra protegida;
- Evitar cambios importantes en la estructura y composición de las comunidades de flora y fauna;
- Evitar o reducir al mínimo la introducción a la zona de plantas, animales y microbios no autóctonos;
- Reducir al mínimo la posibilidad de introducir patógenos que pudieran causar enfermedades en la flora o fauna de la Zona.

3. Actividades de gestión

El personal autorizado a ingresar a la ZAEP será instruido particularmente sobre las condiciones del Plan de Gestión.

Se evitará la aproximación a la fauna, salvo cuando los proyectos científicos así lo requieran y esto esté establecido en los permisos correspondientes.

La toma de muestras se limitará al mínimo requerido para el desarrollo de los planes de investigación científica aprobados.

Todos los carteles, así como otras estructuras erigidas en la Zona con objetivos científicos o de gestión, serán adecuadamente asegurados, y mantenidos en condiciones.

Dada la extensa carpeta de musgos que se desarrolla en la Zona y la presencia de importantes colonias de aves marinas colindando con las áreas transitadas por los científicos y el personal de apoyo, podrán marcarse senderos hacia los sitios de investigación, utilizando preferentemente aquellos previamente transitados o demarcados.

4. Periodo de designación

La designación abarca un período indeterminado.

5. Mapas

El Mapa 1, que se incluye como Anexo a este Plan de Gestión al final del documento, muestra la ubicación de la ZAEP N° 133, Punta Armonía (isla Nelson).

6. Descripción del Área

6(i) Coordenadas geográficas y límites

La Zona está localizada en la costa Oeste de la isla Nelson (62° 18'S; 59° 14'O), entre la Isla 25 de Mayo/ Rey Jorge, al noreste, y la isla Robert, al sudoeste, e incluye las puntas Armonía y Dedo, el sector cubierto de hielo y el área marítima adyacente, como se muestra en el mapa 1.

6 (ii) Características Naturales

Desde el punto de vista geomorfológico, Punta Armonía presenta tres unidades bien definidas: meseta andesítica, afloramientos costeros y de plataforma, y paleoplayas.

La meseta alcanza los 40 metros de altura sobre el nivel del mar y está cubierta por detritos resultantes de la acción de agentes erosivos sobre rocas andesíticas, con amplio desarrollo de comunidades de líquenes y musgos. Entre la costa y el glaciar existen tres niveles sucesivos de paleoplayas elevadas. Las paleoplayas están definidas por acumulaciones de rodados de altura variable en algún caso, y desarrollo de suelo en otro. Se observan lagunas temporarias y chorrillos de limitado caudal en las irregularidades del terreno. Rocas andesíticas aisladas y antiguos nunataks se observan fuera de los límites del glaciar, lo que permite conocer que en el pasado el glaciar se extendía cubriendo Punta Armonía.

El área alberga colonias reproductivas de 12 especies: 3.347 parejas de pingüino papúa (*Pygoscelis papua*), 89.685 parejas de pingüino de barbijo (*Pygoscelis antarctica*), 479 parejas de petrel damero (*Daption capense*), 45 parejas de cormorán imperial (*Phalacrocorax atriceps*), 144 parejas de paloma antártica (*Chionis alba*), 71 parejas de skúa (*Catharacta antarctica*, 61 y *C. maccormicki*,

11), 128 parejas de gaviota cocinera (*Larus dominicanus*) y 746 parejas de petrel gigante (*Macronectes giganteus*).

Otras especies de aves anidantes en el área son el petrel de Wilson (*Oceanites oceanicus*) y el petrel de rabadilla blanca (*Fregetta tropica*), que, entre ambas, suman unas 1.000 parejas, y el gaviotín antártico (*Sterna vittata*), con una población estimada entre 100 y 150 individuos (57-76 nidos).

La mayoría de las colonias de aves se distribuye sobre las costas noroeste y sur de la Punta Armonía. Las colonias de petrel gigante se encuentran en los alrededores del refugio Gurruchaga.

Habitualmente se encuentran en la Zona tres especies de mamíferos: foca de Weddell (*Leptonychotes weddelli*), elefante marino del sur (*Mirounga leonina*) y lobo fino Antártico (*Arctocephalus gazella*). En ocasiones se avistan también ejemplares de foca cangrejera (*Lobodon carcinophagus*). El número de ejemplares de mamíferos en la Zona es variable, con valores máximos avistados de lobos, focas de Weddell y elefantes de 320, 550 y 100, respectivamente. La foca de Weddell suele reproducirse en el área en números importantes, los que pueden llegar a las 60 hembras con crías para una temporada. Se han registrado también pariciones de lobos y elefantes, aunque en proporción bastante menor.

En la Zona hay extensas áreas cubiertas por comunidades ricas y diversas de briófitas y líquenes (en proceso de clasificación), dominados principalmente por *Usnea fasciata* y por *Himantormia lugubris*, incluyendo, en menor desarrollo, las dos especies de plantas vasculares presentes en la Antártica (*Deschampsia antarctica* y *Colobanthus quitensis*), especialmente en los sectores menos afectados por la perturbación antrópica reciente o por las actividades reproductivas. Las sub-formaciones de colchones de musgo se encuentran en sitios húmedos y protegidos de la acción eólica, mientras que aparecen sub-formaciones dominadas por líquenes en sectores con alta exposición al viento.

En la Zona se han podido reconocer, hasta el momento, cinco órdenes de suelos, según el sistema taxonómico *Soil Taxonomy* (1999): Histosols (*Hidric Cryfibrists*), Entisols (*Lithic Criorthents*), Spodosols (*Oxiaquic Humicryods*), Mollisols (*Lithic Haplocryolls*) e Inceptisols (*Lithic Eutrocryepts e Histic Cryaquepts*).

6 (iii) Acceso a la zona

El ingreso a la zona puede realizarse por aire o por mar. Para acceder por vía marítima, el área de desembarco se encuentra a unos 200 metros a la derecha del refugio, al fondo de la caleta, sobre una playa de ripio protegida y sin presencia importante de fauna.

El acceso al faro de navegación ubicado en el extremo oeste de Punta Armonía se realiza desembarcando al sur del faro. Tanto este acceso como el ingreso a Punta Dedo, se realizarán solo por vía marítima.

El acceso por aire sólo será permitido cuando no se cuenten con medios para el acceso por vía marítima. A los fines de no interferir con los asentamientos reproductivos de aves cercanos al refugio, en particular de petrel gigante, para acceder por aire, se permite el anevizaje de aviones pequeños sobre el glaciar de la isla Nelson. Durante las maniobras se deberá tener en cuenta que los aviones no deben sobrevolar el área libre de hielo de la Zona, para evitar disturbio sobre las colonias de aves. En caso de resultar absolutamente necesario, se podrá permitir el aterrizaje de helicópteros en las zonas libres de hielo. Para ello, se observará, como mínimo estándar, lo dispuesto por los "Lineamientos para la Operación de Aeronaves sobre concentraciones de aves" (Resolución 2, 2004), salvo en casos de emergencia o de seguridad aérea

6 (iv) Ubicación de estructuras dentro de la Zona o en áreas adyacentes

Dentro de la Zona se ubican estructuras que permanecen en la Zona todo el año.

Refugios: Dentro del Área existe el Refugio "Gurruchaga" (ARG) utilizado como alojamiento por los equipos de investigación que visitan la Zona, y un galpón de almacenamiento, con superficies aproximadas de 30 m^2 y12 m^2, respectivamente. Las instalaciones son utilizadas sólo durante la primavera y el verano, con una capacidad máxima de 3 personas (Ver sección 7(ix) sobre *Disposición de desechos*).

Balizas: Hay una radiobaliza chilena para la navegación en el extremo occidental de Punta Armonía, y otra argentina, en Punta Dedo.

Carteles indicadores: Un cartel que advierte el comienzo de la Zona protegida en la playa de arena que se encuentra frente al refugio. Otro cartel instalado en el refugio, indica nombre y pertenencia del mismo.

6 (v) Ubicación de las zonas protegidas en las cercanías

- ZAEP N° 112, Península Coppermine, isla Robert, Islas Shetland del Sur, a aproximadamente 30 km al sudoeste.

- ZAEP N° 125, Península Fildes, isla 25 de Mayo / Rey Jorge, Islas Shetland del Sur, a 23 km en dirección nor-noreste.

- ZAEP N° 150, Península Ardley (isla Ardley), isla 25 de Mayo / Rey Jorge, Islas Shetland del Sur, a cerca de 19 km, en dirección noreste.

- ZAEP N° 128, Costa occidental de Bahía Laserre /Almirantazgo, Isla 25 de Mayo / Rey Jorge, Islas Shetland del Sur, aproximadamente a 45 km en dirección este-noreste.

- ZAEP N° 132, Península Potter, isla 25 de Mayo / Rey Jorge, Islas Shetland del Sur, aproximadamente a 30 km al este-noreste.

- ZAEP N° 171, Punta Narebski (costa sudeste de Península Barton, isla 25 de Mayo / Rey Jorge, a unos 25 km al noreste de Punta Armonía.

6 (vi) Áreas Restringidas dentro de la Zona

No hay áreas restringidas dentro de la Zona protegida.

7. Condiciones del permiso

7(i) Condiciones generales de los permisos

El ingreso a la Zona está prohibido, excepto en concordancia con un permiso otorgado por autoridades nacionales apropiadas.

Las condiciones para el otorgamiento de permisos son que:

• la actividad sirva a un propósito científico, de gestión de la ZAEP o de difusión, concordante con los objetivos del Plan de Gestión, y que no pueda ser llevada a cabo en otro sitio; o para cualquier actividad de gestión (inspección, mantenimiento o revisión), en apoyo de los objetivos del presente Plan de Gestión;

• el Permiso sea portado por el personal autorizado a ingresar a la Zona;

• un informe post-visita sea remitido a la autoridad nacional competente mencionada en el Permiso, una vez finalizada la actividad, en los plazos establecidos por las autoridades nacionales otorgantes.

El turismo y cualquier otra actividad recreativa no serán permitidos.

7 (ii) Acceso a la Zona y desplazamientos en su interior o sobre ella

Dentro de la ZAEP todos los movimientos serán realizados exclusivamente a pie.

7 (iii) Actividades que pueden llevarse a cabo dentro de la Zona

- Actividades de investigación científica que no puedan realizarse en otros lugares y que no pongan en peligro al ecosistema de la Zona;
- Actividades esenciales de gestión;
- Actividades tendientes a la difusión de la actividad científica, en el marco de los Programas Antárticos Nacionales.

7 (iv) Instalación, modificación o desmantelamiento de estructuras

- La construcción de estructuras adicionales o instalación de equipos dentro del ZAEP se realizará sólo para actividades científicas o de gestión esenciales, con el adecuado permiso.
- Cualquier equipo científico instalado en la Zona, así como cualquier marca de investigación, deberá ser aprobado por permiso y claramente rotulado, indicando el país, nombre del investigador principal y año de instalación. Todos los materiales instalados deberán ser de naturaleza tal que impongan un mínimo riesgo de contaminación en la Zona, o de causar daño a la vegetación o disturbio sobre la fauna.
- Las marcas de investigación no deberán permanecer luego de que expire el permiso. Si algún proyecto específico no puede ser concluido dentro del plazo permitido, deberá informarse en el Informe Post- Visita y solicitar una extensión que autorice la permanencia de cualquier elemento en la Zona.

7 (v) Ubicación de los campamentos

- Las Partes que utilicen la Zona, normalmente tendrán disponible el refugio Gurruchaga. El uso del refugio con fines científicos, por parte de personal no perteneciente al Programa Antártico Argentino, deberá ser previamente coordinado con el mismo. De ser necesario instalar carpas, éstas deberán ubicarse en inmediata proximidad a dicho refugio. No deben utilizarse otros sitios para este propósito, a fin de limitar el impacto humano.
- No se consideran dentro de esta exclusión la instalación de carpas con instrumental o material científico, o las empleadas como base de observación, las que deberán removerse en cuanto concluya la actividad.

7 (vi) Restricciones relativas a los materiales y organismos que pueden introducirse en la Zona

- No pueden ser deliberadamente introducidos en el Área animales vivos ni materia vegetal.
- Se deberán tomar todas las medidas posibles para evitar la introducción no intencional de especies no autóctonas a la Zona. Se debe tener en cuenta que una de las vías más frecuentes y eficaces de este tipo de introducción es por transporte humano. La indumentaria (bolsillos

de ropa, botas, cierres velcro de prendas), el equipo personal (mochilas, bolsos, estuches de cámaras, trípode), así como el instrumental científico y las herramientas de trabajo, pueden transportar larvas de insectos semillas, o propágulos. Para más información, se recomienda consultar el "Manual de Especies No Nativas - CPA 2011".

- No se deben introducir en la Zona herbicidas ni pesticidas. Cualquier otro producto químico, el cual deberá ser introducido con el permiso correspondiente, tendrá que ser removido de la Zona al finalizar la actividad. Se deberá documentar de la mejor manera posible el uso y tipo de productos químicos, para el conocimiento futuro de otros investigadores.

- No deberán ser depositados dentro de la Zona, combustible, comida y otros materiales, a menos que sean requeridos en forma esencial por la actividad autorizada en el permiso correspondiente, y siempre y cuando se acumulen dentro o en las proximidades del refugio. Los combustibles que se utilicen en el Refugio Gurruchaga, deberán ser manejados de acuerdo con los procedimientos oportunamente establecidos por el Programa Antártico involucrado en la actividad.

7 (vii) Recolección de flora y fauna autóctonas o daños que puedan sufrir éstas

- Está prohibida cualquier toma o interferencia perjudicial, excepto en concordancia con un permiso. Cuando una actividad involucre toma o interferencia perjudicial, éstas deberán ser consistentes con el Código de Conducta del SCAR para el Uso de Animales con Fines Científicos en la Antártida, como un mínimo estándar.

- La información sobre toma e intromisión prejudicial será debidamente intercambiada a través del Sistema de Intercambio de Información del Tratado Antártico, según lo establece el Art. 10.1 del Anexo V al Protocolo de Madrid

- Los investigadores que tomen muestras de cualquier tipo en la Zona deberían asegurarse de que se hallan familiarizados con colecciones previas para minimizar el riesgo de una posible duplicación. Para ello deberán consultar el Sistema Electrónico de Intercambio de Información del Tratado Antártico (disponible en http://www.ats.aq/s/ie.htm) y/o contactar a los Programas Nacionales Antárticos pertinentes.

7 (viii) Recolección o retiro de materiales que no hayan sido introducidos a la Zona por el titular del permiso

Cualquier material de la Zona podrá ser recolectado o removido del Área sólo con un permiso adecuado, que así lo establezca. La recolección de especimenes muertos con fines científicos no deberá exceder un nivel tal que deteriore la base nutricional de las especies carroñeras locales.

7 (ix) Eliminación de desechos

Cualquier desecho no fisiológico deberá ser removido de la Zona. Las aguas residuales y los residuos líquidos domésticos podrán ser descargados en el mar, de acuerdo con lo establecido por el Artículo 5 del Anexo III del Protocolo de Madrid.

Los desechos resultantes de las actividades de investigación en la Zona, pueden ser almacenados temporariamente al lado del refugio Gurruchaga a la espera de su remoción. Dicho almacenamiento debe ser realizado conforme a lo establecido por el Anexo III del Protocolo de Madrid, rotulado como basura y debidamente cerrado para evitar pérdidas accidentales.

7 (x) Medidas que puedan requerirse para garantizar el continuo cumplimiento de los objetivos y finalidades del Plan de Gestión

Pueden otorgarse permisos de entrada a la Zona para llevar a cabo actividades de monitoreo biológico e inspección, las que podrán incluir la toma de muestras de vegetación o animales para fines de investigación, así como la erección y mantenimiento de los carteles o cualquier otra medida de gestión. Todas las estructuras y marcas instaladas en el Área con fines científicos, incluyendo señales, deberán ser aprobadas en el Permiso y claramente identificadas por país, señalando el nombre del investigador principal y año de instalación. Las marcas de investigación y estructuras deberán ser removidas cuando, o antes, de que expire el permiso. Si algún proyecto específico no puede ser concluido dentro del plazo permitido, deberá solicitarse una extensión para dejar los elementos en la Zona.

7 (xi) Requerimientos relativos a los Informes

Las Partes otorgantes de permisos de ingreso a la ZAEP 133 deberán cerciorarse de que el titular principal de cada permiso expedido presente, a la autoridad pertinente, un informe en el cual se describan las actividades realizadas. Dichos informes deberán presentarse tan pronto como sea posible, en los plazos establecidos por las correspondientes autoridades competentes. Los informes deberían incluir la información señalada en el formulario para informe de visitas, conforme a lo dispuesto por la Resolución 2 (2011).

Las Partes otorgantes de permisos de ingreso a la ZAEP 133 deberán llevar un registro de dichas actividades y, en el intercambio anual de información, presentar descripciones resumidas de las actividades realizadas por las personas bajo su jurisdicción, Siempre que sea posible, las Partes deberán depositar el informe original o copias en un archivo, a fin de llevar un registro del uso que pueda utilizarse durante las sucesivas revisiones del plan de gestión y en la organización del uso científico de la zona.

8. Documentación de apoyo

Manual Especies No Nativas. Resolución 6 (2011) - RCTA XXXIV - CPA XIV, Buenos Aires (disponible en http://www.ats.aq/documents/atcm34/ww/atcm34_ww004_e.pdf)

Lineamientos para Operaciones con Aeronaves. Resolución 2 (2004) - RCTA XXVII - CPA VII, Ciudad del Cabo (disponible en http://www.ats.aq/documents/recatt/Att224_s.pdf)

Código de Conducta SCAR para el uso de animales con fines científicos (disponible en http://www.scar.org/treaty/atcmxxxiv/ATCM34_ip053_e.pdf)

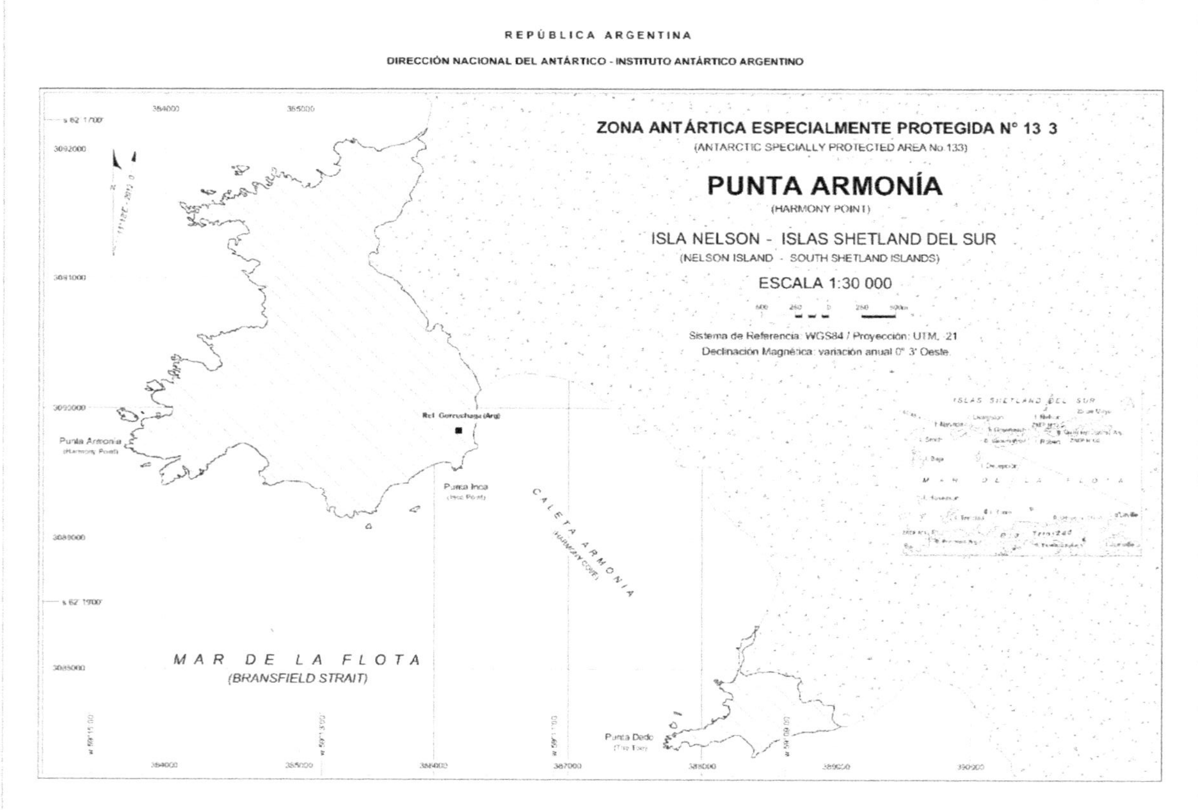

Mapa 1: Zona Antártica Especialmente Protegida Nro. 133. En rayas diagonales continuas, las zonas libres de hielo. En diseño punteado, las zonas cubiertas por hielo.

Plan de Gestión para Zona Antártica Especialmente Protegida Nº 140

PARTES DE ISLA DECEPCIÓN, ISLAS SHETLAND DEL SUR

Introducción

La principal razón para designar Partes de isla Decepción, (Lat. 62°57' S, Long. 60°38' O), Islas Shetland del Sur, como Zona antártica especialmente protegida (ZAEP) es la de proteger sus valores medioambientales, predominantemente la flora terrestre al interior de la Zona. La flora de la isla es singular dentro de la Antártida, especialmente en aquellos lugares en donde se encuentra asociada con estas áreas geotérmicas, pero también debido a sus superficies de reciente formación, que ofrecen hábitats de edad conocida para estudiar la colonización y otros procesos ecológicos dinámicos por parte de los organismos terrestres (Smith, 1988).

La isla Decepción es un volcán activo. Las erupciones recientes ocurridas en 1967, 1969 y 1970 (Baker *et al.* 1975) alteraron muchas características topográficas de la isla y crearon superficies nuevas, localmente transitorias, para ser colonizadas por plantas y otra biota terrestre (Collins, 1969; Cameron y Benoit, 1970; Smith, 1984b; c). La Zona tiene diversos sitios de actividad geotérmica, algunos con fumarolas (Smellie *et al.* 2002).

Cinco pequeños Sitios en torno a la costa de puerto Foster fueron aprobados en virtud de la Recomendación XIII–8 (XIII RCTA, Bruselas, 1985) como Sitio de especial interés científico Nº 21 basándose en que '*la isla Decepción es excepcional a causa de su actividad volcánica, con importantes erupciones ocurridas en 1967, 1969 y 1970. Partes de la isla fueron completamente asoladas, creándose nuevas áreas y cubriéndose otras por cenizas en capas de profundidad variable. Pocas áreas interiores permanecieron sin alteraciones. La isla ofrece singulares oportunidades para estudiar los procesos de colonización en un medioambiente antártico*'. Luego de un extenso estudio científico, la protección de los valores botánicos de la isla mejoró a través de la Medida 3 (2005), cuando el número de sitios de interés botánico incluidos dentro de la ZAEP fue aumentado a 11.

La ZAEP 140 hace una contribución sustancial al Sistema de zonas antárticas protegidas, puesto que (a) contiene una diversidad particularmente amplia de especies, (b) es distinta de otras zonas debido al terreno calentado geotérmicamente en algunas partes de la isla, lo que crea hábitats singulares y de gran importancia ecológica en la región de la Península Antártica, y (c) es vulnerable a la intervención humana, en particular, debido a la distribución espacial altamente restringida de muchas especies vegetales, especialmente aquellas asociadas con la tierra calentada. Si bien la ZAEP 140 está protegida principalmente por sus notables valores ambientales (específicamente su diversidad biológica), también lo está debido a sus valores científicos (es decir biología terrestre, zoología, geomorfología y geología). En particular, la investigación científica incluye estudios sobre la colonización y mediciones de la temperatura del terreno de largo plazo.

Los 11 sitios al interior de la Zona (cerca de 2,4 km²) abarcan hábitats terrestres y lacustres alrededor del terreno calentado geotérmicamente, zonas de flora rica y superficies de edad conocida creadas tras las erupciones de 1967, 1969 y 1970, que pueden ser útiles para los estudios de recolonización. Se considera que la Zona tiene un tamaño suficiente como para proporcionar adecuada protección a los valores identificados, los cuales pueden ser muy susceptibles a la alteración física directa debido a las actividades de los visitantes nacionales y no gubernamentales, y los límites proporcionados dan la cobertura apropiada en torno a las características vulnerables.

1. Descripción de los valores que se desea proteger

Luego de un detallado estudio botánico de la isla realizado en 2002 (revisado en 2010), se identificaron 11 sitios de singular interés botánico. En consecuencia, los valores especificados en la designación original fueron reafirmados y considerablemente aumentados.

Estos valores se exponen de la siguiente manera:

- La isla tiene el mayor número de especies vegetales poco comunes (es decir de las que se sabe que crecen en pocas localidades de la región antártica y, con frecuencia, en escasa cantidad) y extremadamente poco comunes (es decir de las que se sabe que crecen solamente en una o dos localidades de la región antártica) en cualquier lugar en la región antártica. Veintiocho de los 54 tipos de musgo registrados en la isla, cuatro de las ocho agrimonias y 14 de los aproximadamente 75 líquenes se consideran poco comunes o extremadamente poco comunes. El Anexo 1 enumera las especies vegetales clasificadas como poco comunes o extremadamente poco comunes en el área del Tratado Antártico, presentes en la isla Decepción. Estas representan 25%, 17% y cerca de 4% de la cantidad total de musgos, agrimonias y líquenes, respectivamente, conocidos en la región antártica (Aptroot y Van der Knaap, 1993; Bednarek-Ochyra *et al*, 2000; Ochyra *et al*, 2008; Øvstedal y Lewis Smith, 2001). Trece especies de musgo (incluidos dos endémicos), dos especies de agrimonias y tres especies de liquen que crecen en la isla Decepción no se han registrado en ningún otro lugar de la Antártida. Ningún otro sitio en la región antártica es comparable. Esto sugiere que existe una significativa descarga de propágulos inmigrantes (por medio del viento y las aves marinas), procedentes en particular del sur de América del Sur, sobre la región antártica, que solamente se establecen donde prevalecen las condiciones favorables para su germinación (por ejemplo el calor y la humedad que obtienen alrededor de las fumarolas) (Smith, 1984b; c). Dichos sitios son únicos en la zona abarcada por el Tratado Antártico.
- Las áreas geotérmicas más estables, algunas de las cuales tienen fumarolas que emiten vapor y gas sulfuroso, han desarrollado comunidades briófitas de diversa complejidad y densidad, cada una con una flora distinta y singular. La mayoría de estas áreas fueron creadas durante las series de erupciones de 1967 a 1970, pero por lo menos una (en el monte Pond) es anterior a dicho período. Las especies que crecen cerca de las fumarolas activas están continuamente sometidas a temperaturas entre 30°C y 50°C, lo cual plantea importantes preguntas respecto a su tolerancia fisiológica.
- Las áreas de ceniza volcánica, avalanchas de lodo, escoria y lapilli depositados entre 1967 y 1970 proporcionan superficies singulares de edad conocida. Estas áreas están siendo colonizadas por vegetación y otros tipos de biota terrestre, lo que permite monitorear la dinámica de la inmigración y colonización. Estas áreas son inestables y están sujetas a la erosión eólica y acuática, que expone algunas áreas a un continuo cambio en la superficie y a un ciclo de recolonización.
- El lago Kroner, la única laguna intercotidal con fuentes termales en la Antártida, mantiene una comunidad singular de algas de agua salobre.
- Dentro de la Zona, en varios sitios que no fueron afectados por los depósitos de ceniza durante las erupciones de 1967 a 1970 hay comunidades maduras y afianzadas de vegetación diversa, típicas de los ecosistemas estables más antiguos de la isla.
- El mayor nodal conocido de clavelito antártico (*Colobanthus quitensis*), una de las dos plantas floridas de la región antártica, se encuentra dentro de la Zona. Después de haber sido prácticamente sepultado y erradicado por las cenizas durante la erupción de 1967, se ha recuperado y ahora se está propagando a una celeridad sin precedentes. Esto se correlaciona con la actual tendencia en el cambio climático regional, particularmente el aumento de temperatura.
- La Zona contiene algunos Sitios en los que se realiza investigación científica incluyendo experimentos de colonización de largo plazo (punta Collins) y mediciones de largo plazo sobre la variación de las temperaturas del suelo (cerro Caliente).

- La Zona contiene también algunos Sitios con superficies que datan de la erupción de 1967, los cuales permiten el monitoreo exacto de la colonización por plantas y otra biota, y son de importante interés científico.

2. Finalidades y objetivos

La gestión de la Zona tiene por objetivo:

- evitar la degradación de, o el riesgo importante para, los valores de la Zona evitando en ella toda intervención humana innecesaria;
- permitir la investigación científica en la Zona, siempre que sea por razones indispensables que no puedan aplicarse a otro lugar y siempre que no arriesgue el sistema ecológico natural de la Zona;
- evitar o reducir a un mínimo la introducción en la Zona de plantas, animales y microorganismos no autóctonos;
- garantizar que la flora no resulte adversamente afectada por un muestreo excesivo dentro de la Zona;
- preservar el ecosistema natural de la Zona como área de referencia para futuros estudios comparativos y para monitorear el cambio florístico y ecológico, los procesos de colonización y el desarrollo de las comunidades;

3. Actividades de gestión

Se deberán realizar las siguientes actividades de gestión con el fin de proteger los valores de la Zona:

- Se harán las visitas que sean necesarias para evaluar si los diferentes sitios siguen sirviendo a los propósitos para los que fueron designados, así como para garantizar que las medidas administrativas y de mantenimiento sean adecuadas.
- Los marcadores, carteles señalizadores u otras estructuras (por ejemplo rejas y montículos) que se hayan erigido dentro de la Zona para fines científicos o administrativos deben estar asegurados y mantenidos en buenas condiciones y ser desmantelados cuando ya no sean necesarios.
- De acuerdo con los requisitos del Anexo III al Protocolo al Tratado Antártico sobre Protección del Medio Ambiente, los equipos o materiales abandonados deberán retirarse en la mayor medida posible, siempre y cuando ello no produzca un impacto adverso sobre el ambiente o los valores de la Zona.
- En la Base Gabriel de Castilla (España) y en la Base Decepción (Argentina) se colocará en un lugar destacado un mapa que muestre la ubicación de cada Sitio en la isla Decepción (así como las restricciones especiales que se apliquen) y se dispondrá de copias del presente plan de gestión. Todas las embarcaciones que planeen visitar la isla llevarán a bordo copias del plan de gestión, que entregarán a quienes las soliciten.
- En los casos en que corresponda, se alienta a los Programas antárticos nacionales a mantener un estrecho contacto para cerciorarse de que las actividades de gestión sean aplicadas (incluso a través del Grupo de gestión de la Zona antártica especialmente administrada de isla Decepción). En particular, se alienta a los Programas antárticos nacionales a consultarse entre sí para evitar la excesiva toma de muestras de material biológico de la Zona, particularmente debido a que la tasa de recuperación suele ser lenta y a la cantidad y distribución limitadas de algunas especies de flora. Se recomienda también a los Programas Nacionales Antárticos considerar la implementación conjunta de directrices orientadas a reducir al mínimo la introducción y dispersión de especies no autóctonas dentro de la Zona.

3

- Todo escombro que haya sido desplazado por el viento desde el SMH N° 71 debe retirarse entre el sitio K del cerro Ronald hasta el lago Kroner. En el sitio G, de caleta Péndulo, deberán retirarse todos los escombros transportados por el viento desde el SMH 76 (véase la Sección *7(viii)*).

- En el sitio A (punta Collins) deberán mantenerse las parcelas marcadas con estacas a fin de permitir la observación constante de los cambios ocurridos en la vegetación desde 1969.

4. Periodo de designación

La designación abarca un período indeterminado.

5. Mapas

Figura 1: Zona antártica especialmente protegida 140, isla Decepción, que muestra la ubicación de los Sitios A – L (escala 1:100 000).

Figures 1a–d: mapas topográficos de la Zona antártica especialmente protegida N° 140, que muestran los Sitios A – L (escala 1: 25 000). El efecto de 'sombra de colina' se añadió para resaltar la topografía de las zonas.

6. Descripción de la Zona

6(i) Coordenadas geográficas, indicaciones de límites y rasgos naturales

DESCRIPCIÓN GENERAL

Las investigaciones de Smith (1984) y Peat *et al.* (2007) describían las regiones biogeográficas reconocidas que se encuentran dentro de la Península Antártica. La Antártida puede dividirse en tres provincias biológicas principales: marítima del norte, marítima del sur y continental. La isla Decepción se encuentra dentro de la Zona marítima del norte (Smith, 1984).

La Resolución 3 (2008) recomendaba usar el "Análisis de dominios ambientales para el continente antártico" como modelo dinámico para identificar las zonas antárticas especialmente protegidas aplicando los criterios ambientales y geográficos sistemáticos referidos en el Artículo 3(2) del anexo V del Protocolo (véase también Morgan et al. (2007). Usando este modelo, la isla Decepción es predominantemente un Dominio Ambiental G (geológico de islas costa afuera de la Península Antártica). La escasez del Dominio ambiental G en relación con las demás áreas de dominios ambientales significa que se han invertido grandes esfuerzos en conservar los valores encontrados en otras partes dentro de este tipo de ambiente: otras áreas protegidas que contienen el Dominio G son las ZAEP 109, 111, 112, 114, 125, 126 128, 145, 149, 150 y 152 y las ZAEA 1 y 4. También está presente el Ambiente B (geológico de latitudes del norte medio de la Península Antártica). Otras zonas protegidas que contienen un Dominio ambiental B incluyen las ZAEP 108, 115, 134, y 153, y la ZAEA 4.

CARACTERÍSTICAS NATURALES, LÍMITES Y VALORES CIENTÍFICOS

La ZAEP 140 comprende 11 sitios, que se muestran en las Figuras 1 y 1a-1d. En el Anexo 2 se muestran fotografías comentadas de cada sitio. Esta distribución fragmentada es característica de la cubierta vegetal de la isla Decepción. Debido a la índole irregular de los sustratos estables y húmedos que no están sometidos a erosión, la vegetación está distribuida de forma dispareja y, por consiguiente, limitada a hábitats muy dispersos y a menudo muy pequeños.

Los sitios se designan según las letras A a L (excluida la I) en el sentido de las agujas del reloj a partir del sudoeste de la caldera. Para referirse a cada uno se utiliza el accidente geográfico más prominente de cada sitio. En el Anexo 2 se muestran fotografías de cada sitio. Las coordenadas de los límites se muestran en el Anexo 3, aunque, como muchos de los límites siguen características naturales, deberá consultarse además la descripción de límites a continuación.

Sitio A: punta Collins

Área abarcada. Las laderas que dan al norte entre la punta Collins y la punta sin nombre a 1,15 km al este (0,6 km al oeste de Punta Entrada), justo frente a la punta Fildes, y que se extienden aproximadamente 1 km hacia el interior desde la costa, desde la parte trasera de la playa hasta una cresta que se extiende cerca de 1km tierra adentro desde el borde costero.

Límites. El límite oriental del sitio A va hacia el sur desde la costa en la punta sin nombre a 0,6 km al oeste de Punta Entrada, siguiendo el perfil de una cresta hasta una elevación de 184 m. El límite occidental se extiende desde la punta Collins, siguiendo una cresta hacia el sur hasta llegar a una elevación de 145 m. El límite meridional sigue una cresta arciforme (que va de este a oeste en una línea de cimas de 172, 223 y 214 m) que une los puntos de 184 y 145 m. El área de la playa, donde está la baliza de punta Collins (de cuyo mantenimiento se ocupa la Marina de Chile), hasta la curva de nivel de 10 m, no está incluida en el sitio.

Valor científico. No se conocen terrenos calentados geotérmicamente dentro de los límites del sitio. El sitio contiene algunos de los mejores ejemplos de la vegetación que durante más tiempo ha estado establecida en la isla, en su mayor parte exenta de los efectos de las erupciones recientes, con una gran diversidad de especies y varias rarezas antárticas, algunas de ellas en considerable abundancia. Recientemente se han establecido algunas plantas pequeñas de *Colobanthus quitensis* y se está propagando también la agrimonia Marchantii berteroana, de gran tamaño, que es un colono bastante reciente. En la playa al norte del sitio se están realizando investigaciones acerca de las focas. Además, el sitio contiene una colonia de gaviotas cocineras en los acantilados bajos sobre la playa. Seis parcelas de 50 x 50 cm marcadas con estacas de madera en las esquinas (Lat. 62°60'00'' S, Long. 060°34'48'' O) fueron colocadas por el British Antarctic Survey en 1969 para observar los cambios en la vegetación en años subsiguientes (Collins, 1969).

Sitio B: lago Cráter

Área abarcada. El lago Cráter y su costa, el terreno plano al norte y la lengua de lava cubierta de escoria hacia el sur.

Límites. El límite norte se extiende desde las estribaciones de la pendiente hacia el norte del valle ancho situado a unos 300 m al norte del lago Cráter (a unos 30 m de altitud). El límite occidental sigue las crestas que se hallan inmediatamente al oeste del lago, y al este del pequeño lago sin nombre situado en Lat. 62°59'00'' S, Long. 060°40'30'' O. El límite sudoeste y sur sigue la parte superior de la ladera (a una altitud cercana a los 80 m) que se extiende al sudoeste y al sur del lago. El límite oriental pasa al este de la lengua de lava al sur del lago Cráter, alrededor del borde oriental del lago y a unos 300 m a través de la planicie al norte del lago Cráter.

Valor científico. No se conocen terrenos calentados geotérmicamente dentro de los límites del sitio. La principal zona de interés botánico está en una lengua de lava cubierta de escoria al sur del lago. El sitio no fue afectado por las erupciones recientes. La vegetación en la lengua de escoria consiste en una flora criptógama diversa, que incluye varias rarezas antárticas, y un césped de musgo que presenta un desarrollo excepcional, con predominio de una especie relativamente común (*Polytrichastrum alpinum*). Este musgo reviste especial interés porque se reproduce sexualmente en gran abundancia en este sitio. En ningún otro lugar de la Antártida se ha observado tal profusión de esporofitos de esta especie ni en este musgo ni en ningún otro. La extensa alfombra de musgo (*Sanionia uncinata*), situada en la planicie al norte del lago Cráter es uno de los nodales de vegetación ininterrumpida más grandes de la isla.

5

Sitio C: cerro Caliente, extremo sur de la bahía Fumarola

Área abarcada. Una línea estrecha de fumarolas que se extiende alrededor de 40×3 m a lo largo de la cresta de cimas de pendiente suave a una elevación de alrededor de 95 a 107 m en el cerro Caliente pasando el lado noroeste de la laguna Albufera al noroeste de la estación Decepción (Argentina), en el extremo sur de la bahía Fumarola.

Límites. La Zona incluye todo el terreno sobre el contorno de 90 m en el cerro, con la excepción del terreno al sureste de un punto 10 m al noroeste del montículo de piedras (62°58'27'' S, Long. 060°42'31'' O). El acceso al montículo de piedras que se encuentra al extremo sudeste de la cresta no está restringido.

Valor científico. El sitio incluye terreno calentado geotérmicamente. Varias especies raras de musgo, algunas de las cuales crecen únicamente en la isla, colonizan la costra de terreno calentado cerca de las fumarolas, de las cuales solamente dos o tres son visibles. La vegetación es extremadamente rala y no obvia, abarcando en total un área inferior a 1 m^2, por lo que es sumamente vulnerable a los daños ocasionados por las pisadas y el muestreo excesivo. Entre las estructuras que se encuentran en el sitio hay algunos aparatos experimentales que monitorean las variaciones a largo plazo de la temperatura del suelo (operados por el programa antártico español) y varias estacas metálicas cortas dispuestas a lo largo de las crestas, cerca del punto más alto de la cresta.

Sitio D: bahía Fumarola

Área abarcada. Laderas de pedregales húmedos e inestables debajo de los abruptos acantilados de lava en el lado oriental del extremo septentrional de la cresta Stonethrow hasta la interrupción de la ladera, pasando la playa al oeste del medio de la bahía Fumarola. En este sitio no hay estructuras, aunque se observan muchos escombros de madera en la parte trasera de la playa, varios metros sobre la marca de pleamar. La madera puede haber sido depositada en este lugar por un maremoto generado por actividades vulcanológicas anteriores.

Límites. El extremo sur de los acantilados termina en una prominente cresta que desciende hacia el sudeste hasta la playa. El límite sur del sitio se extiende desde la base de esta cresta (a una altitud cercana a los 10 m) a lo largo de la línea de la cresta hasta la base de los acantilados a una altitud cercana a los 50 m. El límite occidental sigue el borde del pedregal en la base de los acantilados aproximadamente con rumbo norte durante 800 m a una altitud aproximada de 50 m. El límite oriental se extiende hacia el norte a lo largo de la interrupción de la ladera en la parte trasera de la playa durante 800 m, incluyendo todas las rocas grandes. El límite norte (de una longitud cercana a los 100 m) se une a la interrupción de la ladera en la parte trasera de la playa hasta el pedregal en la base de los acantilados de roca volcánica. La playa plana que comienza en la costa y que incluye dos prominentes fumarolas intercotidales al sur de la bahía Fumarola, hasta la interrupción de la ladera, no está incluida en el sitio.

Valor científico. No se conocen terrenos calentados geotérmicamente dentro del Sitio, aunque existe actividad de fumarolas en la zona intercotidal hacia el este. El Sitio tiene una geología compleja y contiene la flora más diversa de la isla, entre ellas varias rarezas antárticas. No fue afectado por las recientes erupciones.

Sitio E: oeste de la cresta Stonethrow

Área abarcada. El sitio abarca una zona de actividad de fumarolas e incluye un cono de escoria roja a unos 270 m altitud, en el lado norte de la cresta que va de este a oeste, a unos 600 m al sur-sudoeste del punto más alto de la cresta Stonethrow (330 m), al oeste de la parte central de la bahía Fumarola. Comprende dos fumarolas separadas por unos 20m. entre sí, siendo la fumarola más oriental la que está más poblada de vegetación, con líquenes, musgo y agrimonias que cubren una superficie de unos 15×5m.

Límites. El límite se extiende unos 10 m después de los últimos indicios de actividad geotérmica, y ambas fumarolas están conectadas por suelo no calentado.

Valor científico. Dentro del sitio hay áreas de terreno calentado geotérmicamente. En este sitio hay varios musgos, agrimonias y líquenes muy poco comunes. Dos de las especies predominantes son una agrimonia (*Clasmatocolea grandiflora*) y un liquen (*Stereocaulon condensatum*) que no se han encontrado en ningún otro lugar de la Antártida. Las fotografías tomadas a mediados de los años ochenta indican que el desarrollo y la diversidad de esta vegetación han avanzado considerablemente. Dentro de la vegetación existe un nido de skúas (que también se observó en 1993 y 2002 y se ocupó en 2010). Estas aves tal vez sean quienes han introducido algunas plantas de Tierra del Fuego, especialmente la agrimonia predominante.

Sitio F: bahía Telefon

Área abarcada. El sitio abarca varios accidentes geográficos creados durante la erupción de 1967 en la bahía Telefon: el cerro Pisagua en el lado sur del sitio, el lago Ajmonecat, pequeño y poco profundo, en la planicie de cenizas al norte de la caleta Stancomb y la baja planicie de cenizas que se extiende desde la costa de la bahía Telefon hasta las laderas empinadas y los afloramientos de lava que están a aproximadamente 0,5 km al interior. El cerro Pisagua surgió como una isla nueva en 1967, pero ahora está unido a la isla principal por dicha planicie de cenizas. En el extremo norte de la planicie se encuentra la caleta Extremadura, que fue un lago hasta que el estrecho istmo (de cerca de 2 m de ancho por 50 m de largo) que lo separaba de Puerto Foster se rompió alrededor de 2006. La caleta Extremadura está excluida del sitio.

Límites. La línea costera norte de la laguna (caleta Stancomb) al suroeste de la bahía Telefon marca el límite sur del sitio, mientras que la orilla sudoeste de la caleta Extremadura al norte de la bahía Telefon marca el límite nororiental del Sitio. El límite sudeste se extiende a lo largo de la orilla sur del cerro Pisagua, con rumbo norte hasta la costa de la caleta Extremadura en el extremo norte de la bahía Telefon. El límite noroeste está delineado aproximadamente por el contorno de 10 m de la cresta Telefon, que une la caleta Stancomb y la caleta Extremadura. El lago Ajmonecat (Lat. 62°55'23'' S, Long. 060°40'45''O), y su borde costero están incluidos en el Sitio. La costa de la bahía Telefon no está incluida a fin de permitir el acceso al otro lado del sitio.

Valor científico. No se conocen terrenos calentados geotérmicamente dentro del sitio. La principal característica de interés botánico es que todas las superficies del sitio datan de 1967, lo cual permite observar con exactitud la colonización por plantas y otros tipos de biota. En general, el sitio tiene un aspecto yermo, pero un examen más cercano revela una abundancia de musgos y líquenes poco visibles. En vista de que aquí no hay actividad geotérmica, los procesos de colonización podrían estar relacionados con aspectos de la tendencia actual de los cambios climáticos. Aunque hay poca diversidad de especies, las comunidades en desarrollo son características de los hábitats no calentados de la isla.

Sitio G: caleta Péndulo

Área abarcada. El sitio comprende la ladera suave y muy dispareja de escoria gris, carmesí y roja de textura gruesa y bloques ocasionales en desintegración de toba amarillenta, al este-noreste del cerro Crimson y a unos 0,4 a 0,8 km al este de la caleta Péndulo. Se extiende unos 500 m de oeste al este y tiene hasta 400 m de ancho de norte a sur. Fue creado principalmente por la erupción de 1969 que destruyó la base chilena abandonada en las cercanías (Sitio y monumento histórico 76). El sitio comprende la ladera y la "meseta ondulada" detrás de la caleta Péndulo.

Límites. El límite occidental sigue el contorno de 40 m, mientras que el límite oriental sigue el contorno de 140 m al este-sudeste de la caleta Péndulo. Los límites norte y sur siguen el borde de hielo permanente cubierto por detritus volcánico que rodea el sitio.

7

Valor científico. Se registró actividad geotérmica durante un estudio realizado en 1987, con una emisión considerable de calor de las grietas entre la escoria. En 2002 no se observaron indicios de ese tipo. Aunque la vegetación es muy rala, este sitio de edad conocida está siendo colonizado por numerosas especies de musgo y líquenes. Dos de los musgos (*Racomitrium lanuginosum* y *R.* heterostichoides) revisten singularidad tanto en la isla como en la Antártida y ambos son muy poco comunes aquí. Varios musgos adicionales constituyen algo excepcional en la Antártida.

Sitio H: monte Pond

Área abarcada. Este sitio se encuentra a unos 1,4 a 2 km al nor-noroeste de la cima del monte Pond. Esta extensa zona de terreno calentado geotérmicamente incluye un área (de unos 150 por 500 m) en el lado nororiental de la parte superior suavemente ondulada de una amplia cresta a una elevación cercana a los 385 a 500 m (Smith, 1988). En el extremo norte del sitio hay numerosas fumarolas poco visibles en montículos bajos de tierra recocida compacta y muy fina. La parte meridional superior del sitio está cerca de un gran cúpula de escarcha blanca a 512 m, al abrigo de la cual (a 500-505 m, aproximadamente) hay varias fumarolas activas, también rodeadas de tierra recocida fina y compacta, en una ladera empinada, húmeda y protegida. El extenso terreno calentado alrededor de las fumarolas es de tierra fina con una costra blanda, sumamente vulnerable a los daños ocasionados por las pisadas. En esas zonas hay varios nodales espesos de densa vegetación de briofitas (de hasta 10 cm) asociados con estas áreas. En los afloramientos adyacentes de toba amarillenta hay una comunidad diferente de musgos y líquenes.

Límites. El límite norte está marcado por la Lat. 62°55'51''S, el límite sur por la Lat. 62°56'12''S y el límite oriental está marcado por la Long. 060°33'30'' O. El límite occidental sigue la línea de crestas del extenso cordón montañoso que se inclina al nor-noroeste desde la cima del monte Pond entre la Long. 060°33'48''O y la Long. 060°34'51'' O.

Valor científico. Este es un sitio sobresaliente de interés botánico, único en su género en la Antártida. Tiene varias especies de musgo que crecen únicamente en la Antártida o que son sumamente raras en el lugar. El desarrollo del césped de musgo (*Dicranella hookeri* y *Philonotis polymorpha*) en la parte superior principal del sitio es excepcional, y dos o más especies lo han colonizado profusamente desde la última vez que fue inspeccionado, en 1994. La gran agrimonia (*Marchantia berteroana*) está colonizando rápidamente la costra tibia y húmeda del suelo en la periferia de los nodales de musgo. En medio del musgo crece por lo menos una especie de hongo venenoso, que alcanza la cifra mayor para estos organismos de la cual se tiene constancia en la Antártida. En los afloramientos rocosos hay una comunidad totalmente diferente de musgos y líquenes, que también incluye varias especies sumamente raras (en particular *Schistidium andinum* y *S. praemorsum*).

Sitio J: cono Perchué

Área abarcada. Este cono de cenizas, situado a unos 750 al noreste del cerro Ronald, abarca una línea muy estrecha de fumarolas y el terreno calentado adyacente en la ladera que da al oeste a unos 160 a 170 m de altura. El área geotérmica es de alrededor de 25×10 m, y la superficie de ceniza fina y lapilli de la totalidad de la ladera es muy vulnerable a los daños ocasionados por pisadas.

Límites. El límite incluye la totalidad del cono de cenizas y toba volcánica que se conoce como cono Perchué.

Valor científico. El sitio contiene varios musgos que son sumamente poco comunes en la Antártida. Las fotografías muestran que la colonización por musgos ha disminuido desde mediados de los años ochenta.

Sitio K: del cerro Ronald al lago Kroner

Área abarcada. Este sitio incluye la planicie circular del cráter justo al sur del cerro Ronald y se extiende a lo largo de un barranco aluvial prominente, ancho y poco profundo, con un talud bajo a ambos lados, que se dirige al sur hasta el lago Kroner. El sustrato de toda la zona consiste en barro consolidado, ceniza fina y lapilli depositados por el lahar durante la erupción de 1969. Una parte del sitio, especialmente el barranco, sigue presentando actividad geotérmica. El sitio incluye también la laguna intercotidal geotérmica (lago Kroner), ya que forma parte del mismo accidente vulcanológico. En este lago, que es pequeño, circular, poco profundo y de agua salobre, penetró agua de mar durante los años ochenta y ahora es la única laguna calentada por fuentes geotérmicas en la Antártida.

Límites. El límite rodea la cuenca del cráter, el barranco, el lago Kroner y una zona entre los 100 y 150 m de ancho alrededor del lago. Un corredor debajo del cerro Ronald, desde la interrupción de la ladera hasta las grandes rocas de la parte más baja, unos 10-20 m después, está fuera del límite a fin de permitir el acceso al otro lado de la Zona.

Valor científico. Las superficies de este sitio, cuya edad se conoce, están siendo colonizadas por numerosas especies de musgo, agrimonia y liquen, muchas de las cuales son sumamente raras en la Antártida (por ejemplo, los musgos *Notoligotrichum* trichodon y *Polytrichastrum longisetum* y un liquen raro, *Peltigera didactyla*, están colonizando más de una hectárea del fondo del cráter). La costa intercotidal geotérmica septentrional del lago Kroner posee una comunidad de algas única en su género.

Sitio L: punta Sudeste

Área abarcada. Cresta rocosa orientada de este a oeste, aproximadamente a 0,7 km al norte de la punta Sudeste, extendiéndose desde la parte superior del acantilado (a unos 20 m de altitud) hacia el oeste por unos 250m, hasta un punto situado a unos 80 m de altitud. El borde septentrional de la cresta es un afloramiento vertical de lava bajo, que desemboca en una pendiente empinada e inestable que llega hasta el fondo de un barranco paralelo a la cresta. El lado sur del Sitio es la cresta de pendiente suave cubierta de ceniza y lapilli.

Límites. El Sitio se extiende 50 m al norte y al sur del afloramiento de lava.

Valor científico. Este Sitio tiene la población más extensa de clavel antártico (*Colobanthus quitensis*) que se conoce en la Antártida. Era la población mayor antes de la erupción de 1967 (Longton, 1967), cubriendo alrededor de 300 m², pero prácticamente fue destruida al quedar sepultada bajo las cenizas. Fue recuperándose gradualmente, pero desde 1985-1990 el establecimiento de plántulas ha aumentado en gran escala y la población se ha extendido viento abajo (hacia el oeste, cuesta arriba). Ahora abunda en unas dos hectáreas. El sitio es notable también por la falta de otra planta vascular autóctona, el pasto antártico (*Deschampsia antarctica*), que casi siempre está asociado a esta planta. Las fotografías del sitio tomadas casi inmediatamente después de la erupción revelaron la pérdida casi total de líquenes, pero en este caso también se ha producido una recolonización rápida y extensa. Abunda la especie *Usnea antarctica*, grande y frondosa, con colonias que alcanzaron una extensión considerable en el período relativamente corto transcurrido desde la recolonización. La flora criptógama del sitio generalmente es rala y característica de la mayor parte de la isla. El sitio es especialmente importante para observar la reproducción y propagación del clavel antártico en un sitio de edad conocida.

6(ii) Acceso a la Zona

- El acceso a los sitios debe ser a pie o en lancha pequeña.
- Los aterrizajes de helicópteros están prohibidos dentro de la Zona. El Plan de Gestión para la ZAEA 4 de la isla Decepción muestra los lugares recomendados para el aterrizaje de

9

helicópteros en la isla Decepción los cuales se muestran además en la Figura 1. Los lugares recomendados para el aterrizaje de helicópteros que pueden resultar convenientes para el acceso a los Sitios están situados en: estación Decepción (Argentina; Lat. 62°58'30'' S, Long. 060°42'00'' O), parte norte de la bahía Fumarola (Lat. 62°57'18'' S, Long. 060°42'48'' O), al sur del cerro Obsidianas (Cross Hill) (Lat. 62°56'39'' S, Long. 060°41'36'' O), parte oriental de bahía Telefon (Lat. 62°55'18'' S, Long. 060°38'18'' O, caleta Péndulo (Lat. 62°56'12'' S, Long. 060°35'45'' O) y bahía Balleneros (Lat. 62°58'48'' S, Long. 060°33'12'' O).

- Todo desplazamiento a los sitios deberá efectuarse con cuidado para reducir a un mínimo la alteración del suelo y la vegetación de la ruta.

- La operación de aeronaves debería efectuarse, como requisito mínimo, en conformidad con las 'Directrices para la Operación de Aeronaves cerca de Concentraciones de Aves en la Antártida' contenidas en la Resolución 2 (2004). Se debe tener particular cuidado al sobrevolar el Sitio A, punta Collins, ya que contiene una colonia de gaviotas cocineras en los acantilados bajos sobre la playa.

6(iii) Ubicación de estructuras dentro de la Zona o en áreas adyacentes

Cerca de los sitios de la ZAEP se encuentran dos estaciones de investigación: estación Decepción (Argentina; Lat. 62°58'30'' S, Long. 060°41'54'' O) y estación Gabriel de Castilla (España; Lat. 62°58'36'' S, Long. 060°40'30'' O). Cerca de los sitios de la ZAEP se encuentran dos Sitios y monumentos históricos: bahía Balleneros (HSM 71; Lat. 62° 58'42'' S, Long. 060°33'36'' O) y las ruinas de la estación de la Base Pedro Aguirre Cerda (HSM 76; Lat. 62°56'12'' S, Long. 060°35'36'' O). La baliza de navegación de punta Collins está situada en la Lat. 62°59'42'' S, Long. 060°35'12'' O. En el sitio A, punta Collins, hay seis parcelas de 50 × 50 cm marcadas con estacas de madera en las esquinas, aunque no quedan las cuatro estacas por cada parcela (Lat. 63°00'00'' S, Long. 060°34'48'' O). Las estacas fueron colocadas por el British Antarctic Survey en 1969 para observar los cambios en la vegetación en años subsiguientes (Collins, 1969). Se obtuvieron datos en 1969 y 2002. Se deberán mantener estos señalizadores.

Entre las estructuras que se encuentran en el sitio C, cerro Caliente, hay algunos aparatos experimentales que monitorean las variaciones a largo plazo en la temperatura del suelo (operados por el Programa nacional antártico español) y varias estacas metálicas cortas dispuestas a lo largo de las crestas, cerca de la cima.

Las demás estructuras cercanas a la Zona figuran en el plan de gestión de la ZAEA de la isla Decepción.

6(iv) Ubicación de las Zonas protegidas en las cercanías

La ZAEP 145 comprende dos sitios de importancia béntica en Puerto Foster. La isla Decepción y Puerto Foster se gestionan dentro de la ZAEA 4 de la isla Decepción.

6(v) Áreas especiales al interior de la Zona

Ninguna

7. Condiciones para la expedición de permisos

7(i) Condiciones generales de los permisos

Se prohíbe el ingreso a la Zona excepto con un permiso expedido por una autoridad nacional pertinente. Las condiciones para la expedición de permisos para ingresar a la Zona son las siguientes:

- se expedirán permisos únicamente para investigaciones científicas indispensables que no puedan cumplirse en ningún otro lugar; o
- se expedirán permisos con fines de gestión indispensables tales como inspección, mantenimiento o examen;
- las actividades permitidas no deberán poner en peligro los valores florísticos, ecológicos o científicos de la Zona;
- toda actividad de gestión deberá respaldar los objetivos del plan de gestión;
- las actividades permitidas deberán atenerse a este Plan de Gestión
- se deberá portar el permiso o una copia autorizada de éste dentro de la Zona;
- el Permiso se emitirá solo para el período indicado;
- se deberá avisar a las autoridades pertinentes sobre cualquier actividad o medida que no esté comprendida en el permiso.

7 (ii) Acceso a la Zona y desplazamientos en su interior o sobre ella

- Se prohíben los vehículos terrestres en la Zona.
- Los aterrizajes de helicópteros están prohibidos dentro de la Zona. El Plan de Gestión para la ZAEA 4 de la isla Decepción muestra los lugares recomendados para el aterrizaje de helicópteros en la isla Decepción, los cuales se muestran además en la Figura 1.
- El traslado dentro de los sitios de la Zona debe ser a pie.
- Se permite usar botes de remo para realizar muestreos en los lagos del sitio B (lago Cráter) y sitio F (bahía Telefon), así como en la laguna del sitio K, desde el cerro Ronald al lago Kroner. Antes de usarlos en cada sitio, los botes deberán limpiarse a fin de reducir el riesgo de introducir especies no nativas provenientes de lugares de fuera de la Zona del Tratado y de otros lugares dentro de la Antártida, incluidos otros sitios dentro de la ZAEP 140.
- Todo desplazamiento deberá efectuarse con cuidado para reducir a un mínimo la alteración del suelo y la vegetación. En particular, la vegetación en el sitio C (cerro Caliente) es rala y no es evidente, por lo que es sumamente vulnerable a los daños ocasionados por las pisadas.

7(iii) Actividades que pueden llevarse a cabo dentro de la Zona

Estas actividades son:

- investigaciones científicas indispensables que no puedan emprenderse en otro lugar y que no pongan en peligro la flora y la ecología de la Zona;
- actividades administrativas indispensables, incluida la de control.
- estudios, a ser realizados según sea necesario, a fin de determinar el estado de los valores botánicos por los cuales ha sido designado cada sitio, en concordancia con los objetivos de este Plan de gestión.

7(iv) Instalación, modificación o desmantelamiento de estructuras

No se podrán erigir estructuras en el sitio, salvo que se especifiquen en un permiso. Todo equipo científico, cuadrícula botánica u otro marcador instalado en la Zona deben estar aprobados en un Permiso y claramente identificado por país, nombre del principal investigador y año de instalación. Todos los artículos deben estar hechos de materiales que presenten un riesgo mínimo de contaminación del sitio (véase la Sección *7(vi)*).

11

7(v) Ubicación de los campamentos

No se permite acampar dentro de la Zona. El plan de gestión de la ZAEA de la isla Decepción muestra los sitios recomendados para campamentos en terreno en la isla, pero fuera de la ZAEP 140. Los campamentos que pueden resultar convenientes para el acceso a los Sitios se ubican en: la parte norte de la bahía Fumarola (Lat. 62°57'18'' S, Long. 060°42'42'' O), al sur del cerro Obsidianas (Cross Hill) (Lat. 62°56'36'' S, Long. 060°41'30'' O), parte oriental de bahía Telefon (Lat. 62°55'18'' S, Long. 060°38'12'' O, caleta Péndulo (Lat. 62°56'12'' S, Long. 060°35'42'' O) y bahía Balleneros (Lat. 62°58'54'' S, Long. 060°33'0'' O (véase la Figura 1).

7(vi) Restricciones relativas a los materiales y organismos que puedan introducirse en la Zona

Se prohíbe la introducción deliberada de animales vivos, material de plantas o microorganismos en la Zona. A fin de mantener los valores florísticos y ecológicos de la Zona, se deberán tomar precauciones especiales para evitar la introducción accidental de microbios, invertebrados o plantas de otros lugares de la Antártida, incluidas las estaciones, o de regiones fuera de la Antártida. Todo el equipo de muestreo o marcadores que se lleven a la Zona deberán limpiarse o esterilizarse. En la medida de lo posible, antes de ingresar en la Zona se deberá limpiar minuciosamente el calzado y demás equipo que se use en la Zona o que se lleve a ésta (incluidas las mochilas y los bolsos). No se podrá llevar carne de aves, huevos o sus derivados a la Zona. Para obtener directrices más detalladas, se deberá consultar el Manual sobre especies no autóctonas del CPA (Edición 2011) y las Listas de verificación del COMNAP/SCAR para gestores de cadenas de suministro de los Programas Antárticos Nacionales para la reducción del riesgo de transferencia de especies no autóctonas.

No se introducirán herbicidas ni plaguicidas en la Zona. Cualquier otro producto químico, incluidos los radionúclidos e isótopos estables, que pudieran introducirse con fines científicos o de gestión especificados en el permiso deberá ser retirado de la Zona una vez finalizada la actividad para la cual se haya expedido el permiso o con anterioridad. No se permitirá la descarga directa al ambiente de radionúclidos o isótopos estables de una manera que los vuelva irrecuperables.

No se podrá depositar combustible, alimentos y otros materiales en la Zona, salvo que esté autorizado en el permiso con fines científicos o administrativos específicos. No se permiten los depósitos permanentes. Todo el material que se introduzca podrá permanecer durante un período determinado únicamente, deberá ser retirado cuando concluya dicho período o con anterioridad y deberá ser almacenado y manipulado de forma tal que se reduzca a un mínimo el riesgo de introducción en el medio ambiente. Si se producen escapes que puedan comprometer los valores de la Zona, se recomienda retirar el material únicamente si no es probable que el impacto de dicho traslado sea mayor que el de dejar el material *in situ*. Se deberá informar a la autoridad pertinente sobre el escape de cualquier material que no se haya retirado y que no esté incluido en el permiso.

7(vii) Recolección de flora y fauna autóctonas o alteración perjudicial de estas

La toma de ejemplares de la flora y fauna autóctona está prohibida, excepto con un permiso otorgado de conformidad con el Anexo II al Protocolo al Tratado Antártico sobre Protección del Medio Ambiente. En caso de toma de animales o intervención perjudicial en los mismos, se deberá usar como norma mínima el *Código de conducta del SCAR para el uso de animales con fines científicos en la Antártida*.

7(viii) Recolección o traslado de materiales que no hayan sido traídos a la Zona por el titular del permiso

Se podrá recolectar o retirar de la Zona material de índole biológica, geológica (incluso tierra y sedimentos lacustres) o hidrológica únicamente de conformidad con un permiso, y dicho material debe limitarse al mínimo necesario para fines de índole científica o administrativa. No se otorgarán permisos si existe una preocupación razonable de que el muestreo propuesto resultaría en la recolección, retiro o daño de una cantidad tal de tierra, sedimento o ejemplares de la flora o fauna que su distribución o abundancia en la Zona pudiera verse significativamente afectadas. Todo material de origen humano susceptible de comprometer los valores de la Zona y que no haya sido llevado a la Zona por el titular del permiso o que no esté comprendido en otro tipo de autorización podrá ser retirado salvo que el impacto de su extracción pudiera resultar mayor que el efecto de dejar el material *in situ*. En tal caso se deberá notificar a las autoridades pertinentes. Si se encuentran en la Zona escombros transportados por el viento, estos deben retirarse. Los escombros plásticos deben eliminarse de conformidad con lo estipulado en el Anexo III (Eliminación y tratamiento de residuos) del Protocolo al Tratado Antártico sobre la Protección del Medio Ambiente (1998). Los demás materiales transportados por el viento deben ser devueltos al Sitio y monumento histórico de donde provinieron y ser asegurados para evitar una nueva dispersión por el viento. Debe presentarse un informe al Grupo de gestión de la Zona antártica especialmente administrada (ZAEA) de isla Decepción, por medio de su Director, que describa la naturaleza del material retirado de la ZAEA y su ubicación dentro de la Zona de Sitios y monumentos históricos donde ha sido guardado y asegurado, a fin de establecer la mejor manera de tratar dichos escombros (por ejemplo, su conservación para conservar todo valor histórico o su eliminación adecuada) (consulte el sitio Web de la ZAEA de isla Decepción: *http://www.deceptionisland.aq/contact.php*).

7(ix) Eliminación de desechos

Todos los desechos deberán ser retirados de la Zona de conformidad con el Anexo III (Eliminación y manejo de desechos) del Protocolo al Tratado Antártico sobre Protección del Medio Ambiente (1998). A fin de evitar el enriquecimiento de los suelos con microbios y nutrientes antropogénicos, no se depositarán desechos humanos sólidos o líquidos en la Zona. Podrán verterse desechos humanos en Puerto Foster, pero evitando la ZAEP 145.

7 (x) Medidas que puedan requerirse para garantizar el continuo cumplimiento de los objetivos y las finalidades del Plan de Gestión

- Podrán expedirse permisos para ingresar a la Zona con la finalidad de realizar observaciones biológicas, vulcanológicas o sísmicas e inspecciones del sitio.
- Todos los sitios donde se realicen observaciones a largo plazo deberán estar debidamente marcados y se deberá realizar mantención de los señalizadores o letreros.
- Pueden otorgarse Permisos para permitir la vigilancia de la Zona o para permitir algunas actividades de gestión tal como lo establece la Sección 3.

7(xi) Requisitos relativos a los informes

El titular principal de un permiso para cada visita a la Zona debe presentar un informe ante la autoridad nacional correspondiente tan pronto como sea posible, y no más allá de los seis meses luego de concluida la visita. Dichos informes deberán incluir, según corresponda, la información señalada en el formulario para informe de visita (contenido como Apéndice en la Guía para la Preparación de Planes de Gestión para las Zonas Antárticas Especialmente Protegidas (disponible en el sitio Web de la Secretaría del Tratado Antártico, *www.ats.aq*)). Si procede, la autoridad nacional también debe enviar una copia del informe de visita a la Parte que haya propuesto el Plan de Gestión, a fin de ayudar en la administración de la Zona y en la revisión del Plan de Gestión. Las Partes deben, de ser posible, depositar los originales o copias de los informes de visita originales en un archivo de acceso público, a fin de mantener un registro del uso, para fines de revisión del Plan de Gestión y también para fines de organizar el uso científico de la Zona.

13

8. Documentación de apoyo

Aptroot, A. y van der Knaap, W.O. 1993. The lichen flora of Deception Island, South Shetland (El liquen y la flora de isla Decepción, islas Shetland del Sur). *Nova Hedwigia*, **56**, 183-192.

Baker, P.E., McReath, I., Harvey, M.R., Roobol, M., y Davies, T.G. 1975. The geology of the South Shetland Islands: V. Volcanic evolution of Deception Island ((La geología de las islas Shetland del Sur: Evolución de los volcanes de la isla Decepción). *British Antarctic Survey Scientific Reports*, N° 78, 81 págs.

Bednarek-Ochyra, H., Váña, J., Ochyra, R. y Lewis Smith, R.I. 2000. *The Liverwort Flora of Antarctica (La flora de acrimonias en la Antártida)*. Academia polaca de ciencias, Cracovia, 236 págs.

Cameron, R.E. y Benoit, R.E. 1970. Microbial and ecological investigations of recent cinder cones, Deception Island, Antarctica – a preliminary report (Investigaciones microbiológicas y ecológicas sobre los recientes comos de cenizas, isla Decepción, Antártida, un informe preliminar). *Ecology*, **51**, págs. 802-809.

Collins, N.J. 1969. The effects of volcanic activity on the vegetation of Deception Island (Efectos de la actividad volcániza sobre la vegetación de isla Decepción). *British Antarctic Survey Bulletin*, **21**, 79-94.

Peat, H., Clarke, A., y Convey, P. 2007. Diversity and biogeography of the Antarctic flora (Diversidad y biogeografía de la flora antártica). *Journal of Biogeography*, **34**, 132-146.

Longton, R.E. 1967. Vegetation in the maritime Antarctic (La vegetación de la Antártida marítima). En Smith, J.E., *Editor*, A discussion of the terrestrial Antarctic ecosystem (Un análisis del ecosistema terrestre antártico). *Philosophical Transactions of the Royal Society of London*, B, **252**, 213-235.

Morgan, F., Barker, G., Briggs, C., Price, R., y Keys, H. 2007. Informe final del Análisis de dominios ambientales para el continente antártico versión. 2.0, Manaaki Whenua Landcare Research New Zealand Ltd, 89 páginas.

Ochyra, R., Bednarek-Ochyra, H. y Lewis Smith, R.I. *The Moss Flora of Antarctica (La flora de musgos en la Antártida)*. 2008. Cambridge University Press, Cambridge. página 704.

Øvstedal, D.O. y Lewis Smith, R.I. 2001. *Lichens of Antarctica and South Georgia. A Guide to their Identification and Ecology* ((Líquenes de la Antártida y de Georgia del Sur, una guía para su identificación y ecología). Cambridge University Press, Cambridge, pág. 411.

Smellie, J.L., López-Martínez, J., Headland, R.K., Hernández-Cifuentes, Maestro, A., Miller, I.L., Rey, J., Serrano, E., Somoza, L. y Thomson, J.W. 2002. *Geology and geomorphology of Deception Island*, (Geología y geomorfología de la isla Decepción) 78 pp. Serie BAS GEOMAP, Hojas 6-A y 6-B, 1:25,000, British Antarctic Survey, Cambridge.

Smith, R. i. l. 1984a. Terrestrial plant biology of the sub-Antarctic and Antarctic (Biología de las plantas terrestres Antárticas y Subantárticas). En: Antarctic Ecolgy, Vol. 1. Editor: R. M. Laws. Londres, Academic Press.

Smith, R.I.L., 1984c. 1984b. Colonization and recovery by cryptogams following recent volcanic activity on Deception Island, South Shetland Islands (Colonización y recuperación de criptógamas luego de la reciente actividad volcánica en isla Decepción, islas Shetland del Sur). *British Antarctic Survey Bulletin*, **62**, 25-51.

Smith, R.I.L., 1984c. 1984c. Colonization by bryophytes following recent volcanic activity on an Antarctic island (Colonización por briófitos luego de la reciente actividad volcánica en una isla antártica). *Journal of the Hattori Botanical Laboratory*, **56**, 53-63.

Smith, R.I.L., 1984c. 1988. Botanical survey of Deception Island (Estudio botánico de isla Decepción). *British Antarctic Survey Bulletin*, **80**, 129-136.

Figura 1. Mapa de la isla Decepción que muestra los 11 sitios que conforma la ZAEA 140, Partes de isla Decepción, islas Shetland del Sur.

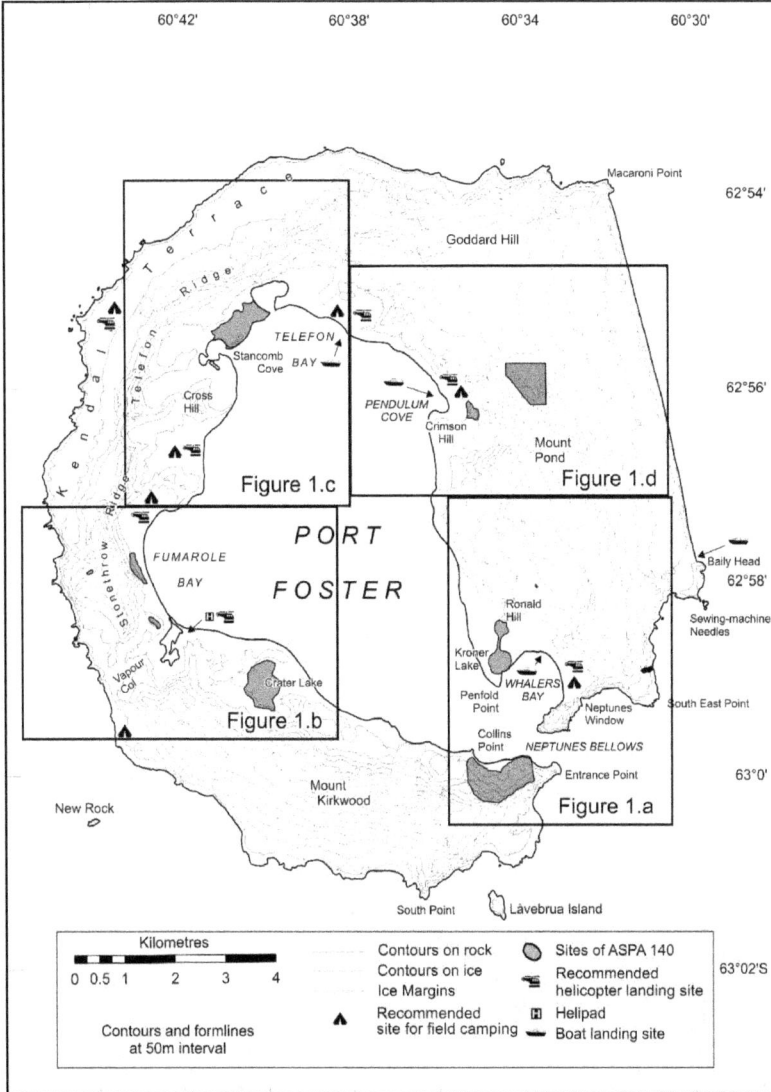

15

Figura 1a. Mapa que muestra la ubicación de la ZAEP N° 140, Sitios A, J, K y L.

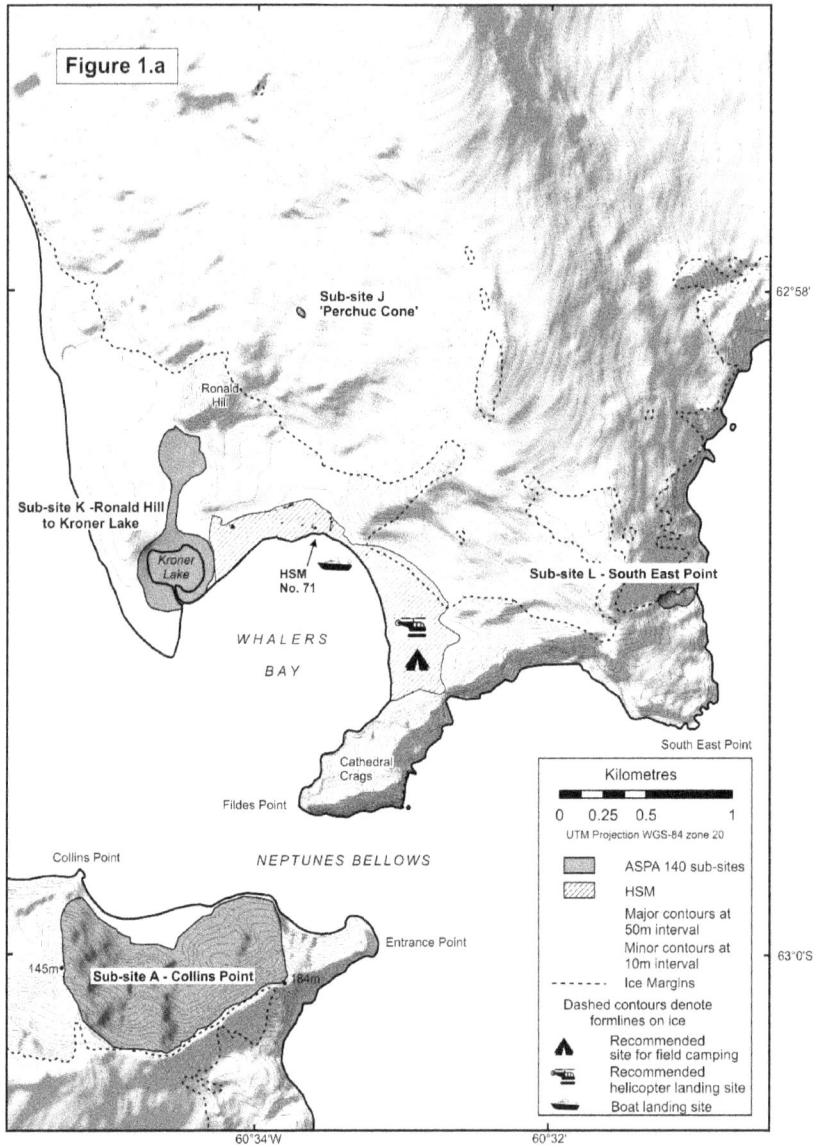

Figura1b. Mapa que muestra la ubicación de la ZAEP N° 140 Sitios B, C, D y E.

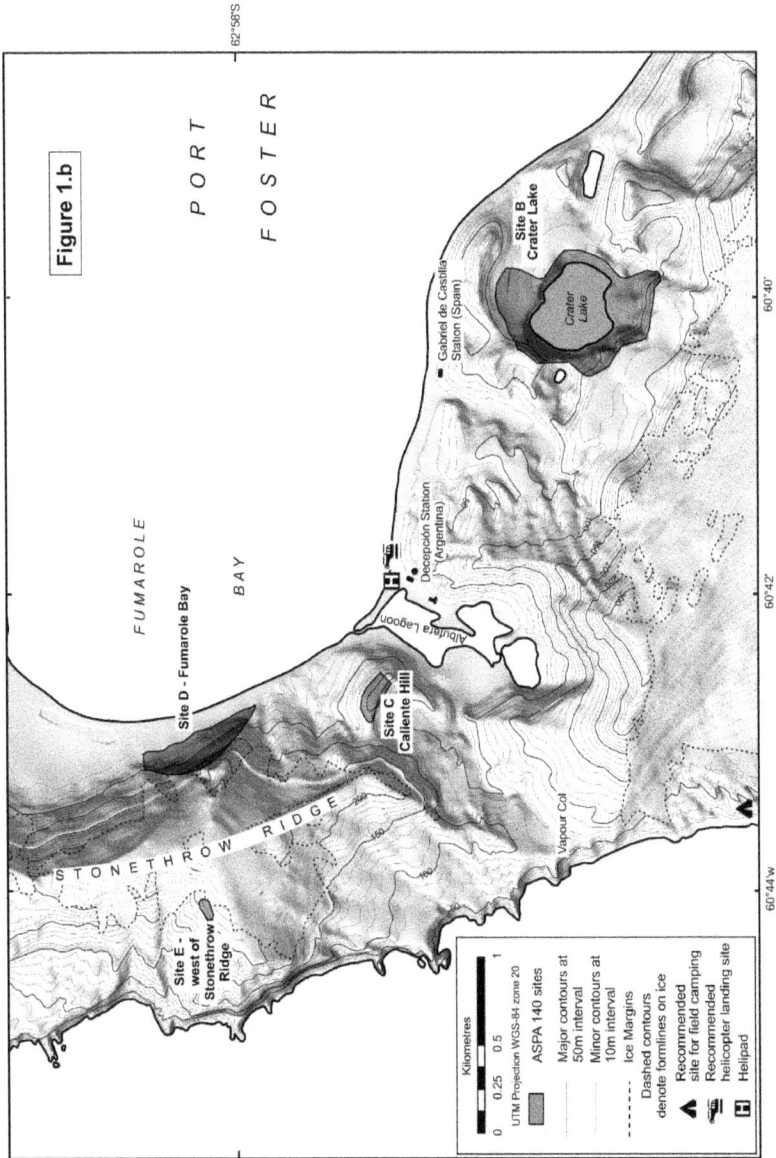

Figura 1c. Mapa que muestra la ubicación de la ZAEP N° 140 Sitio F.

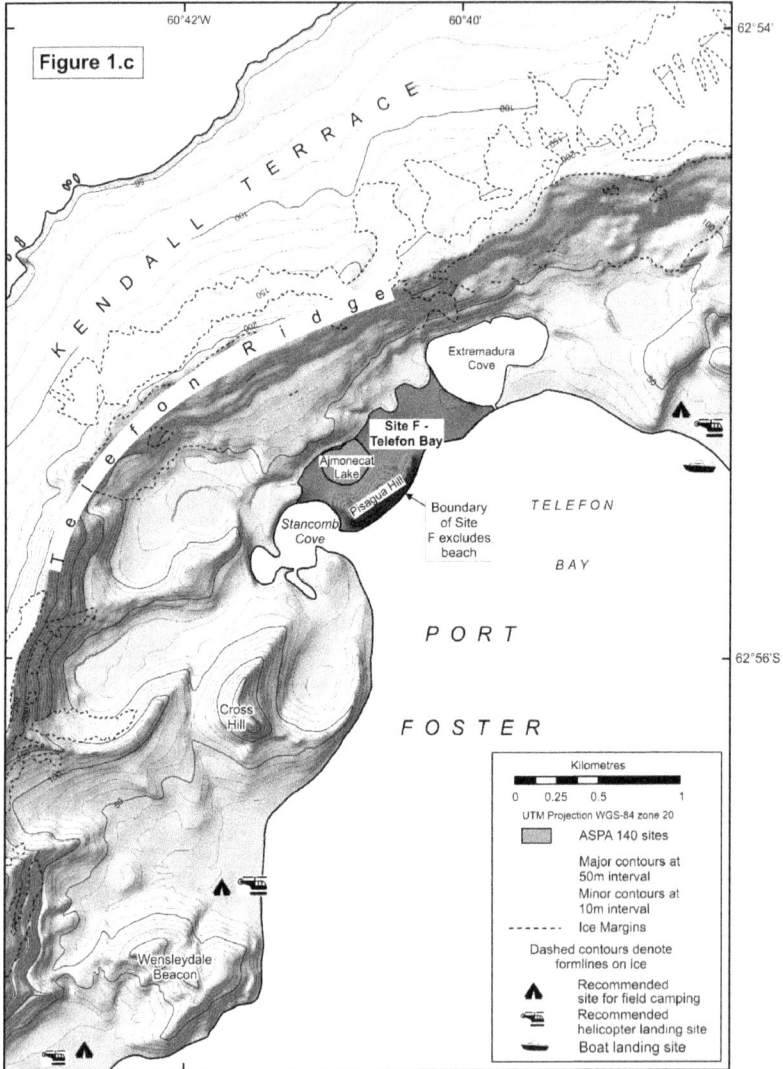

Figura 1d. Mapa que muestra la ubicación de la ZAEP N° 140 Sitios G y H.

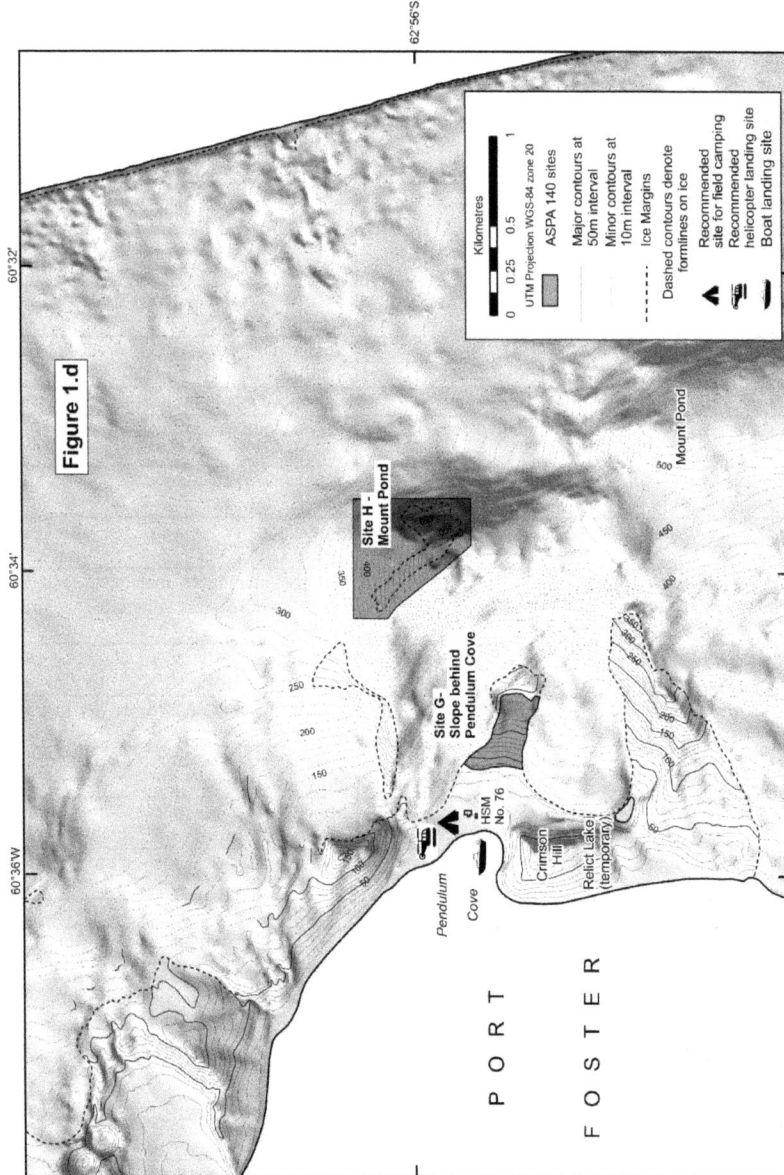

19

Anexo 1. Lista de especies vegetales clasificadas como poco comunes o extremadamente poco comunes en el área del Tratado Antártico, presentes en la isla Decepción.

A. A. Briofitas (L = acrimonia)

Especie	Sitios donde la especie está presente	Notas
Brachythecium austroglareosum	D	Se conoce en pocos otros sitios antárticos
B. fuegianum	G	Solamente se conoce en este sitio antártico
Bryum amblyodon	C, D, G, K	Se conoce en pocos otros sitios antárticos
B. dichotomum	C, E, H, J	Solamente se conoce en este sitio antártico
B. orbiculatifolium	H, K	Se conoce en otro sitio antártico
B. pallescens	D	Se conoce en pocos otros sitios antárticos
Cryptochila grandiflora (L)	E	Solamente se conoce en este sitio antártico
Dicranella hookeri	C, E, H	Solamente se conoce en este sitio antártico
Didymodon brachyphillus	A, D, G, H	Es más abundante localmente que en cualquier otro sitio antártico en que se conoce
Ditrichum conicum	E	Solamente se conoce en este sitio antártico
D. ditrichoideum	C, G, J	Solamente se conoce en este sitio antártico
D. heteromallum	C, H	Solamente se conoce en este sitio antártico
D. hyalinum	G:	Se conoce en pocos otros sitios antárticos
D. hyalinocuspidatum	G	Se conoce en pocos otros sitios antárticos
Grimmia plagiopodia	A, D, G	Especie de la Antártida continental
Hymenoloma antarcticum	B, C, D, E, G, K	Se conoce en pocos otros sitios antárticos
H. crispulum	G	Se conoce en pocos otros sitios antárticos
Notoligotrichum trichodon	k.	Se conoce en otro sitio antártico
Philonotis polymorpha	E, H	Solamente se conoce en este sitio antártico
Platyneurum jungermannioides	D	Se conoce en pocos otros sitios antárticos
Polytrichastrum longisetum (L)	k.	Se conoce en otro sitio antártico
Pohlia wahlenbergii	C, E, H	Se conoce en otro sitio antártico
Racomitrium	G:	Solamente se conoce en este sitio

heterostichoides		antártico
r. lanuginosum	G:	Solamente se conoce en este sitio antártico
r. subsecundum	C	Solamente se conoce en este sitio antártico
S. amblyophyllum	C, D, G, H	Se conoce en pocos otros sitios antárticos
S. andinum	H:	Se conoce en pocos otros sitios antárticos
S. deceptionensis sp. nov.	C	Es endémica de Decepción
S. leptoneurum sp. nov.	D	Es endémica de Decepción
Schistidium praemorsum	H:	Se conoce en otro sitio antártico
Syntrichia andersonii	D, L	Solamente se conoce en este sitio antártico

B. Líquenes

Especie	Sitios donde la especie está presente	Notas
Acarospora austroshetlandica	A	Se conoce en otro sitio antártico
Caloplaca johnstonii	B, D, F, L	Se conoce en pocos otros sitios antárticos
Catapyrenium lachneoides	?	Se conoce en pocos otros sitios antárticos
Cladonia galindezii	A, B, D	Es más abundante que en cualquier otro sitio en que se conoce
Degelia sp.	k.	Solamente se conoce en este sitio antártico
Ochrolechia parella	A, B, D	Es más abundante que en cualquier otro sitio en que se conoce
Peltigera didactyla	B, K	Es muy rara en B; su forma colonizadora muy pequeña es abundante en K
Pertusaria excludens	D	Se conoce en pocos otros sitios antárticos
P. oculae-ranae	G:	Solamente se conoce en este sitio antártico
Placopsis parellina	A, D, G, H	Es más abundante que en cualquier otro sitio en que se conoce
Protoparmelia loricata	B	Se conoce en pocos otros sitios antárticos
Psoroma saccharatum	D	Solamente se conoce en este sitio antártico
Stereocaulon condensatum	E	Solamente se conoce en este sitio antártico
S. vesuvianum	B, G	Se conoce en pocos otros sitios antárticos

21

Anexo 2. Fotografías de los sitios incluidos en la ZAEP 140. Las fotografías se tomaron entre el 19-26 de enero de 2010 (K. Hughes: A, B, C, E, F, G, J, K, L; P. Convey: D, H).

23

Anexo 3. Coordenadas limítrofes de los Sitios abarcados por la ZAEP 140, Partes de isla Decepción. Muchos de los límites siguen características naturales y en la Sección 6 se entregan sus descripciones pormenorizadas. Las coordenadas limítrofes están numeradas, siendo la número 1 la más septentrional y las demás numeradas secuencialmente en el sentido de las agujas del reloj en torno a cada Sitio.

Sitio	Número	Latitud	Longitud
A: punta Collins	1	62°59'50'' S	060°33'55'' O
	2	63°00'06'' S	060°33'51'' O
	3	63°00'16'' S	060°34'27'' O
	4	63°00'15'' S	060°34'53'' O
	5	63°00'06'' S	060°35'15'' O
	6	62°59'47'' S	060°35'19'' O
	7.	62°59'59'' S	060°34'48'' O).
	8.	62°59'49'' S	060°34'07'' O
B: lago Cráter	1	62°58'48'' S	060°40'02'' O
	2	62°58'50'' S	060°39'45'' O
	3	62°58'56'' S	060°39'52'' O
	4	62°59'01'' S	060°39'37'' O
	5	62°59'11'' S	060°39'47'' O
	6	62°59'18'' S	060°39'45'' O
	7.	62°59'16'' S	060°40'15'' O
	8.	62°59'04'' S	060°40'31'' O
	9.	62°58'56'' S	060°40'25'' O
C: cerro Caliente	1	62°58'33'' S	060°42'12'' O
	2	62°58'27'' S	060°42'28'' O
	3	62°58'29'' S	060°42'33'' O
	4	62°58'25'' S	060°42'51'' O
D: bahía Fumarola	1	62°57'42'' S	060°43'05'' O
	2	62°58'04'' S	060°42'42'' O
	3	62°57'53'' S	060°43'08'' O
	4	62°57'43'' S	060°43'13'' O
E: oeste de la cresta Stonethrow	1	62°57'51'' S	060°44'00'' O
	2	62°57'54'' S	060°44'00'' O
	3	62°57'54'' S	060°44'10'' O
	4	62°57'51'' S	060°44'10'' O
F: bahía Telefon	1	62°55'02'' S	060°40'17'' O
	2	62°55'11'' S	060°39'45'' O
	3	62°55'35'' S	060°40'43'' O
	4	62°55'30'' S	060°41'13'' O
	5	62°55'21'' S	060°41'07'' O
G: caleta Péndulo	1	62°56'10'' S	060°35'15'' O
	2	62°56'20'' S	060°34'41'' O
	3	62°56'28'' S	060°34'44'' O
	4	62°56'21'' S	060°35'16'' O

H: monte Pond	1	62°55'51'' S	060°33'30''O.
	2	62°56'12'' S	060°33'30''O.
	3	62°56'12'' S	060°33'48'' O
	4	62°55'57'' S	060°34'42'' O
	5	62°55'51'' S	060°34'42'' O
J: cono Perchué	ubicación de la punta	62°58'02'' S	060°33'39'' O
K: cerro Ronald al lago Kroner	1	62°58'25'' S	060°34'22'' O
	2	62°58'32'' S	060°34'20'' O
	3	62°58'34'' S	060°34'27'' O
	4	62°58'41'' S	060°34'30'' O
	5	62°58'44'' S	060°34'18'' O
	6	62°58'50'' S	060°34'18'' O
	7.	62°58'58'' S	060°34'38'' O
	8.	62°58'49'' S	060°34'53'' O
	9.	62°58'41'' S	060°34'40'' O
	10	62°58'24'' S	060°34'44'' O
L: punta sudeste	1	62°58'53'' S	060°31'01'' O
	2	62°58'56'' S	060°30'59'' O
	3	62°58'57'' S	060°31'13'' O
	4	62°58'55'' S	060°31'14'' O

25

Anexo 4. Accesos recomendados a los Sitios abarcados por la ZAEP 140.

Sitio	Nombre	Ruta de acceso recomendada
A	Punta Collins	En lancha: desembarco en la costa al norte del sitio (puerto Foster)
B	lago Cráter	Por tierra: a través del lado oeste de la cresta que se levanta hacia el sur de la estación Gabriel de Castilla durante 500m, luego, desplazarse hacia el este unos 200 m hasta llegar al límite oeste de la Zona.
C	cerro Caliente	Por tierra: acceso a sitio desde bahía Fumarola hacia el norte del sitio, o bien, a lo largo de una cresta prominente al suroeste de la cumbre del cerro Caliente.
D	Bahía Fumarola	En lancha: acceso desde cualquier lugar a lo largo de la costa de la bahía Fumarola.
E	oeste de la cresta Stonethrow	Por tierra: desde bahía Fumarola, en dirección suroeste pasando la laguna Albufera y luego hacia el norte, atravesando la ladera oeste de la cresta Stonethrow. El Sitio está al lado norte de la cresta que va de este a oeste, a unos 600m al sur-suroeste del punto más alto de la cesta Stonethrow.
F	Bahía Telefon	En lancha: acceso al Sitio ya sea desde bahía Telefon o desde la caleta Stancomb.
G	Caleta Péndulo	En lancha: acceso al sitio desde caleta Péndulo, puerto Foster, y luego por tierra pasando el SMH N° 76.
H	Monte Pond	Por tierra: acceso con precauciones desde caleta Péndulo a través de la prominente cresta sin hielo hacia el oeste del Sitio.
J	Perchué Cone	Por tierra: acceso desde bahía Balleneros a través de cerro Ronald.
K	Cerro Ronald al lago Kroner	En lancha: desembarcar al sur del sitio en bahía Balleneros, no se debe ingresar en lancha en el lago Kroner para ingresar al sitio (consulte en la Sección *7(ii)* los detalles) Por tierra: acceso desde bahía Balleneros hacia el este del Sitio.
l.	Punta Sudeste	A pie: acceso por tierra, con precauciones, ya sea desde bahía balleneros (al oeste del Sitio) o desde Bailey Head (hacia el norte del Sitio)

Plan de Gestión para la Zona Antártica Especialmente Protegida Nº 172

PARTE INFERIOR DEL GLACIAR TAYLOR Y CATARATAS DE SANGRE, VALLES SECOS MCMURDO, TIERRA DE VICTORIA

Introducción

Las Cataratas de Sangre son un flujo con alto contenido de sal y hierro ubicado en el frente del glaciar Taylor, valle de Taylor, valles secos McMurdo. Se cree que el flujo proviene de un depósito subglacial de sal marina y depósito de salmuera ubicado debajo de la zona de ablación del glaciar Taylor, que se estima está ubicado a una distancia de entre uno y seis kilómetros arriba de las Cataratas de Sangre. Superficie y coordenadas aproximadas: área subsuperficial 436 km^2 (centrada a 161° 40,230'E, 77° 50,220'S); área subaérea 0,11 km^2 (centrada en el flujo de las Cataratas de Sangre a 162° 15,809'E, 77° 43,365'). Los motivos principales para la designación de la Zona son sus propiedades físicas únicas, y la ecología microbiana y geoquímica inusuales. La Zona es un sitio importante para realizar estudios exobiológicos y proporciona una oportunidad única para extraer muestras del medio subglacial sin contacto directo. La influencia de las Cataratas de Sangre en el lago Bonney adyacente a ellas es también de especial interés científico. Asimismo, la zona de ablación del glaciar Taylor es un sitio importante para la investigación paleoclimática y glaciológica. El depósito subglacial de salmuera de la parte inferior del glaciar Taylor y las Cataratas de Sangre son únicos en el mundo, y un lugar de importancia científica sobresaliente. Sobre la base del Análisis de Dominios Ambientales para la Antártida (Resolución 3 (2008)), la Zona está ubicada dentro del Dominio S geológico de McMurdo en Tierra de Victoria del Sur. La designación de la Zona permite el acceso científico a la profundidad del hielo dentro del glaciar Taylor, siempre que se adopten medidas para garantizar que esto no comprometa el depósito y el sistema hidrológico de las Cataratas de Sangre.

1. Descripción de los valores que requieren protección

Las Cataratas de Sangre son un accidente glacial distintivo ubicado a 162° 16,288'E, 77° 43,329'S, en el frente del glaciar Taylor, en el valle de Taylor, valles secos McMurdo, Tierra de Victoria Meridional (Mapa 1). El accidente se forma donde sale a la superficie un flujo de líquido salino con alto contenido hierro de origen subglacial, y luego se oxida rápidamente para darle una coloración roja distintiva (Figura 1). Las pruebas disponibles sugieren que el flujo proviene de un depósito subglacial de sal marina y depósito de salmuera ubicado debajo del glaciar Taylor (Keys 1980; Hubbard *et al.* 2004) (Mapa 1). El accidente es único en su configuración física, biología microbiana y geoquímica, y tiene una importante influencia en el ecosistema local del lago Bonney. Además, los eventos de flujo que se producen por episodios en las Cataratas de Sangre brindan una excelente oportunidad para muestrear las propiedades del depósito subglacial y su ecosistema.

Las Cataratas de Sangre fueron observadas por primera vez por Griffith Taylor, geólogo sénior de Robert F. Scott, en 1911. Sin embargo, la investigación científica de sus características morfológicas y geoquímicas inusuales no comenzó hasta fines de los años cincuenta (Hamilton *et al.* 1962; Angino *et al.* 1964; Black *et al.* 1965). El accidente geográfico denominado Cataratas de Sangre es el sitio de flujo principal en el frente del glaciar Taylor (Mapa 2). Se ha observado un flujo salino lateral secundario que sale a la superficie desde abajo de los sedimentos ~40 m al norte del glaciar Taylor en el margen del delta de la corriente Santa Fe (162° 16,042'E, 77° 43,297'S, Mapa 2). Actualmente, es incierta la ubicación y forma exacta de la fuente del depósito subglacial que alimenta las Cataratas de Sangre, aunque los resultados del mapeo geológico, glacioquímico y geofísico sugieren que el depósito está ubicado entre uno a seis kilómetros del frente (Keys 1980; Hubbard *et al.* 2004). Se ha estimado que el depósito de salmuera quedó encapsulado por hielo aproximadamente 3 a 5 millones de años A.P. (Mikucki *et al.* 2004) y puede representar el accidente geográfico líquido más antiguo en el valle de Taylor (Lyons *et al.* 2005).

La salida de las Cataratas de Sangre contiene una comunidad microbiana única, aparentemente de origen marino. Los microbios pueden sobrevivir en el medio subglacial salino durante millones de años sin aporte externo de carbono. Debido a su alto contenido de hierro y sal, el ecosistema microbiano de las Cataratas de Sangre es un sitio importante para estudios exobiológicos y puede proporcionar un análogo correspondiente a las condiciones encontradas debajo de casquetes glaciales polares en Marte. Por lo tanto, es importante asegurarse de que la comunidad microbiana, el depósito de salmuera y el sistema hidrológico subglacial asociado de las Cataratas de Sangre se encuentren protegidos.

El flujo que las Cataratas de Sangre liberan por episodios en el lago Bonney adyacente a ellas altera la composición geoquímica del lago y proporciona nutrientes que de otro modo son limitados, lo que hace que sea un sitio valioso para la investigación de los impactos de la salida subglacial en ecosistemas lacustres.

El glaciar Taylor es un sitio importante para estudios glaciológicos y paleoclimáticos de la Antártida. Proporciona una oportunidad única para estudiar el comportamiento de los glaciares de desbordamiento de la Antártica en relación con el cambio ambiental, utilizando datos paleoclimáticos de núcleos de hielo del domo Taylor, pruebas geológicas del valle de Taylor y datos climáticos de sitios de Investigaciones Ecológicas a Largo Plazo (LTER, por sus siglas en inglés) de Estados Unidos (Kavanaugh *et al.* 2009a; Bliss *et al.* 2011). La zona de ablación inferior del glaciar Taylor ha sido identificada como un sitio potencialmente valioso para estudios paleoclimáticos, dado que expone hielo del último período glacial y permite medir concentraciones pasadas de gases traza a una alta resolución temporal (Aciego *et al.* 2007). Además, el glaciar Taylor es de valor científico para estudios glaciológicos, en particular sobre la dinámica de los glaciares y las relaciones entre tensiones y flujo del glaciar, y para otras investigaciones glaciológicas (Kavanaugh & Cuffey 2009).

El sistema de las Cataratas de Sangre es un sitio valioso para estudios de microbiología, química del agua, glaciología y paleoclimatología. Los aspectos más inusuales del sistema de las Cataratas de Sangre son su configuración física, la química de la salmuera y el ecosistema microbiano. Las Cataratas de Sangre también ejercen una influencia considerable en la geoquímica y la microbiología del lago Bonney. La Zona posee valores estéticos excepcionales y un valor educativo de relevancia, dado que el sitio ha sido objeto de una serie de artículos realizados en el ámbito científico y de los medios de comunicación en los últimos años. Las Cataratas de Sangre y el depósito de salmuera del glaciar Taylor ameritan protección especial debido a sus excelentes valores científicos, su configuración única, origen antiguo, importancia para los ecosistemas en el área local y su vulnerabilidad a las perturbaciones causadas por actividades humanas.

Sobre la base de los conocimientos actualmente disponibles, el ingreso de contaminantes directamente en el depósito subglacial o en áreas del lecho desde las cuales podría fluir líquido subglacial hacia el depósito se ha identificado como el posible mecanismo de contaminación más probable del depósito de salmuera del glaciar Taylor. Sin embargo, las incertidumbres en torno a la ubicación del depósito subglacial y su conexión con el sistema hidrológico subglacial hacen que resulte difícil evaluar la probabilidad de que esto ocurra y, por este motivo, se ha adoptado un enfoque preventivo al definir los límites del componente subsuperficial de la Zona.

2. Finalidades y objetivos

La gestión en la parte inferior del glaciar Taylor y en las Cataratas de Sangre tiene por objetivo:

- evitar las perturbaciones humanas y los muestreos innecesarios a fin de no degradar los valores de la Zona o crear riesgos considerables para los mismos;
- permitir la investigación científica, en particular de la comunidad microbiana, la química del agua y la configuración física de la parte inferior del glaciar Taylor y las Cataratas de Sangre;
- permitir otras investigaciones científicas y visitas para fines educativos/de difusión siempre que estas no pongan en peligro los valores de la Zona;
- reducir al mínimo la posibilidad de introducción de plantas, animales y microbios no autóctonos a la Zona;
- permitir visitas con fines de gestión para cumplir los objetivos del Plan de Gestión.

3. Actividades de gestión

Se deberán emprender las siguientes actividades de gestión en aras de proteger los valores de la Zona:

- Se colocarán en lugares apropiados, en los límites de la Zona, indicadores o carteles que muestren la ubicación y los límites, con indicaciones claras respecto a las restricciones del ingreso, a fin de evitar el ingreso accidental a la Zona;
- Los indicadores, los carteles o las estructuras erigidos dentro de la Zona con fines científicos o de gestión estarán bien sujetos, se mantendrán en buen estado y se los eliminará cuando dejen de ser necesarios.
- Se efectuarán las visitas necesarias (por lo menos una vez cada cinco años) para determinar si la Zona continúa sirviendo a los fines para los cuales ha sido designada y cerciorarse de que las medidas de gestión y mantenimiento sean las adecuadas;
- Se dispondrá de una copia del presente Plan de Gestión en las principales cabañas de investigación próximas a la Zona, en particular en los campamentos del lago Bonney, lago Hoare, lago Fryxell, F6 y de New Harbor, y en la estación McMurdo y la base Scott;
- Los programas nacionales antárticos que operan en la región deberían asesorarse entre sí a fin de asegurar la aplicación de las disposiciones mencionadas.

4. Período de designación

Designación por tiempo indeterminado.

5. Mapas y fotografías

Mapa 1: ZAEP 172: Límite de zona protegida subsuperficial de la parte inferior del glaciar Taylor y las Cataratas de Sangre. Proyección: conforme cónica de Lambert; Paralelos de referencia: primero 77° 35'S; segundo 77° 50'S; meridiano central: 161° 30' E; Latitud de origen: 78° 00' S; Nivel de referencia de esferoide y horizontal: WGS84; Equidistancia de la curva de nivel 200m.

Recuadro 1: Ubicación de la ZAEA 2, valles secos McMurdo en la región del mar de Ross.

Recuadro 2: Ubicación del glaciar Taylor en la ZAEA 2, valles secos McMurdo.

Mapa 2: ZAEP 172: Límite de zona protegida subsuperficial y subaérea de las Cataratas de Sangre y campamento designado. Proyección: conforme cónica de Lambert; Paralelos de referencia: primero 77° 43'S; segundo 77° 44'S; meridiano central: 162° 16' E; Latitud de origen: 78° 00' S; Nivel de referencia de esferoide y horizontal: WGS84; Equidistancia de la curva de nivel 20m.

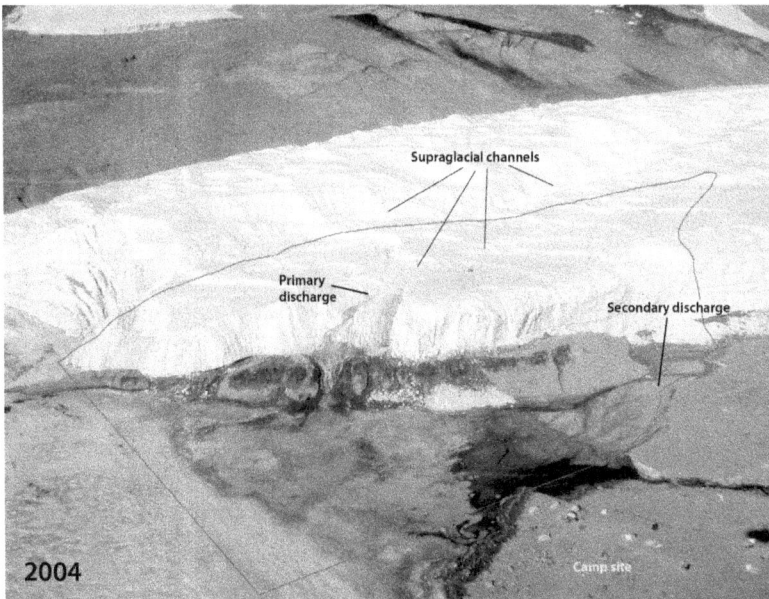

Figura 1. Vista aérea del frente del glacial Taylor en 2004, con las Cataratas de Sangre en el centro y el lago Bonney en la parte inferior izquierda (fotógrafo desconocido: 18 de noviembre de 2004).

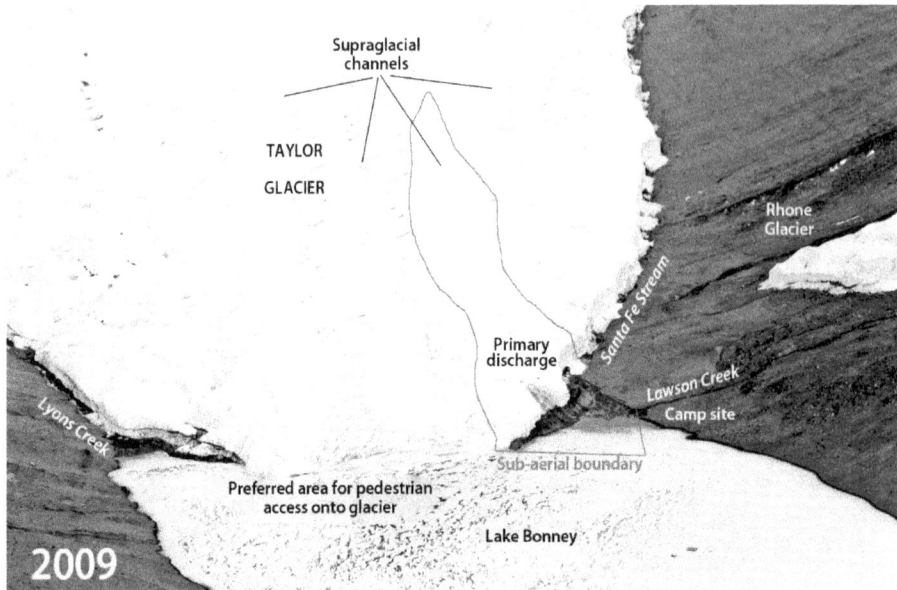

Figura 2. Vista aérea del frente del glaciar Taylor en 2009, que muestra la extensión del componente subaéreo de la Zona. Una comparación con la Figura 1 destaca la extensión a la que varía el tamaño del flujo con el tiempo (C. Harris, ERA / USAP: 10 de diciembre de 2009).

6. Descripción de la Zona

6(i) Coordenadas geográficas, indicaciones de límites y rasgos naturales

Generalidades

Las Cataratas de Sangre (ubicadas a 162° 16,288'E, 77° 43,329'S) son un flujo hipersalino con alto contenido de hierro que emerge de una grieta cerca del frente del glaciar Taylor, en los valles secos McMurdo, Tierra de Victoria Meridional. Inicialmente, la salmuera carece de color, pero se congela como una formación de hielo blanco burbujeante a medida que fluye del glacial y luego se oxida para producir su característico color rojo anaranjado. Muchas trazas de material de color de hierro continúan encapsuladas en las antiguas grietas y rajaduras del glaciar, especialmente cerca del punto de flujo principal. Se ha observado dos veces (1958, 1976) un flujo superficial secundario, mucho más pequeño y menos definido a ~40 m al norte del glaciar Taylor en el margen del delta de la corriente Santa Fe (162° 16,042'E, 77° 43,297'S, Mapa 2). El flujo secundario tiene una composición física y química similar a la salida principal en las Cataratas de Sangre (Keys 1980).

El volumen y la extensión física de la salida principal a la superficie de las Cataratas de Sangre y la acumulación de hielo varían con el tiempo, desde unos pocos cientos hasta varios miles de metros cúbicos de hielo salino, y los eventos de flujo ocurren a intervalos de uno a tres años o más (Keys 1980). Una proporción desconocida de salmuera a veces drena, antes de congelarse (por ejemplo, 1972, 1978), en el lago Bonney. En su extensión mínima , el flujo aparece como un área pequeña de decoloración en el frente del glaciar Taylor, pero puede extenderse decenas de metros por el lago Bonney en su extensión máxima (véanse, por ejemplo, las Figuras 1 y 2).

La fuente de los flujos de salmuera es subglacial, y el agua en la salmuera del flujo es hielo glacial derretido, pero la naturaleza de la fuente no es clara (Keys, comunicación personal, 2012). Los análisis químicos e isotópicos indican que el depósito o los depósitos de sal marina están derritiendo o han derretido hielo del glaciar Taylor (Keys 1980). La topografía subglacial profundizada debajo del glaciar Taylor entre uno a seis kilómetros del frente sugiere que es probable que el cuerpo de sal se encuentre allí, pero podría haber otras ubicaciones más arriba del glaciar. El espesor y la extensión de la salmuera subglacial resultante, o la ubicación y naturaleza exactas de los depósitos resultantes y los trayectos del flujo de salmuera aún deben establecerse con firmeza (Keys 1980; Hubbard *et al.* 2004).

Límites y coordenadas

Los límites de la Zona se han diseñado para proteger los valores del depósito de salmuera subglacial y el flujo superficial de las Cataratas de Sangre, teniendo en cuenta el tamaño de la captación, las conexiones probablemente hidrológicas y la posibilidad práctica. Dado que hay pruebas de que las conexiones hidrológicas y las interacciones entre la superficie y el lecho del glaciar Taylor probablemente sean mínimas, no se considera necesario restringir el acceso en la mayor parte de la superficie de la captación o sobre ésta. Sin embargo, una pequeña área que comprende los flujos primarios y secundarios confirmados de las Cataratas de Sangre, incluida una parte de la superficie del glaciar Taylor que drena directamente en el flujo primario, se incluye dentro del límite en la superficie para proporcionar la protección adecuada para las áreas de salida confirmadas (Mapa 2). Los ejemplos de ubicación del "posible flujo" que se muestran en el Mapa 1 no están actualmente incluidos en la Zona porque continúan sin confirmar. Es posible que representen exposiciones que indican procesos basales que pueden haber involucrado en un momento el depósito o accidentes geográficos relacionales en lugar de los puntos de flujo contemporáneo. Además, estos accidentes no vierten sus aguas en el depósito ni en el sitio de salida principal en las Cataratas de Sangre.

Las interconexiones subglaciales, por otra parte, podrían ser extensas; por lo tanto, un componente subsuperficial relativamente grande que se extiende ~50 km hacia arriba del glacial tiene por objeto proteger la parte principal de la captación subglacial de la parte inferior del glaciar Taylor que podría interconectarse con el depósito de salmuera (Mapa 1). Esta extensión se considera en la actualidad suficiente para proteger los valores del depósito, aunque se reconoce que algunas interconexiones pueden extenderse aún más puesto que técnicamente la captación se extiende adentrándose en la meseta polar; el límite oeste, por lo tanto, se seleccionó en parte como un límite práctico más allá del cual los riesgos para la Zona se consideran mínimos.

En resumen, las extensiones vertical y lateral de la Zona se definieron sobre la base de que el límite:

- protege la integridad del depósito subglacial y las áreas de los flujos primario y secundario confirmados de las Cataratas de Sangre;

- contempla las incertidumbres respecto de la ubicación del depósito y en la conexión dentro del sistema hidrológico subglacial;

- proporciona un límite práctico basado en las captaciones que es sencillo de trazar en los mapas e identificar en el campo;

- no restringe innecesariamente las actividades en la superficie del glaciar Taylor o sobre ella.

Las coordenadas de límites claves se resumen en el Cuadro 1.

Cuadro 1: Lista breve de las coordenadas de límites claves de la zona protegida (véanse los Mapas 1 y 2)

Ubicación	Etiqueta	Longitud (E)	Latitud (S)
Límite subsuperficial			
Flujo primario de las Cataratas de Sangre	A	162° 16.305'	77° 43.325'
Divisoria de hielos de los glaciares Taylor/Ferrar, margen sur de las colinas Kukri	B	161° 57.300'	77° 49.100'
Knobhead, al pie de la cresta NE	C	161° 44.383'	77° 52.257'
Valle Kennar, centro en el margen del glaciar Taylor	D	160° 25.998'	77° 44.547'
Beehive Mountain, al pie de la cresta SO	E	160° 33.328'	77° 39.670'
Extensión SO de Mudrey Cirque	F	160° 42.988'	77° 39.205'
Extensión SE del glaciar de Mudrey Cirque	G	160° 48.710'	77° 39.525'
Límite subaéreo			
Frente del glaciar Taylor, afloración de hielo/morrena prominente	*a*	162° 16.639'	77° 43.356'
Captación supraglacial que alimenta las Cataratas de Sangre, extensión oeste	*b*	162° 14.508'	77° 43.482'
Glaciar Taylor, margen norte	*c*	162° 15.758'	77° 43.320'
Delta de la corriente Santa Fe, margen oeste	*d*	162° 15.792'	77° 43.315'
Arroyo Lawson, bloque en la orilla oeste	*e*	162° 16.178'	77° 43.268'
Lago Bonney, ~80 m al este de la costa en el delta de la corriente Santa Fe	*f*	162° 16.639'	77° 43.268'

Subsuperficial

El límite subsuperficial comprende toda la zona de ablación del glaciar Taylor, desde una profundidad de 100 m por debajo de la superficie hasta el lecho del glaciar. A fin de contribuir a la identificación del límite en la superficie, y debido a las limitaciones prácticas respecto de la disponibilidad de datos sobre la configuración de la profundidad de 100 m dentro del glaciar, el margen superficial del glaciar Taylor se usa como un sustituto de la línea de profundidad de 100 m y, por lo tanto, se usó para definir la extensión lateral del componente subsuperficial de la Zona. La siguiente descripción define primero la extensión lateral del componente subsuperficial de la Zona y, posteriormente, define la extensión vertical.

El componente subsuperficial del límite de la zona protegida se extiende desde el sitio de flujo primario de las Cataratas de Sangre (162° 16,288'E 77° 43,329'S) (etiquetado como 'A' en el Cuadro 1 y en los Mapas 1 y 2) y sigue el frente del glaciar Taylor hacia el sur 0,8 km hasta el margen sur del glaciar en el arroyo Lyons. Desde allí, el límite de la Zona se extiende 19,3 km hacia el suroeste (Mapa 1), siguiendo el margen sur del glaciar Taylor hasta el extremo oeste de las colinas Kukri. Desde allí, el límite se extiende 7,8 km al este hasta una posición aproximada donde el hielo se divide entre los glaciares Taylor y Ferrar a lo largo del margen sur de las colinas Kukri, ubicadas a 161° 57,30'E, 77° 49,10'S ('B', Cuadro 1, Mapa 1). Desde allí, el límite se extiende 7,9 km hacia el suroeste, siguiendo la divisoria aproximada entre los glaciares Taylor y Ferrar hasta el extremo este de Knobhead a 161° 44,383'E, 77° 52,257'S ('C', Cuadro 1, Mapa 1). Desde allí, el límite sigue el margen sur del glaciar Taylor en dirección oeste 11,8 km hasta el barranco Windy, cruza el barranco Windy y desde allí se extiende 45,2 km al noroeste, siguiendo los márgenes de los glaciares Taylor, Beacon y Turnabout hasta el valle Kennar, ubicado a 160° 25,998'E, 77° 44,547'S ('D', Cuadro 1, Mapa 1). Desde allí, el límite se extiende hacia el noreste por el glaciar Taylor 9,5km hasta el pie de la Beehive Mountain a 160° 33,328'E, 77° 39,670'S ('E', Cuadro 1, Mapa 1). Como referencia visual, el límite de la zona protegida corre paralelo a una cresta definida evidente en la superficie del glaciar Taylor inmediatamente corriente abajo desde un área de numerosas grietas.

Desde la Beehive Mountain, el límite se extiende 5 km al este hasta el límite entre Mudrey Cirque y el glaciar Taylor a 160° 42,988'E, 77° 39,205'S ('F', Cuadro 1, Mapa 1). Desde allí, el límite sigue el margen de Mudrey Cirque por 9,6 km para volver a juntarse con el glaciar Taylor a 160° 48,710'E, 77° 39,525'S ('G', Cuadro 1, Mapa 1) y desde allí se extiende 59,6 km al sureste hasta el pie de las Cascadas de Hielo Cavendish, siguiendo el margen norte del glaciar Taylor. Desde allí, el límite se extiende hacia el norte y hacia el este a lo largo del margen del glaciar Taylor por16,9 km, sin incluir el lago Simmons y el lago Joyce, y se extiende otros 15,4 km al este hasta el sitio de flujo primario de las Cataratas de Sangre ('A', Cuadro 1, Mapa 2).

La extensión vertical del componente subsuperficial de la Zona se define en términos de profundidad por debajo de la superficie del glaciar Taylor (Figura 3). El límite subsuperficial se extiende desde una profundidad de 100 m por debajo de la superficie del glaciar Taylor hasta el lecho del glaciar, que se define como una superficie de lecho de roca subyacente debajo del glaciar. El sistema hidrológico subglacial, el depósito de salmuera de las Cataratas de Sangre y cualquier capa de combinación de hielo/sedimento o sedimentos no consolidados se incluyen dentro del límite. El componente subsuperficial de la Zona no impone limitaciones adicionales a las actividades realizadas en la superficie o dentro de la profundidad superior de 100 m dentro del cuerpo del glaciar Taylor.

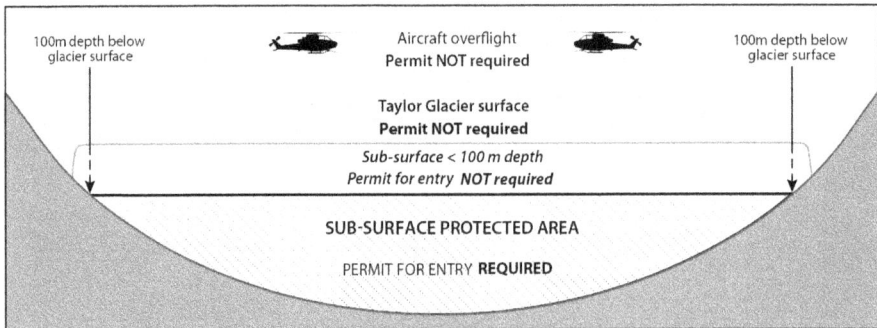

Figura 3: Definición basada en la profundidad de la extensión vertical del componente subsuperficial de la zona protegida de la parte inferior del glaciar Taylor y las Cataratas de Sangre.

Subaéreo

Este componente subaéreo de la Zona comprende el delta de la corriente Santa Fe, parte del extremo oeste del lago Bonney, y una pequeña captación supraglacial que rodea las Cataratas de Sangre que es definida por un sistema de crestas de hielo que persiste en la morfología del glacial local durante, por lo menos, escalas de tiempo decenales. El límite sudeste del componente subaéreo de la Zona está indicado por una afloración de hielo y morrena prominente que se extiende desde el frente del glaciar Taylor a 162° 16,639'E, 77° 43,356'S (etiquetado como '*a*' en el Cuadro 1 y en el Mapa 2). Desde allí, el límite se extiende hacia el suroeste y hacia arriba del glaciar por 900,8 m, siguiendo el margen sur de la captación supraglacial que rodea las Cataratas de Sangre hasta el extremo que está más al oeste de la captación supraglacial, ubicada a 162° 14,508'E, 77° 43,482'S ('*b*', Cuadro 1, Mapa 2). Desde allí, el límite se extiende hacia el noreste por 594,5 m hasta el margen del glaciar Taylor a 162° 15,758'E, 77° 43,320'S ('*c*', Cuadro 1, Mapa 2), siguiendo el margen norte de la captación supraglacial. Desde ese punto, el límite de la Zona se extiende 16,8 m al noreste en línea recta, hasta la parte superior de la orilla del río sobre el delta de la corriente Santa Fe a 162° 15,792'E, 77° 43,315'S ('*d*', Cuadro 1, Mapa 2). Desde allí, el límite se extiende hacia el noreste por 198,7 m, siguiendo la parte superior de la orilla hasta el punto en el cual se encuentra con el arroyo Lawson, a 162° 16,178'E, 77° 43,268'S ('*e*', Cuadro 1, Mapa 2). Desde ese punto, el límite se extiende en dirección este en línea recta por 180,5 m hasta un punto en el lago Bonney a 162° 16,639'E , 77° 43,268'S ('*f*', Cuadro 1, Mapa 2) y desde allí en dirección sur en línea recta por 166,5 m hasta la afloración de hielo y morrena prominente.

Clima

Dos estaciones meteorológicas operadas por el programa de Investigaciones Ecológicas a Largo Plazo (LTER, por sus siglas en inglés) de los valles secos McMurdo están ubicadas cerca de las Cataratas de Sangre (*http://www.mcmlter.org/queries/avg_met_queries.jsp*): "lago Bonney" (Punto "*a*", 162° 27,881'E, 77° 42,881'S) ubicada ~4.5 km al este, y "glaciar Taylor" (162° 07,881'E, 77 °44,401'S), ubicada ~ 4km hacia arriba del glaciar. La temperatura media anual del aire en ambas estaciones fue aproximadamente –17 °C durante el período 1995-2009. La temperatura más baja en estas estaciones durante este período fue –48,26 °C, registrada en el lago Bonney en agosto de 2008, mientras que la máxima de 10,64 °C fue registrada en el lago Bonney en diciembre de 2001. Agosto fue el mes más frío en ambas estaciones, siendo enero y diciembre los más cálidos en el lago Bonney y en el glaciar Taylor, respectivamente.

Las velocidades medias anuales del viento durante el mismo período (1995-2009) oscilaron entre 3,89 m/s en el lago Bonney y 5,16 m/s en el glaciar Taylor, con una velocidad máxima de 30,8 m/s registrada en el glaciar Taylor en agosto de 2004. La topografía del valle de Taylor, en particular Nussbaum Riegel, favorece la formación de sistemas climáticos aislados dentro de la cuenca del lago Bonney y limita el flujo de vientos costeros a la zona (Fountain *et al.* 1999).

El promedio de precipitaciones medias anuales en el lago Bonney entre 1995 y 2009 fue el equivalente a 340 mm de agua. Las tasas de ablación en el glaciar Taylor son las más altas del área circundante de las Cataratas de Hielo Cavendish, y llegan a un máximo en la base del barranco Windy (~ 0,4 m a^{-1}), y son las más bajas hacia arriba del glaciar del valle Beacon (~0 a 0,125 m a^{-1}). Las tasas de ablación en la parte inferior del glaciar Taylor suelen variar entre 0,15 y 0,3 m a^{-1} (Bliss *et al.* 2011).

Geología y geomorfología

El valle de Taylor está compuesto por un mosaico de morrenas de diversas edades y tipos de roca, que incluyen las siguientes: Rocas de base metamórficas precámbricas (Súper Grupo de Ross), rocas intrusivas de del Paleozoico temprano (formación de bahía Granite), una serie de rocas sedimentarias de la Edad Devoniana a Jurásica (Súper Grupo de Beacon) y las láminas de dolerita de Ferrar de la Edad Jurásica (Pugh *et al.* 2003).

Se cree que el depósito subglacial de las Cataratas de Sangres es una salmuera marina que se originó a partir de una incursión marina en los valles secos McMurdo durante el Plioceno (3 a 5 millones de años A.P.) y puede representar el accidente geográfico de agua en estado líquido más antiguo en los valles secos (Lyons *et. al.* 2005). Se piensa que durante el posterior retroceso del mar del valle de Taylor, la salmuera quedó atrapada cerca del actual frente del glaciar Taylor y luego fue "sellada"debajo del glaciar a medida que el hielo avanzó durante el Plioceno tardío o el Pleistoceno (Marchant *et al.* 1993). Ahora se cree que el depósito de salmuera forma un depósito subglacial, que emerge por episodios en la superficie en la salida principal y el sitio de flujo lateral secundario. Se ha sugerido que la salmuera se ha modificado desde el momento en que quedó atrapada, en parte debido a aportes de meteorización química (Keys 1980; Lyons *et al.* 2005; Mikucki *et al.* 2009).

Suelos y sedimento

Los suelos del valle de Taylor son generalmente de escaso desarrollo y están compuestos en gran parte por arena (95-99% por peso) (Burkins *et al.* 2000; Barrett *et al.* 2004). Los suelos del valle de Taylor tienen unas de las concentraciones de materia orgánica más bajas de la Tierra (Campbell & Claridge 1987; Burkins *et al.* 2000), y los suelos dentro de la cuenca del lago Bonney son particularmente bajos en contenido de carbono orgánico (Barrett *et al.* 2004). En el valle de Taylor, los suelos suelen extenderse hasta una profundidad de 10 a 30 cm, por debajo de la cual es permacongelamiento (Campbell & Claridge 1987). Además de la morrena glacial, el suelo del valle de Taylor está cubierto por sedimentos lacustres, depositados por el anteriormente extenso lago glacial Washburn, que se extienden hasta una profundidad de alrededor de 300 m (Hendy *et al.* 1979; Stuiver *et al.* 1981; Hall & Denton 2000).

Las morrenas en el morro del glaciar Taylor están compuestas por sedimento lacustre transformado, que data de aproximadamente 300.000 años A.P. (Higgins *et al.* 2000). Los sedimentos en el margen del glaciar Taylor también están compuestos por morrenas de limo y arena, formadas por derretimiento de hielo glaciar basal rico en desechos y por la erosión de corrientes marginales de hielo (Higgins *et al.* 2000). Una secuencia de hielo basal grueso caracterizada por sedimentos de granos finos y que se cree contiene sales originadas del depósito subglacial de las Cataratas de Sangre fue documentada en un túnel excavado en el margen norte del glaciar Taylor (Samyn *et al.* 2005, 2008; Mager 2006; Mager *et al.* 2007). Estas observaciones sugieren que la base del glaciar Taylor está interactuando con el sedimento subyacente y que pueden estar produciéndose derretimientos y recongelamientos localizados (Souchez *et al.* 2004; Samyn *et al.* 2005; Mager *et al.* 2007).

Glaciología e hidrología glacial

El glaciar Taylor es un glaciar de desbordamiento de la Capa de Hielo de la Antártida Oriental y termina en el lóbulo oeste del lago Bonney. Recientemente se ha realizado un estudio integral para investigar la dinámica de la zona de ablación del glaciar Taylor, que incluye su geometría y campo de velocidad superficial (Kavanaugh *et al.* 2009a), su balance de fuerza (Kavanaugh & Cuffey 2009) y su balance de masa contemporáneo (Fountain *et al.* 2006; Kavanaugh *et al.* 2009b). Los resultados sugieren que el glaciar fluye principalmente a través de la deformación del hielo y que el glaciar Taylor está aproximadamente en balance de masa. Se han utilizado muestras de hielo de la parte inferior de la zona de ablación del glaciar Taylor en estudios paleoclimáticos, y se ha determinado que el hielo data del último período glacial (Aciego *et al.* 2007). Otros estudios glaciológicos recientes realizados en el glaciar Taylor han investigado la evolución de los acantilados de hielo seco en el frente (Pettit *et al.* 2006; Carmichael *et al.* 2007), realizaron mediciones de texturas y gas en el hielo basal dentro del túnel subglacial próximo a la salida principal de las Cataratas de Sangre (Samyn *et al.* 2005, 2008; Mager *et al.* 2007) y evaluaron el balance energético de la superficie del glaciar (Bliss *et al.* 2011). Estudios de la hidrología supraglacial del glaciar Taylor sugieren que los canales de nieve derretida cubren aproximadamente el 40% de la parte inferior de la zona de ablación del glaciar Taylor y que el derretimiento dentro de los canales contribuye en forma significativa a la escorrentía total que llega al lago Bonney (Johnston *et al.* 2005). Dos canales grandes drenan en la salida principal de las Cataratas de Sangre, pero se considera muy poco probable que existan conexiones directas entre los canales de nieve derretida superficial y el depósito subglacial de las Cataratas de Sangre debido a las bajas temperaturas del hielo cerca de la superficie y a la falta de penetración por grietas más allá de los 100 m de profundidad (Cuffey, Fountain, Pettit y Severinghaus, comunicaciones personales, 2010).

La extensión de la nieve derretida subglacial debajo del glaciar Taylor y su conexión con el sistema de las Cataratas de Sangre es actualmente incierta. Las temperaturas basales inferidas sugieren que la mayor parte de la base del glaciar Taylor se encuentra sustancialmente debajo de los puntos de fusión por presión (Samyn *et al.* 2005, 2008) y un estudio por radar realizado por Holt *et al.* (2006) no encontró evidencia de agua en estado líquido propagada debajo del glaciar Taylor. Las mediciones efectuadas por Samyn *et al.* (2005) registraron una temperatura basal de –17 °C en la parte lateral del glaciar cerca de las Cataratas de Sangre. Sin embargo, el espesor del hielo y los gradientes plausibles de temperatura intraglacial concuerdan con temperaturas en torno a -5 a –7 °C en la base del glaciar dentro de 1–3 km de las Cataratas de Sangre, similares a las temperaturas medidas de la salmuera que fluye en los sitios primario y secundario (Keys 1980). Los estudios por radar que penetran el hielo sugieren que puede existir agua, probablemente hipersalina, dentro de una depresión de lecho de roca de 80 m, ubicada entre los 4 y 6 km del frente del glaciar Taylor (Hubbard *et al.* 2004).

El agua con alto contenido de sal se libera por episodios desde el depósito subglacial de las Cataratas de Sangre, generalmente por la salida principal y, en ocasiones, por el sitio de flujo lateral secundario. Ambiente (ENDURANCE, por sus siglas en inglés) sugieren que la salmuera subglacial puede ingresar en el lago Bonney por la mayor parte del frente del glaciar Taylor (Stone *et al.* 2010; Priscu, comunicación personal, 2011). Además, se han identificado una serie de sitios tanto en el margen norte como en el sur del glaciar Taylor donde existen sales y decoloración anaranjada en capas (cuyos ejemplos están identificados en el Mapa 1 como "posible flujo"), pero la naturaleza de estos accidentes aún debe confirmarse (Keys 1980; Nylen, comunicación personal, 2010). El disparador de los eventos de liberación subglacial es incierto, aunque se ha sugerido que después de acumularse bajo presión debajo del glaciar, la salmuera debe desplazarse por un conducto subglacial discreto que controla la ubicación del flujo principal: este comportamiento es similar a algunas explosiones de glaciar aperiódicas (*jökulhlaups*) en que los procesos de derretimiento basal y los patrones de tensión cambiantes (como cambios físicos del glaciar Taylor) pueden crear un pasaje para la salmuera a través del hielo basal que actúa como retención y forzar la salida del líquido subglacial de su depresión de lecho de roca (Keys 1980; Higgins *et al.* 2000; Mikucki 2005).

El flujo principal de las Cataratas de Sangre es frío (– 6 ºC), con alto contenido de carbono orgánico disuelto, hierro y cloruro de sodio, y tiene una conductividad de aproximadamente 2,5 veces la del mar (Mikucki *et al.* 2004; Mikucki 2005). Una serie de líneas de evidencia geoquímica fundamenta un origen marino para la salida de las Cataratas de Sangre, que generalmente muestra características muy similares a las del mar. Estudios han demostrado que el volumen, la extensión espacial y la geoquímica del flujo de las Cataratas de Sangre varía con el tiempo (Black *et al.* 1965; Keys 1979; Lyons *et al.* 2005) y difiere entre eventos de flujo normal y de flujo rápido (Mikucki 2005).

Ecología y microbiología

La salida de las Cataratas de Sangre contiene una comunidad microbiana, aparentemente de origen marino (Mikucki & Priscu 2007; Mikucki *et al.* 2009). Es posible que las bacterias sean capaces de metabolizar compuestos de hierro y sulfuro, y que esta capacidad haya permitido a la población sobrevivir en el medio subglacial durante períodos prolongados, posiblemente millones de años (Mikuki *et al.* 2009). También se cree que los microbios desempeñan un papel importante en el ciclo del carbono, al permitir que el ecosistema sobreviva sin aporte externo de carbono (Mikucki & Priscu 2007). Los controles principales sobre las características del ecosistema microbiano en las Cataratas de Sangre pueden proporcionar un análogo correspondiente a las condiciones encontradas debajo de casquetes glaciales polares en Marte (Mikucki *et al.* 2004). Se ha identificado un conjunto bacteriano viviente dentro del hielo basal y los sedimentos extraídos como muestra dentro del túnel excavado en el margen norte del glaciar Taylor (Christner *et al.* 2010).

Los estudios microbianos han proporcionado mayor respaldo al origen marino del depósito de salmuera, dado que los conjuntos microbianos registrados en las Cataratas de Sangre son similares a los encontrados en otros sistemas marinos (Mikucki *et al.* 2004; Mikucki & Priscu 2007). El ecosistema ha sido destacado como un sitio importante para estudios exobiológicos, en particular como un análogo correspondiente a las masas de hielo de Marte (Mikucki *et al.* 2004; Mikucki 2005). Se cree que los controles principales del conjunto microbiano de las Cataratas de Sangre constituyen la historia preglacial del ecosistema y del terreno circundante, la litología del lecho y la hidrología del glaciar, aunque la extensión del contacto entre el ecosistema microbiano y el sistema hidrológico glacial es actualmente incierto (Mikucki 2005; Mikucki & Priscu 2007).

Las aguas subglaciales con alto contenido de sal de las Cataratas de Sangre se encuentran con el agua superficial comparativamente dulce de la parte oeste del lago Bonney en el área del perímetro del lago (a menudo denominada "fosa", dado que esta zona es propensa a derretirse en verano). El área de la fosa actúa como una zona de transición, y su composición geoquímica se vuelve menos similar a las Cataratas de Sangre con la distancia desde el sitio de flujo primario (Mikucki 2005). El flujo de las Cataratas de Sangres también se diluye en el área de la fosa por el ingreso de la corriente Santa Fe, que se alimenta principalmente por el derretimiento superficial del glaciar Taylor y fluye a lo largo de su margen norte (Mikucki 2005). El arroyo Lawson también fluye en la Zona y drena en el lago Bonney aproximadamente 100 m al norte de la salida principal de las Cataratas de Sangre.

El flujo salino, el carbono orgánico y los microbios viables de las Cataratas de Sangre se liberan por episodios en el lóbulo oeste del lago Bonney, lo cual altera la geoquímica y la biología del lago y proporciona nutrientes que de otro modo son limitados (Lyons *et al.* 1998, 2002, 2005; Mikucki *et al.* 2004). Se han observado flujos en el lago Bonney a una profundidad de 20 a 25 m, y por debajo de esta profundidad el lago Bonney muestra una geoquímica muy similar a la de las Cataratas de Sangre, incluso altos niveles de hierro y una química del hierro similar a la del mar (Black & Bowser 1967; Lyons *et al.* 1998, 2005; Mikucki *et al.* 2004). Estudios han demostrado que las bacterias en las áreas profundas de la parte oeste del lago Bonney son similares en tamaño a las de las Cataratas de Sangre, pero mucho más pequeñas que otras encontradas en aguas profundas de otros lagos en los Valles Secos (Takacs 1999).

Ecología terrestre

No se han estudiado ampliamente las comunidades de invertebrados en las Cataratas de Sangre. Sin embargo, en muestras de suelo de la costa de parte oeste del lago Bonney se identificó *Scottnema lindsayae* como el nematodo más abundante en la cuenca del lago Bonney, y también se registraron *Eudorylaimus antarcticus* y *Plectus antarcticus* (Barrett *et al.* 2004).

Actividades humanas e impacto

Históricamente, los campamentos locales se han ubicado en dos áreas principales en la costa noroeste del lago Bonney, cerca del área de la fosa y de la salida principal de las Cataratas de Sangre (Mapa 2). El campamento contiene una serie de sitios para tiendas de campaña marcados por círculos de piedra. Esto ha dado lugar a perturbaciones localizadas del suelo, aunque se considera poco probable que las actividades en el campamento hayan tenido un impacto en las Cataratas de Sangre (Keys, Skidmore, comunicaciones personales, 2010). A aproximadamente 160 m al norte de la salida principal de las Cataratas de Sangre, se ubica un sitio de aterrizaje de helicópteros, aunque también es poco probable que su uso tenga efectos adversos en las Cataratas de Sangre (Hawes, Skidmore, comunicaciones personales, 2010). Se ha formado un sendero peatonal al oeste del arroyo Lawson, que se extiende paralelo a la corriente Santa Fe y por encima de ella, alrededor de 50 – 100 m del margen norte del glaciar Taylor. El sendero se ha vuelto prominente debido al tránsito de peatones y muestra signos de erosión menor.

El programa LTER instaló equipos de monitoreo de corriente, incluida una presa, en el área del delta de la corriente Santa Fe (Mapa 2), que fueron en gran parte retirados en enero de 2010. Partes de la presa incrustadas en sedimentos de la corriente resultaron difíciles de extraer y se han dejado *in situ* debido a que el impacto de su traslado se consideró mayor que dejar el material en el lugar. Se ha recolectado una serie de elementos de equipos glaciológicos en desuso de la margen norte del glaciar Taylor en el área del delta de la corriente Santa Fe, y es posible que algunos de estos elementos permanezcan en ubicaciones inaccesibles en la superficie del glaciar o incrustadas en sedimentos al pie de los acantilados de hielo. Quedan dos túneles abiertos en el hielo basal de estudios científicos anteriores, en el margen norte del glaciar Taylor ~ 600 m y 1000 m de las Cataratas de Sangre, respectivamente, aunque con el tiempo, éstos se derrumbarán y se fundirán.

6(ii) Acceso a la Zona

- El acceso al glaciar Taylor y la circulación en su superficie o sobre ella, dentro de la región cubierta por el componente subsuperficial de la Zona no están sujetos a ninguna restricción especial.
- El acceso al componente subaéreo de la Zona se realiza comúnmente primero por helicóptero hasta el sitio de aterrizaje designado en la costa noroeste del lago Bonney (162° 16,30'E, 77° 43,24'S, Mapa 2), y desde allí se continúa a pie. El acceso también puede realizarse a pie desde la dirección del lago Bonney o desde más arriba del glaciar Taylor.
- La ruta preferida para el acceso de peatones al componente subaéreo de la Zona desde el sitio de aterrizaje de helicópteros designado y desde el campamento es desde el lago Bonney, evitando la formación de hielo salina coloreada del flujo y el delta de la corriente Santa Fe, cuando sea posible, ascendiendo por el frente del glaciar Taylor desde las laderas al sur del límite del componente subaéreo (Mapa 2). Acantilados de hielo escarpados impiden acceder a pie al componente subaéreo de la Zona a lo largo de los márgenes norte del glaciar Taylor. Es posible que las fosas y lagunas que se forman en torno al margen del lago Bonney impidan el acceso más adelante durante la temporada.
- Se ha formado una ruta peatonal paralela al margen norte del glaciar Taylor y a ~50 – 100 de éste, que proporciona acceso varios kilómetros arriba del valle desde el sitio de aterrizaje de helicópteros designado y del campamento. Acantilados de hielo escarpados en el margen norte del glaciar Taylor impiden el acceso a la superficie del glaciar desde esta ruta.

6(iii) Ubicación de las estructuras dentro de la Zona y en sus proximidades

No existen estructuras permanentes dentro de la Zona. Hay dos indicadores de levantamiento topográfico permanentes instalados en un bloque ubicado aproximadamente a 175 m al norte de la Zona: El punto de referencia TP01 del Programa Antártico de Nueva Zelandia (NZAP, por sus siglas en inglés) es un tubo con rosca hembra (162° 16,466'E, 77° 43,175'S, elevación 72,7 m); el punto de referencia TP02 de UNAVCO es un perno roscado de 5/8" (162°16,465'E, 77°43,175'S, elevación 72,8 m). El bloque está ubicado en un área de suelo con pendientes en la costa norte del lago Bonney situado aproximadamente 140 m al NE del sitio de aterrizaje de helicópteros. Hay una presa de corriente y un medidor de corriente ubicados aproximadamente a 80 m al NO de la Zona en el arroyo Lawson. El campamento del lago Bonney está ubicado aproximadamente a 4,3 km al este de la Zona.

6(iv) Ubicación de otras zonas protegidas en las cercanías

La Zona se encuentra dentro de la ZAEA 2, valles secos McMurdo. Las Zonas Antárticas Especialmente Protegidas (ZAEP) más cercanas son las siguientes: Glaciar Canadá (ZAEP 131) que está ubicado a 22 km al NE de las Cataratas de Sangre en el valle de Taylor; Terraza Linneaus (ZAEP 138), que se encuentra a 31 km al NO de las Cataratas de Sangre en el valle Wright; y el valle Barwick (ZAEP 123) situado aproximadamente a 43 km al NO de las Cataratas de Sangre.

6(v) Áreas especiales dentro de la Zona

No hay áreas especiales dentro de la Zona.

7. Condiciones para la expedición de permisos

7(i) Condiciones generales para la expedición de permisos

El ingreso al componente subaéreo o subsuperficial de la Zona está prohibido, salvo de conformidad con un Permiso otorgado por una autoridad nacional habilitada. Las condiciones para la expedición de Permisos para ingresar a la Zona son las siguientes:

- el permiso debe ser emitido por razones indispensables de índole científica, educativa o de difusión, que no puedan llevarse a cabo en otro sitio, o por motivos esenciales para la gestión de la Zona;
- las actividades permitidas deberán atenerse a este Plan de Gestión;
- las actividades permitidas guardarán la debida consideración con respecto del proceso de evaluación del impacto ambiental a fin de continuar garantizando la protección de los valores ambientales, ecológicos, científicos o educativos de la Zona;
- el Permiso debe expedirse por un período determinado;
- se deberá llevar el permiso, o una copia de este, dentro de la Zona.

7(ii) Acceso a la Zona y desplazamientos en su interior o sobre ella

- Se prohíben los vehículos dentro de la Zona;

- El acceso al glaciar Taylor y la circulación en su superficie o sobre ella, dentro de la región cubierta por el componente subsuperficial de la Zona no están sujetos a ninguna restricción especial;

- El acceso al componente subaéreo de la Zona y la circulación dentro de él se hará normalmente a pie;

- Los helicópteros que facilitan el acceso a las Cataratas de Sangre deben, por lo general, evitar aterrizar dentro del componente subaéreo de la Zona, y deben hacerlo en el sitio de aterrizaje designado en la costa NO del lago Bonney (162° 16,30'E, 77° 43,24'S, Mapa 2). Los helicópteros pueden utilizarse para entregar equipos esenciales en el componente subaéreo de la Zona cuando sea necesario para fines científicos o de gestión para los cuales se haya otorgado un Permiso, con la precaución, en la máxima medida posible, de que dichas entregas eviten los canales supraglaciales;

- Los visitantes que accedan al componente subaéreo de la Zona deben evitar las áreas de flujo primario y secundario de las Cataratas de Sangre, a menos que actividades permitidas requieran específicamente el acceso a estos sitios;

- La ruta preferida para el acceso de peatones al componente subaéreo de la Zona desde el sitio de aterrizaje de helicópteros designado o desde el campamento es desde el lago Bonney, ascendiendo por el frente del glaciar Taylor desde las laderas al sur del límite del componente subaéreo (Mapa 2).

- La circulación dentro del componente subaéreo de la Zona debe limitarse a los casos en que sea necesario para el desempeño de actividades permitidas.

7(iii) Actividades que se llevan a cabo o que se pueden llevar a cabo dentro de la Zona, incluyendo las restricciones con respecto al horario y el lugar

- Investigaciones científicas que no pongan en peligro el ecosistema o los valores científicos de la Zona ni que comprometan la integridad del sistema de las Cataratas de Sangre;

- Actividades de gestión esenciales, incluido el monitoreo y la vigilancia;

- actividades con fines educativos (como informes documentales (fotográficos, auditivos o escritos), o la producción de recursos o servicios educativos) que no puedan llevarse a cabo en otro lugar;

- Se aplican condiciones especiales a las actividades que se llevan a cabo o pueden llevarse a cabo en los componentes subsuperficial y subaéreo de la Zona, que son las siguientes:

  a) Actividades que se llevan a cabo o pueden llevarse a cabo en el componente subsuperficial de la Zona

  - Todos los proyectos que proponen acceder al componente subsuperficial de la Zona deben considerar con antelación las incertidumbres que existen en las propiedades del sistema hidrológico subsuperficial, y el riesgo de que dichas actividades puedan tener más que un impacto menor o transitorio en los valores de la Zona. En tal sentido, la evaluación de impacto ambiental previa de dichas actividades debe incluir una revisión científica detallada y sólida con la oportunidad de recibir aportes de expertos relevantes.

  - Dichas propuestas tendrán en cuenta el Código de Conducta para Entornos Acuáticos Subglaciales del SCAR y, según corresponda, otros protocolos y procedimientos de mejores prácticas que se han desarrollado para el acceso seguro y ambientalmente sano al medio subglacial (véanse, por ejemplo, Comité sobre Principios de Gestión Ambiental para la Exploración y el Estudio de Entornos Subglaciales 2007; Instituto de Investigación Ártica y Antártica 2010; Consorcio del Lago Ellsworth 2011).

  - Cualquier actividad que involucre el ingreso en el componente subsuperficial de la Zona vigilará la efectividad de las medidas de control para minimizar/evitar liberaciones al medioambiente.

  b) Actividades que se llevan a cabo o pueden llevarse a cabo en el componente subaéreo de la Zona

  - Se permite el muestreo de nieve derretida de los canales supraglaciales que drenan en la salida principal de las Cataratas de Sangre, siempre que se adopten las medidas adecuadas especificadas en la Sección 7(vi) para minimizar la posible contaminación.

7(iv) Instalación, modificación o desmantelamiento de estructuras/equipos

- No se erigirán estructuras en la Zona excepto de conformidad con lo especificado en un permiso, y están prohibidas las estructuras o instalaciones permanentes, con excepción de los indicadores y carteles de levantamiento topográfico;

- Todas las estructuras, equipo científico o indicadores instalados en la Zona deben estar autorizados por un permiso y claramente identificados, con una indicación del país al que pertenecen, el nombre del principal investigador y el año de su instalación. Todos los artículos deben estar hechos de materiales que presenten un riesgo mínimo de contaminación de la Zona;

- La instalación (incluida la selección del sitio), mantenimiento, modificación o desmantelamiento de las estructuras o equipos se deberán emprender de una manera que limite al mínimo la perturbación del medioambiente y de la flora y la fauna.

- El desmantelamiento de estructuras o equipos específicos para los cuales el permiso haya expirado debe ser responsabilidad de la autoridad que haya expedido el permiso original y debe ser una condición para el otorgamiento del permiso.

- Si se dejan equipos *in situ* en el componente subsuperficial de la Zona durante períodos prolongados, se tomarán precauciones para minimizar el riesgo de contaminación o la pérdida de los equipos.

- Es posible que deban instalarse determinados equipos o materiales en entornos acuáticos subglaciales para fines científicos o de vigilancia (por ejemplo, para medir procesos geofísicos o biogeoquímicos, o para monitorear impactos de actividades humanas en el medio subglacial). Dichas instalaciones deben estar específicamente cubiertas en la evaluación de impacto ambiental correspondiente a la actividad, e incluir la consideración de los procedimientos para el traslado, y los riesgos y beneficios en caso de que el traslado no resulte práctico.

7(v) Ubicación de los campamentos

- Se prohíbe acampar dentro del componente subaéreo de la Zona.

- No se restringen los campamentos en la superficie del glaciar Taylor dentro de la región cubierta por el componente subsuperficial de la Zona.

- A 77° 43,24'S, 162° 16,29'E, aproximadamente 100 m al norte de la salida principal de las Cataratas de Sangre y en la costa noroeste del lago Bonney hay un campamento designado. El campamento está ubicado sobre suelo ligeramente empinado que se extiende ~100 m desde la costa del lago Bonney y ~200 m al noreste del arroyo Lawson hasta un punto de referencia de levantamiento permanente (TP02), que está ubicado a ~20 m de la costa del lago. Los sitios para tiendas de campaña individuales están marcados por círculos de piedra. Siempre que sea posible, deben usarse sitios para tiendas de campaña ubicados lo más lejos posible de la costa del lago Bonney.

7(vi) Restricciones relativas a los materiales y organismos que puedan introducirse en la Zona

- Ningún animal, material vegetal o microorganismos vivos ni suelos deben ingresarse en la Zona en forma deliberada, y se deben tomar las precauciones indicadas a continuación para evitar su introducción accidental;

- A fin de mantener los valores ecológicos y científicos de las Cataratas de Sangre y para minimizar el riesgo de introducción microbiana en el sistema de las Cataratas de Sangre, los visitantes de tomar precauciones especiales contra las introducciones. Es especialmente preocupante la introducción de agentes patógenos, fauna microbiana, invertebrados o vegetales provenientes de otros lugares de la Antártida, incluyendo las estaciones, o regiones fuera de la Antártica. Deben tomarse precauciones dentro de los componentes subaéreo y subsuperficial de la Zona de acuerdo con lo siguiente:

  Componente subaéreo

  Los visitantes deben asegurarse de que los equipos de muestreo o los indicadores estén limpios. En la medida de lo posible, antes del ingreso se deberán limpiar minuciosamente el calzado y demás equipo (incluidas las mochilas y los bolsos). Para reducir el riesgo de contaminación microbiana, las superficies expuestas de calzado, los equipos de muestreo y los indicadores deben esterilizarse antes de su uso dentro de la Zona. La esterilización debe realizarme mediante un método aceptable, como el lavado en una solución de 70% de etanol en agua o en una solución disponible en comercios como "Virkon". Deberán usarse prendas protectoras estériles cuando se realicen muestreos dentro del componente subaéreo de la Zona. Las prendas serán aptas para trabajar a temperaturas de –20 °C o inferiores, y estarán compuestas, como mínimo, por overoles estériles para cubrir los brazos, las piernas y el cuerpo, y guantes estériles aptos para ser usados sobre los guantes para clima frío. Las cubiertas para pies estériles/protectoras desechables no son aptas para recorrer el glaciar y no deben utilizarse;

  Componente subsuperficial

  Todos los equipos propuestos para ingresar en el componente subsuperficial de la Zona se esterilizarán antes de su instalación en el componente subsuperficial de la Zona para evitar introducciones microbianas en la mayor medida posible. La esterilización debe realizarme mediante un método aceptable y especificado en la evaluación de impacto ambiental correspondiente a la actividad;

- No se introducirán herbicidas o plaguicidas en la Zona;

- Cualquier otro producto químico, incluidos radionúclidos o isótopos estables, que se introduzca con fines científicos o de gestión especificados en el permiso deberá ser retirado de la Zona cuando concluya la actividad para la cual se haya expedido el permiso o con anterioridad;

- No deben introducirse trazadores químicos en el componente subsuperficial de la Zona, y el uso de trazadores en el componente subaéreo de la Zona deberá seguir las directrices para "Corrientes" establecidas en las Directrices ambientales para la investigación científica contenidas en el Apéndice B del Plan de Gestión para la ZAEA 2, valles secos McMurdo;
- No se podrá almacenar combustible, alimentos u otros materiales en la Zona, salvo que sea indispensable para la actividad para la cual se haya expedido el permiso;
- En general, todos los materiales introducidos permanecerán sólo por un período indicado y se trasladarán al concluir dicho período o con anterioridad, a menos que se instalen en entornos acuáticos subglaciales para fines científicos o de vigilancia en forma permanente, en cuyo caso las condiciones para su implementación deberán estar justificadas y especificadas en la evaluación de impacto ambiental correspondiente a la actividad;
- Todos los materiales deberán almacenarse y manipularse de modo que se minimice el riesgo de su introducción en el medioambiente;
- De ocurrir un derrame o liberación que pueda comprometer los valores de la Zona, se debe retirar lo vertido únicamente en la medida en que el impacto probable de dicho retiro no sea mayor que el de dejar el material *in situ*.

7(vii) Recolección de flora y fauna autóctonas o daños que estas puedan sufrir

Queda prohibida la recolección de ejemplares de flora y fauna autóctonas, o la intromisión perjudicial, salvo que se realice de conformidad con un permiso emitido conforme al Anexo II del Protocolo al Tratado Antártico sobre Protección del Medio Ambiente.

7(viii) Toma o traslado de cualquier cosa que el titular del permiso no haya llevado a la zona

- Se podrá recolectar o retirar material de la Zona únicamente de conformidad con un permiso, y dicho material deberá limitarse al mínimo necesario para fines de índole científica o de gestión.
- Todo material de origen humano que probablemente comprometa los valores de la Zona y que no haya sido llevado a la Zona por el titular del permiso o que no esté comprendido en otro tipo de autorización podrá ser retirado de la Zona, salvo que el impacto de su extracción probablemente sea mayor que el efecto de dejar el material *in situ*. Si se retirase el material, habría que avisar a las autoridades pertinentes.

7(ix) Eliminación de desechos

Todos los desechos, incluso los desechos humanos, deberán ser retirados de la Zona.

7 (x) Medidas que pueden ser necesarias para garantizar el continuo cumplimiento de los objetivos y las finalidades del plan de gestión

Se pueden otorgar permisos de ingreso a la Zona con el fin de:

- llevar a cabo actividades de inspección y control de la Zona, las cuales pueden implicar la recolección de una cantidad pequeña de muestras o de información para su análisis o examen;
- instalar o mantener postes indicadores, indicadores, estructuras o equipos científicos;
- implementar medidas de protección.

7(xi) Requisitos relativos a los informes

- El titular principal de un permiso para cada visita a la Zona deberá presentar un informe ante la autoridad nacional correspondiente tan pronto como sea posible, dentro de un plazo que no supere los 6 meses posteriores a la visita.
- Dichos informes deberán incluir, según corresponda, la información señalada en el formulario para informe de visita contenido en la *Guía para la Preparación de Planes de Gestión para las Zonas Antárticas Especialmente Protegidas*. Si procede, la autoridad nacional también debe enviar una copia del informe de visita a la Parte que haya propuesto el plan de gestión, a fin de brindar asistencia en la administración de la Zona y en la revisión del Plan de Gestión.
- Las Partes deberían, de ser posible, depositar los originales o copias de los mencionados informes originales de visita en un archivo de acceso público a fin de mantener un registro del uso, para fines de revisión del Plan de Gestión y también para fines de la organización del uso científico de la Zona.
- En los casos en que se realice el acceso al componente subsuperficial de la Zona, los informes también deberán documentar la ubicación de los sitios de perforación con una exactitud de ± 1 m, detalles del método de perforación y el tipo de líquido de perforación utilizado. Deberá informarse cualquier contaminación del medio subsuperficial. Los informes deben incluir los resultados de la vigilancia llevada a cabo para evaluar la efectividad de las medidas de control de contaminación, en particular las relacionadas con control microbiano.

- Se deberá notificar a la autoridad correspondiente acerca de todas las actividades que se realicen/las medidas que se tomen y/o respecto de todos los materiales liberados y no eliminados que no hayan estado incluidos en el permiso autorizado.

Referencias

Aciego, S.M., Cuffey, K.M., Kvanaugh, J.L., Morse, D.L. & Severinghaus, J.P. 2007. Pleistocene ice and paleo-strain rates at Taylor Glacier, Antarctica. *Quaternary Research* **68**: 303–13.

Angino, E.E., Armitage, K.B. & Tash, J.C. 1964. Physicochemical limnology of Lake Bonney, Antarctica. *Limnology and Oceanography* **9** (2): 207–17.

Arctic and Antarctic Research Institute 2010. Water sampling of the subglacial Lake Vostok. Final Comprehensive Environmental Evaluation. Russian Antarctic Expedition, Arctic and Antarctic Research Institute. San Peterburgo, Rusia.

Barrett, J.E., Virginia, R.A., Wall, D.H., Parsons, A.N., Powers, L.E. & Burkins, M.B. 2004.   Variation in biogeochemistry and soil biodiversity across spatial scales in a polar desert ecosystem. *Ecology* **85** (11): 3105-18.

Black, R.F. & Bowser, C.J. 1967. Salts and associated phenomena of the termini of the Hobbs and Taylor Glaciers, Victoria Land, Antarctica. *International Union of Geodesy and Geophysics, Commission on Snow and Ice. Publication* **79**: 226-38.

Black, R. F., Jackson, M. L. & Berg, T. E., 1965. Saline discharge from Taylor Glacier, Victoria Land, Antarctica. *Journal of Geology* **74**: 175-81.

Bliss, A.K., Cuffey, K.M. & Kavanaugh, J.L. 2011. Sublimation and surface energy budget of Taylor Glacier, Antarctica. *Journal of Glaciology* **57** (204): 684-96.

Burkins, M.B., Virginia, R.A., Chamberlain, C.P. & Wall, D.H. 2000. Origin and Distribution of Soil Organic Matter in Taylor Valley, Antarctica. *Ecology* **81** (9): 2377-91.

Campbell, I.B. & Claridge, G.G.C. 1987. *Antarctica: soils, weathering processes and environment* (Developments in Soil Science 16). Elsevier, New York.

Carmichael, J.D., Pettit, E.C., Creager, K.C. & Hallet, B. 2007. Calving of Talyor Glacier, Dry Valleys, Antarctica. Eos Transactions AGU **88** (52), Fall Meeting Supplement, Abstract C41A-0037.

<u>Christner, B.C.</u>, <u>Doyle, S.M.</u>, <u>Montross, S.N.</u>, <u>Skidmore, M.L.</u>, <u>Samyn, D.</u>, <u>Lorrain, R.</u>, <u>Tison, J.</u> and <u>Fitzsimons, S.</u> 2010. A subzero microbial habitat in the basal ice of an Antarctic glacier. AGU Fall Meeting 2010, Abstract B21F-04.

Committee on the Principles of Environmental Stewardship for the Exploration and Study of Subglacial Environments, 2007. Exploration of Antarctic Subglacial Aquatic Environments: Environmental and Scientific Stewardship. Board, National Research Council, National Academies Press, Washington D.C. (http://www.nap.edu/catalog/11886.html).

Fountain, A.G., Lyons, W.B., Burkins, M.B. Dana, G.L., Doran, P.T., Lewis, K.J., McKnight, D.M., Moorhead, D.L.,Parsons, A.N., Priscu, J.C., Wall, D.H., Wharton, Jr., R.A. & Virginia, R.A. 1999. Physical controls on the Taylor Valley ecosystem, Antarctica. *BioScience* **49** (12): 961-71.

Fountain, A.G., Nylen, T.H., MacClune, K.J., & Dana, G.L. 2006. Glacier mass balances (1993-2001) Taylor Valley, McMurdo Dry Valleys, Antarctica. *Journal of Glaciology* **52** (177): 451-465.

Lake Ellsworth Consortium 2011. Proposed exploration of subglacial Lake Ellsworth, Antarctica: Draft Comprehensive Environmental Evaluation. British Antarctic Survey, Cambridge.

Hall, B.L. & Denton, G.H. 2000. Radiocarbon Chronology of Ross Sea Drift, Eastern Taylor Valley, Antarctica: Evidence for a Grounded Ice Sheet in the Ross Sea at the Last Glacial Maximum. *Geografiska Annaler: Series A, Physical Geography* **82** (2-3): 305-36.

Hamilton, W. L., Frost, I. C. & Hayes P. T. 1962. Saline Features of a Small Ice Platform in Taylor Valley, Antarctica. USGS Professional Paper **450B**. US Geological Survey: B73-76.

Hendy, C.H., Healy, T.R., Rayner, E.M., Shaw, J. & Wilson, A.T. 1979. Late Pleistocene glacial chronology of the Taylor Valley, Antarctica, and the global climate. *Quaternary Research* **11** (2): 172-84.

Higgins, S.M., Denton, G. H. & Hendy, C. H. 2000. Glacial Geomorphology of Bonney Drift, Taylor Valley, Antarctica. *Geografiska Annaler. Series A, Physical Geography* **82** (2-3): 365-89.

Holt, J.W., Peters, M.E., Morse, D.L., Blankenship, D.D., Lindzey, L.E., Kavanaugh, J.L. & Cuffey, K.M. 2006. Identifying and characterising subsurface echoes in airborne radar sounding from a high-clutter environment in the Taylor Valley, Antarctica. 11th International Conference on Ground Penetrating Radar, 19-22 de junio de 2006, Columbus Ohio, EE. UU.

Hubbard, A., Lawson, W., Anderson, B., Hubbard, B. & Blatter, H. 2004. Evidence of subglacial ponding across Taylor Glacier, Dry Valleys, Antarctica. *Annals of Glaciology* **39**: 79–84.

Johnston, R.R., Fountain, A.G. & Nylen, T.H. 2005. The origins of channels on lower Taylor Glacier, McMurdo Dry Valleys, Antarctica, and their implication for water runoff. *Annals of Glaciology* **40**: 1-7.

Kavanaugh. J.L.& Cuffey, K.M. 2009. Dynamics and mass balance of Taylor Glacier, Antarctica: 2. Force balance and longitudinal coupling. *Journal of Geophysical Research* **114**: F04011.

Kavanaugh. J.L., Cuffey, K.M., Morse, D.L., Conway, H. & Rignot, E. 2009a. Dynamics and mass balance of Taylor Glacier, Antarctica: 1. Geometry and surface velocities. *Journal of Geophysical Research* **114**: F04010.

Kavanaugh. J.L., Cuffey, K.M., Morse, D.L., Bliss, A.K. & Aciego, S.M. 2009b. Dynamics and mass balance of Taylor Glacier, Antarctica: 3. State of mass balance. *Journal of Geophysical Research* **114**: F04012.

Keys, J.R. 1979. The saline discharge at the terminus of Taylor Glacier. *Antarctic Journal of the United States* **14**: 82-85.

Keys, J.R 1980. Salts and their distribution in the McMurdo region, Antarctica. Capítulo 8 en tesis de doctorado sin publicar realizada en Victoria University of Wellington NZ, y Byrd Polar Research Center, Columbus, Ohio: 240-82.

Lyons, W.B., Nezat, C.A., Benson, L.V., Bullen, T.D., Graham, E.Y., Kidd, J., Welch, K.A. & Thomas, J.M. 2002. Strontium isotopic signatures of the streams and lakes of Taylor Valley, Southern Victoria Land, Antarctica: chemical weathering in a polar climate. *Aquatic Geochemistry* **8** (2): 75-95.

Lyons, W.B. Tyler, S.W. Wharton Jr R.A., McKnight D.M. and Vaughn B.H. 1998. A Late Holocene desiccation of Lake Hoare and Lake Fryxell, McMurdo Dry Valleys, Antarctica. *Antarctic Science* **10** (3): 247-56.

Lyons, W.B., Welch, K.A., Snyder, G., Olesik, J., Graham, E.Y., Marion, G.M. & Poreda, R.J. 2005. Halogen geochemistry of the McMurdo dry valleys lakes, Antarctica: Clues to the origin of solutes and lake evolution. *Geochimica et Cosmochimica Acta*, **69** (2): 305–23.

Mager, S., Fitzsimons, S., Frew, R. & Samyn, D. 2007. Stable isotope composition of the basal ice from Taylor Glacier, southernVictoria Land, Antarctica. U.S. Geological Survey and The National Academies; USGS OF-2007-1047, Extended Abstract 109.

Mager, S. 2006. A compositional approach to understanding the formation of basal ice in Antarctic glaciers. Tesis de doctorado sin publicar; University of Otago, Dunedin, Nueva Zelandia.

Marchant, D. R., Denton, G. H. & Sugden, D. E. 1993. Miocene glacial stratigraphy and landscape evolution in the western Asgard Range, Antarctica. *Geografiska Annaler* **75**:269-302.

Mikucki, J. A. 2005. *Microbial Ecology of an Antarctic Subglacial Environment.* Tesis de doctorado sin publicar; Montana State University, Bozeman, Montana.

Mikucki, J.A., Foreman, C.M., Sattler, B., Lyons, W.B. & Priscu, J.C. 2004. Geomicrobiology of Blood Falls: An iron-rich saline discharge at the terminus of the Taylor Glacier, Antarctica. *Aquatic Geochemistry* **10**:199-220.

Mikucki, J.A., Pearson, A., Johnston, D.T. Turchyn, A.V., Farquhar, J., Schrag, D.P., Anbar, A.D., Priscu, J.C. & Lee, P.A. 2009. A contemporary microbially maintained subglacial ferrous 'ocean'. *Science* **324**: 397-400.

Mikucki, J.A. & Priscu, J.C. 2007. Bacterial diversity associated with Blood Falls, a subglacial outflow from the Taylor Glacier, Antarctica. *Applied and Environmental Microbiology* **73** (12): 4029-39.

Pettit, E.C., Nylen, T.H., Fountain, A.G. & Hallet, B. 2006. Ice Cliffs and the Terminus Dynamics of Polar Glaciers. *Eos Transactions AGU* **87** (52) Fall Meeting Supplement, Abstract C41A-0312.

Pugh, H.E., Welch, K.A., Lyons, W.B., Priscu, J.C. & McKnight, D.M. 2003. The biogeochemistry of Si in the McMurdo Dry Valley lakes, Antarctica. *International Journal of Astrobiology* **1** (4): 401–13.

Samyn, D., Fitzsimmons, S.J. & Lorrain, R.D. 2005. Strain-induced phase changes within cold basal ice from Taylor Glacier, Antarctica, indicated by textural and gas analyses. *Journal of Glaciology* **51** (175): 165–69.

Samyn, D., Svensson, A. & Fitzsimons, S. 2008. Discontinuous recrystallization in cold basal ice from an Antarctic glacier: dynamic implications. *Journal of Geophysical Research* **113** F03S90, doi:101029/2006JF000600.

SCAR 2011. Código de Conducta para la exploración e investigación de entornos acuáticos subglaciales del SCAR. Documento Informativo 33, XXXIV RCTA, Buenos Aires.

Souchez, R., Samyn, D., Lorrain, R., Pattyn, F. & Fitzsimons, S. 2004. An isotopic model for basal freeze-on associated with subglacial upward flow of pore water. *Geophysical Research Letters* **31** L02401.

Stone, W., Hogan, B., Flesher, C., Gulati, S., Richmond, K., Murarka, A., Kuhlman, G., Sridharan, M., Siegel, V., Price, R.M., Doran, P.T. & Priscu, J. 2010. Design and Deployment of a Four-Degrees-of-Freedom Hovering Autonomous Underwater Vehicle for sub-Ice Exploration and Mapping. *Proceedings of the Institution of Mechanical Engineers, Part M: Journal of Engineering for the Maritime Environment* **224**: 341–61.

Stuvier, M., Denton, G. H., Hughes, T. J. & Fastook, J. L. 1981. History of the marine ice sheet in West Antarctica during the last glaciation: a working hypothesis. In Denton, G. H. and Hughes, T. H., Eds. The last great ice sheets. Wiley-Interscience, New York: 319–436.

Takacs, C.D. 1999. Temporal Change in Bacterial Plankton in the McMurdo Dry Valleys. Tesis de doctorado sin publicar; Montana State University, Bozeman, Montana.

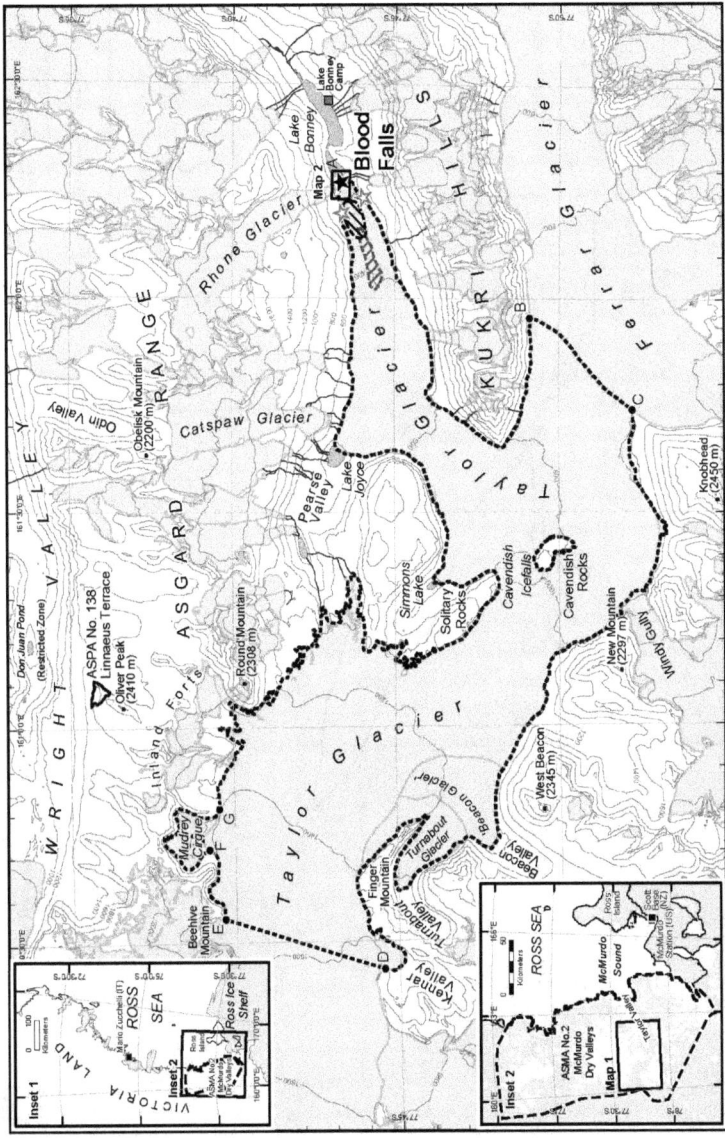

Map 1: Lower Taylor Glacier and Blood Falls sub-surface protected area boundary

137

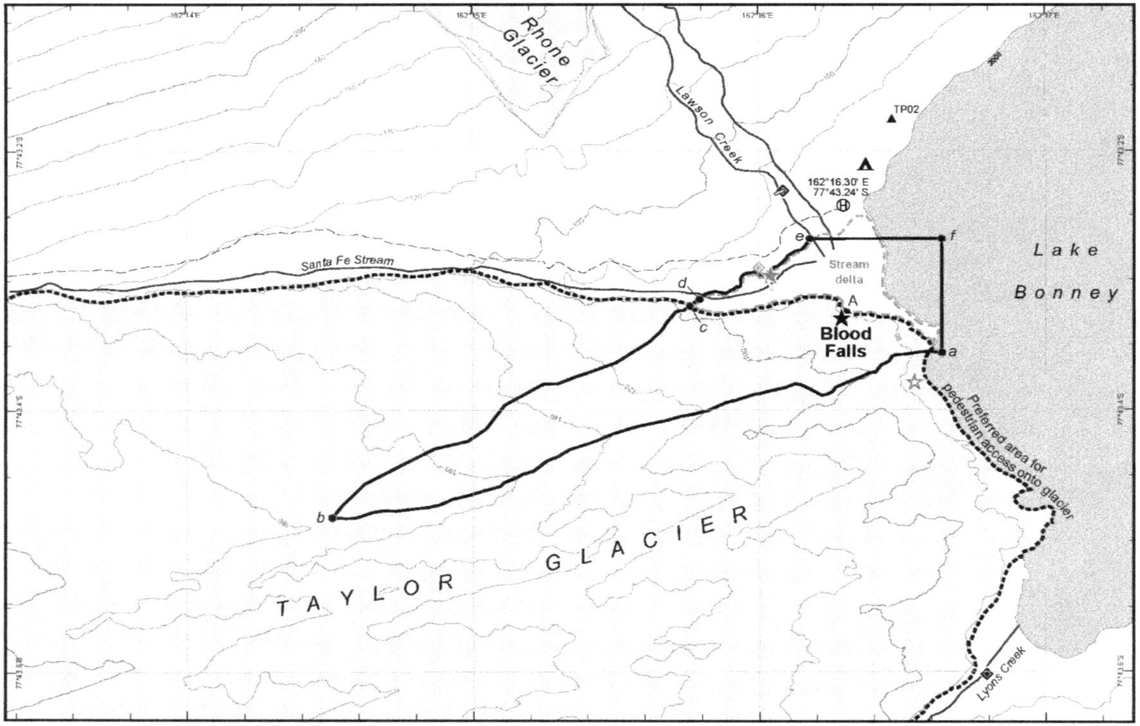

Informe final de la XXXV RCTA

Map 2: Blood Falls sub-surface and sub-aerial protected area boundary

Paquete de medidas de gestión de la isla Decepción

Introducción

La isla Decepción es una isla antártica única en su género, con importantes valores naturales, científicos, históricos, educacionales.

Con los años, distintas partes de la isla han recibido protección legal en el marco del Tratado Antártico como consecuencia de propuestas parciales, pero no se había formulado una estrategia coherente para proteger el total de la isla. En 2000, Argentina, Chile, Noruega, España y el Reino Unido llegaron a un acuerdo sobre una estrategia integrada para la gestión de las actividades en la isla.

En esta estrategia se recomendaba un enfoque que abarcara la isla en su totalidad. Se proponía designar la isla Decepción como Zona Antártica Especialmente Administrada (ZAEA) que abarcara una matriz de zonas antárticas especialmente protegidas (ZAEP), Sitios y monumentos históricos (SMH) y otras zonas donde las actividades debían ceñirse a un código de conducta.

En marzo de 2001, el Instituto Antártico Chileno organizó un taller en Santiago para avanzar en la preparación del plan de gestión para la isla Decepción. El grupo de trabajo sobre la isla Decepción se amplió a fin de incluir a Estados Unidos, y a la Coalición Antártica y del Océano Austral (ASOC) y la Asociación Internacional de Operadores Turísticos en la Antártida (IAATO) en calidad de asesores del grupo.

En febrero de 2002, la Dirección Nacional del Antártico (Argentina) organizó una expedición a la Estación Decepción. Participaron delegados de seis programas antárticos nacionales, la ASOC y la IAATO. La meta general de la expedición era realizar un estudio inicial sobre el terreno para facilitar la preparación conjunta, por las seis Partes Consultivas del Tratado Antártico, de un paquete de medidas de gestión para la isla Decepción.

Tras extensas consultas, se preparó la primera versión del paquete de medidas de gestión para la isla Decepción, cuya finalidad es conservar y proteger el entorno singular de la isla, manejando al mismo tiempo las diversas exigencias que compiten entre sí, entre ellas la actividad científica y turística y la conservación de los valores naturales e históricos de la isla. También procura salvaguardar a las personas que visitan la isla o que trabajan en ella. En documentos de información presentados al CPA (XII SATCM/IP8, RCTA XXIV/IP63, RCTA XXV/IP28 y RCTA XXVI/IP48) se presentan más pormenores de las extensas consultas e investigaciones del sitio que han llevado a la preparación del paquete de medidas de gestión para la isla Decepción.

De conformidad con el Artículo 6 (3) del Anexo V al Protocolo, se inició en 2010 un proceso de revisión del plan de gestión, y basándose en los debates y en nueva información, se elaboró en 2012 un nuevo plan, el cual se presentó al CPA/RCTA para su consideración y aprobación.

Plan de gestión de la Zona Antártica Especialmente Administrada Nº 4

Isla Decepción, islas Shetland del Sur

1.   Valores que serán protegidos y actividades que serán administradas

La isla Decepción (latitud: 62°57'S, longitud: 60°38'O), islas Shetland del Sur, es una isla antártica singular con importantes valores naturales, científicos, históricos, educacionales, y estéticos.

i. Valor natural

- La isla Decepción es uno de sólo dos volcanes de la Antártida en donde se han observado erupciones. Causó la dispersión de varias capas de ceniza en las islas Shetland del Sur, el estrecho de Bransfield y el Mar de Escocia. Se han encontrado cenizas procedentes de la isla Decepción hasta en una muestra de hielo del polo sur. El volcán hizo erupción durante dos períodos cortos en el siglo XX., siendo la erupción más reciente la ocurrida entre 1967 y 1970. El volcán contiene una caldera activa que se encuentra en proceso de deformación activa. Es probable, por lo tanto, que se produzcan más erupciones en la isla Decepción.

- La zona tiene un conjunto de flora excepcionalmente importante, que abarca por lo menos 18 especies que no se han encontrado en ningún otro lugar de la Antártida. Ninguna otra zona antártica puede compararse a esta zona. Revisten especial importancia las comunidades biológicas, muy pequeñas y singulares, asociadas a las áreas geotérmicas de la isla, y la comunidad de clavel antártico (*Colobanthus quitensis*) más extensa que se conoce.

- En la isla, donde se reproducen nueve especies de aves marinas, se encuentra una de las mayores colonias de pingüinos de barbijo (*Pygoscelis antarctica*) del mundo.

- El hábitat bentónico de Puerto Foster reviste interés ecológico debido a las perturbaciones naturales ocasionadas por la actividad volcánica.

ii. Valores y actividades de índole científica

- La zona reviste sumo interés científico, en particular para estudios de ciencias biológicas y geociencias. Ofrece la rara oportunidad de estudiar los efectos de los cambios ambientales en un ecosistema y la dinámica del ecosistema que se recupera de una perturbación natural.

- Durante mucho tiempo, en la Estación Decepción (Argentina) y la Estación Gabriel de Castilla (España) se han recopilado conjuntos de datos geotérmicos, sísmicos y biológicos[1].

iii. Valor histórico

- La zona tiene una larga historia de actividad humana desde 1820, aproximadamente, que abarca exploraciones, caza de focas, caza de ballenas, aviación e investigaciones científicas. Por consiguiente, ha desempeñado un papel importante en los asuntos antárticos.

- En la bahía Balleneros, la estación ballenera noruega Hektor, el cementerio y otros artefactos, algunos de los cuales anteceden a la estación ballenera, son los vestigios más importantes de la caza de ballenas en la Antártida. La "Base B", del Reino Unido, que se construyó en la estación ballenera abandonada, fue la primera base de la "Operación Tabarin", expedición secreta realizada durante la segunda guerra mundial y antecesora del British Antarctic Survey. Como tal, fue una de las primeras estaciones permanentes de investigación en la Antártida. Los restos de los cazadores de ballenas y la 'Base B' constituyen el Sitio y Monumento Histórico (SMH) No 71. El apéndice 3 contiene la estrategia para la conservación del SMH N° 71.

- Los restos de la estación chilena Presidente Pedro Aguirre Cerda, en Caleta Péndulo, constituyen el SMH No 76. En la base se realizaron estudios meteorológicos y vulcanológicos desde 1955 hasta que la base fue destruida por erupciones volcánicas en 1967 y 1969.

v. Valor estético

- La caldera inundada de la isla Decepción, su forma de herradura y la costa oriental alaciada lineal, sus laderas volcánicas áridas, las playas humeantes y los glaciares con varias capas de cenizas constituyen un paisaje antártico singular.

iv. Valores educativos

- La isla Decepción es uno de los pocos lugares del mundo donde pueden entrar buques directamente en el centro de una caldera volcánica activa, lo cual da a los visitantes la oportunidad de aprender sobre volcanes y otros aspectos del mundo natural, así como las primeras exploraciones antárticas, la caza de las

---

[1] España ha estado recolectando datos sismológicos desde la inauguración de la estación Gabriel de Castilla en 1989; los conjuntos de datos están disponibles en el Centro nacional de información polar (CNIP) de España. Los datos biológicos se han recolectado a intervalos a partir de 2001 y también están disponibles en el CNIP.

ballenas y las ciencias. La isla Decepción es también uno de los sitios más visitados por turistas en la Antártida.

2.   Finalidades y objetivos

La finalidad principal de este paquete de medidas de gestión es conservar y proteger el entorno sobresaliente y singular de la isla Decepción, manejando al mismo tiempo las diversas exigencias que compiten entre sí, entre ellas la actividad científica y turística y la conservación de los valores naturales e históricos de la isla. También se procura salvaguardar a las personas que visitan la isla o que trabajan en ella.

Los objetivos de la gestión de la isla Decepción son los siguientes:

- facilitar la planificación y coordinación de las actividades en la zona, fomentar la cooperación entre las Partes del Tratado Antártico y otros interesados, y resolver conflictos de intereses, tanto posibles como reales, entre distintas actividades, entre ellas la ciencia, la logística y el turismo;

- evitar la degradación innecesaria, ocasionada por perturbaciones humanas, de los valores naturales singulares de la zona;

- salvaguardar específicamente los valores científicos y de vida silvestre de aquellas áreas de la Zona que hasta la fecha no hayan sido modificados de manera importante por la actividad humana (en especial las superficies volcánicas creadas recientemente);

- reducir a un mínimo la posibilidad de que se introduzcan especies no autóctonas por medio de actividades humanas;

- evitar la alteración, la destrucción o el retiro innecesarios de construcciones, estructuras y artefactos históricos;

- proteger del gran riesgo volcánico a las personas que trabajan en la zona o en sus proximidades o que la visitan;

- administrar las visitas a esta isla singular y fomentar la conciencia de su importancia por medio de la educación.

3.   Actividades de gestión

Con el propósito de alcanzar las finalidades y los objetivos del presente plan de gestión, se llevarán a cabo las siguientes actividades de gestión:

- Las Partes que tengan un interés activo en la zona deberían establecer un Grupo de Gestión de la isla Decepción con el fin de:

    -supervisar la coordinación de las actividades en la zona;

-facilitar la comunicación entre las personas que trabajan en la zona o la visitan;

-llevar un registro de las actividades en la zona;

-proveer información y material educativo sobre la importancia de la isla Decepción a las personas que la visitan o que trabajan en la isla;

-vigilar el sitio a fin de investigar impactos acumulativos derivados de las actividades científicas, las instalaciones permanentes, y de las actividades de turismo/visitantes y de la gestión;

-supervisar la ejecución del presente plan de gestión y revisarlo cuando sea necesario.

- El presente plan de gestión para la ZAEA contiene un código general de conducta para las actividades en la zona que abarca toda la isla (véase la sección 9). Hay también códigos de conducta para sitios determinados, incluidos en la Estrategia para la conservación del SMH No 71 (apéndice 3), en bahía Balleneros, y el Código de conducta para la zona de instalaciones (apéndice 4) y el código de conducta para visitantes de sitios específicos (apéndice 5) y las Directrices para sitios para visitantes de bahía Telefon, bahía Balleneros, Caleta Péndulo y Baily Head. Estos códigos de conducta y Directrices para visitantes de sitios deben utilizarse para orientar las actividades en la zona.

- Los programas antárticos nacionales que operan en la zona deberán cerciorarse de que su personal esté informado sobre los requisitos del presente plan de gestión y de la documentación conexa.

- Los operadores turísticos que visiten la zona deberán cerciorarse de que su personal, tripulación y pasajeros estén informados sobre los requisitos del presente Plan de gestión y de la documentación conexa.

- Se deberán instalar letreros y señalizadores donde sea necesario y apropiado para mostrar los límites de la ZAEP y demás zonas, como por ejemplo la ubicación de actividades científicas. Los letreros y señalizadores deberán estar bien diseñados a fin de que sean informativos y visibles pero a la vez discretos. Deberán estar bien sujetos, mantenerse en buen estado y ser retirados cuando ya no sean necesarios.

- Se establecerá un sistema de alerta de erupciones volcánicas (como el que figura en el apéndice 6), el cual, junto con el plan para evacuaciones en casos de emergencia, se mantendrá en revisión constante.

- Las partes que autorizan actividades en la zona de las Islas Shetland del Sur deben garantizar que los responsables de la actividad estén informados de la conveniencia de evitar el uso de la isla Decepción como puerto de emergencia en caso de accidentes o incidentes marítimos, tanto debido a la vulnerabilidad ecológica como a los problemas de seguridad propios de la isla. Las Partes deben cerciorarse de que los responsables de la actividad se informen de los puertos de emergencia alternativos que hay en la zona, y alentar a que sean los utilizados en caso de presentarse una situación que lo estime posible y adecuado.

- En la Estación Decepción (Argentina) y la Estación Gabriel de Castilla (España) se deberán facilitar copias del presente plan de gestión y la documentación conexa, en inglés y en español. Asimismo, el Grupo de Gestión de la isla Decepción debería instar a los operadores antárticos nacionales, las compañías de turismo y, en la medida de lo posible, los operadores de yates que visiten la zona a que tengan copias del presente plan de gestión cuando visiten la zona.

- Los integrantes del Grupo de Gestión de la isla Decepción deberán efectuar visitas a la zona según sea necesario (por lo menos una vez cada cinco años) para cerciorarse de que se estén cumpliendo los requisitos del Plan de gestión.

4.   Período de designación

La designación abarca un período indeterminado.

5.   Descripción de la zona

i. Coordenadas geográficas, indicadores de límites y características naturales

Descripción general

La isla Decepción (latitud: 62°57'S, longitud: 60°38'O) está en el estrecho de Bransfield, en el extremo sur de las islas Shetland del Sur, frente a la costa noroeste de la Península Antártica (figuras 1 y 2). El límite de la ZAEA está definido por la costa exterior de la isla sobre el nivel de bajamar. La ZAEA comprende las aguas y el lecho marino de Puerto Foster hasta el norte de una línea que atraviesa los Fuelles de Neptuno entre la Punta Entrada y los peñascos Cathedral (figura 3). No se necesitan indicadores de límites para la ZAEA, ya que la costa está claramente definida y es visualmente evidente.

Geología, geomorfología y actividad volcánica

La isla Decepción es un volcán basáltico activo. La base sumergida tiene un diámetro de alrededor de 30 km y se eleva 1,5 km sobre el lecho marino. El volcán tiene una gran caldera inundada, que da a la isla la forma de herradura que la caracteriza, interrumpida únicamente en el sudeste por los Fuelles de Neptuno, un pasaje estrecho y poco profundo de 500 m de ancho, aproximadamente.

La erupción que formó la caldera posiblemente se haya producido hace 10.000 años. Una gran erupción, violentamente explosiva, arrojó alrededor de 30 km^3 de roca fundida con tanta rapidez que la cima del volcán se hundió, formando la caldera de Puerto Foster. Las lluvias de cenizas y los tsunamis conexos tuvieron un importante impacto ambiental en el norte de la Península Antártica. El volcán se mantuvo particularmente activo a fines del siglo XVIII y en el siglo XIX, época durante la cual hubo varias erupciones. En cambio, las erupciones del siglo XX se limitaron a dos períodos cortos, aproximadamente de 1906 a 1910 y de 1967 a 1970. En 1992, una actividad sísmica en la isla Decepción estuvo acompañada por una deformación del suelo y un aumento de la temperatura del agua subterránea en los alrededores de la Estación Decepción.

Posteriormente, el volcán volvió a su estado normal, básicamente quiescente. Sin embargo, el fondo de Puerto Foster está subiendo a una tasa geológicamente rápida (aproximadamente 30 cm al año). Junto al registro de erupciones históricas y a la presencia de longevas zonas de actividad geotérmica, se clasifica como una infatigable caldera con un importante riesgo volcánico.

Aproximadamente 57% de la isla está cubierto por glaciares permanentes, mucho de los cuales están recubiertos de cenizas volcánicas. En los márgenes de los glaciares hay montículos y crestas bajas de escombros transportados por glaciares (morrenas).

Un anillo casi completo de cerros, que alcanza una altura máxima de 539 m en la laguna Mount, rodea el interior sumergido de Puerto Foster y es la principal divisoria de aguas de la isla. Hay arroyos efímeros que fluyen hacia las costas exterior e interior. En el lado interno de la divisoria de aguas hay varios lagos.

Clima

El clima de la isla Decepción es marítimo polar. La temperatura media anual del aire en el nivel del mar es –2,9°C. Las temperaturas mensuales extremas oscilan entre 11°C la más cálida y –28°C la más fría. Las precipitaciones, que se producen en más del 50% de los días de verano, son elevadas, con una media anual equivalente a 500 mm de lluvias. Prevalecen los vientos del nordeste y del oeste.

Ecología marina

En la ecología marina de Puerto Foster han influido mucho la actividad volcánica y la deposición de sedimentos. La ZAEP N° 145, que comprende dos subsitios, está ubicada en la zona. En el plan de gestión de la ZAEP No 145, que figura en el apéndice 2, se describe la ecología marina de Puerto Foster de forma más detallada.

Flora

La isla Decepción es un sitio botánico singular y excepcionalmente importante. La flora abarca por lo menos 18 especies de musgo, agrimonia y líquenes que no se han encontrado en otros lugares de la Antártida. En varias zonas geotérmicas de la isla, en algunas de las cuales hay fumarolas, crecen comunidades pequeñas que incluyen especies raras y asociaciones singulares de grupos taxonómicos. Asimismo, la concentración más extensa que se conoce de clavel antártico (*Colobanthus quitensis*) está entre Baily Head y Punta Sudeste.

En muchos lugares, la superficie del terreno creado por las erupciones de 1967-1970 está siendo colonizada con rapidez, proceso que probablemente se vea intensificado por el aumento de las temperaturas que se registran actualmente durante el verano en la Península Antártica como resultado del cambio climático regional.

La ZAEP N° 140, que comprende dos subsitios, está ubicada en la zona. En el plan de gestión para la ZAEP N° 140, que figura en el apéndice 1, se describe la flora de la isla Decepción con más detalles.

Invertebrados

Los invertebrados terrestres y de agua dulce de cuya presencia en la isla Decepción se tiene constancia consisten en 18 especies de Acarina (ácaros), 1 especie de Díptera (moscas), 3 especies de Tardigrada (tardígrados), 9 especies de Collembola (tisanuros), 3 de Crustacea (crustáceos) de agua dulce, 14 de Nematoda (nematodos), 1 de Gastrotricha (gastrotrichos) y 5 de Rotifera (rotíferos). Indicios de colonias de aves marinas (*Ixodes uriae*) suelen encontrarse bajo las rocas adyacentes a los criaderos de pingüinos (por ejemplo, en el criadero de pingüinos de Vapour Col).

La zona intercotidal de las playas sedimentarias alberga una serie de especies invertebradas, en su mayor parte en la zona saturada: 3 especies de anfípodos, 3 especies de prosobranquios y un conjunto aún sin identificar de especies de oligoquetos y poliquetos. La abundancia de invertebrados y la biodiversidad es más alta en las playas de guijarros y de peñascos que en los sedimentos arenosos. Es frecuente observar macroalgas de color rojo y verde en estas áreas, ya sea varadas o adheridas a las rocas.

Aves

En la zona se reproducen nueve especies de aves. Las más numerosas son el pingüino de barbijo (*Pygoscelis antarctica*), con una población estimada de 70.000 parejas reproductoras en total sobre la isla. En la pingüinera más grande, situada en Baily Head, las últimas estimaciones arrojan 50.000 parejas reproductoras[2]. Durante los últimos 20 años la población de pingüinos de barbijo ha disminuido en la zona, probablemente debido a los efectos del cambio climático sobre la abundancia de krill. Los últimos estudios indican una disminución del 50% de las parejas reproductoras en Baily Head desde el censo realizado en la temporada1986/1987.[3]

Si bien anidan ocasionalmente algunos pingüinos de frente dorada (*Eudyptes chrysolophus*) en la isla, no se han observado parejas de aves reproductoras durante las últimas dos décadas. En la zona se reproducen también skúas pardas (*Catharacta antarctica lonnbergi*), skúas antárticas (*Catharacta maccormicki*), gaviotas cocineras

---

[2] Las estimaciones se basan en estudios realizados por EE.UU. durante la temporada 2011/2012. Las conclusiones del estudio se presentaron para su publicación (véase en el pie página 3 las información de esta presentación).

[3] Naveen, R., H. J. Lynch, S. Forrest, T. Mueller, y M. Polito. 2012. El primer estudio directo sobre los pingüinos, realizado en el total de la zona de la isla Decepción, sugiere una importante disminución en las parejas reproductoras de pingüinos de barbijo. Estudio en Polar Biology.
Barbosa, A., Benzal, J., De Leon, A., Moreno, J. Disminución de la población de pingüinos de barbijo (*Pygoscelis antarctica*) en la isla Decepción, islas Shetland del Sur, Antártica. Estudio en Polar Biology (2ª revisión).

(*Larus dominicanus*), petreles dameros (*Daption capensis*), petreles de Wilson (*Oceanites oceanicus*), gaviotines antárticos (*Sterna vittata*), cormoranes antárticos (*Phalacrocorax bransfieldensis*) y palomas antárticas (*Chionis alba*).

Mamíferos

En la isla Decepción no hay mamíferos reproductores. En las playas de la costa interior y exterior suelen permanece en tierra algunos lobos finos antárticos (*Arctocephalus gazella*), focas de Weddell (*Leptonychotes weddelli*), focas cangrejeras (*Lobodon carcinophagus*), elefantes marinos (*Mirounga leonina*) y focas leopardo (*Hydrurga leptonyx*). A intervalos poco comunes pueden verse ballenas, en su mayoría ballenas jorobadas (*Megaptera novaeangliae*), en puerto Foster. Es habitual ver ballenas jorobadas alimentándose en las aguas costeras de la isla desde fines de diciembre en adelante. Una gran cantidad de focas peleteras antárticas (unas 500) pueden observarse en la playa que está situada entre Punta Entrada y Punta Collins.

ii.   *Estructuras situadas dentro de la zona*

La estación Decepción (Argentina) (latitud: 62°58'20" S; longitud 60°41'40" O) está ubicada en la costa septentrional de la bahía Fumarola. La Estación Gabriel de Castilla (España) (latitud: 62°58' 40"S, longitud 60°40' 30"O) está ubicada a un kilómetro al sudeste, aproximadamente. El código de conducta para la zona de instalaciones (apéndice 4) contiene información más detallada sobre ambas estaciones.

En bahía Balleneros están los restos de la estación ballenera Hektor (Noruega) y otros restos que anteceden a la estación ballenera, el cementerio de balleneros y la antigua "Base B" británica (Sitio y Monumento Histórico N° 71) (véase el apéndice 3). En la costa sudoeste de Puerto Foster hay varias calderas de vapor de la estación ballenera. En Caleta Péndulo están los restos de la estación chilena Presidente Pedro Aguirre Cerda (SMH N° 76). Aproximadamente a un kilómetro al sudoeste del SMH No 76 hay un refugio de madera abandonado. Una choza de madera abandonada esta ubicada aproximadamente a 1 Km. al suroeste del SMH N° 76.

En la punta Collins hay una baliza, cuyo mantenimiento está a cargo de la Marina de Chile. Debajo hay un faro derrumbado que data de la época de los balleneros. En la Punta Sudeste se encuentran los restos de otro faro de la época de los balleneros.

En la playa sin nombre al oeste de la Punta Entrada se encuentra la popa del *Southern Hunte*r, buque ballenero perteneciente a la Christian Salvesen Company que se hundió en la roca Ravn, Fuelles de Neptuno, en 1956.

En la zona hay varias balizas y mojones que marcan sitios utilizados para reconocimientos topográficos.

6.   Zonas protegidas y administradas situadas dentro de la zona

La figura 3 muestra la ubicación de las siguientes ZAEP, SMH, zona de instalaciones y otros sitios de la ZAEA a los cuales se aplican disposiciones de gestión especiales.

- ZAEP N° 140, que comprende 11 sitios terrestres;

- ZAEP N° 145, que comprende dos sitios marinos en Puerto Foster;

- HSM N° 71, donde se encuentran los restos de la estación ballenera Hektor y otros restos que anteceden a la estación ballenera, el cementerio de balleneros y la "Base B", bahía Balleneros;

- HSM N° 76, donde se encuentran los restos de la Estación Pedro Aguirre Cerda, Caleta Péndulo;

- una zona de instalaciones, situada en el lado occidental de Puerto Foster, que incluye la Estación Decepción y la Estación Gabriel de Castilla;

- Cuatro sitios adicionales para los cuales han sido aprobadas Directrices para sitio en Caleta Péndulo, Baily Head, bahía Balleneros y bahía Telefon.

7.   Mapas

Mapa 1: Ubicación de la ZAEA N° 4, isla Decepción, en relación con la Península Antártica.

Mapa 2: Mapa topográfico de la isla Decepción

Mapa 3: Zona Antártica Especialmente Administrada N° 4, isla Decepción

8.   Documentación de respaldo

El presente plan de gestión contiene los siguientes documentos en los apéndices:

- Plan de Gestión para Zona Antártica Especialmente Protegida N°. 140 (Apéndice 1)
- Plan de Gestión para Zona Antártica Especialmente Protegida N°. 145 (Apéndice 2)
- Estrategia de conservación para el SMH N° 71, bahía Balleneros (Apéndice 3)
- Código de conducta para la zona de instalaciones (apéndice 4)
- Código de conducta para visitantes de la isla decepción (apéndice 5)

- Sistema de alerta y estrategia de escape para casos de erupciones volcánicas en la isla Decepción (apéndice 6).
- Directrices para sitios para visitantes: bahía Telefon (Apéndice 7)
- Directrices para sitios para visitantes: bahía Balleneros (Apéndice 8)
- Directrices para sitios para visitantes: Baily Head (Apéndice 9)
- Directrices para sitios para visitantes: caleta Péndulo (Apéndice 10)
- Medidas prácticas de bioseguridad (Apéndice 11).

Aquellos apéndices que contienen planes de gestión de ZAEP o Directrices para sitios para visitantes deben mantenerse actualizados a las últimas versiones de los documentos tal como fueran aprobados por la RCTA.

9.   Código general de conducta

i. Riesgo volcánico

Todas las actividades que se realicen en la zona deberán planificarse y ejecutarse teniendo en cuenta el gran riesgo para la vida humana que representa la amenaza de erupciones volcánicas (véase el apéndice 6).

ii. Acceso a la zona y circulación dentro de ella

El acceso a la zona normalmente es por buque o yate, y para los desembarcos generalmente se usan lanchas o, con menos frecuencia, helicóptero.

Los buques que entran o salen de Puerto Foster deben anunciar por el canal marino 16 VHF la hora en que tengan la intención de pasar por los Fuelles de Neptuno y la dirección en que lo harán.

Los buques pueden transitar por la ZAEP No 145, pero deben tratar de no anclar en ninguno de los dos subsitios, excepto en situaciones de emergencia extrema.

No se aplican restricciones a los desembarcos en cualquiera de las playas situadas fuera de la zona protegida comprendida en la sección 6, pero en la figura 3 se muestran los sitios recomendados para los desembarcos. Cuando se efectúen desembarcos en lancha se deberá tratar de no perturbar las aves y las focas. Se deberán tomar precauciones extremas al tratar de desembarcar en la costa exterior, debido al fuerte oleaje y las rocas sumergidas.

Los sitios recomendados para el aterrizaje de helicópteros se indican en la figura 3. Los helicópteros deberán evitar los sobrevuelos sobre las zonas donde hay grandes concentraciones de aves (por ejemplo, criaderos de pingüinos u otras colonias de aves marinas reproductoras). Las operaciones aéreas sobre la zona deberán realizarse de conformidad, como mínimo requisito, con la Resolución 4 (2004) de la RCTA, "Directrices para la Operación de Aeronaves cerca de Concentraciones de Aves en la Antártida".

Por lo general, la circulación dentro de la zona deberá realizarse a pie. Se podrán usar también vehículos todo terreno para tareas de apoyo científico o de logística a lo largo de las playas situadas fuera de la ZAEP No 140. En todo desplazamiento se deberá tener cuidado para reducir a un mínimo la perturbación de los animales, el suelo y las zonas con vegetación y no dañar o sacar ejemplares de la flora de su lugar.

iii. Actividades que se llevan a cabo o que se pueden llevar a cabo dentro de la zona, incluyendo las restricciones con respecto al horario y el lugar

- Investigaciones científicas o apoyo logístico para investigaciones científicas que no pongan en peligro los valores de la zona;

- Actividades de gestión, incluidas la restauración de construcciones históricas, la limpieza de lugares de trabajo abandonados y la vigilancia de la ejecución del presente plan de gestión;

- Visitas de turistas o expediciones privadas que cumplan el código de conducta para visitantes de sitios específicos (apéndice 6) y las disposiciones del presente plan de gestión;

Se desaconseja pasar el invierno en la isla Decepción (a menos que sea para fines científicos) debido a las particularidades relacionadas con la seguridad (incluso durante las operaciones de rescate) asociadas a la posible actividad volcánica sobre la isla.

Se aplican restricciones adicionales a las actividades dentro de la ZAEP No 140 y la ZAEP No 145 (véanse los apéndices 1 y 2).

iv. Instalación, modificación o desmantelamiento de estructuras

La selección de sitios y la instalación, la modificación o el desmantelamiento de refugios temporarios, paranzas o tiendas de campaña deberán efectuarse de forma tal que no comprometa los valores de la zona.

El equipo científico que se instale en la zona deberá llevar claramente el nombre del país, el nombre del investigador principal y el año de instalación. Todos esos artículos deberán estar hechos de materiales que presenten un riesgo mínimo de contaminación de la zona. Todo el equipo y el material conexo deberán retirarse cuando ya no se use.

v. Ubicación de los campamentos

Los campamentos deberán estar en sitios sin vegetación, como en planicies yermas de cenizas, pendientes o playas, o sobre una cubierta espesa de nieve o hielo cuando sea posible, y se deberán evitar los lugares con concentraciones de mamíferos o aves reproductoras. Al seleccionar los sitios para campamentos se deberán evitar también los terrenos calentados por fuentes geotérmicas y las fumarolas, así como lechos secos de lagos y arroyos. En los casos en que corresponda se deberán reutilizar sitios de campamentos anteriores.

La figura 3 muestra los sitios recomendados para campamentos en la zona.

vi. Recolección de flora y fauna autóctonas o su alteración perjudicial

Se prohíbe la toma de ejemplares de la flora o fauna autóctonas y la intromisión perjudicial en ellas, excepto con un permiso otorgado de conformidad con el Anexo II al *Protocolo al Tratado Antártico sobre Protección del Medio Ambiente* (1998). En los casos de toma de animales o intromisión perjudicial con fines científicos, deberán aplicarse como mínimo las normas del *Código de conducta para el uso de animales por motivos científicos en la Antártida del SCAR*.

vii. Toma o traslado de cualquier cosa que no se haya llevado a la zona

Se podrá retirar material de la zona sólo con fines científicos, arqueológicos o de gestión, y dicho material deberá limitarse al mínimo necesario para alcanzar esos fines.

Si se encuentran en otras zonas de la isla objetos con probabilidad de provenir de uno de los Sitios y monumentos históricos de la Zona, éstos deben ser devueltos a la zona de Sitios y monumentos históricos de donde hayan provenido y anclarse a fin de evitar su dispersión por el viento. Debe presentarse un informe que describa la naturaleza del material y la ubicación del lugar donde se ha anclado y guardado al interior de la zona de Sitios y monumentos históricos al Director del Grupo de gestión de la isla Decepción, con objeto de definir la manera más adecuada para lidiar con los escombros (por ejemplo, su conservación para preservar todo valor histórico o su eliminación adecuada).

viii. Restricciones relativas a los materiales y organismos que puedan introducirse en la Zona

Se prohíbe la introducción de especies no autóctonas salvo que sea con un Permiso expedido de conformidad con l Anexo II al Protocolo al Tratado Antártico sobre la Protección del Medio Ambiente. Las medidas recomendadas para reducir a un mínimo la introducción no intencional de especies no autóctonas se exponen en el Apéndice 11. A fin de reducir a un mínimo el riesgo de introducción accidental o involuntaria de especies no autóctonas, debe consultarse el "Manual sobre especies no autóctonas" anexo a la resolución 6 (2011) de la RCTA.

viii. Eliminación de desechos

Todos los desechos que no sean desechos humanos y desechos líquidos de origen doméstico deberán ser retirados de la zona. Los desechos humanos y los desechos líquidos de origen doméstico de las estaciones o campamentos podrán verterse en Puerto Foster debajo de la marca baja de bajamar, y no dentro de los límites de la ZAEP N° 145. No se deberán verter desechos humanos en arroyos o lagos de agua dulce ni en zonas con vegetación.

ix. Requisitos relativos a los informes

Los informes sobre actividades realizadas en la zona que no estén comprendidos en los requisitos vigentes en materia de presentación de informes deberán proporcionarse al Grupo de Gestión de la isla Decepción.

10. Intercambio anticipado de información

- En la medida de lo posible, la IAATO deberá proporcionar al Grupo de Gestión de la isla Decepción información detallada sobre las visitas programadas de buques inscritos en la IAATO. Los operadores turísticos que no estén afiliados a la IAATO también deberán informar al Grupo de Gestión de la isla Decepción sobre las visitas planeadas.

- Todas las Partes deben, en la medida que sea factible, notificar al Director del Grupo de gestión de la isla Decepción acerca de toda expedición gubernamental o no gubernamental que haya sido autorizada pos su autoridad nacional competente y que tenga planes de visitar o de realizar actividades en la Zona.

- En la medida de lo posible, todos los programas antárticos nacionales deberán avisar al Grupo de Gestión de la isla Decepción sobre la ubicación, la duración prevista y consideraciones especiales relativas a expediciones y el emplazamiento de instrumentos científicos o cuadrantes botánicos en los cuatro sitios comúnmente visitados por turistas (bahía Balleneros, Caleta Péndulo, Baily Head y el extremo oriental de la bahía Telefon). Esta información será remitida a la IAATO (y, en la medida de lo posible, a operadores que no sean miembros de la IAATO).

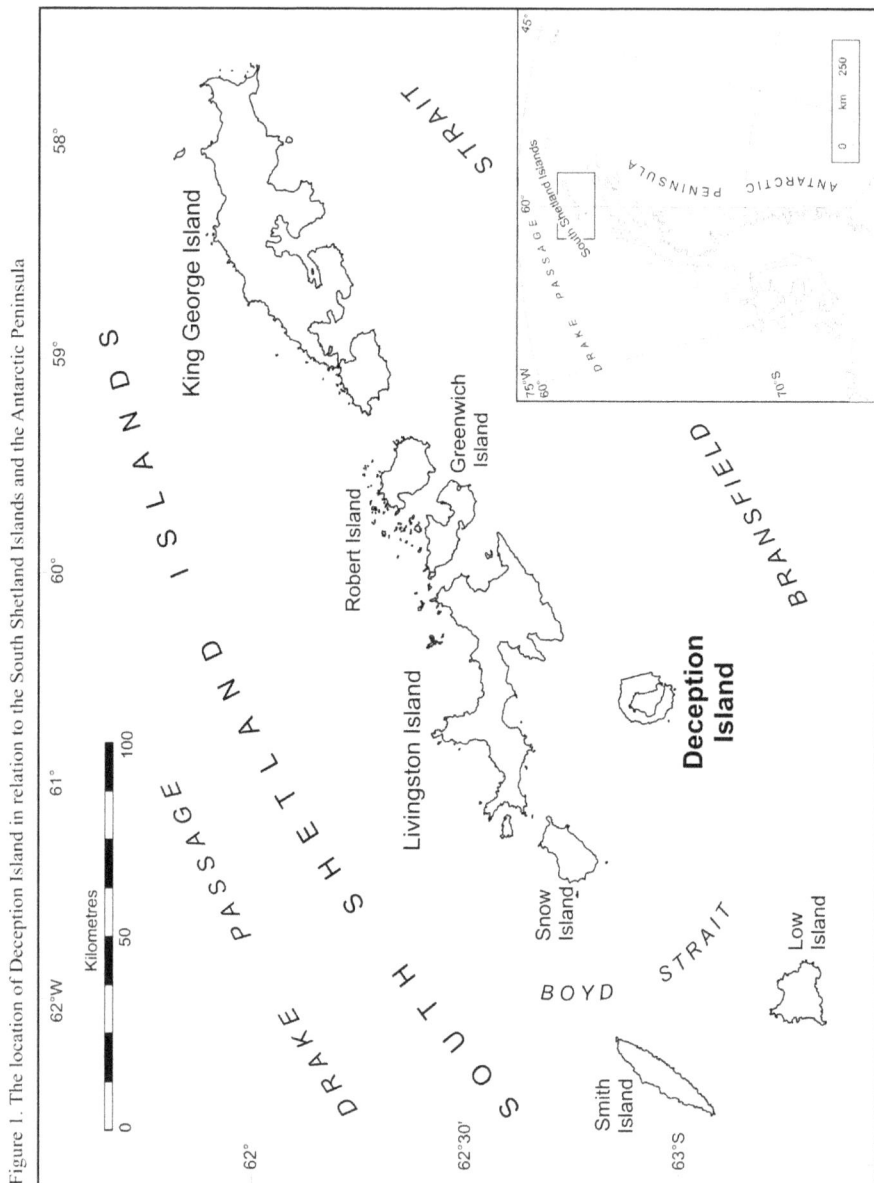

Figure 1. The location of Deception Island in relation to the South Shetland Islands and the Antarctic Peninsula

Figure 2. Deception Island - Topography

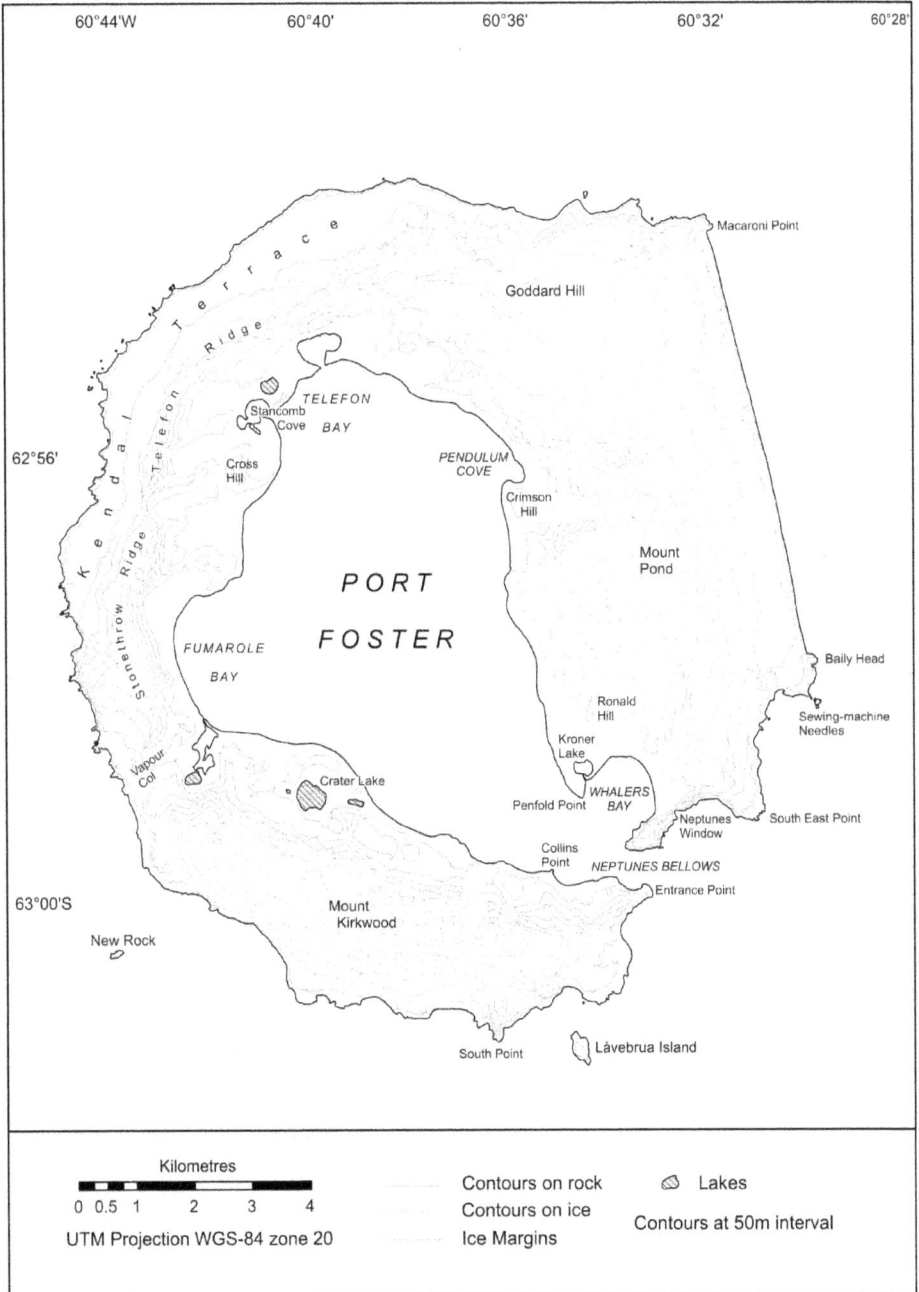

Kilometres			Contours on rock	Lakes
0 0.5 1 2 3 4			Contours on ice	Contours at 50m interval
UTM Projection WGS-84 zone 20			Ice Margins	

Figure 3. Deception Island Antarctic Specially Managed Area No. 4

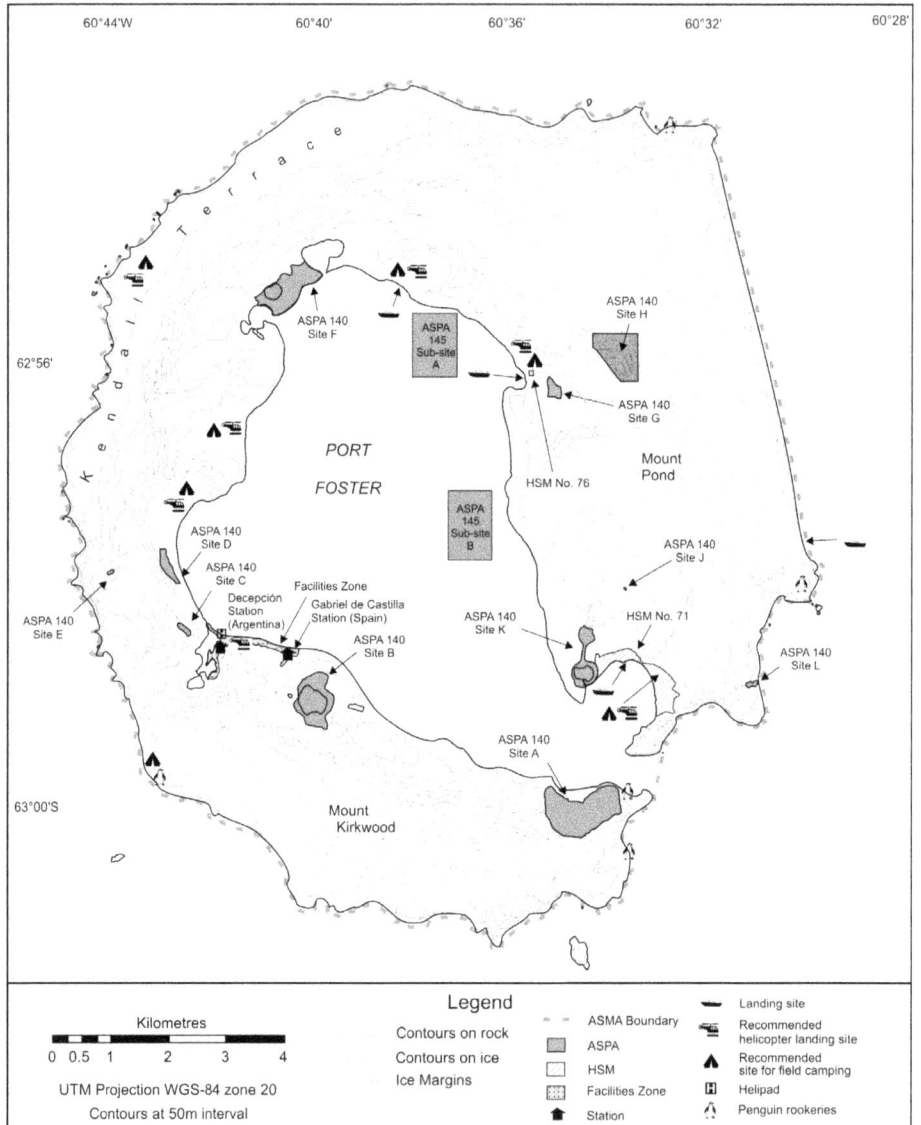

Apéndice 1: ZAEP 140

El plan actual vigente está disponible en
http://www.ats.aq/documents/recatt/Att291_s.pdf.

Apéndice 2: ZAEP 145

El plan actual vigente está disponible en
http://www.ats.aq/documents/recatt/Att284_s.pdf.

Apéndice 3: Estrategia para la conservación para la bahía Balleneros

Estrategia para la conservación del Sitio y monumento histórico Nº 71, Bahía Balleneros, isla Decepción

1. Introducción

1.1 Antecedentes generales

El Sitio y Monumento Histórico No 71, bahía Balleneros (latitud: 62° 59'S, longitud: 60° 34'O), se encuentra en la isla Decepción, islas Shetland del Sur, Antártida.

Las construcciones, estructuras y otros artefactos en la costa de la bahía Balleneros, que se remontan al período 1906-1931, representan los vestigios de la caza de la ballena más importantes de la Antártida. Otras construcciones, estructuras y artefactos de la "Base B" británica conforman un aspecto importante de la historia científica de la zona (1944-1969).

Por medio de la Medida 4 de la RCTA (1995), los restos de la estación ballenera noruega Hektor en la bahía Balleneros fueron designados Sitio y Monumento Histórico Nº 71 de conformidad con una propuesta presentada por Chile y Noruega. En 2003 se amplió la extensión del sitio histórico en virtud de la Medida 3 (2003) (véase la sección 3).

1.2 Breve reseña histórica (1906-1969)

Durante el verano austral de 1906-1907, el capitán noruego Adolfus Andresen, fundador de la *Sociedad Ballenera de Magallanes*, Chile, comenzó la caza de ballenas en la isla Decepción. La bahía Balleneros se utilizó como un fondeadero protegido para los buques factoría que procesaban la grasa de ballena. En 1908 se estableció un cementerio en este lugar. El cementerio fue parcialmente sepultado y arrasado durante una erupción volcánica en 1969. En esa época tenía 35 tumbas y un monumento en memoria de diez hombres que perecieron en el mar (solo se recuperó un cuerpo). En 1912, una compañía noruega, *Aktieselskabet Hektor*, estableció la estación ballenera en la costa de bahía Balleneros. La estación ballenera Hektor estuvo en funcionamiento hasta 1931.

Durante el verano austral de 1943-1944, la Marina Real Británica estableció una base permanente (Base B) en parte de la estación ballenera abandonada. La Base B funcionó como estación científica, en los últimos tiempos a cargo del Instituto Británico de Reconocimientos Topográficos, hasta 1969, cuando fue dañada seriamente por una corriente de fango y cenizas producida por una erupción volcánica y fue abandonada.

El adjunto A incluye detalles adicionales sobre la historia de la bahía Balleneros, incluida una bibliografía.

1.3   Finalidad y objetivos de la estrategia de conservación

La finalidad general de la estrategia de conservación es proteger los valores del sitio histórico de bahía Balleneros. Los objetivos son:

- ***Mantener y preservar el patrimonio cultural y los valores históricos del sitio dentro de las limitaciones de los procesos naturales.*** Se considerarán tareas menores de restauración y conservación, si bien se reconoce que los procesos naturales seguirán causando el deterioro de construcciones, estructuras y otros artefactos con el transcurso del tiempo.

- ***Evitar las perturbaciones humanas innecesarias al sitio, sus características y artefactos.*** Se hará todo lo posible a fin de garantizar que la actividad humana en el sitio no disminuya los valores históricos. Se prohíbe dañar, desmantelar o destruir construcciones o estructuras, según se dispone en el artículo 8 (4) del Anexo V al Protocolo del Tratado Antártico sobre Protección del Medio Ambiente.

- ***Permitir la limpieza continua de los escombros del sitio.*** En la bahía Balleneros hay grandes cantidades de residuos en los edificios y a su alrededor. En todo el sitio se encuentran desechos esparcidos por el viento. También hay residuos peligrosos, como combustible diesel y asbesto. Tan pronto como sea posible se realizará una limpieza importante de escombros y residuos sueltos que no formen parte de los restos históricos, según la determinación de expertos en conservación y medio ambiente. Por otra parte, se promoverá un programa de limpieza de los escombros producidos por el deterioro gradual de las estructuras. Toda eliminación de escombros se ha de realizar sólo bajo la asesoría de un profesional experto en patrimonios, y debe garantizarse la documentación apropiada antes de la eliminación de dichos residuos.

- ***Educar a los visitantes para que comprendan, respeten y cuiden los valores históricos del sitio.*** El sitio histórico de bahía Balleneros es uno de los más visitados en la Antártida. Se pondrá a disposición de los visitantes información sobre la significación histórica del sitio y la necesidad de conservar sus valores.

- **Proteger el medio natural y cultural del sitio.** La bahía Balleneros es una parte integral del medio único de la isla Decepción. Las actividades en el sitio deben llevarse a cabo de manera que se reduzca a un mínimo el impacto en el entorno ambiental y cultural.

2. Partes a cargo de la gestión

Chile, Noruega y el Reino Unido mantendrán consultas dentro del Grupo de Gestión ampliado de la isla Decepción a fin de garantizar la ejecución de las disposiciones de esta estrategia de conservación y el cumplimiento de su objetivo.

3. Descripción del sitio

El sitio comprende todos los restos anteriores a 1970 en la costa de la bahía Balleneros, entre ellos los que datan de principios del período ballenero (1906-1912) iniciado por el Capitán Adolfus Andresen de la *Sociedad Ballenera de Magallanes*, Chile; los restos de la estación ballenera noruega Hektor establecida en 1912 y todos los artefactos en conexión con su operación hasta 1931; el sitio de un cementerio con 35 tumbas y un monumento en memoria de diez hombres que perecieron en el mar, así como los restos del período de actividad científica y cartográfica británica (1944-1969). Se reconoce y se rinde homenaje también al valor histórico de otros acontecimientos en el sitio, de los cuales no quedan restos.

3.1 Límite del sitio

En la figura 1 se muestra el límite del sitio histórico de la bahía Balleneros. Comprende la mayor parte de la playa en la bahía Balleneros desde la Ventana de Neptuno hasta el hangar para aviones del BAS. No se han erigido indicadores de límites, dado que disminuirían el valor estético del sitio. La figura 1 muestra también las principales construcciones y estructuras históricas del sitio.

3.2 Restos históricos

El cuadro 1 resume los edificios, las instalaciones y otras estructuras principales en el sitio. En el adjunto B se incluye información más detallada sobre estas estructuras históricas y en la figura 1 se describe su ubicación.

Cuadro 1: Restos históricos en el sitio histórico de la bahía Balleneros

#[4]	Estructura	Mapa 1[5]
Período de la caza de ballenas		
WB1	Diferentes restos del período de la caza de ballenas en la Isla Decepción, como:: - lanchas cisterna y lanchas de remos - pozos y casetas para pozo de agua - instalaciones para almacenamiento - barriles de madera y metal - diques varios	14
WB2	Cementerio (una cruz y un ataúd vacío visible actualmente). NB El montón de piedras frente a la cruz original NO indica que haya una tumba, es más bien una reciente adición hecha por los visitantes. Se ha llevado al sitio una cruz conmemorativa.	Cruz
WB3	Residencia del Juez de Paz	3
WB4	Hospital, depósito	2
WB5	Calderas	7
WB6	Ollas y equipo conexo, entre ellos: - parrillas de cocina - rueda motriz - -cabrestante a vapor	7
WB7	Cimientos de la cocina, el comedor (posteriormente reutilizados como los cimientos de Priestley House) y la porqueriza	4
WB8	Tanques para almacenamiento de combustible	10,11
WB9	Medio dique flotante	12
WB10	Barracones de los cazadores de ballenas (posteriormente rebautizados Biscoe House)	5
Período científico		
WB11	"Pabellón de caza" (conocido también como la cabaña FIDASE), expediciones para reconocimientos aéreos	9.
WB12	Hangar de aviones [6]	1
WB13	Tractor Massey Ferguson	6

3.3   Medio natural

La erupción volcánica de 1967 en la isla Decepción produjo el depósito de una capa de 1-5 cm de cenizas en la bahía Balleneros, mientras que la erupción de 1969 produjo un lahar (corriente de fango) que sepultó parcialmente el sitio. Al norte de la estación ballenera se encuentran terrazas fluviales importantes y frágiles desde el punto de vista geológico.

---

[4] El número de referencia es una referencia cruzada a la información en el adjunto B.

[5] Referencia a la ubicación en el mapa (figura 1)

[6] y Otter monomotor de Havilland. La aeronave DHC-3 Otter monomotor De Havilland por motivos de custodia en abril de 2004en el Havilland Aircraft Heritage Centre, London Colney, R.U. La intención es devolverla a la Bahía Balleneros cuando pueda hacerse sin riesgos. Esto debe revisarse en 2014.

La zona justo al oeste del sitio histórico, incluido el lago Kroner, la planicie del cráter Ronald Hill y el valle que los conecta, se designa como parte de la ZAEP No 140 debido a su excepcional importancia botánica y limnológica.

En el sitio histórico hay otras zonas importantes desde el punto de vista botánico. Estas incluyen un afloramiento de escoria geotérmicamente activa al este de la estación ballenera, alrededor del "Pabellón de caza", dentro de los dos tanques accesibles con aceite de ballena, en los alrededores del sitio del cementerio y en los acantilados y las enormes piedras de los peñascos Cathedral y la Ventana de Neptuno. En otros lugares, las estructuras de madera y hierro, ladrillos y cemento están colonizados por varios líquenes crustosos, los cuales son comunes en substratos naturales en la isla.

En la bahía Balleneros se reproducen gaviotas cocineras (*Larus dominicanus*), petreles de Wilson (*Oceanites oceanicus*) y gaviotines antárticos (*Sterna vittata*), y en los peñascos Cathedral, sobre el sitio, anidan petreles dameros (*Daption capensis*).

4. Gestión del sitio

4.1 (ii) Acceso a la zona y desplazamientos en su interior
Todas las visitas al sitio deben realizarse de conformidad con las Directrices para sitios para visitantes de bahía Balleneros aprobadas.[7] Además, lo siguiente debe utilizarse como orientación con respecto al acceso y desplazamientos al interior del sitio:

- Los vehículos motorizados deben usarse dentro del SMH sólo para actividades de conservación o limpieza (por ejemplo, para retirar desechos).

- Los aterrizajes de helicópteros, cuando fueran necesarios para fines de conservación o gestión, deben realizarse sólo en el sitio de aterrizaje designado (que se muestra en la figura 1) a fin de evitar los peligros en conexión con escombros sueltos y evitar el daño a estructuras o la perturbación de la flora y la fauna silvestres.

- Los campamentos para fines científicos o de gestión se establecerán al este del medio dique flotante según se indica en el mapa del adjunto B. Se prohíbe el uso de las construcciones para acampar excepto en situaciones de emergencia.

4.2 Instalación, modificación y desmantelamiento de estructuras

- De conformidad con el artículo 8 del Anexo V al Protocolo del Tratado Antártico sobre Protección del Medio Ambiente (1998), no se deberán

---

[7] Las directrices para el sitio están disponibles en el sitio Web de la STA en www.ats.aq/siteguidelines/documents/Whalers_bay_s.pdf

dañar, desmantelar o destruir las estructuras, las instalaciones y los artefactos históricos. No se debe limpiar el graffiti que se considere importante desde la perspectiva histórica ni agregar graffiti nuevo.

- Se podrán llevar a cabo las tareas de conservación y de restauración convenidas por las Partes que tienen a su cargo la gestión. Tal vez sean necesarios trabajos en las construcciones y las estructuras a fin de que sean seguras o para evitar daños al medio ambiente.

- No se erigirán construcciones nuevas u otras estructuras (con excepción del material interpretativo convenido por Chile, Noruega y el Reino Unido, en consulta con el Grupo de Gestión de la isla Decepción más amplio) en el sitio.

- Los restos y los artefactos históricos que se encuentren en otros lugares de la isla Decepción, o en otras partes, originarios de la bahía Balleneros podrán devolverse al sitio después de la debida consideración por las Partes a cargo de la gestión.

4.3 Directrices para los visitantes

Las directrices generales, enunciadas en el Código de conducta para visitantes a la isla Decepción, se aplican a todos los visitantes, incluidas las visitas realizadas por operadores turísticos comerciales (afiliados o no a la IAATO), expediciones privadas y personal de programas antárticos nacionales durante visitas con fines recreativos[8].

4.4   Información

- Se colocará un letrero informativo, aceptado por las Partes a cargo de la gestión, en el lugar de desembarco recomendado. Se considerará también la posibilidad de colocar letreros pertinentes y necesarios con información para los visitantes sobre todo tema de salud y seguridad.

- También se podrán colocar placas conmemorativas (por ejemplo, con una lista de los nombres de aquellos que están sepultados en el cementerio o en homenaje al Capitán Adolfus Andresen) en el sitio.

- Los indicadores de límites no se consideran necesarios, dado que restarían valor estético al sitio. El límite en general sigue características naturales claramente visibles.

- Las Partes a cargo de la gestión difundirán información adicional sobre la importancia del sitio histórico y la necesidad de conservar sus valores.

---

[8] Las directrices para el sitio están disponibles en el sito Web de la STA en www.ats.aq/siteguidelines/documents/Whalers_bay_s.pdf

4.5   Información y registros

Las Partes a cargo de la gestión llevarán un registro de lo siguiente:

- número de turistas que desembarcan en el sitio;
- número de científicos y personal relacionado con tareas de logística que visitan el sitio;
- tareas de conservación y limpieza realizadas, e
- informes de inspección del sitio, como informes y fotografías sobre el estado de los restos históricos.

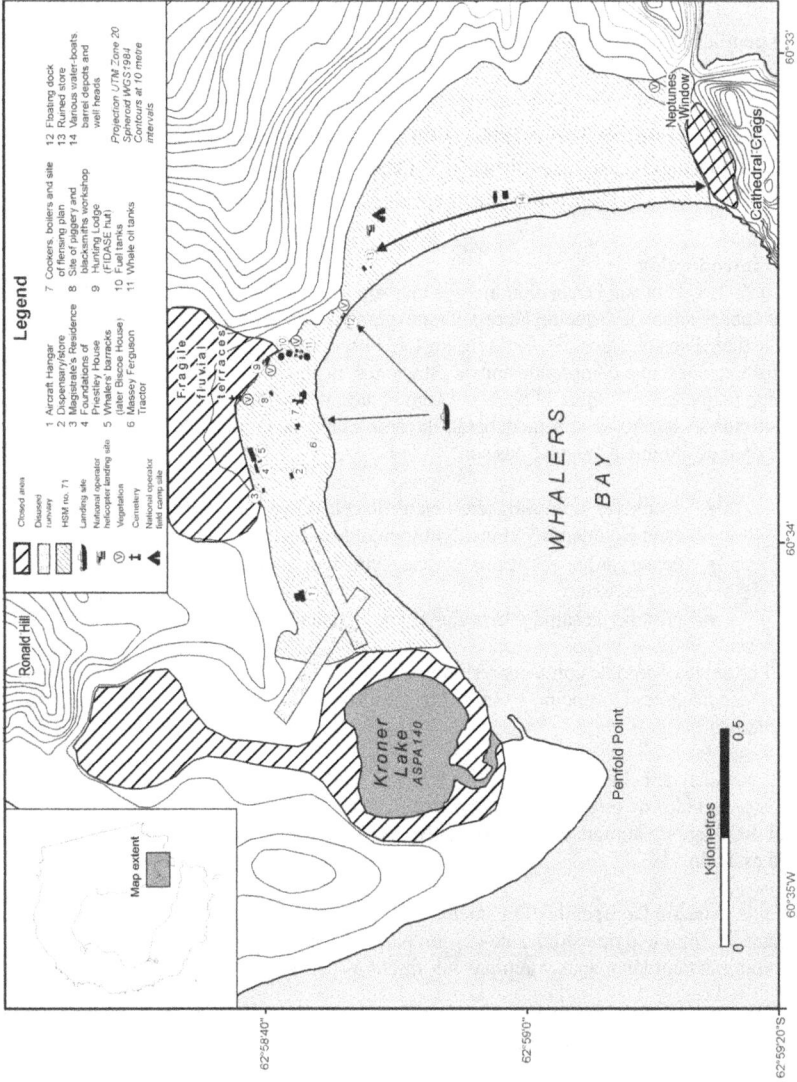

Apéndice 4: Código de conducta para la zona de instalaciones

Código de conducta para la zona de instalaciones de la ZAEA 4 de la isla Decepción, incluidas la estación Decepción (Argentina) y la estación Gabriel de Castilla (España)

1. Introducción

La ZAEA de la isla Decepción incluye una zona de instalaciones (Figura 1) dentro de la cual se sitúan la Estación Decepción (Argentina, figura 2) y la Estación Gabriel de Castilla (España, figura 3). En la figura 1 se observa la extensión de la zona de instalaciones, que comprende ambas estaciones, la zona de la playa circundante y un lago pequeño sin nombre al oeste del lago Cráter, del cual se extrae agua dulce. Las actividades dentro de la zona deberán llevarse a cabo de conformidad con el presente código de conducta, cuyos fines son:

- promover la investigación científica en la isla Decepción, entre ellas el establecimiento y el mantenimiento de infraestructura de apoyo adecuada;
- preservar los valores naturales, científicos y culturales de la zona de instalaciones;
- proteger la salud y la seguridad del personal de la estación.

El presente código de conducta resume los procedimientos vigentes para la estación; en las estaciones Decepción y Gabriel de Castilla se encuentra una copia (en español solamente).

El personal de la base, así como los visitantes, deben ser puestos en conocimiento de los contenidos de este código de conducta durante el período de entrenamiento previo al despliegue y durante charlas instructivas a bordo de los buques antes de su arribo a la estación.

En la Estación Decepción y la Estación Gabriel de Castilla deberá haber una copia del paquete completo de medidas de gestión para la ZAEA de la isla Decepción y se exhibirán también mapas y láminas informativas pertinentes sobre la ZAEA.

2. Construcciones y servicios

2.1 Construcciones

- La construcción de todo edificio nuevo para estación permanente estará sujeta a los mecanismos de Evaluación de impacto ambiental (EIA) previstos por el Anexo I al Protocolo sobre Protección del Medio Ambiente.
- La extracción de roca de canteras para el mantenimiento de los edificios existentes estará sujeta también a los mecanismos de evaluación de impacto ambiental previstos en el Anexo I al Protocolo sobre Protección

del Medio Ambiente, así como a la aprobación previa de las autoridades nacionales de Argentina (Estación Decepción) o España (Estación Gabriel de Castilla).

- Se debe considerar la reutilización de los sitios existentes, cuando fuera práctico, a fin de reducir a un mínimo las perturbaciones.
- Las construcciones se mantendrán en buen estado. Aquellas que no se estén utilizando deberán revisarse regularmente y se deberá considerar su posible desmantelamiento.
- Los lugares de trabajo deberán mantenerse lo más prolijos posible.

2.2 Generación de energía eléctrica

- Los generadores se mantendrán en buenas condiciones y se realizarán inspecciones regulares a fin de reducir a un mínimo las emisiones y las posibles fugas de combustible.
- Se procurará reducir el consumo de energía eléctrica, y por ende de combustible, así como las emisiones.
- Se promoverá el uso de fuentes de energía renovables, cuando corresponda.

2.3 Suministro de agua

- Se prohíbe el manejo o la eliminación de residuos, combustibles u otras sustancias químicas dentro de la zona de captación de agua de las estaciones.
- El uso de vehículos dentro de la zona de captación de agua se limitará a fines estrictamente esenciales.
- Se deberán efectuar controles regulares de la calidad del agua, así como limpiezas periódicas de los tanques de agua.
- Se regulará el consumo de agua para evitar la extracción innecesaria.

3. Manejo de combustible

- Se inspeccionará regularmente la integridad de los depósitos de combustible a granel, las conexiones de servicio, las bombas, las bobinas y otros equipos para el manejo de combustible.
- En ambas estaciones el almacenamiento de combustible comprende contención secundaria. El combustible en tambores debe almacenarse en el interior. Siempre que sea práctico, las áreas de depósito deberán estar contenidas, tener ventilación adecuada y estar retiradas de servicios eléctricos. Las instalaciones para depósito deben situarse lejos de los lugares para alojamiento, por cuestiones de seguridad.
- Se tomarán todas las medidas prácticas para evitar derrames de combustible, en especial durante la transferencia de combustible (por ejemplo, la transferencia desde el buque hasta la costa por tubería o bote semirrígido y el reabastecimiento de los tanques para uso diario).
- Se deberá informar inmediatamente al jefe de la estación sobre todo derrame de combustible, aceite o lubricante.

- Se deberán mantener equipos adecuados y suficientes para responder a derrames (por ejemplo, materiales absorbentes) en un lugar conocido y al alcance para hacer frente a todo derrame.
- Se capacitará al personal de la estación en el uso de equipos para hacer frente a derrames. Los ejercicios de capacitación se realizarán al comienzo de cada temporada.
- En el caso de derrames de combustible, las medidas de respuesta serán congruentes con el plan de emergencia para casos de derrames que se mantiene en cada estación.
- Los residuos de combustible se colocarán en recipientes adecuados y se eliminarán de acuerdo con los procedimientos de la estación.

4. Prevención y lucha contra incendios

- Se instalarán letreros para indicar los lugares donde no se puede fumar y las sustancias inflamables, según corresponda.
- En los sitios para depósito de combustible y en otras partes deberá haber equipo para el control de incendios. Estos equipos estarán claramente marcados.

5. Gestión de residuos

- En la planificación y la realización de todas las actividades en las estaciones Decepción y Gabriel de Castilla se tendrá en cuenta la gestión de residuos, como la reducción de desechos y el suministro de equipos y materiales de embalaje adecuados.
- Se instruirá a todo el personal de la estación sobre las disposiciones del Anexo III al Protocolo para la Protección del Medio Ambiente.
- Se nombrará un coordinador para la gestión de los residuos en cada estación.
- Los residuos se separarán en la fuente y se almacenarán de manera segura en el sitio antes de retirarlos. Después de cada campaña de verano, los residuos generados en las estaciones Decepción y Gabriel de Castilla se retirarán de la zona del Tratado Antártico.
- Se llevarán a cabo análisis periódicos de los efluentes que llegan a Puerto Foster.
- No se podrá verter en el sistema de desagüe (como inodoros y lavabos) sustancias que puedan tener efectos adversos en el funcionamiento de las plantas de tratamiento de efluentes.
- La limpieza de los vertederos de residuos en el terreno y los lugares de trabajo abandonados se considerará prioritaria, con excepción de los casos en que su retiro tenga más efectos adversos en el medio ambiente que dejar la estructura o los residuos *in situ*.
- Personal de ambas estaciones participará periódicamente en actividades de limpieza en la zona de instalaciones, a fin de reducir a un mínimo los residuos dispersos en torno a las estaciones.

- Al final de cada campaña de verano se informará a la autoridad nacional pertinente sobre las actividades en relación con la limpieza y la eliminación de residuos.

6. Otros temas operativos

6.1 Comunicaciones

- La instalación de antenas permanentes o temporarias deberá considerarse cuidadosamente en el marco de los procedimientos de evaluación ambiental vigentes.
- Se controlará todo el tiempo el Canal Marino 16 de VHF.
- Todo personal de la estación que se aleje de la zona de instalaciones deberá estar provisto de una radio VHF.

6.2 Uso de vehículos y embarcaciones menores

- Se usarán vehículos alrededor de las estaciones y entre las mismas sólo cuando sea necesario.
- Siempre que sea posible, los vehículos deberán circular por rutas preestablecidas dentro de la estación.
- El reaprovisionamiento de combustible y cualquier servicio a los vehículos se realizará en sectores apropiados. Se deberá hacer todo lo posible a fin de evitar derrames durante el reaprovisionamiento de combustible y las tareas de mantenimiento.
- Se prohíbe el uso de vehículos en las cercanías de instrumental científico delicado, en la flora o cerca de concentraciones de la fauna, o innecesariamente en la zona de captación de agua.
- Las embarcaciones de menor porte que operan desde Decepción o la Estación Gabriel de Castilla solo se usarán dentro de Puerto Foster, cuando las condiciones meteorológicas sean favorables y, principalmente, por razones científicas o logísticas. No se utilizarán embarcaciones de pequeño porte fuera de Puerto Foster. Se debe evitar el uso de embarcaciones de menor porte cerca de acantilados o glaciares, a fin de evitar desprendimientos de rocas o hielo.
- Cuando se opere un solo bote, deberá haber otro de reserva en la estación para apoyo inmediato en caso de emergencia.
- Los botes deberán tener al menos dos tripulantes. El equipo esencial incluirá trajes de inmersión, chalecos salvavidas y enlaces a radios apropiados (por ejemplo, radios VHF).

6.3 Operaciones aéreas

- Los helicópteros generalmente despegarán y aterrizarán en el helipuerto de la Estación Decepción. Ocasionalmente, por razones operativas tal vez deban despegar o aterrizar en otros lugares pertinentes dentro de la zona de instalaciones.

6.4 Expediciones

- Todas las expediciones deberán regresar a las estaciones con todos los residuos producidos, con excepción de desechos humanos (heces, orina y aguas grises), para su eliminación sin riesgos. Los residuos humanos y domésticos deben eliminarse en Port Foster, por debajo de la cota de agua.
- El jefe de la estación o el oficial de la estación para el medio ambiente informarán al personal que participe en expediciones sobre la gestión ambiental en el terreno, la ubicación de las zonas protegidas y las disposiciones del plan de gestión para la ZAEA.
- En las expediciones no se consumirán aves o derivados sin cocinar.
- El personal que participe en campamentos deberá estar provisto de radios VHF.

7. Zonas protegidas

- Tres subsitios terrestres de la ZAEP Nº 140 (sitio B: lago Cráter; sitio C: cerro sin nombre, extremo sur de la bahía Fumarola, y sitio D: bahía Fumarola) se encuentran en las proximidades de la zona de instalaciones. Se informará al personal de la estación sobre la ubicación y las restricciones del acceso a las zonas protegidas en la isla Decepción. En ambas estaciones se exhibirá claramente información sobre estas zonas protegidas, incluido un mapa que muestre la ubicación.

8. Flora y fauna

- Se prohíbe toda actividad que requiera la recolección o la intromisión perjudicial en la flora y la fauna autóctonas (según se define en el Anexo II al Protocolo), excepto con un permiso expedido por la autoridad pertinente.
- Se deberá mantener una distancia preventiva apropiada, no menor a 10 metros, de las aves o las focas presentes en la Zona de instalaciones.
- El personal y los visitantes deben caminar de forma lenta y cuidadosa en las proximidades de flora y fauna silvestres, evitando en especial las aves que están anidando, cambiando el plumaje, cuidando a sus crías o regresando de la búsqueda de alimentos. "Ceda el paso" a la vida silvestres en todo momento.
- No se alimentará a las aves con restos de alimentos de las estaciones. No se dejarán restos de alimentos al alcance de las aves para evitar que los coman.
- Se tomarán todas las medidas que sean razonables a fin de evitar la introducción de microorganismos y cualquier otra especie no autóctona o especies de otros sitios antárticos. En el apéndice 11 del Plan de gestión de la isla Decepción se encuentran las medidas recomendadas orientadas a reducir a un mínimo la introducción de especies no autóctonas.
- Se prohíbe la introducción de herbicidas, plaguicidas u otras sustancias nocivas.
- Al finalizar cada campaña de verano, se enviará a las autoridades nacionales pertinentes un informe de las actividades relacionadas con la recolección o la intromisión perjudicial en la flora y la fauna autóctonas.

9. Visita de turistas a la zona de instalaciones

- Todas las visitas a la Estación Decepción (Argentina) o la Estación Gabriel de Castilla (España) se realizarán exclusivamente a discreción del jefe de estación respectivo. Se puede establecer contacto a través del Canal Marino 16 de VHF. Se permitirán las visitas solo si no interfieren en el trabajo científico o logístico.
- Las visitas se realizarán de conformidad con la Recomendación XVIII-1, Medida 15 (2009) "Desembarco de personas desde buques de pasajeros", Resolución 7 (2009) "Principios generales del turismo antártico", y Resolución 3 (2011) "Directrices generales para visitantes a la Antártida).
- Los jefes de estación coordinarán las visitas a las estaciones con los jefes de expediciones.
- Se informará a los visitantes sobre los principios de este código de conducta, así como del plan de gestión de la ZAEA.
- El jefe de la estación designará un guía (angloparlante, cuando fuera apropiado y posible) para que acompañe a los visitantes en la estación, a fin de garantizar el cumplimiento de las medidas establecidas en este código de conducta.
- Las autoridades nacionales que operan en las estaciones Decepción o Gabriel de Castilla informarán a la Secretaría del Tratado Antártico, al COMNAP y a la IAATO en caso de riesgo evidente de erupción volcánica. Las estaciones notificarán a las embarcaciones en la zona sobre todo peligro inmediato.

10. Cooperación y recursos compartidos

- Ambas estaciones coordinarán y realizarán periódicamente evacuaciones de emergencia y ejercicios de respuesta a derrames de combustible y control de incendios.

Figure 1. Facilities Zone

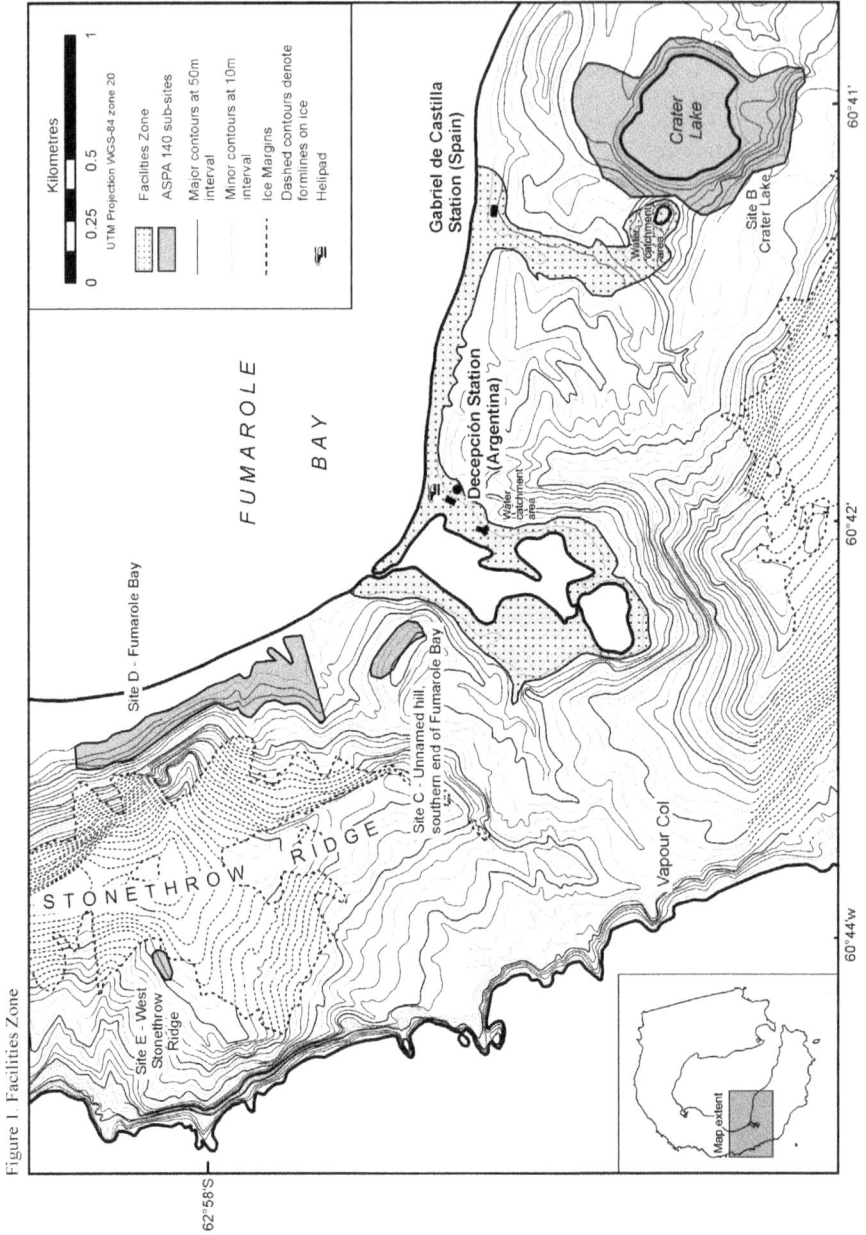

Figura 2. Base antártica argentina Decepción

Figura 3. Basse antártica española Gabriel de Castilla

Apéndice 5: Código de conducta para visitantes

Código de conducta para visitantes a la isla Decepción

1.   Introducción

El presente código de conducta se aplicará a operadores turísticos comerciales (afiliados o no a la IAATO), expediciones privadas y personal de programas antárticos nacionales durante visitas con fines recreativos a la isla Decepción.

Son cuatro los sitios que en general se pueden visitar en la isla Decepción: bahía Balleneros, Baily Head, Caleta Péndulo y bahía Telefon (este). La caleta Stancomb, en la bahía Telefon, se utiliza también como fondeadero para yates. Se permitirán las visitas a la Estación Decepción (Argentina) y la Estación Gabriel de Castilla (España) solamente con el acuerdo previo de los jefes de estación respectivos. Se recomienda evitar las visitas turísticas o recreativas a otros sitios de la isla.

2.   Directrices generales

Las siguientes directrices generales se aplican a todos los sitios antes mencionados que se visiten en la isla Decepción:

- Las visitas se realizarán de conformidad con el Plan de gestión para la ZAEA 4 de la isla Decepción, con las Directrices generales para visitantes (Resolución 3, 2011) y con la Recomendación XVIII-1.

- Todas las visitas deben planearse y llevarse a cabo teniendo en cuenta el riesgo importante para la vida humana que representa la amenaza de erupción volcánica.

- Se insta a los jefes de expedición de cruceros y a los capitanes de buques de apoyo a los programas nacionales a que comuniquen sus itinerarios a fin de evitar que dos embarcaciones converjan accidentalmente en un sitio al mismo tiempo.

- Las embarcaciones que se aproximen a Puerto Foster o que partan de este lugar deberán anunciar por el Canal Marino 16 en VHF la hora y la dirección en las cuales tengan previsto pasar por los Fuelles de Neptuno.

- En el caso de los operadores de cruceros comerciales, un máximo de 100 pasajeros podrán estar en tierra en un sitio en todo momento, acompañados como mínimo por un miembro del personal de la expedición por cada 20 pasajeros.

- No se podrá caminar sobre vegetación tal como musgos o líquenes. La flora de la isla Decepción es excepcionalmente importante desde el punto de vista científico. Se permite caminar sobre algas *Prasiola crispa* (asociadas a colonias de pingüinos) dado que ello no produce ninguna perturbación adversa.

- Se mantendrá una distancia apropiada y segura de las aves o las focas a fin de no perturbarlas. Como regla general, se mantendrá una distancia de 5 metros. Cuando fuera práctico, se debe mantener al menos una distancia de 15 metros de los lobos marinos.

- A fin de evitar las introducciones biológicas, se deben lavar cuidadosamente las botas y limpiar la ropa, bolsos, trípodes y bastones antes de desembarcar.

- No se debe dejar basura de ningún tipo.

- No se deben recolectar piezas biológicas o geológicas como recuerdo ni perturbar artefactos.

- No se debe escribir o dibujar sobre ninguna estructura hecha por el hombre o sobre una superficie natural.

- Los programas antárticos nacionales instalan regularmente equipos científicos durante el verano austral en diferentes lugares de la isla Decepción. El Programa Antártico Español despliega equipos para la importante y necesaria tarea de vigilancia sísmica. Dichos equipos son sumamente sensibles a las perturbaciones. Se debe mantener una distancia de 20 metros como mínimo del equipo de vigilancia sísmica, que estará marcado con una bandera roja. Esta distancia se está examinando; se suministrarán revisiones según sea necesario.

- No se tocarán o perturbarán otros tipos de instrumentos científicos o señalizadores (por ejemplo, estacas de madera que marcan parcelas botánicas).

- No se tocarán o perturbarán depósitos en el terreno u otros equipos almacenados por programas antárticos nacionales.

3.   Directrices para sitios específicos

3.1 Bahía Balleneros (latitud 62°59'S, longitud 60°34'O)

La bahía Balleneros es el sitio más visitado en la isla Decepción y uno de los más visitados en la Antártida. Se trata de una bahía pequeña al este después de entrar en Puerto Foster por los Fuelles de Neptuno. Fue bautizada por el explorador francés Jean–Baptiste Charcot por la actividad ballenera que tenía lugar allí. El sitio incluye los restos de la estación ballenera noruega Hektor, el sitio del cementerio y la "Base B" británica abandonada, así como vestigios de la actividad ballenera a lo largo de la bahía, algunos de los cuales anteceden a la estación ballenera. El apéndice 3, Estrategia para la conservación del Sitio y

Monumento Histórico Nº 71, bahía Balleneros, contiene información adicional sobre la bahía Balleneros.

- Las visitas a la bahía Balleneros deben realizarse de acuerdo con la Guía para visitantes de bahía Balleneros (Apéndice 8).

3.2   Caleta Péndulo (latitud 62°56'S, longitud 60°36'0)

La Caleta Péndulo (véase la figura 1) es una caleta pequeña al noreste de Puerto Foster. Fue bautizada por Henry Foster, de la embarcación de la Marina Real Británica HMS, *Chanticleer* quien, en 1828, realizó observaciones magnéticas con péndulos en ese lugar. La playa, con pendiente moderada, de cenizas y toba, lleva a los restos de la estación abandonada Presidente Pedro Aguirre Cerda (Chile), Sitio y Monumento Histórico Nº 76, que fue destruida por una erupción volcánica en 1967. Las fuentes termales de la costa de escasa profundidad de Caleta Péndulo ofrecen a los visitantes la oportunidad de "tomar un baño" en aguas cálidas.

Las visitas a caleta Péndulo deben realizarse de acuerdo con la Guía para visitantes de caleta Péndulo (Apéndice 10).

3.3   Baily Head (latitud 62°58'S, longitud 60°30'O)

Baily Head (véase la figura 2) es un promontorio rocoso expuesto al estrecho de Bransfield en la costa sudeste de la isla Decepción. Fue llamada así en honor a Francis Baily, astrónomo inglés que informó sobre las observaciones magnéticas de Foster en Caleta Péndulo. El sitio comprende el extremo sur de una playa lineal extensa que recorre la mayor parte de la sección oriental de la isla Decepción, y un valle estrecho que se eleva de manera abrupta hacia el interior hasta formar una cresta semicircular, que crea la impresión de un "anfiteatro" natural. Al norte limita con un glaciar grande y al sur con los acantilados de Baily Head. Un arroyo de deshielo sustancial recorre el centro del valle durante el verano austral.

Dentro de este valle sin nombre y al sur del mismo se encuentra una de las colonias de pingüinos de barbijo (*Pygoscelis antarctica*) más grandes de la Antártida, si bien estudios recientes indican una importante reducción de la población de los mismos en el lugar. En Baily Head también anidan skúas pardas (*Catharacta antarctica lonnbergi*), petreles dameros (*Daption capensis*) y palomas antárticas (*Chionis alba*). Durante el verano austral los lobos finos antárticos (*Arctocephalus gazella*) permanecen en la playa también en grandes grupos.

Las visitas a Baily Head deben realizarse de acuerdo con la Guía para visitantes de Baily Head (Apéndice 9).

3.4   Bahía Telefon (este) (latitud 62°56'S, longitud 60°40'O)

La bahía Telefon (véase la figura 3) fue bautizada con el nombre de la embarcación ballenera *Telefon*, que estaba amarrada en la bahía para ser reparada en 1909 por Adolfus Amandus Andresen, fundador de la compañía Sociedad Ballenera de Magallanes. En el extremo este de la bahía Telefon, una playa con pendiente suave lleva a un valle que se erige abruptamente hacia el borde de un cráter volcánico sin nombre.

Las visitas a la bahía Telefon deben realizarse de acuerdo con la Guía para visitantes de bahía Telefon (Apéndice 7).

3.5   Estaciones Decepción (Argentina) y Gabriel de Castilla (España)

Las visitas a la Estación Decepción (Argentina) y la Estación Gabriel de Castilla (España) se realizarán sólo con el acuerdo previo del jefe de estación correspondiente. Las visitas a las estaciones deben realizarse de conformidad con el código de conducta para la zona de instalaciones de la isla Decepción (apéndice 4).

APÉNDICE 6: Sistema de alerta de erupciones volcánicas y estrategia de escape

Sistema de alerta y estrategia de escape para casos de erupciones volcánicas en la isla Decepción.

La actividad volcánica en isla decepción

Al interior de la zona qua abarca las islas Shetland del Sur, la península antártica y el mar de Bransfield, sólo la isla Decepción ha experimentado procesos eruptivos recientes (por ejemplo, en 1842, 1967, 1969 y 1970, además de otros eventos no identificados ocurridos en 1912 y 1917).

Entre 1967 y 1970, la intensa actividad volcánica en isla Decepción provocó la destrucción de las estaciones científicas de Chile, en caleta Péndulo y del Reino Unido en bahía Balleneros. La intensa actividad volcánica cambió la morfología de la isla creando una isla pequeña en puerto Foster, la cual, con el tiempo, se unió al resto de la isla Decepción en la zona de bahía Telefon. La gran cantidad de cenizas volcánicas, rocas y escombros expulsados cubrieron algunas islas circundantes, lo que aun puede observarse en el glaciar Johnson en la isla Livingston.

Una consecuencia inmediata de la actividad volcánica de 1967-1970, fue el término provisorio de la actividad científica de la isla, llevándose a cabo solamente una cantidad limitada de estudios dedicados al periodo posteruptivo.

Al presente, la única evidencia de la actividad volcánica en la superficie de la isla Decepción es la presencia de zonas en donde hay importante actividad sísmica debido a la expansión tectónica del estrecho de Bransfield y a la actividad volcánica local que genera, al medirse durante la temporada de campamentos de verano, un promedio de 1.000 sismos superficiales de poca energía (con magnitudes inferiores a 2 grados de escala Richter).

Durante dos periodos de actividad sísmica volcánica particularmente activa (1991-92 y 1998-99) se registraron sismos tectónico-volcánicos de mayor magnitud, de entre 3 y 4 grados de escala Richter. Durante dichos periodos, los eventos sísmicos fueron percibidos, registrados y descritos por el grupo de científicos de la estación Gabriel de Castilla.

Entre el 31 de diciembre de 1991 y el 25 de enero de 1992, la isla sufrió un importante aumento en su actividad sísmica, llegándose a registrar 900 sismos, cuatro de los cuales fueron percibidos por el personal en la isla. Estas actividades se interpretaron como un proceso de reactivación, probablemente provocado por una pequeña intrusión en la bahía Fumarola.

Luego de los periodos de actividad volcánica incrementada en 1994-95 y 1995-96, el 3 de enero de 1999, comenzó un nuevo periodo de actividad sísmico-volcánica con dos temblores de magnitud 2,9 (11 de enero) y 3,4 (20 de enero). Esta actividad sísmico-volcánica se ubicó entre bahía Fumarola y bahía Balleneros. Incluyeron sismos volcánico-tectónicos que liberaron una importante cantidad de energía, como no se había registrado nunca antes.

Luego de este periodo de actividad sísmica más intensa, hubo un aumento de estudios interdisciplinarios geofísicos y geodésicos en la isla. Las actividades incluyeron un reconocimiento de la red geodésica, establecer un nuevo visualizador de sismómetro, toma de muestras de los gases presentes en las fumarolas y llevar un registro de datos geomagnéticos, gravimétricos y batimétricos. Se desarrolló un importante estudio geofísico que produjo un modelo tomográfico de la velocidad y atenuación en la propagación de onda, incluyendo un modelo que explica la relación entre la actividad sísmica registrada y la dinámica del volcán.

Hasta ahora, la actividad volcánica en la isla Decepción puede considerarse típica de un modelo de volcán andesito (basáltico), con un efusivo mecanismo eruptivo del tipo del volcán Sursey, con bajo volumen y actividad de magma, concentrados básicamente en bahía Fumarola, bahía Telefon, caleta Péndulo y bahía Balleneros.

La actual actividad volcánica en la isla Decepción se relaciona con importantes zonas de anormalidad geotérmica, en donde una gran cantidad de zonas registra actividad sísmico-volcánica de energía significativamente baja (magnitud inferior a 2 grados).

Sistema de alertas

Todos los años, durante los aproximadamente cuatro meses del verano austral, sismólogos españoles y argentinos llevan un registro constante de la actividad volcánica de la isla (en general entre fines de noviembre y principios de marzo). El mencionado período coincide además con la tasa más alta de presencia humana en la isla.

Los instrumentos empleados incluyen una red local de sismómetros y un dispositivo sísmico, sismógrafos telemétricos, estaciones termométricas y una red geodésica cuya mantención y registro están a cargo de la estación Gabriel de Castilla. Los datos geoquímicos son recolectados por la estación Decepción, que además mantiene los equipos.

Los capitanes de barcos que ingresan a puerto Foster, y los pilotos de aeronaves o helicópteros que sobrevuelan la isla, deben prestar atención a las emisiones del boletín de actividad volcánica de las estaciones Gabriel de Castilla (España) y Decepción (Argentina) en el Canal Marino 16 de VHF.

Para comunicar esta información, se considera conveniente el uso de un sistema de semáforo que describe de manera simple y asequible, el presente riesgo de actividad volcánica del volcán de la isla Decepción (Cuadro 1).

Cuadro I

Sistema de alerta de erupciones volcánicas en la isla Decepción según lo recomendado por AVCEI (Asociación Internacional de Vulcanología y Química del Interior de la Tierra)

Código de color	Estado de alerta	Descripción	Actividades de operación
VERDE	No se prevé erupción	Se registran parámetros volcánicos normales. Este es el estado normal de la isla	Control
AMARILLO	Algunas anormalidades en el sistema volcánico. Podría surgir una crisis volcánica en algún punto en el futuro	Hay anormalidades menores, aunque abundantes, en los parámetros registrados	Control. Aumento de registro de parámetros volcánicos. Comprobación de los parámetros
NARANJA	Probabilidad de erupción volcánica incrementada	Aumento importante de anormalidades en los parámetros volcánicos registrados. Aparecen más cambios en los parámetros volcánicos	Aumento en la capacidad de reacción. Se comienza a preparar el plan de evacuación. Se recomienda limitar el acceso a la isla. Se recomienda evacuación provisoria de la isla, incluyendo embarcaciones y helicópteros
ROJO	Alta probabilidad de erupción volcánica inminente	Alta probabilidad de erupción volcánica confirmada por un cambio importante en la cantidad de anormalidades en los parámetros volcánicos	El personal de la isla debe trasladarse a los campamentos de emergencia o evacuar completamente la isla, dependiendo del lugar de la erupción. Se prohíbe el ingreso a la isla de embarcaciones y helicópteros.

Nota: El registro y la evaluación del riesgo de erupción volcánica debe ser permanente, por lo menos mientras las bases estén en actividad. Los vulcanólogos deben actualizar el estado del sistema de semáforos de acuerdo con la variabilidad de los parámetros volcánicos registrados.

Estrategia de escape en caso de erupción volcánica en la isla Decepción

La presente estrategia de evacuación se basa en la premisa de que las erupciones serán similares a las documentadas en 1967-1970, y que la actividad volcánica tendrá un impacto geográfico limitado en la isla.

Un desmoronamiento repentino de la caldera podría llevar a una erupción mucho más seria, con efectos posiblemente devastadores para toda persona que se encuentre en la isla en ese momento. En este escenario es poco probable que se logre evacuar la isla. La probabilidad de que esto ocurra posiblemente sea baja y seguramente precedida de una serie de eventos que lo advertirán, como el aumento en la altitud de la superficie y en la frecuencia e intensidad de los sismos durante varios días o semanas antes del evento. Sin embargo, podría ocurrir un evento repentino, sin señales de alerta.

Si se declara un estado de alerta naranja todas las embarcaciones deben abandonar puerto Foster de inmediato, luego de subir a bordo a toda su tripulación y a los pasajeros que permanezcan en tierra.

Los capitanes y patrones de barcos deben tomar extremas precauciones al atravesar los Fuelles de Neptuno, tomando en cuenta la posibilidad de corrientes fuertes, y considerando la roca Ravn en medio del angosto estrecho, además de todo material que pueda haber caído desde los pronunciados acantilados a ambos lados del canal.

Si se estima probable una erupción, deben adoptarse algunas medidas precautorias.

En primer lugar, debe avisarse a las embarcaciones que no deben ingresar en puerto Foster a fin de reducir futuros problemas en la evacuación. Estas medidas serán transitorias.

Si bien la isla es pequeña, puede que sea lo suficientemente extensa como para que haya zonas en donde pequeños grupos de personas puedan estar a salvo durante un evento volcánico. Si se consideran las erupciones recientes ocurridas en la isla Decepción, los lugares distantes entre 7 y 10 kilómetros del centro de la actividad volcánica pueden ser relativamente seguros.

Debe tenerse en cuenta que la evacuación de todo el personal de las actuales estaciones de investigación puede ser más problemática y tener peores consecuencias que trasladar al personal hacia campamentos de emergencia seleccionados durante un evento volcánico. El uso oportuno de lugares de campamento evaluados con anterioridad puede reducir el riesgo asociado a una evacuación completa y rápida del personal de la isla durante un evento volcánico.

Por consiguiente, es importante contar con lugares seleccionados con anterioridad como campamentos de emergencia, considerando los diferentes lugares de posibles erupciones volcánicas y de otros procesos. Como regla general, deben contemplarse distintas alternativas con ese fin antes de iniciar una evacuación.

Rutas de evacuación

Durante un evento de erupción volcánica todas las áreas costeras del interior pueden considerarse peligrosas debido a la caída de piroclastos, rocas y otros materiales y la posibilidad de olas altas e irregulares producidas por los seisches en puerto Foster, los que pueden exponer al peligro a las embarcaciones que naveguen o estén ancladas en la laguna de la isla.

Antes de la evacuación debe comprenderse que las rutas de evacuación pueden atravesar terrenos difíciles y que el descenso a las playas del borde costero exterior de la isla puede ser escarpado y difícil de seguir.

Además, debido a las sustantivas dificultades asociadas al cruce de glaciares (superficies quebradizas y resbalosas, posibilidad de repentinos lahares (corrientes de fango)), es recomendable evitar dichas áreas a menos que sea con apoyo de guías especializados y se proporcione equipo adecuado. Sin embargo, se reconoce que dicho apoyo puede no estar disponible siempre en condiciones de emergencia.

La evacuación por medio de helicópteros puede ser la mejor solución, considerando que las playas exteriores son escarpadas y angostas, con extensas rocas y que están junto a aguas profundas donde hay grandes olas incluso en buenas condiciones de clima. Algunas playas (por ejemplo cerca de Punta de la Descubierta) tienen rocas sumergidas, las que pueden ser peligrosas para las embarcaciones menores.

Si el clima es bueno, es posible intentar la evacuación de algunos lugares en torno a puerto Foster por medio de helicópteros, aunque los helicópteros que trabajan en toda evacuación deben evitar el vuelo entre nubes volcánicas debido a que la caída de piroclastos y cenizas puede dañar sus motores.

Estos factores aumentan el peligro de la evacuación desde las playas de puerto Foster, y debe considerarse la probabilidad de que sólo sean posibles las evacuaciones desde playas exteriores o desde algunas áreas específicas que puedan permitir la operación segura de helicópteros.

Para calcular las probables dificultades que pueden encontrarse al momento de evacuar el personal, la mayor parte de las rutas de evacuación recomendadas ha sido ensayada por personal experimentado. La conclusión general de estos estudios fue que sólo tres de las playas externas de la isla están disponibles en malas condiciones climáticas: la parte norte de la terraza Kendall, punta Macaroni y Baily Head. Todas las demás playas identificadas son rocosas y con acceso disponible sólo por medio de helicópteros. La ruta hacia Punta de la Descubierta puede utilizarse pero sólo en condiciones de marea muy baja.

Como resultado de estos estudios, las principales rutas de evacuación son las siguientes:

- Desde la Zona de instalaciones (estaciones Gabriel de Castilla y Decepción) hacia punta Descubierta (1)
- Desde la Zona de instalaciones hacia Punta Entrada (la ruta implicará la evacuación desde la playa) (2)

- Desde la Zona de instalaciones hacia Punta Entrada (evacuación mediante helicóptero) (2)
- Desde bahía Balleneros hacia Baily Head (3)
- Desde la Zona de instalaciones hacia la terraza Kendall (a través de El Paso, a 168 m de altura sobre bahía Telefon) (4)
- Desde la Zona de instalaciones hacia la terraza Kendall (a través de El Paso a 158 m de altura cerca de Obsidianas) (5)
- Desde la Zona de instalaciones hacia la playa del lago Escondido a la terraza Kendall (6)

El Cuadro 2 incluye detalles de las rutas de evacuación, incluyendo la distancia, la altura y el tiempo estimado del traslado.

Cuadro 2. Rutas de evacuación

Ruta de evacuación	Distancia total	Altura máxima[9]	Tiempo estimado
•Zona de instalaciones a Punta de la Descubierta (figura 2)	3.920 m	130 m, en Espolón	1 hora y 11 minutos
• Zona de instalaciones hacia punta Entrada (área de extracción desde la playa);	6.800m	180 en, Espolón	2 horas y 9 minutos
• Zona de instalaciones hacia punta Entrada (área de extracción mediante helicóptero);	7.237 m	172 m	2 horas
• Bahía Balleneros hacia Baily Head	3.954 m	295 m, en paso Collado	1 hora y 37 minutos
• Zona de instalaciones a terraza Kendall (por paso Collado a 168 de bahía Telefon)	9.400 m	168 m, en paso Collado	2 horas y 31 minutos
• Zona de instalaciones a terraza Kendall (por paso Collado a 158 en Obsidianas	6.400 m	169 m, en paso Collado	1 hora y 46 minutos
Lago Escondido a terraza Kendall	5.980 m	180 m, en paso Vaguada	1 hora y 30 minutos

---

[9] Las altitudes entregadas se refieren al punto más alto de la ruta.

Figura 1. Rutas de escape sugeridas durante una crisis volcánica, correspondientes a un estado de alerta no superior al código naranja

Figure 1 Suggested escape routes on Deception Island during a volcanic crisis corresponding to no more than a code orange alert state

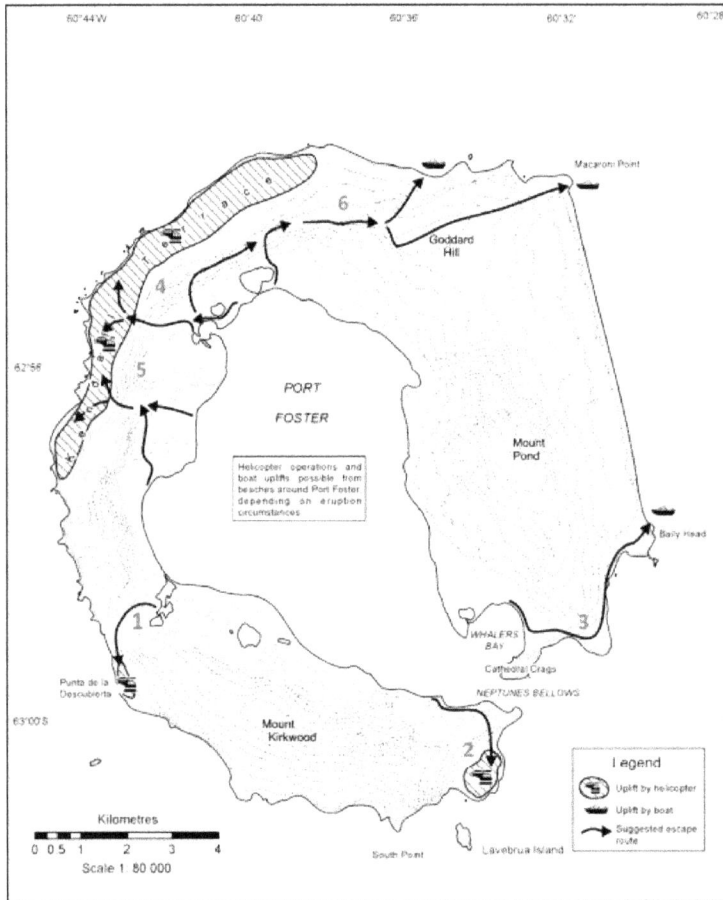

Apéndice 7: Guía para visitantes de bahía Telefon

Las actuales Directrices se encuentran en
http://www.ats.aq/siteguidelines/documents/Telefon_bay_s.pdf

Apéndice 8: Guía para visitantes de bahía Balleneros

Las actuales Directrices se encuentran en
http://www.ats.aq/siteguidelines/documents/Whalers_bay_s.pdf

Apéndice 9: Guía para visitantes de Baily Head

Las actuales Directrices se encuentran en
http://www.ats.aq/siteguidelines/documents/baily_head_s.pdf

Apéndice 10: Guía para visitantes de caleta Péndulo

Las directrices se presentaron para su aprobación y adopción por parte de la XV Reunión del CPA/XXXV RCTA. Los enlaces a las directrices aprobadas se actualizarán en cuanto estén disponibles.

Apéndice 11: Medidas prácticas de bioseguridad

Directrices para reducir el riesgo de introducción de especies no autóctonas a la isla Decepción (Zona Antártica Especialmente Administrada N° 4

Introducción

La isla Decepción, una de las islas Shetland del Sur (Zona Antártica Especialmente Administrada N° 4) es excepcionalmente vulnerable a los impactos provocados por la introducción de especies no autóctonas. El alto nivel de ocupación humana y de visitas implica que la probabilidad de introducción involuntaria de especies no autóctonas es elevada. Su apacible clima en relación con otras zonas de la Antártida, y la presencia de sitios calentados por fuentes geotérmicas hacen más probable el establecimiento de especies marinas y terrestres introducidas que en los demás lugares de la Antártida. La isla Decepción ha estado ya sometida a la introducción de especies no autóctonas: se han registrado en la isla seis especies de invertebrados no autóctonos y una planta exógena también se encontró y erradicó posteriormente.

Reconociendo:

    (i)   el valor de los singulares y aislados conjuntos biológicos de la zona; y

    (ii)   la excepcional vulnerabilidad de los ecosistemas terrestres y marinos al interior de la isla Decepción ante los posibles impactos de las especies no autóctonas debido al clima apacible del terreno de la isla calentado por fuentes geotérmicas, además del alto nivel de presencia de humanos;

Las siguientes directrices apuntan a reducir a un mínimo la introducción involuntaria de especies no autóctonas y de materiales con probabilidad de transportar dichas especies (por ejemplo, suelos y cortezas de madera sin tratar) hacia la isla Decepción, y a describir de manera adecuada las actividades de vigilancia y de respuesta.

Medidas de protección

CONCIENCIA

Los programas, operadores, y organizaciones activos en isla decepción deberán:

1. Educar a su personal (incluyendo el personal de la estación, sus científicos, contratistas, tripulaciones de embarcaciones en tierra, personal de operadores de turismo y turistas) acerca de los posibles riesgos al medioambiente provocados por la introducción de especies no autóctonas.

2. Recordar al personal que, de conformidad con lo estipulado en el Protocolo de protección ambiental al Tratado Antártico, se prohíbe la introducción de suelos sin esterilizar en toda

la zona abarcada por el este. De manera similar, que las plantas cultivadas y sus propágulos reproductivos sólo pueden introducirse para su uso controlado y de conformidad con un permiso.

3. Recordar al personal que, de conformidad con lo estipulado en el Protocolo de protección ambiental al Tratado Antártico, los residuos alimentarios deben incinerarse o retirarse de la zona abarcada por el Tratado Antártico (Anexo III) o eliminarse en el mar a una distancia no inferior a 12 millas náuticas de los terrenos o plataformas de hielo flotantes más cercanos (Anexo IV).

PROCEDIMIENTOS OPERATIVOS

Además, los programas, operadores, y organizaciones activos en isla decepción deberán:

4. Considerar la aplicación de directrices sobre bioseguridad relativas a: (a) las embarcaciones que se desplacen hacia la isla Decepción, (b) tiendas que abastezcan a la isla de alimentos y carga y (c) la indumentaria de los visitantes y del personal y los equipos científicos. Más específicamente:

- En la medida de lo factible, cerciorarse de que el personal que ingrese y salga de la ZAEA use calzado limpio, por ejemplo, mediante procedimientos de limpieza de botas (preferiblemente completados antes de la salida hacia la Antártida así como también al momento de ingresar o de salir de la ZAEA). Similar atención debe prestarse a las ropas y otros elementos personales a los cuales puedan haberse adherido semillas o propágulos de otras especies no autóctonas, como por ejemplo, bolsos, bastones y trípodes de cámaras.

- Reducir, en la mayor medida factible, la introducción en la ZAEA de arenas, materiales o grava sin tratar.

- Reducir, en el mayor grado posible, la introducción a la ZAEA de maderas sin tratar.

- Prohibir la introducción de maderas sin tratar a las cuales puedan haberse adherido cortezas, ya que es probable que contengan muchas especies no autóctonas resilientes, tales como microinvertebrados, microalgas, musgos, líquenes y microorganismos.

- Evitar que la vida silvestre del lugar tenga acceso a los alimentos y residuos de estos.

- Prohibir el cultivo de plantas alimentarias, por ejemplo, cultivos hidropónicos, al interior de las construcciones de la estación de isla Decepción.

- Recolectar e incinerar, o eliminar de la región todo suelo o material biológico que reconocidamente no sea originario de la ZAEA.

- Prestar especial atención para reducir el riesgo de transferir suelos o material biológico entre los sitios calentados por fuentes geotérmicas distintos en lo espacial (por ejemplo, cerciorarse de llevar calzado limpio).

- Tomar las medidas para reducir a un mínimo el riesgo de contaminación biológica o de contaminación cruzada de los organismos de las fuentes de agua fresca de la isla.

- Aplicar medidas para evitar la transferencia intrarregional de especies no autóctonas que ya se encuentran presentes en la isla Decepción hacia otros lugares de la Antártida (por ejemplo, evitando la transferencia de suelos de la isla Decepción hacia otros lugares de la Antártida).

La guía anteriormente mencionada se basa en recomendaciones entregadas en el *Manual sobre introducción de especies no autóctonas* del CPA, en donde dos recursos centrales son las *Listas de cotejo de COMNAP y SCAR para administradores de cadenas de suministro para los Programas antárticos nacionales para reducir a un mínimo el riesgo de transferencia de especies no autóctonas* y el *Código de conducta ambiental sobre el Trabajo de Investigación científica sobre el Terreno en la Antártida* del SCAR.

REGISTRO, VIGILANCIA Y RESPUESTA

Además, los programas, operadores, y organizaciones activos en isla decepción deberán:

5. Realizar monitoreos de las especies introducidas por medio de estudios de biodiversidad terrestre y marina que incluya el establecimiento de información básica para el estudio, en lo posible como parte de un programa de investigación multinacional.

6. Informar al Grupo de gestión de la isla Decepción y a las demás Partes, según corresponda, del descubrimiento de cualquier especie no autóctona al interior de la ZAEA. Informar al SCAR del descubrimiento a través de la Base de datos sobre especies no autóctonas del SCAR: http://data.aad.gov.au/aadc/biodiversity/index.cfm.

7. Compartir con el Grupo de gestión de la isla Decepción toda información reciente relacionada con cualquier especie no autóctona encontrada en la isla, así como también con otras Partes, según corresponda, con el propósito de coordinar una rápida respuesta de gestión (como por ejemplo, la erradicación de la especie o las medidas de contención).

8. Emprender la respuesta ante la introducción como una prioridad, para evitar el aumento del rango de distribución de dicha especie y para hacer más sencilla y costo-eficiente la erradicación y aumentar sus probabilidades de éxito[10].

9. Evaluar periódicamente la eficacia de los programas de control o de erradicación, incluyendo la realización de estudios de seguimiento.

COOPERACIÓN y PROTECCIÓN EN EL FUTURO

Además, los programas, operadores, y organizaciones activos en isla decepción deberán:

10. Considerar la excepcional vulnerabilidad de la isla frente a las introducciones de especies no autóctonas en todas la Evaluaciones de impacto ambiental que se realicen sobre las actividades que se llevarán a cabo al interior de la ZAEA.

11. Considerar la aplicación conjunta de dichas directrices por medio del Grupo de gestión de isla Decepción y de las demás partes relevantes, según corresponda.

12. Generar un compromiso de mejora continua y de revisión de las mencionadas directrices.

---

[10]En este contexto, tener en cuenta la *Orientación para los visitantes y responsables ambientales que descubran una especie presuntamente no autóctona en el medio ambiente terrestre y de agua dulce de la Antártida* al que se refiere el Manual sobre especies no autóctonas del CPA.

TERCERA PARTE

Informes y Declaraciones de Apertura y Cierre

1. Informes de los Depositarios y Observadores

Informe anual para 2011/12 del Comité Científico de Investigación Antártica (SCAR)

1. Antecedentes

El Comité Científico de Investigación Antártica (SCAR, por su sigla en inglés) es un organismo científico interdisciplinario no gubernamental del Consejo Internacional de Uniones Científicas (CIUC), y observador del Tratado Antártico y la Convención Marco de las Naciones Unidas sobre Cambio Climático.

La misión del SCAR es actuar como facilitador, coordinador y defensor líder, independiente y no gubernamental de la excelencia de las actividades científicas y de investigación en la Antártida y el Océano Austral. En segundo lugar, la misión del SCAR es brindar asesoramiento independiente, sólido y científico al Sistema del Tratado Antártico y otros diseñadores de políticas, que incluye el uso de la ciencia para identificar las nuevas tendencias y presentar estos aspectos ante los diseñadores de políticas.

2. Introducción

La investigación científica del SCAR le agrega valor a las iniciativas nacionales al permitir a los investigadores nacionales colaborar en programas científicos de gran escala para alcanzar objetivos que no son fáciles de obtener para un país en forma individual. Los miembros del SCAR actualmente incluyen academias de ciencias de 36 naciones, y 9 uniones científicas del CIUC.

El SCAR brinda asesoramiento científico independiente para apoyar la gestión inteligente del medio ambiente, en forma conjunta con las Partes del Tratado Antártico y otros organismos, tales como el Comité para la Protección del Medio Ambiente (CPA), la Convención para la Conservación de los Recursos Vivos Marinos Antárticos (CCRVMA), y el Consejo de Administradores de los Programas Nacionales Antárticos (COMNAP, por su sigla en inglés).

El éxito del SCAR depende de la calidad y el sentido oportuno de sus resultados científicos. Las descripciones de los programas de investigación científica y resultados científicos del SCAR están disponibles en www.scar.org. Este breve documento resume los puntos destacados del pasado (desde el último informe anual) y las reuniones futuras que consideramos que serán de interés para las Partes del Tratado.

El SCAR publica un boletín electrónico trimestral en el que se destacan las cuestiones científicas y de otro tipo relevantes, relacionadas con el SCAR (http://www.scar.org/news/newsletters/). Envíe un correo electrónico a info@scar.org si desea ser agregado a la lista de distribución. Además de encontrarse en la web (www.scar.org), el SCAR también está disponible en Facebook, LinkedIn y Twitter.

3. Puntos destacados del SCAR (2011/12)

3.1 La próxima generación de Programas de Investigación del SCAR

En julio de 2012, se les solicitará a los Delegados del SCAR que aprueben cinco nuevos Programas de Investigación Científica (PIC). Los nuevos PIC continuarán desarrollando los focos científicos importantes del SCAR, y al mismo tiempo abarcarán áreas de alta prioridad para la investigación recientemente identificadas, incluido un mayor énfasis en el asesoramiento

científico al Tratado. Para más información, consulte
http://www.scar.org/researchgroups/progplanning/. Los nuevos PIC propuestos son los
siguientes:

- **Estado del ecosistema antártico (AntECO)**

La diversidad biológica es la suma de todos los organismos presentes en un ecosistema, que
determinan la forma en que funcionan los ecosistemas, y que respaldan el sistema de
preservación de la vida de nuestro planeta. Este programa ha sido diseñado para enfocarse en los
patrones de biodiversidad de los entornos terrestres, limnológicos, glaciales y marinos dentro de
las regiones antártica, subantártica y del Océano Austral, y para brindar los conocimientos
científicos sobre la biodiversidad que también pueden usarse para la conservación y gestión.
Básicamente, proponemos explicar el tipo de biodiversidad presente en un lugar, cómo llegó
hasta allí, qué hace allí y qué amenazas enfrenta. Un producto primario de este programa serían
las recomendaciones para su gestión y conservación.

- **Umbrales antárticos: capacidad de recuperación y adaptación del ecosistema (AnT-ERA)**

El programa AnT-ERA analizará los procesos biológicos actuales en los ecosistemas antárticos,
para definir sus umbrales, y de esta manera determinar la resistencia y la capacidad de
recuperación frente al cambio. Tales procesos dependen de una cascada de respuestas que van
desde el nivel genómico y fisiológico, pasan por el nivel organísmico y de población y llegan al
nivel del ecosistema. El entorno extremo y la notable diferencia en la complejidad de la
comunidad entre las regiones polares y gran parte del resto del planeta pueden implicar que las
consecuencias de la tensión para el funcionamiento y los servicios del ecosistema, y su
resistencia y capacidad de recuperación, serán diferentes a los de cualquier otro lugar. Los
procesos del ecosistema polar son entonces clave para contribuir a un debate ecológico más
amplio sobre las características de la estabilidad y el cambio en los ecosistemas. El objetivo
principal del programa AnT-ERA es definir y facilitar los conocimientos científicos necesarios
para determinar la resistencia, capacidad de recuperación y vulnerabilidad al cambio de los
sistemas biológicos antárticos. En particular, la ciencia necesita determinar las probabilidades
de que se produzcan cambios cataclísmicos o "puntos de inflexión" en los ecosistemas
antárticos.

- **Cambio climático antártico en el siglo XXI (AntClim21)**

Los objetivos del programa AntClim21 son proporcionar predicciones regionales más efectivas
de los elementos clave de la atmósfera, el océano y la criósfera antártica para los próximos 20 a
200 años, y comprender las respuestas de los sistemas físicos y biológicos frente a los factores
de forzamiento antropogénicos. Una forma primaria de obtención de datos que observamos que
está usando el programa AntClim21 son las series globales de modelos acoplados atmósfera-
océano que forman la base del Quinto Informe de Evaluación (AR5) del Grupo
Intergubernamental de Expertos sobre el Cambio Climático (GIECC). Para validar los
resultados de los modelos para la región antártica, se usarán paleorreconstrucciones de
determinados períodos, reconocidos como análogos del pasado para las predicciones climáticas
del futuro.

- **Dinámica en el pasado de la capa de hielo antártica (PAIS)**

El programa PAIS se propone mejorar nuestra comprensión de la dinámica de la capa de hielo
durante las condiciones pasadas de calentamiento del mundo, al:

- apuntar al estudio de las áreas vulnerables en todo el continente (tanto en el margen occidental como oriental de la Antártida);
- relacionar los registros proximales de hielo con los registros costeros y mar adentro, que incluyen registros campo lejano paleocenográficos y del nivel del mar;
- integrar datos a la última generación de modelos climáticos acoplados de ajuste isostático glacial (GIA)-capa de hielo.

- **Respuesta de la tierra sólida y evolución criosférica (SERCE)**

El programa SERCE se propone mejorar la comprensión de la respuesta de la tierra sólida al forzamiento criosférico y tectónico. El programa SERCE se encargará de:

- Identificar y desarrollar componentes científicos disciplinarios e interdisciplinarios clave de un programa científico diseñado para mejorar la comprensión de las interacciones entre la tierra sólida y la criósfera;
- Comunicar y coordinar con otros grupos internacionales que investigan el cambio de masa de hielo, cómo contribuye la capa de hielo a la elevación del nivel del mar global, los modelos de ajuste isostático glaciales de Greenland y otros casquetes glaciales, etc.;
- Trabajar con los grupos de acción/expertos y programas de investigación del SCAR para promover que la ciencia interdisciplinaria use los datos de la red POLENET;
- Proporcionar un marco internacional para mantener y posiblemente aumentar la infraestructura autónoma remota de la red POLENET después del Año Polar Internacional (API).

3.2   Sistema de Observación del Océano Austral (SOOS)

El Océano Austral cumple un papel fundamental para el clima y el funcionamiento del ecosistema de todo el planeta, pero la falta de datos ha significado un obstáculo para su comprensión durante mucho tiempo. La comunidad científica, liderada por el SCAR y el SCOR (el Comité Científico sobre Investigación Oceánica), ha establecido el Sistema de Observación del Océano Austral (SOOS, por su sigla en inglés) para abordar este problema. En agosto de 2011, se estableció una Oficina Internacional del Proyecto en Australia, que es financiada por el nuevo Instituto para Estudios Marinos y Antárticos de la Universidad de Tasmania en Hobart. Esta es una medida fundamental para implementar el SOOS. Para más información, incluido un archivo pdf del plan inicial de Ciencia e Implementación, consulte: www.soos.aq o consulte el documento adjunto.

3.3   Grupo de balance de masa de la capa de hielo y el nivel del mar (ISMASS):

El 14 de julio, el grupo de balance de masa de la capa de hielo y el nivel del mar, que está copatrocinado por el Comité Científico Internacional del Ártico, llevará a cabo un taller junto con el proyecto de Clima y Criósfera del Programa Mundial de Investigaciones Climáticas y otras organizaciones. Si bien el taller tiene varios objetivos (consulte http://www.climate-cryosphere.org/en/events/2012/ISMASS/Home.html) el objetivo de gran alcance es evaluar los conocimientos actuales sobre la forma en que las capas de hielo antártica y de Greenland contribuyen a la elevación regional y global del nivel del mar, teniendo en cuenta los proyectos en curso y los propuestos.

3.4   Conservación de la Antártida en el siglo XXI

El SCAR, junto con varios socios, realizó una reunión y actividad de exploración del horizonte en Sudáfrica para comenzar el proceso de producción de una nueva estrategia para la Conservación de la Antártida en el siglo XXI. Para más información consulte el documento adjunto.

3.5　Medallas y premios

- El Dr. José Xavier, del Instituto de Investigación Marina de la Universidad de Coimbra en Portugal, recibió el prestigioso premio Martha T. Muse 2011 para la Ciencia y Política en la Antártida. El Dr. Xavier ha realizado una excelente investigación sobre la dinámica depredador-presa que sostiene a las poblaciones de albatros, pingüinos y otros depredadores principales en el Océano Austral. El Comité de Selección de científicos y diseñadores de políticas líderes de la Antártida también citó su liderazgo en relación con el establecimiento de un programa de investigación antártica nuevo y prolífero en Portugal durante el Año Polar Internacional (API, 2007-2008).

- La profesora Diana H Wall recibirá la Medalla a la Excelencia en Investigación Antártica del Presidente del SCAR 2012. La profesora Wall ha realizado más de veinte años de investigación en los Valles Secos de la Antártida, para estudiar la respuesta de la biodiversidad del suelo y los procesos del ecosistema frente al cambio ambiental. Es un miembro activo del Grupo Científico Permanente del SCAR sobre Ciencias Biológicas, y ha participado en el desarrollo de la próxima generación de Programas de Investigación Científica del SCAR y la iniciativa de Conservación del siglo XXI.

3.6　Nuevo encargado de proyectos del SCAR

Se contrató al Dr. Eoghan Griffin por un período de un año, un día a la semana para trabajar sobre las Comunicaciones Climáticas. Los fondos para contratar al Dr. Griffin fueron proporcionados generosamente por el Reino Unido, Noruega y la ASOC. Consulte el documento adjunto.

4.　*Futuras reuniones del SCAR*

El SCAR participará en varias reuniones importantes durante el próximo año (http://www.scar.org/events/), entre las que se encuentran:

- API Montreal. Abril de 2012. El SCAR participará activamente en la 3º y última Conferencia del Año Polar Internacional, con el tema "Desde los conocimientos hacia la acción"

- Conferencia Abierta de Ciencias del SCAR, reuniones de negocios y de delegados. Julio de 2012. (consulte http://scar2012.geol.pdx.edu/). Se presentaron prácticamente 1000 resúmenes a la Conferencia Abierta de Ciencias del SCAR, cuyo tema principal es "Asesoramiento sobre ciencias y políticas antárticas en un mundo cambiante". Varios observadores y expertos del Tratado participarán activamente en los distintos simposios y sesiones que prometen convertirla en una apasionante reunión.

- Simposio de biología del SCAR. Durante el verano de 2013, el SCAR realizará en Barcelona, España, el simposio de biología que organiza cada cuatro años.

Para obtener más información sobre las actividades del SCAR consulte www.scar.org o envíe un correo electrónico a info@scar.org.

Informe anual para 2011 del Consejo de Administradores de los Programas Nacionales Antárticos (COMNAP)

El COMNAP es la organización de Programas Nacionales Antárticos que reúne, especialmente, a los Administradores de dichos Programas, es decir, las autoridades nacionales responsables de planificar, desarrollar y gestionar el apoyo a la ciencia en la Antártida en nombre de sus respectivos gobiernos, todas las Partes Consultivas del Tratado Antártico.

El COMNAP ha crecido para convertirse en una asociación internacional cuyos miembros son los Programas Nacionales Antárticos de 28 Partes Consultivas del Tratado Antártico provenientes de Argentina, Australia, Bélgica, Brasil, Bulgaria, Chile, China, Ecuador, Finlandia, Francia, Alemania, India, Italia, Japón, República de Corea, los Países Bajos, Nueva Zelandia, Noruega, Perú, Polonia, Federación de Rusia, Sudáfrica, España, Suecia, el Reino Unido, Ucrania, Uruguay y Estados Unidos.

La Constitución del COMNAP declara su objetivo: *desarrollar y promover las mejores prácticas en la gestión del apoyo a la investigación científica en la Antártida*. Como organización, el COMNAP se encarga de agregar valor a las iniciativas de los Programas Nacionales Antárticos, al desempeñarse como un foro para desarrollar prácticas que mejoren la efectividad de las actividades de manera responsable con el medio ambiente, facilitar y promover alianzas internacionales, y brindar oportunidades y sistemas para el intercambio de información.

Asimismo, el COMNAP se esfuerza por brindar al Sistema del Tratado Antártico asesoramiento objetivo, práctico, técnico y apolítico aportado por el amplio grupo de expertos de los Programas Nacionales Antárticos, y su conocimiento directo de la Antártida.

Se están planteando cuestiones científicas cada vez más complejas que únicamente pueden responder equipos científicos multidisciplinarios y, a menudo, multinacionales. Esta complejidad, junto con las medidas ambientales cada vez más exigentes y, en algunos casos, la reducción de fondos, contribuyen a ejercer más presión sobre los Programas Nacionales Antárticos y a generar una necesidad aún mayor de colaboración internacional. El COMNAP trabaja para favorecer una mayor colaboración entre los Programas Nacionales Antárticos, y reconoce la necesidad de formar alianzas sólidas con organizaciones que persigan objetivos similares. Asimismo, el COMNAP ha asumido gradualmente la responsabilidad de diseñar una serie de herramientas prácticas relacionadas con la seguridad y el intercambio de información.

En la Reunión General Anual del COMNAP que se llevó a cabo en agosto de 2011 en Estocolmo, Suecia, el Dr. José Retamales (INACH) finalizó su gestión de cuatro años como presidente del COMNAP y el Dr. Heinrich Miller (AWI) fue elegido presidente por un período de tres años.

Puntos destacados y logros del COMNAP en 2011

Lanzamiento del nuevo sitio web del COMNAP

El intercambio de información, y el suministro de directrices y asesoramiento práctico es la tarea central del trabajo del COMNAP. Por lo tanto, hemos actualizado y lanzado un nuevo sitio web en febrero de 2012 como herramienta para dicho fin. El sitio web tiene áreas públicas y áreas exclusivas para miembros, y está estructurado de manera tal que permite acceder fácilmente a la información. La dirección del sitio web continúa siendo la misma: www.comnap.aq. El nuevo sitio web pone a disposición del público varios documentos de interés para la comunidad antártica, tales como las actas de cada uno de los simposios del COMNAP/SCALOP, la lista de instalaciones del COMNAP en la Antártida, y en breve proporcionará información sobre cada uno de los Programas Nacionales Antárticos miembros del COMNAP de la página "Nuestros miembros".

Taller "*Management Implications of a Changing Antartica*" (Implicaciones de la gestión de una Antártida que cambia)

Teniendo en cuenta el debate que tuvo lugar en la XXXIII RCTA y en la XIII Reunión del CPA, y los debates y recomendaciones de la RETA sobre el cambio climático y sus implicaciones para la gestión y gobernanza de la Antártida (Svolvær, Noruega, 7 al 9 de abril de 2010), el COMNAP convocó al taller Implicaciones de la gestión de una Antártida que cambia, que fue abierto para los miembros del COMNAP y los participantes invitados, el domingo 31 de julio de 2011, unos días antes de la RGA del COMNAP en Estocolmo, Suecia. Se trata de un tema en el que los Administradores de los Programas Nacionales Antárticos piensan a diario, dado que los Programas Nacionales Antárticos deben vigilar y responder a los cambios para respaldar de manera efectiva sus actividades científicas en la Antártida. Los puntos clave de los debates del taller se incluyen en el documento de información del COMNAP para la presente RCTA.

Taller "*Inland Traversing in Antartica*" (Viaje tierra adentro en la Antártida)

Los vicepresidentes del Comité Ejecutivo del COMNAP, Kazuyuki Shiraishi (NIPR) y Yuansheng Li (PRIC) convocaron al taller del COMNAP "*Inland Traversing in Antartica*" el domingo 31 de julio de 2011, unos días antes de la RGA del COMNAP en Estocolmo, Suecia. El taller brindó la oportunidad de intercambiar experiencias con los miembros y de conocer técnicas prácticas para asegurar que los viajes tierra adentro sean seguros y exitosos. Se realizaron diez presentaciones y se exhibieron diversos afiches. También estuvieron presentes representantes de la industria de operaciones y logística.

Beca de investigación antártica del COMNAP

Teniendo en cuenta que la educación y el desarrollo de capacidades es un área de interés mutuo para el SCAR y el COMNAP, y reconociendo la dimensión del talento representado por los Programas Nacionales Antárticos, el COMNAP anunció la Beca inaugural de investigación antártica del COMNAP en mayo de 2011. El premio fue otorgado a Amelia Marks del Reino Unido, para realizar investigaciones con el Programa Antártico de Italia en la estación Mario Zucchelli. La beca de investigación antártica 2012 del COMNAP se anunciará en julio de 2012 como parte de la RGA del COMNAP en Portland.

Participación del COMNAP en los Grupos de Contacto Intersesionales 2011-2012

El COMNAP tuvo el agrado de participar en el GCI de la RCTA convocado por la Secretaría del Tratado Antártico para la Revisión de las recomendaciones sobre asuntos operativos. También tuvimos la grata oportunidad de realizar sugerencias como parte de los debates informales facilitados por el SCAR en el documento del SCAR sobre las medidas para reducir el riesgo de introducción de especies no autóctonas.

Productos y herramientas del COMNAP

Sistema de notificación de accidentes, incidentes y cuasi accidentes (AINMR)

Siempre se ha intercambiado información sobre problemas encontrados en la Antártida. La primera RCTA acordó la Recomendación I-VII *Intercambio de información sobre problemas logísticos* (vigente desde el 30 de abril 1962). Las Reuniones Generales Anuales del COMNAP brindan a los miembros la oportunidad de intercambiar dicha información. Asimismo, se lanzó este año un Sistema de notificación de accidentes, incidentes y cuasi accidentes (AINMR, por su sigla en inglés) integral en línea con recursos de la División Antártica Australiana (AAD). Este sistema en línea les permite a los miembros del COMNAP informar accidentes e incidentes en forma oportuna. El principal objetivo del AINMR consiste en capturar información resumida sobre hechos que tuvieron o podrían haber tenido consecuencias graves; y/o divulgar lecciones para aprender; y/o brindar información sobre hechos nuevos y muy poco frecuentes, para que los Programas Nacionales Antárticos puedan aprender entre sí a reducir el riesgo de se produzcan consecuencias graves en el desarrollo de sus actividades. Con el lanzamiento del nuevo sitio web del COMNAP, el sistema en línea de la AAD se transferirá a este nuevo sitio web que estará disponible en www.comnap.aq/membersonly/AINMR/SitePages/Home.aspx.

Sistema de Información de Posiciones de Buques (SPRS) del COMNAP

El SPRS (www.comnap.aq/sprs) es un sistema opcional y voluntario para el intercambio de información acerca de las operaciones de buques de los Programas Nacionales Antárticos. Su principal objetivo es facilitar la colaboración entre los Programas Nacionales Antárticos. Sin embargo, también puede ofrecer una contribución sumamente útil para la seguridad, gracias a toda la información del SPRS que es puesta a disposición de los Centros de Coordinación de Rescates (RCC, por su sigla en inglés) que cubren la región antártica, como fuente de información adicional para complementar los demás sistemas nacionales e internacionales establecidos.

Manual de información sobre vuelos antárticos (AFIM)

El Manual de información sobre vuelos antárticos (AFIM, por su sigla en inglés) es un manual de información aeronáutica que publicó el COMNAP como herramienta para promover operaciones aéreas seguras en la Antártida, conforme a la Recomendación 20 de la XV RCTA *Seguridad aérea en la Antártida*. Una revisión profunda del AFIM dio como resultado la propuesta de proporcionar el AFIM en formato electrónica. El AFIM continuará actualizándose con la información de los Programas Nacionales Antárticos, y se prepararán y distribuirán revisiones periódicamente. El COMNAP señaló su plan para reformatear el AFIM a través de los debates del GCI sobre la Revisión de las recomendaciones sobre asuntos operativos.

Manual para los operadores de telecomunicaciones antárticas (ATOM)

El Manual para los operadores de telecomunicaciones antárticas (ATOM, por su sigla en inglés) es una evolución del manual de prácticas de telecomunicaciones al que se refiere la Recomendación X-3 de la RCTA *Mejora de las telecomunicaciones en la Antártida, y recopilación y distribución de datos meteorológicos antárticos.* Los miembros del COMNAP y las autoridades de Búsqueda y rescates pueden tener acceso a la última versión (febrero de 2012) a través del sitio web del COMNAP.

———————

Para obtener más información, visite el sitio web del COMNAP en www.comnap.aq o envíenos un correo electrónico a info@comnap.aq. También puede consultar los documentos adjuntos a este Informe anual: Apéndice 1 y Apéndice 2.

Anexo 1. Funcionarios, proyectos y grupos de expertos del COMNAP

Comité Ejecutivo (EXCOM)

El presidente y los vicepresidentes del COMNAP son autoridades elegidas del COMNAPLas autoridades elegidas junto con el secretario ejecutivo componen el Comité Ejecutivo del COMNAP de la siguiente manera:

Cargo	Autoridad	Fin del mandato
Presidente	Heinrich Miller (AWI) heinrich.miller@awi.de	RGA 2014
Vicepresidentes	Maaike Vancauwenberghe (BELSPO) maaike.vancauwenberghe@belspo.be	RGA 2012
	Yuansheng Li (PRIC) lysh@pric.gov.cn	RGA 2013
	Mariano Memolli (DNA) drmemolli@gmail.com	RGA 2013
	Juan José Dañobeitia (CSIC) jjdanobeitia@cmima.csic.es	RGA 2014
	Brian Stone (USAP/NSF) bstone@nsf.gov	RGA 2014
Secretario Ejecutivo	Michelle Rogan-Finnemore michelle.finnemore@comnap.aq	30 sep 2015

Tabla 1 – Comité Ejecutivo del COMNAP.

Proyectos

Proyecto	Gerente de proyecto	Autoridad del EXCOM (supervisión)
Glosario antártico	Valerie Lukin	Mariano Memolli
Manual de información sobre vuelos antárticos (AFIM) – Implementación de nuevo formato		Brian Stone
Sistema de notificación de accidentes, incidentes y cuasi accidentes (AINMR) e implementación en línea	Robert Culshaw	Maaike Vancauwenberghe
Riesgo de las cenizas volcánicas para las operaciones en la Antártida	Robert Culshaw	Maaike Vancauwenberghe
Sistema de Intercambio Anticipado de Información Científica (APASI) de la Península Antártica	José Retamales	Heinz Miller

Libro del 25º aniversario del COMNAP	Christo Pimpirev	Todo el EXCOM
Directrices para la gestión energética y su aplicación – Estudio; base de datos de proveedores preferidos	David Blake	Yuansheng Li & Juan Jose Dañobeitia
Planes de contingencia y respuesta para derrames de petróleo - Estudio	Verónica Vlasich	Mariano Memolli

Tabla 2 – Proyectos del COMNAP actualmente en curso.

Grupos de expertos

Grupo de expertos (tema)	Líder del grupo de expertos	Autoridad del EXCOM (supervisión)
Ciencia	José Retamales	Heinz Miller
Difusión	Eva Gronlund	Maaike Vancauwenberghe
Aire	Giuseppe De Rossi	Brian Stone
Medio ambiente	Sandra Potter	Maaike Vancauwenberghe
Capacitación	Verónica Vlasich	Mariano Memolli
Medicina	Jeff Ayton	Mariano Memolli
Navegación	Miki Ojeda	Juan José Danobeitia
Seguridad	Robert Culshaw	Maaike Vancauwenberghe
Energía y tecnología	David Blake	Yuansheng Li & Juan José Dañobeitia
Gestión de datos	Michelle Rogan-Finnemore	Heinz Miller
Relaciones externas	Michelle Rogan-Finnemore	Todo el EXCOM
Marco estratégico	Michelle Rogan-Finnemore	Heinz Miller

Tabla 3 – Grupo de expertos del COMNAP.

Anexo 2. Reuniones

12 meses previos

31 de julio de 2011, Taller del COMNAP "*Management Implications of a Changing Antartica*", Estocolmo, Suecia.

31 julio de 2011, Taller del COMNAP "*Inland Traversing in Antartica*", Estocolmo, Suecia.

1 al 3 de agosto de 2011, Reunión General Anual del COMNAP (COMNAP XXIII), Estocolmo, Suecia, auspiciada por la Secretaría de Investigación Polar Sueca.

17 al 18 de octubre de 2011, Reunión del Comité Ejecutivo del COMNAP (EXCOM), Barcelona, España, auspiciada por el vicepresidente del COMNAP, Juan José Dañobeitia en el Centro Mediterráneo de Investigaciones Marinas y Ambientales (CMIMA, CSIC).

Próximos 12 meses

14 de julio de 2012, Reunión conjunta del Comité Ejecutivo del COMNAP/SCAR, Portland, Oregón, EE.UU.

15 julio de 2012, Simposio del COMNAP "*Sustainable Solutions to Antarctic Challenges: Supporting Polar Research in the 21st Century*" (Soluciones sostenibles para los desafíos de la Antártida: respaldo de la investigación polar en el siglo XXI).

16 al 19 de julio de 2012, Reunión General Anual del COMNAP (XXIV reunión del COMNAP), Portland, Oregón, EE.UU.

Informe presentado por el gobierno depositario de la Convención para la Conservación de las Focas Antárticas en la XXXV Reunión Consultiva del Tratado Antártico, en virtud de la Recomendación XIII-2, párrafo 2(D)

Presentado por el Reino Unido

En el presente informe se relata lo sucedido en relación con la Convención para la Conservación de las Focas Antárticas (CCFA) durante el año abarcado por el informe, que va desde el 1 de marzo de 2010 al 28 de febrero de 2011.

El resumen del anexo A contiene una lista de la captura y matanza de focas antárticas por Partes Contratantes de la CCFA durante el período abarcado por el informe. En la XXXVI RCTA se presentará un informe de lo sucedido en 2011-2012, una vez que haya vencido el plazo de junio de 2012 para el intercambio de información.

El Reino Unido desearía recordar a las Partes Contratantes de la CCFA que el período abarcado en el informe a efectos del intercambio de información va desde el 1 de marzo hasta fines de febrero de cada año. En la reunión de septiembre de 1988 para examinar el funcionamiento de la Convención se modificaron las fechas de comienzo y terminación del período abarcado en el informe, que pasaron a ser las antedichas, como se documenta en el párrafo 19(a) del informe de dicha reunión.

El intercambio de información al que se hace referencia en el párrafo 6(a) del Anexo de la Convención debería transmitirse a otras Partes Contratantes y al SCAR a más tardar el **30 de junio de cada año**, incluidos los informes en los cuales no se notifica ninguna captura o muerte. El Reino Unido quisiera agradecer a todas las Partes Contratantes de la CCFA por proporcionar esta información a tiempo para permitirle al Reino Unido presentar un informe completo ante la XXXV RCTA. No obstante, el Reino Unido desea continuar instando a todas las Partes Contratantes de la CCFA a que presenten informes hasta la fecha límite del 30 de junio a fin de que se pueda proporcionar toda la información pertinente.

Desde la XXXIII Reunión Consultiva del Tratado Antártico no ha habido adhesiones a la CCFA. Sin embargo, el Reino Unido tiene entendido que Paquistán desea adherirse a la convención. En virtud de lo establecido en el Artículo 12, el Reino Unido solicitará la aprobación de las Partes Contratantes a fin de invitar a Paquistán a la adhesión. Se adjunta al presente informe una lista de los países signatarios originales de la Convención y de aquellos que se adhirieron posteriormente (anexo B).

Abril de 2012

ANEXO A

CONVENCIÓN PARA LA CONSERVACIÓN DE LAS FOCAS ANTÁRTICAS (CCFA)

Sinopsis de los informes de conformidad con el artículo 5 y el Anexo de la Convención: Captura y matanza de focas durante el período del 1 de marzo de 2010 al 28 de febrero de 2011.

Parte contratante	Focas antárticas capturadas	Focas antárticas muertas
Argentina	49a	Ninguna
Australia	67 [b]	2 [c]
Bélgica	Ninguna	Ninguna
Brasil	Ninguna	Ninguna
Canadá	Ninguna	Ninguna
Chile	Ninguna	Ninguna
Francia	600 [d]	Ninguna
Alemania	Ninguna	Ninguna
Italia	Ninguna	Ninguna
Japón	Ninguna	Ninguna
Noruega	Ninguna	Ninguna
Polonia	Ninguna	Ninguna
Rusia	Ninguna	Ninguna
Sudáfrica	Ninguna	Ninguna
Reino Unido	24 [e]	1 [f]
Estados Unidos de América	3760 [g]	2 [h]

[a] 10 elefantes marinos, 20 elefantes marinos del sur, 19 focas leopardo
[b] 21 elefantes marinos, 28 focas leopardo, 20 focas de Weddell
[c] 1 foca de Weddell y 1 foca leopardo
[d] 160 focas de Weddell, 275 elefantes marinos, 165 focas peleteras antárticas
[e] 24 focas de Weddell
[e] 1 foca de Weddell
[g] 600 focas peleteras antárticas 50 focas leopardo, 50 elefantes marinos del sur, 1430 focas de Weddell
[h] 2 focas de Weddell

Todas las capturas notificadas fueron para investigaciones científicas.

ANEXO B

CONVENCIÓN PARA LA CONSERVACIÓN DE LAS FOCAS ANTÁRTICAS (CCFA)

Londres, 1 de junio al 31 de diciembre de 1972
(La Convención entró en vigor el 11 de marzo de 1978)

Estado	Fecha de firma	Fecha de depósito (de la ratificación o aceptación)
Argentina[1]	9 de junio de 1972	7 de marzo de 1978
Australia	5 de octubre de 1972	1 de julio de 1987
Bélgica	9 de junio de 1972	9 de febrero de 1978
Chile[1]	28 de diciembre de 1972	7 de febrero de 1980
Francia[2]	19 de diciembre de 1972	19 de febrero de 1975
Japón	28 de diciembre de 1972	28 de agosto de 1980
Noruega	9 de junio de 1972	10 de diciembre de 1973
Rusia[1,2,4]	9 de junio de 1972	8 de febrero de 1978
Sudáfrica	9 de junio de 1972	15 de agosto de 1972
Reino Unido[2]	9 de junio de 1972	10 de septiembre de 1974[3]
Estados Unidos de América[2]	28 de junio de 1972	19 de enero de 1977

ADHESIONES

Estado	Fecha de depósito del instrumento de adhesión
Brasil	11 de febrero de 1991
Canadá	4 de octubre de 1990
República Federal de Alemania	30 de septiembre de 1987
Italia	2 de febrero de 1992
Polonia	15 de agosto de 1980

[1] Declaración o reserva
[2] Objeción
[3] El instrumento de ratificación incluía las Islas del Canal de la Mancha y la Isla de Man.
[4] Ex URSS

Informe presentado por el Gobierno depositario de la Convención sobre la Conservación de los Recursos Vivos Marinos Antárticos (CCRVMA)

Documento de información presentado por Australia

Resumen

Australia, como país depositario de la Convención para la Conservación de los Recursos Vivos Marinos Antárticos de 1980, presenta un informe sobre la situación de la Convención.

Antecedentes

Australia, como país depositario de la Convención para la Conservación de los Recursos Vivos Marinos Antárticos de 1980 (la Convención) se complace en informar a la Trigésimo Quinta Reunión Consultiva del Tratado Antártico sobre la situación de la Convención.

Australia anuncia a las Partes al Tratado Antártico que, desde la trigésimo cuarta reunión consultiva del Tratado Antártico, Pakistán adhirió a la Convención el 24 de enero de 2012. La Convención entró en vigor para Pakistán a partir del 22 de febrero de 2012.

Una copia de la lista de situaciones respecto de la Convención está disponible en línea en la base de datos australiana en el siguiente enlace:
http://www.austlii.edu.au/au/other/dfat/treaty_list/depository/CCAMLR.html

La lista de situaciones también se puede obtener solicitándola a la Secretaría de Tratados del Departamento de Asuntos Exteriores y Comercio del Gobierno de Australia. Las solicitudes pueden hacerse llegar a través de las misiones diplomáticas australianas.

Informe presentado por el Gobierno depositario sobre el acuerdo acerca de la conservación de albatros y petreles (ACAP)

Documento de información presentado por Australia

Resumen

En su calidad de Depositaria del acuerdo sobre la conservación de albatros y petreles de 2001, Australia presenta un informe.

Antecedentes

Australia, como depositaria del Acuerdo sobre la Conservación de Albatros y Petreles de 2001 (el Acuerdo) se complace en informar ante la Trigésimo quinta Reunión Consultiva del Tratado Antártico sobre la situación del Acuerdo.

Australia notifica a las Partes del Tratado Antártico que, desde la Trigésimo cuarta Reunión Consultiva del Tratado Antártico, ningún Estado ha accedido al Acuerdo.

Se puede obtener una copia de la lista de situaciones respecto del Acuerdo en la Base de Datos de Tratados de Australia, en la siguiente dirección de Internet:

http://www.austlii.edu.au/au/other/dfat/treaty_list/depository/consalbnpet.html

La lista de situaciones también se puede obtener solicitándola a la Secretaría de Tratados del Departamento de Asuntos Exteriores y Comercio del Gobierno de Australia. Las solicitudes pueden hacerse llegar a través de las misiones diplomáticas australianas.

Informe del Gobierno depositario del Tratado Antártico y su Protocolo de conformidad con la Recomendación XIII-2

Documento de Información presentado por Estados Unidos

Este informe abarca los acontecimientos con respecto al Tratado Antártico y el Protocolo sobre protección del Medio Ambiente.

En el último año se produjeron dos adhesiones al Tratado Antártico. Malasia se adhirió al Tratado Antártico el 31 de octubre de 2011, y Pakistán, el 1° de marzo de 2012.

Se produjo una adhesión al Protocolo al Tratado Antártico sobre Protección del Medio Ambiente. Paquistán se adhirió el 1° de marzo de 2012, y el Protocolo entró en vigor en Paquistán el 31 de marzo de 2012. En total hay cincuenta (50) Partes al Tratado Antártico y treinta y cinco (35) Partes al Protocolo.

Los siguientes países han notificado que han designado a las personas así identificadas como Árbitros de conformidad con el Artículo 2 (1) del Apéndice del Protocolo al Tratado Antártico sobre protección del medio ambiente:

Bulgaria	Sra. Guenka Beleva	30 de julio de 2004
Chile	Emb. María Teresa Infante	Junio de 2005
	Emb. Jorge Berguño	Junio de 2005
	Dr. Francisco Orrego	Junio de 2005
Finlandia	Emb. Holger Bertil Rotkirch	14 de junio de 2006
India	Prof. Upendra Baxi	6 de octubre de 2004
	Sr. Ajai Saxena	6 de octubre de 2004
	Dr. N. Khare	6 de octubre de 2004
Japón	Juez Shunji Yanai	18 de julio de 2008
República de Corea	Prof. Park Ki Gab	21 de octubre de 2008
Estados Unidos	Prof. Daniel Bodansky	1 de mayo de 2008

Sr. David Colson   1 de mayo de 2008

Se adjuntan los listados de las Partes al Tratado, al Protocolo y de las
Recomendaciones/Medidas y sus aprobaciones.

Fecha de la actividad más reciente: 1 de marzo de 2012

El Tratado Antártico

Hecho en: Washington; 1 de diciembre de 1959

Entrada en vigor: 23 de junio de 1961
En conformidad con el Artículo XIII, el Tratado estaba sujeto a la ratificación por parte de los Estados signatarios y abierto a la adhesión de cualquier Estado que sea miembro de las Naciones Unidas, o de cualquier otro Estado que pueda ser invitado a adherirse al Tratado con el consentimiento de todas las Partes Contratantes cuyos representantes estén facultados a participar en las reuniones previstas en el artículo IX del Tratado; Los instrumentos de ratificación y los de adhesión debían ser depositados ante el Gobierno de los Estados Unidos de América. Una vez depositados los instrumentos de ratificación por todos los Estados signatarios, el presente Tratado entró en vigencia para dichos Estados y para los Estados que hubiesen depositado sus instrumentos de adhesión. En lo sucesivo, el Tratado entró en vigencia para cualquier Estado adherente una vez que depositara su instrumento de adhesión.

Leyenda: (sin marcas) = ratificación; a = adhesión; d = sucesión; w = renuncia o acción equivalente

Participante	Firma	Consentimiento para la adhesión		Otra acción	Notas
Argentina	1 de diciembre, 1959	23 de junio, 1961			
Australia	1 de diciembre, 1959	23 de junio, 1961			
Austria		25 de agosto, 1987	a		
Belarús		27 de Diciembre, 2006	a		
Bélgica	1 de diciembre, 1959	26 de julio, 1960			
Brasil		16 de mayo, 1975	a		
Bulgaria		11 de septiembre, 1978	a		
Canadá		4 de mayo, 1988	a		
Chile	1 de diciembre, 1959	23 de junio, 1961			
China		8 de junio, 1983	a		
Colombia		31 de enero, 1989	a		
Cuba		16 de agosto, 1984	a		
República Checa		1 de enero, 1993	d		i

Dinamarca		20 de mayo, 1965	a		
Ecuador		15 de septiembre de 1987	a		
Estonia		17 de mayo, 2001	a		
Finlandia		15 de mayo, 1984	a		
Francia	1 de diciembre, 1959	16 de septiembre, 1960			
Alemania		5 de febrero, 1979	a		ii
Grecia		8 de enero, 1987	a		
Guatemala		31 de julio, 1991	a		
Hungría		27 de enero, 1984	a		
India		19 de agosto, 1983	a		
Italia		18 de marzo, 1981	a		
Japón	1 de diciembre, 1959	4 de agosto, 1960			
Corea (RDPC)		21 de enero, 1987	a		
Corea (RDC)		28 de noviembre, 1986	a		
Malasia		31 de octubre, 2011			
Mónaco		31 de mayo, 2008	a		
Países Bajos		30 de marzo, 1967	a		iii
Nueva Zelanda	1 de diciembre, 1959	1 de noviembre, 1960			
Noruega	1 de diciembre, 1959	24 de agosto, 1960			
Pakistán		1 de marzo2012			
Papúa Nueva Guinea		16 de marzo, 1981	d		iv
Perú		10 de abril , 1981	a		
Polonia		8 de junio, 1961	a		
Portugal		29 de enero, 2010	a		
Rumania		15 de septiembre, 1971	a		v
Federación de Rusia	1 de diciembre, 1959	2 de noviembre, 1960			vi
República Eslovaca		1 de enero, 1993	d		vii
Sudáfrica	1 de diciembre, 1959	21 de junio, 1960			
España		31 de marzo, 1982	a		
Suecia		24 de abril, 1984	a		
Suiza		15 de noviembre, 1990	a		
Turquía		24 de enero, 1996	a		
Ucrania		28 de octubre, 1992	a		
Reino Unido	1 de diciembre, 1959	31 de mayo, 1960			
Estados	1 de diciembre,	18 de agosto, 1960			

Unidos	1959				
Uruguay		11 de enero, 1980	a		viii
Venezuela		24 de marzo, 1999	a		

---

[i] Fecha efectiva de sucesión de la República Checa. Checoslovaquia depositó un instrumento de adhesión al Tratado el 14 de junio de 1962. El 31 de diciembre de 1992, a la medianoche, Checoslovaquia dejó de existir y fue sucedida por dos estados separados e independientes, la República Checa y la República Eslovaca.

[ii] La Embajada de la República Federal de Alemania en Washington transmitió al Ministerio de Relaciones Exteriores norteamericano una nota diplomática fechada el 02 de octubre de 1990 que dice lo siguiente:

"La Embajada de la República Federal de Alemania saluda al Ministerio de Relaciones Exteriores y tiene el honor de informar al Gobierno de Estados Unidos de Norteamérica, en su calidad de Gobierno depositario del Tratado Antártico, que, a través de la adhesión de la República democrática Alemana a la República Federal Alemana que entrará en vigor el 03 de octubre de 1990, ambos estados alemanes habrán de unirse para formar un solo estado soberano que, en su calidad de Parte Contratante del Tratado Antártico, seguirá vinculado por las cláusulas del Tratado y sujeto a aquellas recomendaciones aprobadas en las quince reuniones consultivas aprobadas por la República Federal de Alemania. A partir de la fecha de la unidad Alemana, la República Federal de Alemania fungirá bajo la denominación 'Alemania' en el marco del Sistema Antártico.
"La Embajada agradecerá al gobierno de los Estados Unidos de Norteamérica de tener a bien informar a todas las Partes Contratantes del Tratado Antártico del contenido de la presente nota.
"La Embajada de la República Federal de Alemania aprovecha esta oportunidad para renovar al Ministerio de Relaciones Exteriores de los Estados Unidos de Norteamérica su más alta consideración."

Antes de la unificación, la República democrática de Alemania había depositado un instrumento de adhesión al Tratado, acompañado por una declaración fechada el 19 de noviembre de 1974 y la República Federal de Alemania había depositado un instrumento de adhesión al tratado acompañado por una declaración fechada el 05 de febrero de 1979.

[iii] El instrumento de adhesión al Tratado de los Países Bajos señala que la adhesión es para el Reino en Europa, Surinam y las Antillas Holandesas. A partir del 1 de enero de 1986 Aruba es una entidad separada.

[iv] Fecha de depósito de notificación de sucesión por Papúa Nueva Guinea; vigente a partir de 16 de septiembre de 1975, fecha de su independencia.

[v] El instrumento de adhesión al Tratado de Rumania fue acompañado por una nota del Embajador de la República Socialista de Rumania ante los Estados Unidos de Norteamérica, fechada el 15 de septiembre de 1971, que reza así:
"Estimado señor Ministro:
"Al presentarle el instrumento de adhesión de la República socialista de Rumania al Tratado Antártico, firmado en Washington el 1 de diciembre de 1959, tengo el honor de informar a usted lo siguiente:
'El Consejo de Estado de la República Socialista de Rumania señala que las cláusulas contenidas en el primer párrafo del Artículo XIII del Tratado Antártico no son conformes con el principio según el cual los tratados multilaterales cuyos objetivos y metas atañen a la comunidad internacional en su conjunto deberían quedar abiertos a la participación universal.'

"Solicito a usted tenga la gentileza, señor Ministro, de trasmitir a las partes concernidas el texto del instrumento de adhesión rumano al Tratado Antártico así como el texto de la presente carta que contiene la declaración del gobierno rumano mencionada anteriormente.

"Aprovecho esta oportunidad para renovar a usted, señor Ministro, mi más alta consideración."

El Ministro de Relaciones Exteriores de los Estados Unidos hizo circular copias de la carta del embajador y del instrumento de adhesión al Tratado por parte de Rumania a las partes al Tratado Antártico con una nota circular fechada el 1 de octubre de 1971.

[vi] El tratado fue firmado y ratificado por la ex Unión de Repúblicas Soviéticas Socialistas. Mediante una nota fechada el 13 de enero de 1992, la Federación Rusa informó al gobierno de los Estados Unidos que "sigue gozando de los derechos y de cumplir con las obligaciones decurrentes de los acuerdos internacionales firmados por la Unión de Repúblicas Soviéticas Socialistas."

[vii] Fecha efectiva de sucesión de la República Eslovaca. Checoslovaquia depositó un instrumento de adhesión al Tratado el 14 de junio de 1962. El 31 de diciembre de 1992, a la medianoche, Checoslovaquia dejó de existir y fue sucedida por dos estados separados e independientes, la República Checa y la República Eslovaca.

[viii] El instrumento de adhesión al Tratado por parte de Uruguay vino acompañado por una declaración con una traducción al inglés del Ministerio de Relaciones Exteriores norteamericano que reza así:

"El gobierno de la República Oriental del Uruguay considera que, a través de su adhesión al Tratado Antártico firmado en Washington (Estados Unidos de Norteamérica) el 1 de diciembre de 1959, colabora en afirmar los principios por los cuales se usa a la Antártida exclusivamente con fines pacíficos, de prohibir toda explosión nuclear o eliminación de desechos radioactivos en la zona, el respeto por la libertad de la investigación científica en la Antártida al servicio de la humanidad y el principio de la cooperación internacional para lograr estos objetivos, los cuales han quedado fijados en dicho Tratado.

"En el contexto de estos principios Uruguay propone, a través de un procedimiento basado en el principio de igualdad jurídica, el establecimiento de un estatuto general y definitivo sobre la Antártida en el cual, respetando los derechos de los Estados tal como han quedado conformados en derecho internacional, los intereses de todos los Estados participantes y de la comunidad internacional en su conjunto se consideren equitativamente.

"La decisión del Gobierno uruguayo de adherir al Tratado Antártico está basada no solamente en los intereses que, al igual que todos los miembros de la comunidad internacional, tiene Uruguay en la Antártida, sino también en un interés especial directo y sustantivo que surge de su ubicación geográfica, del hecho de que su línea costera atlántica se encuentra frente al continente Antártico, de la influencia resultante en su clima, ecología y biología marina, de los vínculos históricos que se remontan a las primeras expediciones que fueran a explorar ese continente y sus aguas y de sus obligaciones asumidas de conformidad con el Tratado interamericano de asistencia recíproca, el cual incluye una parte del territorio Antártico en la zona descrita en el Artículo 4, en virtud del cual Uruguay comparte la responsabilidad de defender la región.

"Al comunicar su decisión de adherir al Tratado Antártico, el gobierno de la República Oriental del Uruguay declara que hace una reserva de sus derechos en la Antártida de conformidad con el derecho internacional."

1. Informes de los Depositarios y Observadores

PROTOCOLO AL TRATADO ANTÁRTICO SOBRE PROTECCIÓN DEL MEDIO AMBIENTE

Firmado en Madrid el 4 de octubre de 1991*

PARTES CONSULTIVAS

Estado	Fecha de la firma	Fecha de depósito de la Ratificación Aceptación (A) o Aprobación (AA)	Fecha de depósito de la Adhesión	Fecha de entrada en vigor	Fecha de Aceptación del ANEXO V**	Fecha de entrada en vigor del Anexo V
Argentina	4 de octubre de 1991	28 de octubre de 1993[3]		14 de enero de 1998	8 de sept. de 2000 (A) / 4 de agosto de1995 (B)	24 de mayo de 2002
Australia	4 de octubre de 1991	6 de abril de 1994		14 de enero de 1998	6 de abril de 1994 (A) / 7 de junio de 1995 (B)	24 de mayo de 2002
Bélgica	4 de octubre de 1991	26 de abril de 1996		14 de enero de 1998	26 de abril de 1996 (A) / 23 de octubre de 2000 (B)	24 de mayo de 2002
Brasil	4 de octubre de 1991	15 de agosto de 1995		14 de enero de 1998	20 de mayo de 1998 (B)	24 de mayo de 2002
Bulgaria			21de abril de 1998	21 de mayo del 1998	5de mayo de 1999 (AB)	24 de mayo de 2002
Chile	4 de octubre de 1991	11 de enero de 1995		14 de enero de 1998	25 de marzo de 1998 (B)	24 de mayo de 2002
China	4 de octubre de 1991	2 de agosto de 1994		14 de enero de 1998	26 de enero de 1995 (AB)	24 de mayo de 2002
Ecuador	4 de octubre de 1991	4 de enero de 1993		14 de enero de 1998	11 de mayo de 2001 (A) / 15 de nov. de 2001 (B)	24 de mayo de 2002
Finlandia	4 de octubre de 1991	1 de noviembre 1996 (A)		14 de enero de 1998	1 de nov. De 1996 (A) / 2 de abril de 1997 (B)	24 de mayo de 2002
Francia	4 de octubre de 1991	5 de febrero de 1993 (AA)		14 de enero de 1998	26 de abril de 1995 (B) / 18 de nov. de 1998 (A)	24 de mayo de 2002
Alemania	4 de octubre de 1991	25 de noviembre de 1994		14 de enero de 1998	25 de nov. de 1994 (A) / Sept. 1, 1998 (B)	24 de mayo de 2002
India	2 de julio de 1992	26 de abril de 1996		14 de enero de 1998	24 de mayo de 2002 (B)	24 de mayo de 2002
Italia	4 de octubre de 1991	31 de marzo de 1995		14 de enero de 1998	31de mayo de 1995 (A) / 11 de feb. de 1998 (B)	24 de mayo de 2002
Japón	29 de sept. de 1992	15 de diciembre de 1997 (A)		14 de enero de 1998	15 de dic. de 1997 (AB)	24 de mayo de 2002
Corea, Rep. de	2 de julio de 1992	2 de enero de 1996		14 de enero de 1998	5 de junio del1996 (B)	24 de mayo de 2002
Países Bajos	4 de octubre de 1991	14 de abril de 1994 (A)[6]		14 de enero de 1998	18 de marzo de 1998 (B)	24 de mayo de 2002
Nueva Zelandia	4 de octubre de 1991	22 de diciembre de 1994		14 de enero de 1998	21 de octubre de 1992 (B)	24 de mayo de 2002
Noruega	4 de octubre de 1991	16 de junio de 1993		14 de enero de 1998	13 de octubre de 1993 (B)	24 de mayo de 2002
Perú	4 de octubre de 1991	8 de marzo de 1993		14 de enero de 1998	8 de marzo de 1993 (A) / 17 de marzo de 1999 (B)	24 de mayo de 2002
Polonia	4 de octubre de 1991	1 de noviembre de 1995		14 de enero de 1998	20 de sept. de 1995 (B)	24 de mayo de 2002
Federación de Rusia	4 de octubre de 1991	6 de agosto de 1997		14 de enero de 1998	19 de junio de 2001 (B)	24 de mayo de 2002
Sudáfrica	4 de octubre de 1991	3 de agosto de 1995		14 de enero de 1998	14 de junio de 1995 (B)	24 de mayo de 2002
España	4 de octubre de 1991	1 de julio de 1992		14 de enero de 1998	8 de dic. de 1993 (A) / 18 de feb. de2000 (B)	24 de mayo de 2002
Suecia	4 de octubre de 1991	30 de marzo de 1994		14 de enero de 1998	30 de marzo de 1994 (A)	24 de mayo de 2002

Ucrania	25 de mayo de2001			7de abril de 1994 (B)	24 de mayo de 2002
Reino Unido	4 de octubre de 1991	25 de abril de 1995 [5]	24 de junio de 2001	25 de mayo de 2001 (A	24 de mayo de 2002
Estados Unidos	4 de octubre de 1991	17 de abril 1997	14 de enero de 1998	21 de mayo de1996 (B) 17 de abril de 1997 (A) 6de mayo de 1998 (B)	24 de mayo de 2002
Uruguay	4 de octubre de 1991	11 de enero de 1995	14 de enero de 1998	15 de mayo de 1995 (B)	24 de mayo de 2002

** Indica ya sea la fecha de la
aceptación del Anexo V o la aprobación de la Recomendación XVI-10
(A) Aceptación del Anexo V (B) Aprobación de la Recomendación XVI-10

Informe Final de la XXXV RCTA

Estado	Fecha de la firma	Ratification Aceptación o Aprobación	Fecha de depósito de la Adhesión	Fecha de entrada en vigor	Fecha de Aceptación ANEXO V**	Fecha de entrada en vigor del Anexo V
PARTES NO CONSULTIVAS						
Austria	4 de octubre de 1991					
Belarús			16 de julio de 2008	15 de ago. de 2008		
Canadá	4 de octubre de 1991	13 de nov. de 2003		13 de dic. de 2003		
Colombia	4 de octubre de 1991					
Cuba						
República Checa[1,2]	1 de enero de 1993	25 de agosto de 2004[4]		24 de sept. de 2004		
Dinamarca	2 de julio de 1992					
Estonia						
Grecia	4 de octubre de 1991	23 de mayo de 1995		14 de enero de 1998		
Guatemala						
Hungría	4 de octubre de 1991					
Corea, RDP	4 de octubre de 1991					
Malasia						
Mónaco			1 de julio de 2009	31 de julio de 2009		
Pakistán			1 de marzo de 2012	31 de marzo de 2012		
Papúa Nueva Guinea						
Portugal						
Rumania	4 de octubre de 1991	3 de feb. de 2003		5 de marzo de2003	3 de feb. de 2003	5 de marzo de2003
Rep. Eslovaca[1,2]	1 de enero de 1993					
Suiza	4 de octubre de 1991					
Turquía						
Venezuela						

---

* El presente Protocolo entrará en vigor el trigésimo día siguiente a la fecha de depósito de los instrumentos de ratificación, aceptación, aprobación o adhesión de todos los Estados que sean Partes Consultivas del Tratado Antártico en la fecha en que se adopte este Protocolo. (Artículo 23)

** Adoptado en Bonn el 17 de octubre de 1991 en la XVI Reunión Consultiva del Tratado Antártico.

1. Informes de los Depositarios y Observadores

1. Firmado para la República Federal Checa y Eslovaca el 2 de octubre de 199; Checoslovaquia aceptó la jurisdicción de la Corte Internacional de Justicia y del Tribunal Arbitral para la solución de controversias de conformidad con el Artículo 19, párrafo 1. El 31 de diciembre de 1992, a la medianoche, Checoslovaquia dejó de existir y fue sucedida por dos estados separados e independientes, la República Checa y la República Eslovaca.

2. Fecha efectiva de sucesión respecto de la firma por parte de Checoslovaquia, que se encuentra sujeta a ratificación por parte de la República Checa y la República Eslovaca.

3. Acompañada por la siguiente declaración, con una traducción informal proporcionada por la Embajada de Argentina, que reza: "La República Argentina declara que, en tanto y en cuanto el Protocolo al Tratado Antártico sobre Protección del Medio Ambiente es un Acuerdo Complementario al Tratado Antártico, y de que su Artículo 4 respeta cabalmente las disposiciones establecidas en el Artículo IV, inciso 1, párrafo A) de dicho Tratado, ninguna de sus estipulaciones deberá interpretarse o aplicarse de manera que afecte sus derechos, fundados en títulos jurídicos, actos de posesión, contigüidad y continuidad geológica en la región comprendida al sur del paralelo 60°, en la que ha proclamado y mantiene su soberanía".

4. Acompañada por la siguiente declaración, con una traducción informal proporcionada por la Embajada de la República Checa, que reza: "La República Checa acepta la jurisdicción de la Corte Internacional de Justicia y del Tribunal Arbitral en virtud del Artículo 19, párrafo 1 del Protocolo al Tratado Antártico sobre Protección del Medio Ambiente, otorgado en Madrid el 4 de octubre de 1991".

5. Ratificación por parte del Reino Unido de Gran Bretaña e Irlanda del Norte, el Bailiazgo de Jersey, el Bailiazgo de Guernesey, la Isla de Man, Anguila, Bermuda, el Territorio Antártico Británico, las Islas Caimán, las Islas Falkland, Montserrat, Santa Elena y sus dependencia, las Islas Georgias del Sur y Sándwich del Sur, Islas Turks y Caicos y las Islas Vírgenes Británicas.

6. La Aceptación es para el Reino en Europa. Al momento de su aceptación, el Reino de los Países Bajos declaró que opta por ambas vías para la solución de controversias mencionadas en el Artículo 19, párrafo 1 del Protocolo; es decir, la Corte Internacional de Justicia y el Tribunal Arbitral. El 27 de octubre de 2004, el Reino de los Países Bajos depositó una declaración de aceptación del Protocolo por parte de las Antillas Holandesas, con una manifestación de que confirma su aceptación de ambas vías para la solución de controversias mencionadas en el Artículo 19, párrafo 1 del Protocolo.

El Departamento de Estado,
Washington, 10 de abril de 2012.

219

Aprobación, tal como se ha notificado al Gobierno de Estados Unidos de América, de medidas relativas a la promoción de los principios y objetivos del Tratado Antártico

	16 Recomendaciones adoptadas en la Primera Reunión (Canberra 1961) Aprobadas	10 Recomendaciones adoptadas en la Segunda Reunión (Buenos Aires 1962) Aprobadas	11 Recomendaciones adoptadas en la Tercera Reunión (Bruselas 1964) Aprobadas	28 Recomendaciones adoptadas en la Cuarta Reunión (Santiago 1966)* Aprobadas	9 Recomendaciones adoptadas en la Quinta Reunión (Paris 1968) Aprobadas	15 Recomendaciones adoptadas en la Sexta Reunión (Tokio 1970) Aprobadas
Alemania (1981)+	TODAS	TODAS	TODAS (excepto 8)	TODAS (excepto 16-19)	TODAS (excepto 6)	TODAS (excepto 9)
Argentina	TODAS	TODAS	TODAS	TODAS	TODAS	TODAS
Australia	TODAS	TODAS	TODAS	TODAS	TODAS	TODAS
Bélgica	TODAS	TODAS	TODAS	TODAS	TODAS	TODAS
Brasil (1983)+	TODAS	TODAS	TODAS	TODAS	TODAS	TODAS (excepto 10)
Bulgaria (1998)+						
Chile	TODAS	TODAS	TODAS	TODAS	TODAS	TODAS
China (1985)+	TODAS	TODAS	TODAS	TODAS	TODAS	TODAS (excepto 10)
Corea, Rep. de (1989)+	TODAS	TODAS	TODAS	TODAS	TODAS	TODAS
Ecuador (1990)+						
España (1988)+	TODAS	TODAS	TODAS	TODAS	TODAS	TODAS
Estados Unidos	TODAS	TODAS	TODAS	TODAS	TODAS	TODAS
Finlandia (1989)+						
Francia	TODAS	TODAS	TODAS	TODAS	TODAS	TODAS
India (1983)+	TODAS	TODAS	TODAS (excepto 8***)	TODAS (excepto 18)	TODAS	TODAS (excepto 9 y 10)
Italia (1987)+	TODAS	TODAS	TODAS	TODAS	TODAS	TODAS
Japón	TODAS	TODAS	TODAS	TODAS	TODAS	TODAS
Noruega	TODAS	TODAS	TODAS	TODAS	TODAS	TODAS
Nueva Zelandia	TODAS	TODAS	TODAS	TODAS	TODAS	TODAS
Países Bajos (1990)+	TODAS (excepto 11 y 15)	TODAS (excepto 3, 5, 8 y 10)	TODAS (excepto 3, 4, 6 y 9)	TODAS (excepto 20, 25, 26 y 28)	TODAS (excepto 1, 8 y 9)	TODAS (excepto 15)
Perú (1989)+	TODAS	TODAS	TODAS	TODAS	TODAS	TODAS
Polonia (1977)+	TODAS	TODAS	TODAS	TODAS	TODAS	TODAS
Reino Unido	TODAS	TODAS	TODAS	TODAS	TODAS	TODAS
Rusia	TODAS	TODAS	TODAS	TODAS	TODAS	TODAS
Sudáfrica	TODAS	TODAS	TODAS	TODAS	TODAS	TODAS
Suecia (1988)+						
Uruguay (1985)+	TODAS	TODAS	TODAS	TODAS	TODAS	TODAS

* IV-6, IV-10, IV-12 y V-5 rescindidas por VIII-2

*** Aceptada como directriz provisional

+ Año en que el país se convirtió en Parte Consultiva. A partir de ese año se requiere la aceptación de este Estado para que entren en vigor las recomendaciones o medidas de reuniones.

Aprobación, tal como se ha notificado al Gobierno de Estados Unidos de América, de medidas relativas a la promoción de los principios y objetivos del Tratado Antártico

	9 Recomendaciones adoptadas en la Séptima Reunión (Wellington 1972) Aprobadas	14 Recomendaciones adoptadas en la Octava Reunión (Oslo 1975) Aprobadas	6 Recomendaciones adoptadas en la Novena Reunión (Londres 1977) Aprobadas	9 Recomendaciones adoptadas en la Décima Reunión (Washington 1979) Aprobadas	3 Recomendaciones adoptadas en la Undécima Reunión (Buenos Aires 1981) Aprobadas	8 Recomendaciones adoptadas en la Duodécima Reunión (Canberra 1983) Aprobadas
Alemania (1981)+	TODAS (excepto 5)	TODAS (excepto 2 y 5)	TODAS	TODAS	TODAS	TODAS
Argentina	TODAS	TODAS	TODAS	TODAS	TODAS	TODAS
Australia	TODAS	TODAS	TODAS	TODAS	TODAS	TODAS
Bélgica	TODAS	TODAS	TODAS	TODAS	TODAS	TODAS
Brasil (1983)+	TODAS (excepto 5)	TODAS	TODAS	TODAS	TODAS	TODAS
Bulgaria (1998)+						
Chile	TODAS	TODAS	TODAS	TODAS	TODAS	TODAS
China (1985)+	TODAS (excepto 5)	TODAS	TODAS	TODAS	TODAS	TODAS
Corea, Rep. de (1989)+						
Ecuador (1990)+	TODAS	TODAS	TODAS	TODAS	TODAS	TODAS
España (1988)+	TODAS	TODAS	TODAS	TODAS (excepto 1 y 9)	TODAS (excepto 1)	TODAS
Estados Unidos	TODAS	TODAS	TODAS	TODAS	TODAS	TODAS
Finlandia (1989)+						
Francia	TODAS	TODAS	TODAS	TODAS	TODAS	TODAS
India (1983)+	TODAS	TODAS	TODAS	TODAS (excepto 1 y 9)	TODAS	TODAS
Italia (1987)+	TODAS (excepto 5)	TODAS	TODAS	TODAS (excepto 1 y 9)		
Japón	TODAS	TODAS	TODAS	TODAS	TODAS	TODAS
Noruega	TODAS	TODAS	TODAS	TODAS	TODAS	TODAS
Nueva Zelandia	TODAS	TODAS	TODAS	TODAS	TODAS	TODAS
Países Bajos (1990)+	TODAS	TODAS	TODAS (excepto 3)	TODAS (excepto 9)	TODAS (excepto 2)	TODAS
Perú (1989)+	TODAS	TODAS	TODAS	TODAS	TODAS	TODAS
Polonia (1977)+	TODAS	TODAS	TODAS	TODAS	TODAS	TODAS
Reino Unido	TODAS	TODAS	TODAS	TODAS	TODAS	TODAS
Rusia	TODAS	TODAS	TODAS	TODAS	TODAS	TODAS
Sudáfrica	TODAS	TODAS	TODAS	TODAS	TODAS	TODAS
Suecia (1988)+						
Uruguay (1985)+	TODAS	TODAS	TODAS	TODAS	TODAS	TODAS

* IV-6, IV-10, IV-12 y V-5 rescindidas por VIII-2

*** Aceptada como directriz provisional

+ Año en que el país se convirtió en Parte Consultiva. A partir de ese año se requiere la aceptación de este Estado para que entren en vigor las recomendaciones o medidas de reuniones.

1. Informes de los Depositarios y Observadores

Aprobación, tal como se ha notificado al Gobierno de Estados Unidos de América, de medidas relativas a la promoción de los principios y objetivos del Tratado Antártico

	16 Recomendaciones adoptadas en la Decimotercera Reunión (Bruselas 1985) Aprobadas	10 Recomendaciones adoptadas en la Decimocuarta Reunión (Rio de Janeiro 1987) Aprobadas	22 Recomendaciones adoptadas en la Decimoquinta Reunión (París 1989) Aprobadas	13 Recomendaciones adoptadas en la Decimosexta Reunión (Bonn 1991) Aprobadas	4 Recomendaciones adoptadas en la Decimoséptima Reunión (Venecia 1992) Aprobadas	1 Recomendación adoptada en la Decimoctava Reunión (Kyoto 1994) Aprobadas
Alemania (1981)+	TODAS	TODAS	TODAS (excepto 3,8,10,11y22)	TODAS	TODAS	TODAS
Argentina	TODAS	TODAS	TODAS	TODAS	TODAS	TODAS
Australia	TODAS	TODAS	TODAS	TODAS	TODAS	TODAS
Bélgica	TODAS	TODAS	TODAS	TODAS	TODAS	TODAS
Brasil (1983)+	TODAS	TODAS	TODAS	XVI-10	TODAS	TODAS
Bulgaria (1998)+						
Chile	TODAS	TODAS	TODAS	TODAS	TODAS	TODAS
China (1985)+	TODAS	TODAS	TODAS	TODAS	TODAS	TODAS
Corea, Rep. de (1989)+	TODAS	TODAS	TODAS (excepto 1-11, 16, 18, 19)	TODAS (excepto 12) XVI-10	TODAS (excepto 1)	TODAS
Ecuador (1990)+						
España (1988)+	TODAS	TODAS	TODAS (excepto 1-4, 10, 11)	TODAS	TODAS	TODAS
Estados Unidos	TODAS	TODAS	TODAS	TODAS	TODAS	TODAS
Finlandia (1989)+			TODAS	TODAS	TODAS	TODAS
Francia	TODAS	TODAS	TODAS	TODAS	TODAS	TODAS
India (1983)+	TODAS	TODAS	TODAS	TODAS	TODAS	TODAS
Italia (1987)+		TODAS	TODAS	TODAS	TODAS	TODAS
Japón	TODAS	TODAS	TODAS	XVI-10		TODAS
Noruega	TODAS	TODAS	TODAS	TODAS	TODAS	TODAS
Nueva Zelandia	TODAS	TODAS	TODAS	TODAS	TODAS	TODAS
Países Bajos (1990)+	TODAS	TODAS (excepto 9)	TODAS (excepto 22)	TODAS	TODAS	TODAS
Perú (1989)+		TODAS	TODAS (excepto 22)	TODAS (excepto 13)	TODAS	TODAS
Polonia (1977)+	TODAS	TODAS	TODAS	TODAS	TODAS	TODAS
Reino Unido	TODAS	TODAS (excepto 2)	TODAS (excepto 3, 4, 8, 10, 11)	TODAS (excepto 4, 6, 8, y 9)	TODAS	TODAS
Rusia	TODAS	TODAS	TODAS	TODAS	TODAS	TODAS
Sudáfrica	TODAS	TODAS	TODAS	TODAS	TODAS	TODAS

Informe Final de la XXXV RCTA

Suecia (1988)+	TODAS		TODAS	TODAS	TODAS	TODAS
Uruguay (1985)+		TODAS	TODAS	TODAS	TODAS	TODAS

* IV-6, IV-10, IV-12 y V-5 rescindidas por VIII-2
*** Aceptada como directriz provisional
\+ Año en que el país se convirtió en Parte Consultiva. A partir de ese año se requiere la aceptación de este Estado para que entren en vigor las recomendaciones o medidas de reuniones.

224

Aprobación, tal como se ha notificado al Gobierno de Estados Unidos de América, de medidas relativas a la promoción de los principios y objetivos del Tratado Antártico

	5 Medidas adoptadas en la Decimonovena Reunión (Seúl 1995) Aprobadas	2 Medidas adoptadas en la Vigésima Reunión (Utrecht 1996) Aprobadas	5 Medidas adoptadas en la Vigésima Primera Reunión (Christchurch 1997) Aprobadas	2 Medidas adoptadas en la Vigésima Segunda Reunión (Tromso 1998) Aprobadas	1 Medida adoptadas en la Vigésima Tercera Reunión (Lima 1999) Aprobadas
Alemania (1981)+	TODAS	TODAS	TODAS	TODAS	TODAS
Argentina	TODAS	TODAS	TODAS	TODAS	TODAS
Australia	TODAS	TODAS	TODAS	TODAS	TODAS
Bélgica	TODAS	TODAS	TODAS	TODAS	TODAS
Brasil (1983)+	TODAS	TODAS	TODAS	TODAS	TODAS
Bulgaria (1998)+					
Chile	TODAS	TODAS	TODAS	TODAS	TODAS
China (1985)+	TODAS	TODAS	TODAS	TODAS	TODAS
Corea, Rep. de (1989)+	TODAS	TODAS	TODAS	TODAS	TODAS
Ecuador (1990)+					
España (1988)+	TODAS	TODAS	TODAS	TODAS	TODAS
Estados Unidos	TODAS	TODAS	TODAS	TODAS	TODAS
Finlandia (1989)+	TODAS	TODAS	TODAS	TODAS	TODAS
Francia	TODAS	TODAS	TODAS	TODAS	TODAS
India (1983)+	TODAS	TODAS	TODAS	TODAS	TODAS
Italia (1987)+	TODAS	TODAS	TODAS	TODAS	TODAS
Japón					
Noruega	TODAS	TODAS	TODAS	TODAS	TODAS
Nueva Zelandia	TODAS	TODAS	TODAS	TODAS	TODAS
Países Bajos (1990)+	TODAS	TODAS	TODAS	TODAS	TODAS
Perú (1989)+	TODAS	TODAS	TODAS	TODAS	TODAS
Polonia (1977)+	TODAS	TODAS	TODAS	TODAS	TODAS
Reino Unido	TODAS	TODAS	TODAS	TODAS	TODAS
Rusia	TODAS	TODAS	TODAS	TODAS	TODAS
Sudáfrica	TODAS	TODAS	TODAS	TODAS	TODAS
Suecia (1988)+	TODAS	TODAS	TODAS	TODAS	TODAS
Uruguay (1985)+	TODAS (excepto 2, 3, 4 y 5)	TODAS (excepto 2)	TODAS (excepto 3, 4 y 5)	TODAS (excepto 2)	TODAS

"+Año en que el país se convirtió en Parte Consultiva. A partir de ese año se requiere la aceptación de este Estado para que entren en vigor las recomendaciones o medidas de reuniones."

Informe Final de la XXXV RCTA

Aprobación, tal como se ha notificado al Gobierno de Estados Unidos de América, de medidas relativas a la promoción de los principios y objetivos del Tratado Antártico

	2 Medidas adoptadas en la Duodécima Reunión Extraordinaria (La Haya 2000) Aprobadas	3 Medidas adoptadas en la Vigésima Cuarta Reunión (San Petersburgo 2001) Aprobadas	1 Medida adoptadas en la Vigésima Quinta Reunión (Varsovia 2002) Aprobadas	3 Medidas adoptadas en la Vigésima Sexta Reunión (Madrid 2003) Aprobadas	4 Medidas adoptadas en la Vigésima Séptima Reunión (Ciudad del Cabo 2004) Aprobadas
Alemania (1981)+	TODAS	TODAS	TODAS	TODAS	XXVII-1 *, XXVII-2 *, XXVII-3
Argentina		TODAS	*	XXVI-1, XXVI-2 *, XXVI-3 **	XXVII-1 *, XXVII-2 *, XXVII-3 **
Australia	TODAS	TODAS	TODAS	XXVI-2 *, XXVI-3 **	XXVII-1 *, XXVII-2 *, XXVII-3 **
Bélgica	TODAS	TODAS	TODAS	TODAS	TODAS
Brasil (1983)+	TODAS	TODAS	TODAS	XXVI-2 *, XXVI-3 **	XXVII-1 *, XXVII-2 *, XXVII-3
Bulgaria (1998)+				XXVI-1, XXVI-2 *, XXVI-3 **	XXVII-1 *, XXVII-2 *, XXVII-3 **
Chile	TODAS	TODAS	TODAS	TODAS	TODAS
China (1985)+	TODAS	TODAS	TODAS	TODAS	XXVII-1 *, XXVII-2 *, XXVII-3 **
Corea, Rep. de (1989)+	TODAS	TODAS	*	XXVI-1, XXVI-2 *, XXVI-3 **	XXVII-1 *, XXVII-2 *, XXVII-3 **
Ecuador (1990)+				XXVI-1, XXVII-2 *, XXVI-3 **	XXVII-1 *, XXVII-2 *, XXVII-3 **
España (1988)+			*	XXVI-1, XXVII-2 *, XXVI-3 **	XXVII-1 *, XXVII-2 *, XXVII-3 **
Estados Unidos	TODAS	TODAS	*	XXVI-1, XXVII-2 *, XXVI-3 **	XXVII-1 *, XXVII-2 *, XXVII-3 **
Finlandia (1989)+	TODAS	TODAS	*	XXVI-1, XXVII-2 *, XXVI-3 **	XXVII-1 *, XXVII-2 *, XXVII-3 **
Francia	TODAS (excepto RCETA XII-2)	TODAS	*	XXVI-1, XXVII-2 *, XXVI-3 **	XXVII-1 *, XXVII-2 *, XXVII-3, XXVII-4
India (1983)+	TODAS	TODAS	TODAS	TODAS	XXVII-1 *, XXVII-2 *, XXVII-3 **
Italia (1987)+			*	XXVI-1, XXVII-2 *, XXVI-3	XXVII-1 *, XXVII-2 *, XXVII-3 **
Japón			*	TODAS	XXVII-1 *, XXVII-2 *, XXVII-3 **
Noruega		TODAS	*	XXVI-1, XXVII-2 *, XXVI-3 **	XXVII-1 *, XXVII-2 *, XXVII-3 **
Nueva Zelandia	TODAS	TODAS	TODAS	TODAS	XXVII-1 *, XXVII-2 *, ** , XXVII-4

Países Bajos (1990)+	TODAS	TODAS	TODAS	TODAS	XXVI-1, XXVI-2*, XXVI-3 **	XXVII-1*, XXVII-2*, XXVII-3 / TODAS **
Perú (1989)+	TODAS	TODAS	TODAS	TODAS **		
Polonia (1977)+	TODAS	TODAS	TODAS	TODAS	XXVII-1*, XXVII-2*, XXVII-3 **, XXVII-4	TODAS **
Reino Unido	TODAS (excepto RCETA XII-2)	TODAS (excepto XXIV-3)	TODAS	TODAS	XXVII-1*, XXVII-2*, XXVII-3	TODAS **
Rusia	TODAS	TODAS	TODAS	XXVI-1, XXVI-2, XXVI-3 **	XXVII-1*, XXVII-2*, XXVII-3 **	
Sudáfrica	TODAS	TODAS	TODAS	TODAS	TODAS	
Suecia (1988)+	TODAS	TODAS	TODAS	TODAS	XXVII-1*, XXVII-2*, XXVII-3 **	
Ucrania (2004)+					XXVII-1*, XXVII-2*, XXVII-3 **	
Uruguay (1985)+	TODAS	TODAS (excepto XXIV-1 y XXIV-2)	*	XXVI-1, XXVI-2*, XXVI-3	XXVII-1*, XXVII-2*, XXVII-3 **	

"+Año en que el país se convirtió en Parte Consultiva. A partir de ese año se requiere la aceptación de este Estado para que entren en vigor las recomendaciones o medidas de reuniones."

* Se considera que los planes de gestión anexados a esta Medida quedaron aprobados 90 días después de la clausura de la reunión en la cual se aprobó la Medida, de conformidad con el artículo 6(1) del Anexo V del Protocolo al Tratado Antártico sobre Protección del Medio Ambiente, si en la Medida no se especifica un método de aprobación diferente.

** Se considera que la lista revisada y actualizada de sitios y monumentos históricos anexada a esta Medida quedó aprobada de conformidad con el artículo 8(2) del Anexo V del Protocolo al Tratado Antártico sobre Protección del Medio Ambiente, si en la Medida no se especifica un método de aprobación diferente.

Aprobación, tal como se ha notificado al Gobierno de Estaods Unidos de América, de medidas relativas ala promoción de los principios y objetivos del Tratado Antártico

	5 Medidas adoptadas en la Vigésima Octava Reunión (Estocolmo 2005) Aprobadas	4 Medidas adoptadas en la Vigésima Novena Reunión (Edimburgo 2006) Aprobadas	3 Medidas adoptadas en la Trigésima Reunión (Nueva Delhi 2007) Aprobadas	14 Medidas adoptadas en la Trigésima Primera Reunión (Kiev 2008) Aprobadas	16 Measures adoptadas en la Trigésima Segunda Reunión (Baltimore 2009) Aprobadas
Alemania (1981)+	XXVIII-2 *, XXVIII-3 *, XXVIII-4 *, XXVIII-5 **	XXIX-1 *, XXIX-2 *, XXIX-3 *, XXIX-4 ***	XXX-1 *, XXX-2 *, XXX-3 **	XXXI1 *, XXXI-2 *, ... XXXI-14 *	XXXII-1 *, XXXII-2 *, ... XXXII-14 **
Argentina	XXVIII-2 *, XXVIII-3 *, XXVIII-5 ** XXVIII-4 ***	XXIX-1 *, XXIX-2 *, XXIX-3 **, XXIX-4 ***	XXX-1 *, XXX-2 *, XXX-3 **	XXXI1 *, XXXI-2 *, ... XXXI-14 *	XXXII-1 *, XXXII-2 *, ... XXXII-14 **
Australia	XXVIII-2 *, XXVIII-3 *, XXVIII-4 *, XXVIII-5 **	TODAS	ALL	XXXI1 *, XXXI-2 *, ... XXXI-14 *	XXXII-1 *, XXXII-2 *, ... XXXII-14 **
Bélgica	TODAS (excepto la Medida 1)	XXIX-1 *, XXIX-2 *, XXIX-3 *, XXIX-4 ***	XXX-1 *, XXX-2 *, XXX-3 **	XXXI1 *, XXXI-2 *, ... XXXI-14 *	XXXII-1 *, XXXII-2 *, ... XXXII-14 **
Brasil (1983)+	TODAS (excepto la Medida 1)	XXIX-1 *, XXIX-2 *, XXIX-3 *, XXIX-4 ***	XXX-1 *, XXX-2 *, XXX-3 **	XXXI1 *, XXXI-2 *, ... XXXI-14 *	XXXII-1 *, XXXII-2 *, ... XXXII-14 **
Bulgaria (1998)+	XXVIII-2 *, XXVIII-3 *, XXVIII-4 *, XXVIII-5 **	XXIX-1 *, XXIX-2 *, XXIX-3 *, XXIX-4 ***	XXX-1 *, XXX-2 *, XXX-3 **	XXXI1 *, XXXI-2 *, ... XXXI-14 *	XXXII-1 *, XXXII-2 *, ... XXXII-14 **
Chile	TODAS (excepto la Medida 1)	XXIX-1 *, XXIX-2 *, XXIX-3 *, XXIX-4 ***	XXX-1 *, XXX-2 *, XXX-3 **	XXXI1 *, XXXI-2 *, ... XXXI-14 *	XXXII-1 *, XXXII-2 *, ... XXXII-14 **
China (1985)+	XXVIII-2 *, XXVIII-3 *, XXVIII-4 *, XXVIII-5 **	XXIX-1 *, XXIX-2 *, XXIX-3 *, XXIX-4 ***	XXX-1 *, XXX-2 *, XXX-3 **	XXXI1 *, XXXI-2 *, ... XXXI-14 *	XXXII-1 *, XXXII-2 *, ... XXXII-14 **
Corea, Rep. de (1989)+	XXVIII-2 *, XXVIII-3 *, XXVIII-4 *, XXVIII-5 **	XXIX-1 *, XXIX-2 *, XXIX-3 *, XXIX-4 ***	XXX-1 *, XXX-2 *, XXX-3 **	XXXI1 *, XXXI-2 *, ... XXXI-14 *	XXXII-1 *, XXXII-2 *, ... XXXII-14 **
Ecuador (1990)+	XXVIII-2 *, XXVIII-3 *, XXVIII-4 *, XXVIII-5 **	XXIX-1 *, XXIX-2 *, XXIX-3 *, XXIX-4 ***	XXX-1 *, XXX-2 *, XXX-3 **	XXXI1 *, XXXI-2 *, ... XXXI-14 *	XXXII-1 *, XXXII-2 *, ... XXXII-14 **
España (1988)+	XXVIII-1, XXVIII-2 *, XXVIII-3 *, XXVIII-4 *, XXVIII-5 **	XXIX-1 *, XXIX-2 *, XXIX-3 *, XXIX-4 ***	XXX-1 *, XXX-2 *, XXX-3 **	XXXI1 *, XXXI-2 *, ... XXXI-14 *	XXXII-1 *, XXXII-2 *, ... XXXII-14 **
Estados Unidos	XXVIII-2 *, XXVIII-3 *, XXVIII-4 *, XXVIII-5 **	XXIX-1 *, XXIX-2 *, XXIX-3 *, XXIX-4 ***	XXX-1 *, XXX-2 *, XXX-3 **	XXXI1 *, XXXI-2 *, ... XXXI-14 *	XXXII-1 *, XXXII-2 *, ... XXXII-14 **
Finlandia (1989)+	XXVIII-2 *, XXVIII-3 *, XXVIII-4 *, XXVIII-5 **	XXIX-1 *, XXIX-2 *, XXIX-3 *, XXIX-4 ***	XXX-1 *, XXX-2 *, XXX-3 **	XXXI1 *, XXXI-2 *, ... XXXI-14 *	XXXII-1 *, XXXII-2 *, ... XXXII-14**; XXXII-16
Francia	XXVIII-2 *, XXVIII-3 *, XXVIII-4 *, XXVIII-5 **	XXIX-1 *, XXIX-2 *, XXIX-3 *, XXIX-4 ***	XXX-1 *, XXX-2 *, XXX-3 **	XXXI1 *, XXXI-2 *, ... XXXI-14 *	XXXII-1 *, XXXII-2 *, ... XXXII-14**, XXXII-15
India (1983)+	XXVIII-2 *, XXVIII-3 *, XXVIII-4 *, XXVIII-5 **	XXIX-1 *, XXIX-2 *, XXIX-3 *, XXIX-4 ***	XXX-1 *, XXX-2 *, XXX-3 **	XXXI1 *, XXXI-2 *, ... XXXI-14 *	XXXII-1 *, XXXII-2 *, ... XXXII-14 **
Italia (1987)+	XXVIII-2 *, XXVIII-3 *, XXVIII-4 *, XXVIII-5 **	XXIX-1 *, XXIX-2 *, XXIX-3 *, XXIX-4 ***	XXX-1 *, XXX-2 *, XXX-3 **	XXXI1 *, XXXI-2 *, ... XXXI-14 *	XXXII-1 *, XXXII-2 *, ... XXXII-14 **
Japón	XXVIII-2 *, XXVIII-3 *, XXVIII-4 *, XXVIII-5 **	XXIX-1 *, XXIX-2 *, XXIX-3 *, XXIX-4 ***	XXX-1 *, XXX-2 *, XXX-3 **	XXXI1 *, XXXI-2 *, ... XXXI-14 *	XXXII-1 *, XXXII-2 *, ... XXXII-14 **

Informe Final de la XXXV RCTA

País	XXVIII	XXIX	XXX	XXXI	XXXII
Noruega	XXVIII-2*, XXVIII-3*, XXVIII-4*, XXVIII-5**	XXIX-1*, XXIX-2*, XXIX-3**, XXIX-4***	XXX-1*, XXX-2*, XXX-3**	XXXI-1*, XXXI-2*, ... XXXI-14*	XXXII-1*, XXXII-2*, ... XXXII-14**, XXXII-15
Nueva Zelandia	XXVIII-2*, XXVIII-3*, XXVIII-4*, XXVIII-5**	XXIX-1*, XXIX-2*, XXIX-3**, XXIX-4***	XXX-1*, XXX-2*, XXX-3**	XXXI-1*, XXXI-2*, ... XXXI-14*	XXXII-1*, XXXII-2*, ... XXXII-14**
Países Bajos (1990)+					XXXII-1, XXXII-2, ... XXXII-14
Perú (1989)+	TODAS (excepto la Medida 1)	TODAS	TODAS	TODAS	TODAS
Polonia (1977)+	XXVIII-1, XXVIII-2*, XXVIII-3*, XXVIII-4*, XXVIII-5**	XXIX-1*, XXIX-2*, XXIX-3**, XXIX-4***	XXX-1*, XXX-2*, XXX-3**	XXXI-1*, XXXI-2*, ... XXXI-14*	XXXII-1*, XXXII-2*, ... XXXII-14**
Reino Unido	XXVIII-2*, XXVIII-3*, XXVIII-4*, XXVIII-5**	XXIX-1*, XXIX-2*, XXIX-3**, XXIX-4***	TODAS	XXXI-1*, XXXI-2*, ... XXXI-14*	XXXII-1*, XXXII-2*, ... XXXII-14**
Rusia	XXVIII-2*, XXVIII-3*, XXVIII-4*, XXVIII-5**	XXIX-1*, XXIX-2*, XXIX-3**, XXIX-4***	TODAS	XXXI-1*, XXXI-2*, ... XXXI-14*	XXXII-1*, XXXII-2*, ... XXXII-14**
Sudáfrica	XXVIII-2*, XXVIII-3*, XXVIII-4*, XXVIII-5**	XXIX-1*, XXIX-2*, XXIX-3**, XXIX-4***	XXX-1*, XXX-2*, XXX-3**	XXXI-1*, XXXI-2*, ... XXXI-14*	XXXII-1*, XXXII-2*, ... XXXII-14**
Suecia (1988)+	XXVIII-1, XXVIII-2*, XXVIII-3*, XXVIII-4*, XXVIII-5**	XXIX-1*, XXIX-2*, XXIX-3**, XXIX-4***	XXX-1*, XXX-2*, XXX-3**	XXXI-1*, XXXI-2*, ... XXXI-14*	XXXII-1*, XXXII-2*, ... XXXII-14**
Ucrania (2004)+	XXVIII-2*, XXVIII-3*, XXVIII-4*, XXVIII-5**	XXIX-1*, XXIX-2*, XXIX-3**, XXIX-4***	XXX-1*, XXX-2*, XXX-3**	XXXI-1*, XXXI-2*, ... XXXI-14*	XXXII-1*, XXXII-2*, ... XXXII-14**
Uruguay (1985)+	XXVIII-2*, XXVIII-3*, XXVIII-4*, XXVIII-5**	XXIX-1*, XXIX-2*, XXIX-3**, XXIX-4***	XXX-1*, XXX-2*, XXX-3**	XXXI-1*, XXXI-2*, ... XXXI-14*	XXXII-1*, XXXII-2*, ... XXXII-14**, XXXII-15

"+Año en que el país se convirtió en Parte Consultiva. A partir de ese año se requiere la aceptación de este Estado para que entren en vigor las recomendaciones o medidas de reuniones."

* Se considera que los planes de gestión anexados a esta Medida quedaron aprobados 90 días después de la clausura de la reunión en la cual se aprobó la Medida, de conformidad con el artículo 6(1) del Anexo V del Protocolo al Tratado Antártico sobre Protección del Medio Ambiente, si en la Medida no se especifica un método de aprobación diferente.

** Se considera que la lista revisada y actualizada de sitios y monumentos históricos anexada a esta Medida quedó aprobada de conformidad con el artículo 8(2) del Anexo V del Protocolo al Tratado Antártico sobre Protección del Medio Ambiente, si en la Medida no se especifica un método de aprobación diferente.

*** Se considera que la modificación del apéndice A del Anexo II al Protocolo al Tratado Antártico sobre Protección del Medio Ambiente quedó aprobada de conformidad con el artículo 9(1) del Anexo II al Protocolo al Tratado Antártico sobre Protección del Medio Ambiente, si en la Medida no se especifica un método de aprobación diferente.

Aprobación, tal como se ha notificado al Gobierno de Estaods Unidos de América, de medidas relativas a la promoción de los principios y objetivos del Tratado Antártico

	15 Medidas adoptadas en la Trigésimo Tercera Reunión (Punta del Este 2010) Aprobadas	12 Medidas adoptadas en la Trigésimo Cuarta Reunión (Buenos Aires 2011) Aprobadas
Alemania (1981)+	XXXIII-1 - XXXIII-14* y XXXIII-15**	XXXIV-1 - XXXIV-10* y XXXIV-11 - XXXIV-12**
Argentina	XXXIII-1 - XXXIII-14* y XXXIII-15**	XXXIV-1 - XXXIV-10* y XXXIV-11 - XXXIV-12**
Australia	XXXIII-1 - XXXIII-14* y XXXIII-15**	XXXIV-1 - XXXIV-10* y XXXIV-11 - XXXIV-12**
Bélgica	XXXIII-1 - XXXIII-14* y XXXIII-15**	XXXIV-1 - XXXIV-10* y XXXIV-11 - XXXIV-12**
Brasil (1983)+	XXXIII-1 - XXXIII-14* y XXXIII-15**	XXXIV-1 - XXXIV-10* y XXXIV-11 - XXXIV-12**
Bulgaria (1998)+	XXXIII-1 - XXXIII-14* y XXXIII-15**	XXXIV-1 - XXXIV-10* y XXXIV-11 - XXXIV-12**
Chile	XXXIII-1 - XXXIII-14* y XXXIII-15**	XXXIV-1 - XXXIV-10* y XXXIV-11 - XXXIV-12**
China (1985)+	XXXIII-1 - XXXIII-14* y XXXIII-15**	XXXIV-1 - XXXIV-10* y XXXIV-11 - XXXIV-12**
Corea, Rep. de (1989)+	XXXIII-1 - XXXIII-14* y XXXIII-15**	XXXIV-1 - XXXIV-10* y XXXIV-11 - XXXIV-12**
Ecuador (1990)+	XXXIII-1 - XXXIII-14* y XXXIII-15**	XXXIV-1 - XXXIV-10* y XXXIV-11 - XXXIV-12**
España (1988)+	XXXIII-1 - XXXIII-14* y XXXIII-15**	XXXIV-1 - XXXIV-10* y XXXIV-11 - XXXIV-12**
Estados Unidos	XXXIII-1 - XXXIII-14* y XXXIII-15**	XXXIV-1 - XXXIV-10* y XXXIV-11 - XXXIV-12**
Finlandia (1989)+	XXXIII-1 - XXXIII-14* y XXXIII-15**	XXXIV-1 - XXXIV-10* y XXXIV-11 - XXXIV-12**
Francia	XXXIII-1 - XXXIII-14* y XXXIII-15**	XXXIV-1 - XXXIV-10* y XXXIV-11 - XXXIV-12**
India (1983)+	XXXIII-1 - XXXIII-14* y XXXIII-15**	XXXIV-1 - XXXIV-10* y XXXIV-11 - XXXIV-12**
Italia (1987)+	XXXIII-1 - XXXIII-14* y XXXIII-15**	XXXIV-1 - XXXIV-10* y XXXIV-11 - XXXIV-12**
Japón	XXXIII-1 - XXXIII-14* y XXXIII-15**	XXXIV-1 - XXXIV-10* y XXXIV-11 - XXXIV-12**
Noruega	TODAS	XXXIV-1 - XXXIV-10* y XXXIV-11 - XXXIV-12**
Nueva Zelandia	XXXIII-1 - XXXIII-14* y XXXIII-15**	XXXIV-1 - XXXIV-10* y XXXIV-11 - XXXIV-12**
Países Bajos (1990)+	XXXIII-1 - XXXIII-14* y XXXIII-15**	XXXIV-1 - XXXIV-10* y XXXIV-11 - XXXIV-12**
Perú (1989)+	XXXIII-1 - XXXIII-14* y XXXIII-15**	XXXIV-1 - XXXIV-10* y XXXIV-11 - XXXIV-12**
Polonia (1977)+	XXXIII-1 - XXXIII-14* y XXXIII-15**	XXXIV-1 - XXXIV-10* y XXXIV-11 - XXXIV-12**
Reino Unido	XXXIII-1 - XXXIII-14* y XXXIII-15**	XXXIV-1 - XXXIV-10* y XXXIV-11 - XXXIV-12**
Rusia	XXXIII-1 - XXXIII-14* y XXXIII-15**	XXXIV-1 - XXXIV-10* y XXXIV-11 - XXXIV-12**
Sudáfrica	XXXIII-1 - XXXIII-14* y XXXIII-15**	XXXIV-1 - XXXIV-10* y XXXIV-11 - XXXIV-12**
Suecia (1988)+	XXXIII-1 - XXXIII-14* y XXXIII-15**	XXXIV-1 - XXXIV-10* y XXXIV-11 - XXXIV-12**
Ucrania (2004)+	XXXIII-1 - XXXIII-14* y XXXIII-15**	XXXIV-1 - XXXIV-10* y XXXIV-11 - XXXIV-12**
Uruguay (1985)+	XXXIII-1 - XXXIII-14* y XXXIII-15**	XXXIV-1 - XXXIV-10* y XXXIV-11 - XXXIV-12**

"+Año en que el país se convirtió en Parte Consultiva. A partir de ese año se requiere la aceptación de este Estado para que entren en vigor las recomendaciones o medidas de reuniones."

* Se considera que los planes de gestión anexados a esta Medida quedaron aprobados 90 días después de la clausura de la reunión en la cual se aprobó la Medida, de conformidad con el artículo 6(1) del Anexo V del Protocolo al Tratado Antártico sobre Protección del Medio Ambiente, si en la Medida no se especifica un método de aprobación diferente.

** Se considera que la lista revisada y actualizada de sitios y monumentos históricos anexada a esta Medida quedó aprobada de conformidad con el artículo 8(2) del Anexo V del Protocolo al Tratado Antártico sobre Protección del Medio Ambiente, si en la Medida no se especifica un método de aprobación diferente.

Oficina del Asesor Jurídico Adjunto para Asuntos

Relacionados con Tratados

Departamento de

Estado

Washington, 10 de abril de 2012

Informe del observador de la CCRVMA en la trigésima quinta Reunión Consultiva del Tratado Antártico

(Presentado por la Secretaría de la CCRVMA en las cuatro lenguas oficiales)

1.   La 30ª reunión anual de la Comisión para la Conservación de los Recursos Vivos Marinos Antárticos se llevó a cabo del 24 de octubre al 4 de noviembre de 2011 en Hobart, Tasmania (Australia), presidida por el Sr. T. Løbach (Noruega). El informe de esta reunión se encuentra en: http://www.ccamlr.org/pu/s/e_pubs/cr/drt.htm.

Informe del Presidente

2.   El Presidente informó que la Comisión cuenta con 25 miembros y que otros nueve Estados son partes de la Convención.

3.   Los Miembros de la CCRVMA participaron activamente en 14 pesquerías en el Área de la Convención durante la temporada 2010/11. Al 24 de septiembre de 2011, los barcos que operaron en pesquerías reguladas por las medidas de conservación en vigencia habían declarado una captura total de 179 131 toneladas de kril, 11 254 toneladas de austromerluza, y 11 toneladas de draco rayado. Se extrajeron varias otras especies como captura secundaria.[1]

Finanzas y administración

4.   La Comisión adoptó su presupuesto y las recomendaciones relativas a:

- el plan estratégico de la Secretaría
- modificaciones al reglamento financiero.

Comité científico

5.   Se recibieron notificaciones de siete Miembros para pescar kril en la temporada de 2011/12 con 15 barcos y una captura prevista total de 401 000 toneladas.

6.   La Comisión indicó que se había pescado kril dentro del ASMA 1 de Bahía Almirantazgo en 2010 y que esto podría contravenir los objetivos de ordenación del ASMA.

7.   Además de las 11 254 toneladas de austromerluza que según las notificaciones fueron extraídas dentro del Área de la Convención, las capturas notificadas de fuera del Área de la Convención según el Sistema de Documentación de Capturas (SDC) sumaron 9 190 toneladas de *Dissostichus* spp. en 2010/11 (al 26 de septiembre de 2011), en comparación con las 12 441 toneladas notificadas en 2009/10.

---

[1]   Las capturas totales notificadas a fines de la temporada de pesca de 2010/2011 (30 de noviembre de 2011) fueron de: 181 511 t de kril, 14 572 t de austromerluza y 12 t de dracos.

8. En 2010/11, un Miembro pescó dracos en la Subárea 48.3, notificándose una captura de 10 toneladas, y otro Miembro pescó en la División 58.5.2 notificándose una captura de 1 tonelada.

9. La Comisión acogió favorablemente las deliberaciones del Comité Científico sobre el cambio climático y señaló las recomendaciones del taller auspiciado por la UE y los Países Bajos sobre 'Kril antártico y cambio climático'.

Presidente y Vicepresidente

10. Se eligió al Dr. C. Jones (EEUU) para el cargo de Presidente del Comité Científico y al Dr. X. Zhao (China) para el cargo de Vicepresidente del mismo.

Pesca de fondo

11. La Comisión aprobó las recomendaciones del Comité Científico, incluida la prohibición de la pesca de fondo en la Subárea 88.1 (UIPE G) con el objeto de proteger los EMV registrados de los efectos directos de la interacción de los artes de pesca con el lecho marino.

Evaluación de la mortalidad incidental

12. La Comisión acotó que el total de la mortalidad incidental de aves marinas (estimado por extrapolación) dentro de la Subárea 58.6 y la División 58.5.1 fue de 220 aves y que al igual que en los últimos años, la mortalidad incidental en otras partes del Área de la Convención fue casi cero.

Áreas marinas protegidas

13. La Comisión tomó nota de los resultados del Taller sobre Áreas Marinas Protegidas y agradeció a Francia por servir de sede para el mismo.

14. La Comisión recibió favorablemente el desarrollo de dominios de planificación para los sistemas representativos de AMP en lugar de las áreas prioritarias definidas en 2008 como base de la planificación de las AMP en el Área de la Convención.

Región del Mar de Ross

15. La Comisión agradeció a Nueva Zelandia y a Estados Unidos por las dos propuestas de AMP en el dominio de planificación del Mar de Ross, subrayando la opinión del Comité Científico de que dichos planes estaban basados en las mejores pruebas científicas existentes, y que no se requerían ulteriores estudios o debates científicos en el seno del Comité.

16. Nueva Zelandia y los EEUU confirmaron su intención de volver a presentar propuestas para el establecimiento formal de una AMP en 2012.

Antártida oriental

17. La Comisión tuvo palabras de agradecimiento a Australia y a Francia, quienes presentaron de manera conjunta una propuesta de sistema representativo de AMP (SRAMP) para todo el dominio de planificación de Antártida Oriental.

18.   Australia y Francia expresaron su intención de preparar una medida de conservación para su consideración en 2012.

Protección de hábitats expuestos por el derrumbe de las barreras de hielo

19.   La Comisión tomó nota de la propuesta del RU relativa a la protección de hábitats marinos que quedarán expuestos como consecuencia del derrumbe de las barreras de hielo.

Propuesta de medida general de conservación en relación con las AMP

20.   La Comisión adoptó una medida de conservación general para el establecimiento de AMP.

Ejecución y cumplimiento

Sistema de Inspección

21.   No se notificó caso alguno de incumplimiento de las medidas de conservación durante las inspecciones realizadas en alta mar de acuerdo con el Sistema de Inspección.

Medidas de mitigación y de protección del medio ambiente

22.   La Comisión señaló que se habían examinado informes de incumplimiento de todos los requisitos de las MC 26-01 y 25-02 en 2010/11 y que no se habían encontrado contravenciones.

Procedimiento para evaluar el cumplimiento

23.   La Comisión señaló que se elaborará un procedimiento de evaluación del cumplimiento a fin de presentarlo en CCAMLR-XXXI para su posible adopción.

Sistema de Documentación de la Captura

24.   La Comisión ha revocado a Singapur su calidad de Parte no contratante que coopera con la CCRVMA, y pidió que el Presidente escribiera a Singapur con relación a esto.

25.   La Comisión pidió que el Presidente escribiera a la Secretaría del Tratado Antártico para describir los esfuerzos de la CCRVMA en establecer una colaboración con Malasia para combatir la pesca INDNR. La carta solicitará que este asunto sea tratado formalmente con Malasia en cuanto sea posible.

Pesca INDNR en el área de la convención

26.   Se notificó que cinco barcos tomaron parte en actividades de pesca INDNR en el Área de la Convención, y tres barcos que figuran en las listas de barcos de pesca ilegal fueron avistados fuera del Área de la Convención durante 2010/11. Según las notificaciones, seis de los barcos identificados estaban utilizando redes de enmalle.

27.   La Comisión informó que no existen indicios de que la pesca INDNR haya disminuido y que continuaba a un nivel relativamente bajo, si bien era posible que estuviera aumentando y que su distribución espacial estuviera cambiando.

28.   La Comisión incluyó al barco de bandera iraní *Koosha 4* en la lista de barcos de pesca INDNR-PNC de 2011.

29. La Comisión borró de la lista de barcos de pesca INDNR-PC los barcos *West Ocean* y *North Ocean.*

Sistema de observación científica internacional

30. De conformidad con el Sistema de Observación Científica Internacional de la CCRVMA, todos los barcos que participaron en todas las pesquerías de peces realizadas en el Área de la Convención en 2010/11 llevaron observadores científicos a bordo.

Medidas de conservación

31. Las medidas de conservación y resoluciones adoptadas en CCAMLR-XXX han sido publicadas en la *Lista de las Medidas de Conservación Vigentes en 2011/12.*

Pesquerías de kril

32. La Comisión acordó que en los barcos de pesca de kril se debe asegurar que el observador tenga acceso a suficientes muestras como para obtener una tasa de cobertura objetivo mínima de 20% de los lances o unidades de arrastre durante el período que el observador se encuentra embarcado en cada temporada de pesca.

33. La Comisión convino en mantener vigente durante otras tres temporadas la distribución interina del nivel crítico de captura para la pesquería de *E. superba* en las Subáreas 48.1 a la 48.4 (MC 51-07) hasta que el Comité Científico y el WG-EMM completen el desarrollo del procedimiento de ordenación interactiva para esta pesquería.

Nuevas medidas de conservación

Disposiciones pertinentes a los artes de pesca y a la pesca de fondo

34. La Comisión estuvo de acuerdo en prohibir todo tipo de actividad de pesca de fondo dentro del área definida de los EMV registrados, con la excepción de las actividades de investigación científica recomendadas por el Comité Científico con fines de seguimiento u otros y aprobadas por la Comisión.

Temporadas de pesca, áreas cerradas y vedas de pesca

35. Se prohibió la pesca dirigida a *Dissostichus* spp. en la Subárea 48.5 en 2011/12.

Límites de la captura secundaria

36. La Comisión extendió a la temporada 2011/12 la vigencia de los límites existentes para la captura secundaria en la División 58.5.

37. La Comisión mantuvo vigentes hasta 2011/12 los límites de captura secundaria en las pesquerías exploratorias, tomando en cuenta los nuevos límites de captura de *Dissostichus* spp. en las Subáreas 88.1 y 88.2 y la delimitación modificada de las UIPE en la Subárea 88.2.

Austromerluzas

38. Con relación a la pesquería de *D. eleginoides* en cada subárea, la Comisión modificó los límites de captura y de captura secundaria, el número de barcos, las reglas de traslado, los

planes de investigación, las tasas de marcado, las limitaciones relativas a los artes de pesca y las vedas de pesca.

Draco rayado

39.   La Comisión modificó los límites de captura para la pesquería de *C. gunnari* en la Subárea 48.3 y en la División 58.5.2 durante 2011/12 a 0 toneladas, y aprobó un límite de captura de 30 toneladas para la pesca de investigación y la captura secundaria combinadas.

Centolla

40.   La Comisión cerró la pesquería de centollas luego de tomar nota de que durante 2010/11 no se realizó pesca de este recurso.

Otros

41.   La Comisión adoptó una resolución que alienta a los Miembros a procurar que se proporcionen los detalles de los barcos de su pabellón al Centro de Coordinación de Rescates Marítimos apropiado antes del ingreso de dichos barcos en el Área de la Convención.

42.   La Comisión adoptó también una resolución para mejorar la seguridad de los barcos de pesca dentro del Área de la Convención.

Capacidad y esfuerzo en las pesquerías exploratorias

43.   La Comisión estuvo de acuerdo en que era necesario discutir el tema de la gestión de la capacidad e pidió que se tuviera moderación en las pesquerías exploratorias mientras se profundizara en este tema.

Cooperación con otros elementos del Sistema del tratado antártico

44.   La Comisión convino en que la CCRVMA estuviera representada por el Secretario Ejecutivo en la trigésima quinta RCTA. El Presidente del Comité Científico y el Director de Ciencia representarán a la Comisión y al Comité Científico respectivamente en CPA-XIV.

Implementación de los objetivos de la Convención

Estructura de las reuniones de la Comisión en el futuro

45.   La Comisión acordó que en 2012 y 2013 se pondría en práctica, a modo de prueba, celebrar su ronda de reuniones en ocho días.

Elección de Vicepresidente

46.   La Comisión eligió a EEUU como Vicepresidente.

Fecha y lugar de la próxima reunión

47.   La trigésima primera reunión de la Comisión será celebrada del 23 de octubre al 1 de noviembre de 2012, en la ciudad de Hobart. La trigésima primera reunión del Comité Científico será celebrada en Hobart del 22 de octubre al 26 de noviembre de 2012.

Propuesta relativa al Fondo para el Medio Ambiente Mundial

48.   Sudáfrica informó que está solicitando el apoyo del Fondo para el Medio Ambiente Mundial (GEF en sus siglas en inglés) para mejorar la capacidad de los Miembros de la CCRVMA que son países en desarrollo para participar en las actividades de la CCRVMA.

Aprobación del informe

49.   Se aprobó el informe de la reunión.

2. Informes de expertos

Informe de la Asociación Internacional de Operadores Turísticos de la Antártida 2011-2012

En virtud del artículo III (2) del Tratado Antártico

Introducción

La Asociación Internacional de Operadores Turísticos de la Antártida (IAATO) se complace en informar sobre sus actividades ante la XXXV RCTA, en virtud del Artículo III (2) del Tratado Antártico.

La IAATO continúa centrándose en actividades que permitan concretar su declaración de misión, a fin de asegurar:

- La gestión diaria eficaz de las actividades de sus miembros en la Antártida;
- Alcance educacional, incluida la colaboración científica; y
- El desarrollo y la promoción de las mejores prácticas en el turismo antártico.

La descripción detallada de la IAATO, su declaración de misión, principales actividades y últimos acontecimientos pueden encontrarse en la *Hoja técnica 2012 – 2013* y en el sitio Web de la IAATO: www.iaato.org.

Miembros de la IAATO y cantidad de visitantes durante 2011-2012

La IAATO cuenta con 111 miembros, asociados y afiliados. Las sedes de sus miembros se sitúan en todo el mundo, representan 57% de los países que son Partes Consultivas del Tratado Antártico, y transportan todos los años a la Antártida a los ciudadanos de casi todas las Partes del Tratado Antártico.

Durante la temporada de turismo antártico 2011-2012, la cantidad total de visitantes disminuyó un 22% con respecto a la temporada anterior y llegó a 26.519 (33.824 visitantes en la temporada 2010-2011). Estas cifras reflejan sólo a las personas que han viajado mediante las empresas miembros de la IAATO. El detalle de las estadísticas turísticas puede encontrarse en el documento IP39 de la XXXIV RCTA, *IAATO Overview of Antarctic Tourism: 2011-12 Season and Preliminary Estimates for 2012-13*. En ***www.iaato.org*** puede encontrarse información sobre los miembros del Directorio y estadísticas adicionales sobre las actividades de las organizaciones miembros de la IAATO.

Trabajos y actividades recientes

De acuerdo con el Plan Estratégico de la IAATO, se realizaron avances respecto de varias iniciativas. Algunos de los avances logrados fueron los siguientes:

- Fortalecimiento de la Secretaría a través de una reorganización de los roles y las responsabilidades del Director y de la creación de un puesto adicional de medio tiempo.

- Lanzamiento de un nuevo sitio web interactivo y un sistema de gestión de contenidos basado en la web para facilitar el acceso, tanto de los miembros como del público. Los representantes de Partes del Tratado tienen acceso exclusivo a las áreas de operaciones de campo del sitio web, a solicitud.

- La campaña de difusión sobre yates *Yatch Outreach Campaign* continuó durante la temporada, y los operadores de yates de la IAATO dedicaron grandes esfuerzos, en los lugares desde donde zarpaban estas embarcaciones, a informar a los operadores de yates no pertenecientes a la IAATO.

- Todos los buques de pasajeros del Convenio Internacional para la Seguridad de la Vida Humana en el Mar (SOLAS) pertenecientes a la IAATO participaron en el sistema de seguimiento satelital basado en la web, que se comparte con Centros de Coordinación de Rescates. Este esfuerzo sigue siendo útil no sólo para mejorar la respuesta ante contingencias, sino también para la gestión diaria.

- Se llevaron a cabo pruebas del Programa Mejorado de Observadores de la IAATO, que consta de tres pasos (véase IP107 de la XXXIV RCTA para obtener más detalles), que brindaron comentarios útiles sobre el programa y también sobre los diversos procesos de autorización de las autoridades competentes. Se seguirán realizando pruebas de este programa, en forma voluntaria, durante las próximas tres temporadas.

- Se continuó desarrollando la Evaluación y certificación en línea del personal que trabaja en el terreno a fin de incluir diferentes actividades, niveles de personal y áreas geográficas. Hasta la fecha, 77 miembros del personal que trabaja en el terreno recibieron su certificación.

Reunión de la IAATO y su participación en otras reuniones durante el período comprendido entre 2011 y 2012

El personal de la Secretaría de la IAATO y los representantes de los miembros participaron en reuniones internas de la organización, así como en reuniones con otras organizaciones externas, actuando en colaboración con los Programas Nacionales Antárticos y con organizaciones de gobiernos y del ámbito científico, medioambiental y de la industria.

- A la 23ª Reunión de la IAATO (del 1 al 3 de mayo de 2012, Providence, EE. UU.) asistieron más de 100 participantes. Asistieron representantes de Partes del Tratado de Canadá, Chile, Alemania, Noruega, el RU y los EE. UU., y del COMNAP. Además de informar los avances mencionados anteriormente, se alcanzaron otros importantes resultados, como por ejemplo:
  - Adopción de las Reglas de Procedimiento para Cumplimiento y Resolución de Disputas;
  - Establecimiento de Avisos de Seguridad de la IAATO (véase documento IP38 de la XXXV RCTA)
  - Establecimiento de un Grupo de Trabajo Hidrográfico;
  - Desarrollo, por parte del Grupo de Trabajo sobre Cambio Climático, de una conferencia genérica de la IAATO sobre cambio climático para todos los operadores de la asociación (véase documento IP 103 de la XXXIV RCTA). Además, se presentaron otras medidas para evaluar y mitigar la huella de carbono de los miembros, y se renovó el compromiso de continuar con esta tarea.

- Al igual que en oportunidades anteriores, los miembros de la IAATO y los representantes de las Partes del Tratado participaron en una mesa redonda informal después de la 23ª reunión de la IAATO. Este debate anual se lleva a cabo en virtud de las reglas de la Chatham House y brinda una oportunidad invalorable para discutir libremente los temas vinculados con el turismo antártico. Pronto se elaborará un informe resumido.

- La IAATO agradeció la posibilidad de participar en el XXIII COMNAP en Estocolmo, Suecia (agosto de 2012). La reunión también brindó un foro para que la IAATO y sus operadores de sitios de campo de gran profundidad se reunieran con la Academia Nacional de Ciencias (NSF) para garantizar una buena comunicación y colaboración en la estación del Polo Sur, antes de la temporada del Centenario, que tendrá gran difusión. La IAATO considera que es sumamente importante que exista una buena cooperación y colaboración entre sus miembros y los Programas Nacionales Antárticos.

- A la 11ª Reunión Internacional de la Comisión Hidrográfica Internacional/Comisión Hidrográfica de la Antártida (OHI/CHA) realizada en Hobart, Australia, asistieron representantes de la IAATO. Además de brindar apoyo al trabajo constante del CHA, la IAATO pudo comenzar a trabajar con la Oficina Hidrográfica del Reino Unido (UKHO, por sus siglas en inglés) y con el CHA para desarrollar un esquema de *crowd-sourcing*, utilizando avances tecnológicos, para mejorar la viabilidad de las embarcaciones de la IAATO como naves de oportunidad.

- Como asesora de la Asociación Internacional de Líneas de Cruceros (CLIA, por sus siglas en inglés), la IAATO continúa trabajando para el desarrollo del Código Polar Obligatorio de la Organización Marítima Internacional (OMI). Como parte de esta colaboración, participó en el taller sobre Aspectos Ambientales del Código Polar patrocinado por Noruega; el grupo de trabajo dedicado durante la 56ª sesión de la reunión del Subcomité de Diseño y Equipamiento (DE) de la OMI; y los debates del grupo de correspondencia intersesional. Además, la IAATO ha continuado su trabajo con una asesora marítima independiente para realizar un estudio profundo sobre evaluación de riesgos, y ahora está comenzando a desarrollar un marco de evaluación de riesgos de viaje para ayudar a que los miembros apliquen el código una vez que haya sido adoptado.

- La 24ª reunión de la IAATO está programada para los días 22 al 25 de abril, en Punta Arenas, Chile, o en Providence, Rhode Island, EE. UU. Las Partes del Tratado interesadas en asistir deben ponerse en contacto con la IAATO en iaato@iaato.org.

Vigilancia ambiental

La IAATO continúa proporcionando a la RCTA y al CPA información pormenorizada sobre las actividades de sus miembros en la Antártida. Los detalles pueden apreciarse en el IP39 de la XXXV RCTA: *Overview of Antarctic Tourism: 2011-12 Season and Preliminary Estimates for 2012-13 Antarctic Season* y en el documento IP 37 de la XXXV RCTA, *Report on IAATO Operator use of Antarctic Peninsula Landing Sites and ATCM Visitor Site Guides, 2011-12 Season.*

La IAATO continúa colaborando con instituciones científicas para abordar cuestiones específicas de vigilancia ambiental. Esto incluye su trabajo con Oceanites, el Inventario de sitios antárticos, la Sociedad Zoológica de Londres y el estudio Aliens in Antarctica del API.

Además, continúan los esfuerzos para asegurar la difusión educativa, a través de medios e instituciones de educación (por ejemplo, Frozen Planet de la BBC/Open University, RU y University of Edinburgh, RU).

La IAATO también está dispuesta a colaborar con otras organizaciones en el futuro.

Incidentes turísticos ocurridos durante el periodo 2011-2012; actualización de los incidentes ocurridos durante los periodos 2008-2009

La IAATO sigue manteniendo la política de informar los incidentes para asegurar que se comprendan los riesgos y que todos los operadores antárticos puedan aprender de esas experiencias. Los incidentes ocurridos durante el periodo 2011-2012 incluyeron:

- La motonave *Sea Spirit* se encalló temporalmente en caleta Balleneros, isla Decepción, el 9 de diciembre de 2011, y flotó separada del buque en la siguiente pleamar. Según se informó, el incidente no puso en riesgo vidas humanas ni causó daños ambientales. Posteriormente, un grupo de buzos realizó una inspección y se detectaron daños en la embarcación. El incidente se informó al Grupo de Gestión de la isla Decepción (DIMG, por sus siglas en inglés), y luego el Comité Marino de la IAATO emitió un Aviso de Seguridad de la IAATO sobre caleta Balleneros (véase documento IP 38 de la XXXV RCTA).

- El 14 de diciembre de 2011, se vio a dos miembros de un grupo de gospel que viajaban en el MS *Expedition* dispersando semillas de cebada en una caminata realizada en la bahía Telefon, pese a que estas personas habían asistido a la reunión informativa sobre el código de conducta obligatorio. Se recogieron las semillas dispersadas y se explicó a los pasajeros la gravedad de esta falta. Se confiscaron otras semillas. El grupo fue estrictamente controlado en los desembarcos posteriores. Se informó al DIMG.

- Durante un ejercicio de rescate en grietas del personal de Antarctic Logistics and Expeditions, el 17 de enero de 2012, un tractor Pisten-Bully cayó en una grieta al desmoronarse un puente de nieve. Dos miembros del grupo sufrieron abrasiones leves. El operador está analizando el incidente para extraer conclusiones.

- Durante una visita a Neko Harbour el 11 de febrero de 2012, un polluelo de pingüino papúa que se había acercado a un pasajero sufrió lesiones a raíz de la caída de un trípode. El polluelo fue controlado durante un tiempo, ya que no podía caminar. Al comprobar que sufría reiterados ataques de sus congéneres, el personal de campo debió sacrificarlo. Dado que la expedición había sido autorizada por los EE. UU., el incidente está siendo investigado en los EE. UU.

Actualizaciones sobre incidentes en temporadas anteriores:

El Comité Marino de la IAATO revisó el informe resumido del país de bandera de 2011 de las Bahamas acerca del desembarco de la motonave *Ocean Nova* en 2009. En función del informe y las acciones de mitigación posteriores que llevó a cabo el operador, el Comité Marino emitió nuevas Recomendaciones para aumentar la seguridad marina.

Respaldo a las ciencias y a la conservación

Durante la temporada 2011-2012, los miembros de la IAATO transportaron, en forma económica o ad honórem, a más de 150 científicos y personal de apoyo y conservación del patrimonio, así como también los equipos y provisiones usados por el personal, hacia las estaciones, sitios de campo y puertos de ingreso y de regreso desde estas.

Además, los miembros de la IAATO y sus pasajeros aportaron US$ 478.848 a organizaciones científicas y de conservación que operan en la Antártida y en la zona subantártica (por ejemplo, Save the Albatross, Antarctic Heritage Trust, Last Ocean, Mawson's Huts Foundation, Oceanites y World Wildlife Fund). En los últimos ocho años, estas donaciones alcanzaron un total de más de US$ 2,5 millones en efectivo.

Agradecimiento

La IAATO agradece la oportunidad de trabajar en cooperación con las Partes del Tratado Antártico, y con COMNAP, SCAR, CCRVMA, OHI/CHA y ASOC, entre otros, a favor de la protección a largo plazo de la Antártida.

Informe de la Organización Hidrográfica Internacional (OHI) sobre la "Cooperación en Levantamientos hidrográficos y Cartografía de las aguas antárticas"

Introducción

La Organización Hidrográfica Internacional (OHI) es una organización intergubernamental consultiva y técnica, que fue fundada en 1921. La OHI disfruta del estatuto de Observador en las Naciones Unidas (NU) y es reconocida como autoridad internacional competente en lo que concierne a la hidrografía y la cartografía náutica. Se hace referencia también a sus competencias en la Convención de las Naciones Unidas sobre el Derecho del Mar. La Organización coordina mundialmente el establecimiento de normas para la producción de datos hidrográficos y el suministro de servicios hidrográficos en apoyo de la seguridad de la navegación y la protección y el uso sostenido del medio ambiente marino. La misión de la OHI es crear un entorno global en el que los Estados proporcionen datos hidrográficos, productos y servicios adecuados y oportunos para el mayor uso posible.

El BHI ha fomentado el establecimiento de Comisiones Hidrográficas Regionales (CHRs) para coordinar la actividad y la cooperación hidrográficas a nivel regional. Las CHRs están compuestas predominantemente por Estados Miembros de la OHI con intereses en una región en particular. Las CHRs trabajan en perfecta armonía con la Organización para ayudar a promover sus ideales y su programa. Las CHRs se reúnen a intervalos regulares para discutir sobre problemas comunes de producción de cartas e hidrográficos, programar operaciones de levantamientos conjuntos y resolver esquemas para la cobertura de Cartas Internacionales en sus regiones, a escalas medias y grandes.

Una de estas Comisiones es la Comisión Hidrográfica de la OHI sobre la Antártida (CHA), que se dedica a promover la cooperación técnica en los campos de los levantamientos hidrográficos, la cartografía marina y la información náutica en la región antártica.

La OHI, y particularmente la CHA, trabaja en estrecha colaboración con diferentes organizaciones implicadas e interesadas en la Antártida, con el fin de reforzar la cooperación para mejorar la seguridad de la vida en el mar, la seguridad de la navegación y la protección del medio ambiente marino y de contribuir a la investigación científica marina en la Antártida.

Este informe proporciona un breve resumen de las actividades de coordinación clave desde la última ATCM.

La 11ª Reunión de la Comisión Hidrográfica de la OHI sobre la Antártida

La 11ª Reunión de la Comisión Hidrográfica de la OHI sobre la Antártida (CHA) se celebró en Hobart, Tasmania, Australia, del 5 al 7 de Octubre del 2011, y fue organizada por el Servicio Hidrográfico Australiano (SHA), con el apoyo de la División Antártica Australiana (DAA). Estuvieron representados en esta reunión 15[2] de los 23 Estados Miembros de la CHA, más

---

[2] Alemania, Australia, Brasil, Chile, Corea (Rep. de), Ecuador, EE.UU., España, Francia, Noruega, Nueva Zelanda, Reino Unido, Sudáfrica, Uruguay y Venezuela.

observadores de la COMNAP, la IAATO, la AISM, la GEBCO y del SCAR, y un colaborador experto (Fugro-Pelagos). Asistieron en total 29 delegados.

El Dr. Tony FLEMING, Director de la DAA, dio la bienvenida a todos los participantes y destacó la firme implicación de la DAA en la protección del medio ambiente en la Antártida y en el cambio climático.

El discurso de apertura fue efectuado por el Comodoro Rod NAIRN, Director del SHA y Vice-Presidente de la CHA, que destacó la necesidad de cartas mejores y de una cobertura cartográfica mayor en la Antártida. Hizo hincapié en el hecho de que el trabajo de la CHA es crítico para apoyar mejor las operaciones de navegación y potenciar los conocimientos científicos en la Antártida.

Dio las gracias a la DAA por su apoyo en la organización de esta reunión y transmitió las excusas de Japón y de la Secretaría del Tratado Antártico por su ausencia.

La CHA comprende actualmente 23 Estados Miembros de la OHI y no ha habido cambios desde el último informe. (**Ver Anexo A**).

La Comisión reeligió al Comodoro NAIRN (Australia) como Vice-Presidente de la CHA y revisó todas las medidas resultantes de la 10ª Reunión de la CHA, concluyendo que la mayoría de las acciones habían sido completadas. Los siguientes temas merecen una atención especial:

- Los Miembros de la CHA de Alemania, Brasil, Chile, España, Francia, Reino Unido y Sudáfrica indicaron que habían informado detalladamente a sus delegados nacionales de la ATCM acerca de la importancia de mejorar la hidrografía y la cartografía náutica para la seguridad de la navegación en la Antártida. La reunión estuvo de acuerdo en que mejorar la coordinación a nivel nacional debería ser una práctica continua;
- Al observar la categoría única de la Antártida y la introducción inminente del Código Polar de la OMI, la Comisión estuvo de acuerdo en que había una necesidad de definir cómo debería administrarse la seguridad de la navegación en la Antártida, incluyendo la hidrografía y las ayudas a la navegación;
- La Comisión consideró que se requería un nuevo enfoque estratégico para aumentar la concienciación de la seguridad de la navegación y de la protección ambiental en la Antártida, mediante la sumisión de una serie de recomendaciones a la XVIIIª Conferencia Hidrográfica Internacional. Esto último fue efectuado y el Programa de Trabajo de la OHI para el periodo 2013-2017 incluye las siguientes tareas relevantes:
    - a) llevar a cabo una evaluación de los riesgos para la región antártica y desarrollar un Programa de Trabajo para mejorar la cartografía antártica (2013/2014);
    - b) someter a la ATCM, a través del BHI, la evaluación de riesgos efectuada por la CHA para la Región antártica, junto con una propuesta de Programa de Trabajo de la CHA con el fin de mejorar la cartografía antártica para la consideración, aprobación y apoyo de la ATCM (2015).
- La Comisión dio instrucciones al Presidente de la CHA para que se pusiese en contacto con la ATCM y le explicase que las obligaciones SOLAS (limitadas al Cap. V, Reglas 2, 4, 9, 27) [y los mecanismos de protección del medio ambiente] y los esfuerzos asociados a las mismas en la Antártida reposan en los esfuerzos de las naciones partes del Tratado

Antártico para el cumplimiento de dichas obligaciones. La Comisión dio instrucciones también al Presidente de la CHA para intentar obtener apoyo de la ATCM para que la OMI promueva la participación voluntaria en las actividades de recogida de datos, a ser incluidas en el Código Polar (Código obligatorio de la OMI para buques que navegan en aguas polares), precisando que la naturaleza remota y las restricciones ambientales de la región antártica asociadas a los limitados recursos apropiados disponibles para llevar a cabo los levantamientos y la cartografía se centran en el estudio de métodos alternativos para la recolección de datos;

- Tras la amable invitación del Servicio Oceanográfico, Hidrográfico y Meteorológico de la Armada de Uruguay, la Comisión decidió celebrar la 12ª Reunión de la CHA en Uruguay (*en un lugar aún por determinar*), del 10 al 12 de Octubre del 2012.

El Estado de los Levantamientos Hidrográficos

8 de los 15 informes nacionales sometidos a la última reunión de la CHA indicaron que se habían llevado algunos levantamientos hidrográficos sistemáticos durante la temporada 2010/2011. No se ha efectuado aún ninguna evaluación con respecto a la temporada 2011/2012.

El Grupo de Trabajo de la CHA sobre la Clasificación los Levantamientos por Prioridades, con la cooperación de la COMNAP y la IAATO, ha revisado y producido nuevas versiones del Plan de

Levantamientos a largo plazo y de la Lista de Levantamientos pre-seleccionados de la CHA para reflejar nuevos requisitos hidrográficos, resultantes de la información de la IAATO, basados en las estadísticas turísticas de la temporada anterior.

La CHA ha sido emprendedora en el cumplimiento del objetivo de la Resolución 2/2010 de la ATCM y por lo menos 9 miembros de la CHA han creado vínculos y han establecido acuerdos *con las instituciones científicas nacionales relevantes, para la recogida de información batimétrica*. Otros 4 miembros de la CHA, que tienen una responsabilidad directa en la recogida de información sobre datos batimétricos, indicaron que no parece relevante que deban establecerse dichos vínculos. Sin embargo, en cuanto los nuevos datos estén disponibles, el BHI está dispuesto a recibirlos y a diseminarlos posteriormente a los SHs relevantes.

La IAATO ha entregado al BHI algunos datos batimétricos antiguos, que los ha puesto luego a disposición de la nación productora de las cartas, que podría beneficiarse de dichos datos. La CHA anima a los miembros de la IAATO a continuar esta práctica, que permite la mejora de la cobertura cartográfica de la Antártida.

Tras las experiencias adquiridas hasta ahora, la CHA estuvo de acuerdo en desarrollar las directivas para los buques de oportunidad de la IAATO que deseen recoger datos hidrográficos y los Servicios Hidrográficos que visiten los buques de la IAATO, de modo que se facilite un sistema de visitas y esquemas de participación. A pesar de la sensación de haber obtenido pocos resultados concretos de estas visitas hasta la fecha, debido a las dificultades en efectuarlas, la reunión estuvo de acuerdo en seguir organizando visitas de hidrógrafos a los buques de la IAATO durante sus visitas a los puertos, en ruta hacia la Antártida o en la Antártida, para asesorarles sobre la recogida y entrega de datos hidrográficos.

La Comisión tomó debida nota de un proyecto que implica al SH del RU y a una compañía hidrográfica, cuyo objetivo es mejorar la cobertura de datos en la Antártida (predominantemente en la Península) para toda la navegación. Dicho sistema es conocido como ARGUS (*Autonomous Remote Global Underwater Surveillance* – Vigilancia Submarina Global

Autónoma Remota) y proporcionará levantamientos cooperativos mediante la adquisición y el procesado colectivo de datos gracias a un buque equipado de GPS y de un sondador acústico vía una grabadora de la caja negra. El coste de una caja debería ser de alrededor de 2.000 Dólares USA.

Estado de la producción de Cartas Náuticas

Se ha aprobado la inclusión de seis nuevas Cartas INT en el esquema, que serán producidas por Ecuador (INT 9129), España (INT 9128), Australia (INT 9022 y INT 9038) y el RU (INT 9117 y INT 9133). Como resultado, el número total de cartas INT en el esquema es de 108. De estas 108, 67 Cartas INT fueron publicadas hasta Abril del 2012; se proyecta publicar 27 antes del 2014, como nueva publicación o bien nueva edición. (**Ver Anexo B**).

El elemento clave para adelantar la producción de Cartas INT es la disponibilidad de datos de levantamientos hidrográficos de buena calidad para las zonas en cuestión. En muchas zonas que no están cubiertas aún, no hay datos o bien son datos antiguos de calidad poco satisfactoria. Todo progreso significativo para completar la producción de la totalidad del esquema dependerá entonces de la capacidad de dirigir levantamientos hidrográficos según las normas modernas.

Las operaciones hidrográficas en la Antártida son muy costosas. Este detalle y la prioridad atribuida por los Estados Miembros de la OHI a los levantamientos de sus propias aguas nacionales son ambos factores restrictivos para la progresión de la producción de Cartas INT para la Antártida.

La producción de Cartas Electrónicas de Navegación (ENC) de la Antártida ha seguido aumentando. Hasta ahora, hay 60 células ENC disponibles (**Ver Anexo C**), basadas en varias cartas nacionales y en 32 Cartas INT. Estas ENCs incluyen 13 "de conjunto", 7 "generales", 15 "costeras", 13 de "aproches", 11 "portuarias" y 1 "atracadero".

El programa actual de producción cubre principalmente las mismas zonas cubiertas por las cartas de papel y esto parece prometedor, pero al final la producción de ENCs estará regida por la disponibilidad de nuevos datos de levantamientos. Así pues, si debe lograrse un progreso verdadero, parece necesario aumentar las operaciones de levantamientos hidrográficos.

La OHI y la CHA se han puesto de acuerdo sobre un esquema de cartas a media y gran escala para ENCs que cubran las aguas antárticas y ésta última está trabajando con el BHI en la elaboración de un esquema de ENCs a gran escala, basado en las cartas de papel existentes y en otros requisitos.

Varios

La OHI ha contribuido a la labor de la ATCM participando con comentarios acerca del trabajo llevado a cabo por el IGC sobre :

a) "Directivas de la Navegación a vela para Cruceros antárticos";

b) "Cuestiones pendientes sobre el Turismo Antártico" y

c) "Un estudio de Recomendaciones de la ATCM sobre asuntos de orden operativo".

Conclusiones

- Aunque varios Servicios Hidrográficos están progresando en la producción de Cartas INT y de ENCs de las aguas antárticas, esta actividad depende de la disponibilidad de datos hidrográficos fidedignos. La OHI/CHA reconoce y aprecia la cooperación y la contribución prestadas por varias organizaciones internacionales, particularmente la IAATO, el COMNAP e instituciones de investigación, que han puesto a disposición antiguas colecciones de datos batimétricos informativos. Este esfuerzo colectivo proporciona un apoyo directo a la producción de Cartas INT y de ENCs de las aguas antárticas;

- Favorecer la coordinación a nivel nacional entre los delegados nacionales de la ATCM y sus Hidrógrafos nacionales respectivos facilita la comprensión de la importancia que supone mejorar la hidrografía y la cartografía náutica para la seguridad de la navegación y la protección del medio ambiente marino en la Antártida;

- Observando la categoría única de la Antártida y la introducción inminente del Código Polar de la OMI, es necesario definir en la ATCM cómo deberá administrarse en la Antártida la seguridad de la navegación, incluyendo la hidrografía y las ayudas a la navegación;

- Las obligaciones SOLAS (limitadas al Cap. V, Reglas 2, 4, 9, 27) y los esfuerzos asociados a las mismas en la Antártida reposan en los esfuerzos de las naciones partes del Tratado Antártico para el cumplimiento de dichas obligaciones. Es importante que la ATCM invite a la OMI a fomentar la participación voluntaria en actividades de recogida de datos, a ser incluida en el Código Polar (Código obligatorio de la OMI para buques que operan en aguas polares);

- El Programa de Trabajo de la OHI aprobado para el periodo 2013-2017 incluye las siguientes tareas relevantes que serán desarrolladas por la CHA, y cuyo resultado contribuirá a los objetivos de la ATCM :

  a) llevar a cabo una evaluación de los riesgos para la región antártica y desarrollar un Programa de Trabajo para mejorar la Cartografía antártica (2013/2014);

  b) someter a la ATCM, a través del BHI, la evaluación de riesgos efectuada por la CHA para la Región antártica, junto con una propuesta de Programa de Trabajo de la CHA para mejorar la cartografía antártica para la consideración, aprobación y apoyo de la ATCM (2015).

Recomendaciones

Se recomienda que la XXXVª ATCM:

  a) Tome buena nota del informe de la OHI;

  b) Considere la adopción de las disposiciones administrativas requeridas para implementar las Obligaciones SOLAS (limitadas al Cap. V, Reglas 2, 4, 9, 27);

  c) Considere invitar a la OMI a fomentar la participación voluntaria en actividades de recogida de datos, a incluir en el Código Polar, y que considere el modo en el que la implementación de las disposiciones contenidas en el Código Polar mencionado será tratada en la Antártida.

Mónaco, Mayo del 2012.

ANEXOS *(EN INGLES UNICAMENTE):*

A: Miembros de la CHA;

B: Estado de la Producción de Cartas INT (Abril del 2012);

C: Estado de la Producción de Cartas ENCs (Abril del 2012).

ANNEX A

HCA MEMBERSHIP

(March 2012)

MEMBERS:

Argentina	Korea, Republic of
Australia	New Zealand
Brazil	Norway
Chile	Peru
China	Russian Federation
Ecuador	South Africa
France	Spain
Germany	United Kingdom
Greece	Uruguay
India	USA
Italy	Venezuela
Japan	

==

OBSERVER ORGANIZATIONS:

Antarctic Treaty Secretariat (ATS)

Council of Managers of National Antarctic Programmes (COMNAP)

Standing Committee on Antarctic Logistics and Operations (SCALOP)

International Association of Antarctic Tour Operators (IAATO)

Scientific Committee on Antarctic Research (SCAR)

International Maritime Organization (IMO)

Intergovernmental Oceanographic Commission (IOC)

General Bathymetric Chart of the Oceans (GEBCO)

International Bathymetric Chart of the Southern Ocean (IBCSO)

IHO Data Center for Digital Bathymetry (DCDB)

Australian Antarctic Division

Antarctica New Zealand

ANNEX B

INT CHART PRODUCTION STATUS

(April 2012)

STATUS OF INTERNATIONAL CHART PRODUCTION IN ANTARCTICA
(1 of 2)

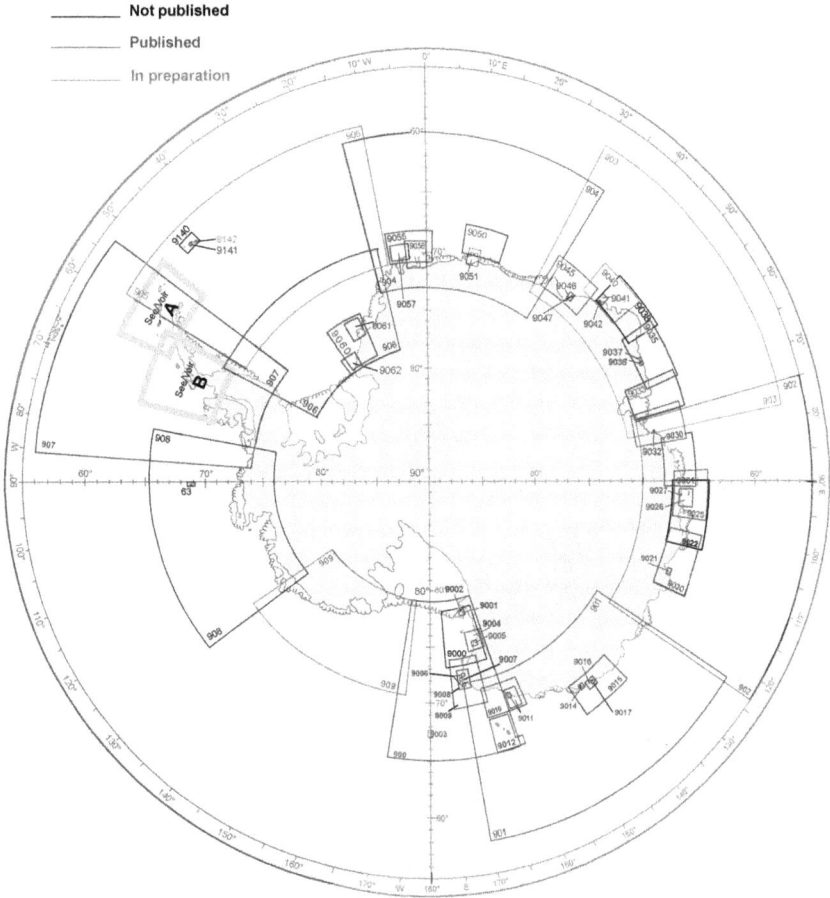

STATUS OF INTERNATIONAL CHART PRODUCTION IN ANTARCTICA
(2 of 2)

Not published
Published
In preparation

ANNEX C

ENC PRODUCTION STATUS

(April 2012)

STATUS OF ENC PRODUCTION IN ANTARCTICA
«OVERVIEW» ENCs
(based on the 1: 10M and 1: 2M INT Chart Series)

10M & 2M
NAVIGATIONAL PURPOSE 1
(OVERVIEW)

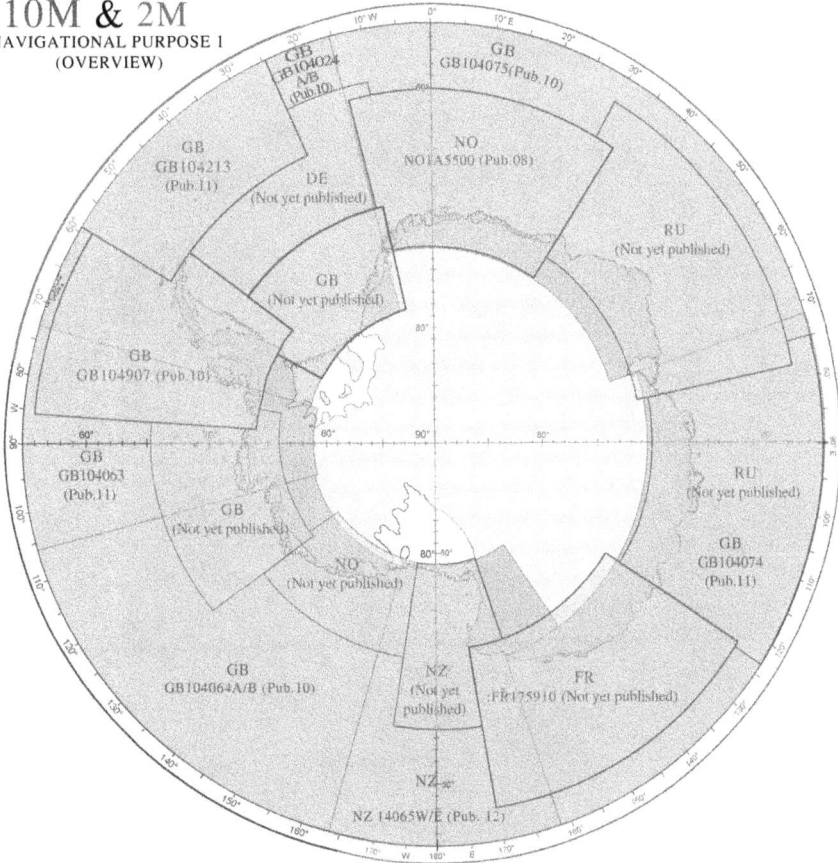

STATUS OF ENC PRODUCTION IN ANTARCTICA (2 of 3)
MEDIUM-SCALE « GENERAL» and «COASTAL» ENCs

(*) Not yet published

STATUS OF ENC PRODUCTION IN ANTARCTICA (3 of 3)
MEDIUM-SCALE «COASTAL» ENCs
(based on the medium-scale INT Chart Series)

Antarctic Peninsula

From : 1 : 90 000
to : 1 : 350 000
NAVIGATIONAL PURPOSE 3
(COASTAL)

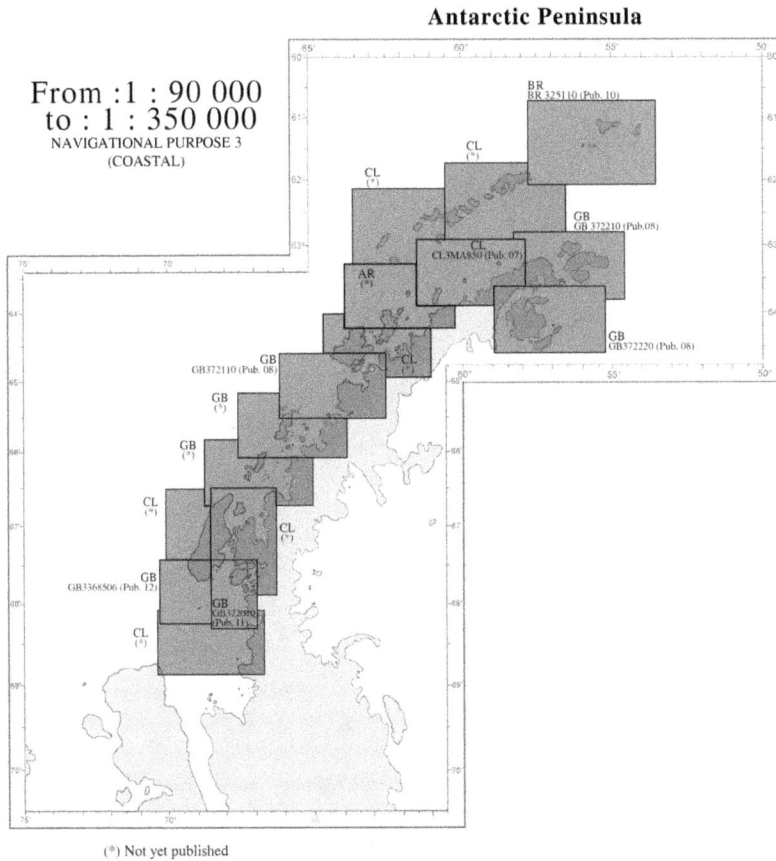

(*) Not yet published

Note: Additionally, 25 large-scale ENCs have been published by Australia (3 ENCs), Brazil (2 ENCs), Chile (3 ENCs), France (3 ENCs), Italy (1 ENC), Japan (6 ENCs), United Kingdom (6 ENCs) and USA (1 ENC).

Informe de la Coalición Antártica y del Océano Austral

1.   *Introducción*

La ASOC se complace de su presencia en Australia en ocasión de la Reunión Consultiva del Tratado Antártico. El presente informe describe de manera breve el trabajo realizado por la ASOC durante el último año, y destaca algunos temas fundamentales para esta RCTA.

La Secretaría de la ASOC se encuentra en Washington DC, EE.UU. y su sitio Web es http://www.asoc.org). La ASOC cuenta con 20 grupos de membresía plena distribuidos en 8 países, además de grupos de apoyo en estos países así como también en varios países más. Las campañas de la ASOC son llevadas a cabo por equipos de expertos emplazados en Argentina, Australia, Brasil, Chile, Francia, Japón, los Países Bajos, Nueva Zelandia, Noruega, Sudáfrica, Corea del Sur, España, Rusia, Ucrania, el Reino Unido y los Estados Unidos.

2.   *Actividades entre sesiones de la ASOC desde la XXXIV RCTA*

Desde la XXXIV RCTA, la ASOC y los delegados de sus grupos afiliados han participado en los debates entre sesiones realizados en los foros de la RCTA y del CPA, efectuando un seguimiento de todos los GCI y contribuyendo efectivamente a las deliberaciones. Asimismo, la ASOC y los delegados de sus grupos afiliados asistieron a los siguientes eventos:

- la reunión de la Comisión del CBI (en St. Helier, Jersey, 11 al 14 de julio de 2011).

- la Sexta Reunión del Comité asesor del ACAP y a las reuniones de sus grupos de trabajo (realizada en Guayaquil, Ecuador, entre el 25 de agosto y el 2 de septiembre de 2011.

- el taller sobre AMP de la CCRVMA (sostenido en Brest, Francia, entre el 29 de agosto y el 2 de septiembre de 2011).

- el Taller sobre el Código Polar organizado por la OMI (en Cambridge, Reino Unido, entre el 27 y el 30 de septiembre de 2011).

- la 30ª Reunión de la CCRVMA, donde se presentaron documentos sobre la gestión del krill antártico, sobre las Áreas marinas protegidas y la reserva marina del mar de Ross, la pesca ilegal no denunciada y no regulada (IUU, por su sigla en inglés), y sobre los impactos del cambio climático. (realizada en Hobart, Australia, entre el 24 de octubre y el 4 de noviembre de 2011).

- el simposio del Instituto polar Willem Barentsz (Utrecht, Países Bajos, 14 de diciembre de 2011)

- las reuniones de la Organización Marítima Internacional, que incluyeron las sesiones N° 62 y 63 sobre el Comité de Protección del Medioambiente Marino, la 56ª sesión del subcomité de Diseño y Equipamiento de Buques y un taller sobre identificación de amenazas relacionadas con el Código polar.

- Primer Simposio Internacional sobre Investigación No Letal de Ballenas Vivas en el Océano Austral (Puerto Varas, Chile 27 al 29 de marzo de, 2012).

- la cuarta Sesión de la Reunión de las Partes del ACAP (Lima, Perú, 23 al 27 abril de 2012).

- el Taller sobre identificación de zonas prioritarias para la designación de AMP en el dominio N° 1, la Península Antártica y el mar de Escocia (Valparaíso, Chile, entre el 28 de mayo y el 1 de junio de 2012)

3. *Documentos de Información para la XXXV RCTA*

La ASOC presentó 11 Documentos de información, los cuales contienen recomendaciones para la RCTA y el CPA concebidas para ayudar a lograr una protección del medioambiente y conservación de la Antártida más eficaces:

El Documento de información IP 49, Annex V Inviolate and Reference Areas: Current Management Practices (IP 49). La reserva de zonas inalteradas para la conservación de zonas de referencia es un instrumento al cual se invoca específicamente en el Anexo V del Protocolo, si bien se infrautiliza, cubriéndose en la zona abarcada por el Tratado Antártico sólo una pequeña porción de las mencionadas zonas inalteradas. La designación de zonas inalteradas que abarquen una superficie significativa proporcionará una referencia en su calidad de sitios que se han mantenido prístinos y que están disponibles en el futuro para los diversos ámbitos de interés científico, contribuyendo además a la protección de los valores de vida silvestre en la Antártida.

El documento de información IP 50, Antarctic Ocean Legacy: A Marine Reserve for the Ross Sea resume este informe de la Alianza del Océano Antártico (AOA). Dicho informe, que se anexa a este Documento de información, describe la propuesta de la AOA y la justificación para su designación.

Documento de información IP 52, Data Sources for Mapping the Human Footprint in Antarctica. El primer paso en la construcción de un modelo de la huella humana en la Antártida y en el Océano Austral es el de compilar los datos a partir de los diferentes repositorios de información en un formato común. Esto ayudaría a cumplir con los compromisos del CPA de asesorar a la RCTA acerca de la situación del medioambiente antártico y a facilitar el que las Partes del Tratado y los miembros de la CCRVMA puedan tomar las medidas coherentes en el tiempo a fin de reducir la huella humana.

El Documento de información IP 53, Antarctic Treaty System Follow-up to Vessel Incidents in Antarctic Waters realiza una evaluación preliminar del informe de los incidentes navieros mencionados a continuación. Identifica las deficiencias del actual sistema y recomienda que la RCTA y la CCRVMA aborden estos asuntos de manera urgente. El Anexo 1 entrega una lista de los incidentes ocurridos en aguas antárticas durante los últimos 6 años que incluyen la participación de cruceros, buques pesqueros y yates.

El Documento de información IP 54, Implications of Antarctic krill fishing in ASMA No.1 - Admiralty Bay analiza el marco de cooperación entre la RCTA y la CCRVMA a la luz de la pesca de krill realizada sin haber sido contemplada en el Plan de gestión. Dicho documento ofrece una serie de recomendaciones para el CPA, la RCTA y la CCRVMA para evitar que dichos eventos sigan ocurriendo en el futuro.

El Documento de información IP 55, Key Issues on a Strategic Approach to Review Tourism Policies concluye sobre la necesidad de aumentar la supervisión del turismo, mediante inspecciones u otros medios, a fin de corresponder a la magnitud de dichas actividades. Algunos aspectos del turismo, en particular su expansión, diversificación y uso de nuevos sitios, debería abordarse de manera proactiva por medio de normas con carácter legal. Identificar los impactos ocasionados por el turismo precisa de iniciativas de vigilancia adicionales. No abordar dichos asuntos de manera oportuna expondrá los valores que el Protocolo busca proteger.

El Documento de información IP 56, Progress on the Development of a Mandatory Polar Code entrega una actualización acerca de la evolución del Código polar que está siendo elaborado por la Organización marítima internacional. El documento destaca las áreas en las que se requiere más trabajo, identifica los próximos pasos hacia la finalización del Código y plantea algunas inquietudes asociadas a la posibilidad de un impacto mínimo del Código sobre los buques antárticos en caso de que no existiese el suficiente liderazgo ejercido por los estados del Tratado Antártico ante la OMI. Recomienda que las Partes del Tratado Antártico garanticen que se incluya en el Código un Capítulo sobre Protección del medioambiente, tenga aplicación tanto para embarcaciones nuevas como para las ya existentes, y exija que se impongan normas de clase polar para todas las embarcaciones que tengan probabilidades de encontrar hielo.

El Documento de información IP 57, Repair or Remediation of Environmental Damage analiza los diversos temas fundamentales asociados a la reparación y remediación del daño medioambiental. El documento concluye que existe un entendimiento generalizado con respecto a lo que constituye daño medioambiental en la Antártida, que la reparación o remediación del daño debe llevarse a cabo en la mayor medida posible, y que, como requisito mínimo, deben efectuarse una evaluación y vigilancia del daño y prepararse los informes apropiados.

Documento IP 58, Earth Hour Antarctica 2013. La Hora del planeta del Fondo Mundial para la Naturaleza (WWF, por sus siglas en inglés) es la mayor iniciativa medioambiental del mundo en la cual las personas, industrias y gobiernos de todo el mundo apagan sus luces durante una hora con objeto de hacer frente al cambio climático y demostrar que todos pueden tener un papel proactivo en cambiar el mundo en donde habitamos. La ASOC, Australia y el Reino Unido proponen un apagón continental coordinado de todas las luces que no sean fundamentales para el funcionamiento de las estaciones de investigación antártica durante la Hora del planeta, el 30 de marzo de 2013, guardando las restricciones operacionales y de seguridad.

Documento de información IP 59, Review of the Implementation of the Madrid Protocol: Inspections by Parties (Article 14). Este documento, de elaboración conjunta con el PNUMA, analiza las prácticas de las inspecciones realizadas por las Partes en virtud del Artículo 14 del Protocolo de Madrid. Desde 1998 se han efectuado catorce inspecciones de las 83 distintos instalaciones o sitios. De las 101 instalaciones que constan en la lista del COMNAP, 56 (55%) han sido inspeccionadas y 45 (45%) de ellas jamás han sido sometidas a inspección alguna. Durante el mismo periodo se inspeccionaron siete embarcaciones, de las cuales seis eran embarcaciones de turismo.

El Documento de información IP 90, Antarctic Ocean Legacy: A Vision for Circumpolar Protection. En octubre de 2011 la AOA propuso la creación de una red de áreas marinas protegidas y de reservas marinas vedadas en 19 áreas específicas del Océano Austral en torno a la Antártida. El informe, que se anexa a dicho IP, se extiende sobre esa visión. El informe cubre áreas que en su colectivo captan un abanico amplio y representativo de hábitats y ecosistemas, incluyendo el lecho marino y ecorregiones pelágicas, diversos tipos de medioambiente, características biológicas inusuales y poco comunes, y áreas que son cruciales para la protección del ecosistema y de las especies.

4. *Otros asuntos de importancia para la XXXV RCTA*

- **Cambio climático:** resulta imperativo que la RCTA informe al resto del mundo acerca de los efectos de lo que ocurre en la Antártida y sus implicaciones para el sistema climático mundial, y acerca de la necesidad de aumentar los esfuerzos por reducir el impacto de sus actividades en la Antártida.

- **Anexo VI sobre la Responsabilidad derivada de las Emergencias Ambientales**: Lograr que este importante Anexo entre en vigor a la mayor brevedad posible debe tener la mayor prioridad. La ASOC insta a todas las Partes a redoblar sus esfuerzos durante el próximo año a fin de resolver los problemas de implementación pendientes, de modo que el Anexo VI pueda ser ratificado y entrar en vigor tan pronto como sea posible.

- **Prospección biológica:** la ASOC respalda aquellos criterios que incluyan el que las Partes compartan la información y datos de manera más transparente, basándose en el cumplimiento pleno de la Resolución 9 (2009). La ASOC insta a las Partes a reanudar los sustanciales debates sobre prospección biológica basándose en los requisitos de compartir la información proveniente del Tratado y del Protocolo así como también de los datos e información proporcionados por la Universidad de las Naciones Unidas (UNU), la base de datos de Bélgica y los informes del SCAR.

- **Planificación estratégica:** la ASOC respalda la elaboración de un Plan estratégico plurianual para la RCTA, lo cual ayudará a las Partes en la gestión sustentable de las actividades humanas en el largo plazo.

- **Búsqueda y salvamento:** una importante prioridad para las Partes debe ser la de mejorar la coordinación y capacidad de búsqueda y salvamento, incluido el desarrollo de un sistema de comunicaciones de intercambio de información en tiempo real.

- **Lagos subglaciales:** se mantienen las inquietudes de ASOC con respecto al destino de la calidad prístina del lago Vostok, y se insta a las Partes a deliberar sobre las actividades allí realizadas durante el año pasado en los intentos por perforar dicho lago, así como también sobre los próximos pasos, con el propósito de reducir a un mínimo los riesgos para el ecosistema del lago y obtener además lecciones que servirán en la exploración de otros lagos subglaciales de la Antártida.

5. *Comentarios finales*

La Antártida enfrenta muchas presiones provenientes del cambio climático mundial así como de un gran abanico de actividades humanas. La ASOC espera que, en Hobart, la RCTA pueda tener la perspectiva y adopte las medidas concretas que ayuden a proteger en el largo plazo los ecosistemas y valores intrínsecos de la Antártida.

CUARTA PARTE

Documentos adicionales de la XXXV RCTA

1. Documentos adicionales

Resumen de la conferencia del SCAR: "Aliens in Antarctica"

Uno de los principales objetivos del Comité Científico de Investigación Antártica (SCAR) consiste en coordinar y facilitar la investigación antártica internacional que contribuirá a la conservación y gestión de la región. Dos ejemplos recientes destacan el éxito alcanzado por el SCAR en el cumplimiento de este objetivo.

El primero es el programa Aliens in Antartica, que comenzó en 2007-08 como un Programa del Año Polar Internacional, y culminó en 2012 con una evaluación de amplia difusión del riesgo del establecimiento de especies no autóctonas, llevada a cabo a través de todo el continente. El programa Aliens in Antartica fue una iniciativa de colaboración internacional en la que participaron más de 20 naciones, y contó tanto con el apoyo del Consejo de Administradores de los Programas Nacionales Antárticos (COMNAP) como de la Asociación Internacional de Operadores Turísticos en la Antártida (IAATO). En este estudio, se obtuvieron datos respecto de la cantidad de desembarcos y aterrizajes realizados por cada clase de visitante, se calculó la cantidad promedio de semillas, se determinaron las vías de introducción más probables y se cuantificó la probabilidad del establecimiento de propágulos. El empleo de esta información en conjunto con una valoración de la aptitud ambiental del entorno receptor permitió realizar la evaluación de riesgo en todo el continente. Se trató de la primera evaluación de riesgo de esta naturaleza en abarcar todo el continente. Asimismo, gran parte de los datos y recomendaciones relacionadas del proyecto Aliens in Antartica fueron fundamentales para el desarrollo, mejora y perfeccionamiento de los protocolos de bioseguridad, tanto para científicos y turistas que visitan la Antártida.

El segundo ejemplo de éxito en la investigación coordinada por el SCAR son los recientes análisis de biorregionalización de la Antártida terrestre. Este estudio comenzó en 2008 y finalizó con la reciente publicación del estudio *"Conservation Biogeography of the Antarctic"* (Biogeografía de conservación de la Antártida). En este estudio, un equipo internacional de investigadores utilizó las estructuras espaciales existentes junto con decenas de miles de registros de biodiversidad, a fin de delinear la biodiversidad terrestre de la Antártida en 15 biorregiones o Regiones biogeográficas de conservación de la Antártida. Estas áreas no solo tienen importantes implicancias para la consideración de los desplazamientos dentro de la Antártida, sino que también brindan un marco para la evaluación y desarrollo de la red de Zonas Antárticas Especialmente Protegidas.

Estos programas se analizaron detalladamente en la conferencia del SCAR, y se describieron sus implicancias, particularmente en el contexto del desarrollo de políticas para la Antártida. Se destacó la importancia de respaldar dicho desarrollo de políticas con investigaciones científicas sólidas y confiables.

2. Lista de documentos

2. Lista de documentos

Documentos de trabajo								
Número	Puntos del programa	Título	Suministrado por	I	F	R	E	Adjuntos
WP001	RCTA 5	Comunicado de la Reunión Consultiva del Tratado Antártico	Australia					
WP002	CPA 7a	Plan de gestión revisado para la Zona Antártica Especialmente Protegida (ZAEP) N.º 151 Lions Rump, isla Rey Jorge/isla 25 de Mayo, islas Shetland del Sur	Polonia					ASPA 151 Map 1 ASPA 151 Map 2 ASPA 151 Map 3 ASPA 151 Map 4 ZAEP 151 Plan de Gestión revisado
WP003	CPA 7a	Plan de gestión para la Zona Antártica Especialmente Protegida (ZAEP) N.º 128 costa occidental de la bahía Laserre, isla 25 de Mayo e islas Shetland del Sur	Polonia					ASPA 128 Map 1 ASPA 128 Map 2 ZAEP 128 Plan de gestión revisado
WP004	RCTA 10	Evaluación de actividades en tierra en la Antártida	Reino Unido					
WP005	CPA 8a	Resultados del Programa del Año Polar Internacional (API) "Aliens in Antarctica"	SCAR					Continent-wide risk assessment for the establishment of nonindigenous species in Antarctica
WP006	CPA 8a	Reducción del riesgo de introducción accidental de especies no autóctonas asociadas con la importación de frutas y vegetales frescos a la Antártida	SCAR					
WP007	CPA 9	Teledetección para la vigilancia de Zonas Antárticas Especialmente Protegidas: uso de datos multiespectrales e hiperespectrales para vigilar la vegetación antártica	Reino Unido					
WP008	CPA 7a	Revisión del Plan de Gestión de la Zona Antártica Especialmente Protegida (ZAEP) N° 129, punta Rothera, isla Adelaide	Reino Unido					Plan de gestión revisado de la ZAEP 129
WP009	CPA 7a	Revisión del Plan de Gestión de la Zona Antártica Especialmente Protegida (ZAEP) N° 109, isla Moe, islas Orcadas del Sur	Reino Unido					Plan de gestión revisado de la ZAEP 109
WP010	CPA 7a	Revisión del Plan de Gestión de la Zona Antártica Especialmente Protegida (ZAEP) N° 111, isla Powell del Sur e islas adyacentes, islas Orcadas del Sur	Reino Unido					Plan de gestión revisado de la ZAEP 111
WP011	CPA 7a	Revisión del Plan de Gestión de la Zona Antártica Especialmente Protegida (ZAEP) N.º 115, isla Lagotellerie, bahía Margarita, Graham Land	Reino Unido					Plan de gestión revisado de la ZAEP 115
WP012	CPA 7a	Revisión del Plan de Gestión de la Zona Antártica Especialmente Protegida (ZAEP) N° 110, isla Lynch, islas Orcadas del Sur	Reino Unido					Plan de gestión revisado de la ZAEP 110
WP013	RCTA 10	Comprender el riesgo que representan los tsunamis para las operaciones y el personal costero de la Antártida en los Programas Nacionales Antárticos	COMNAP SCAR					COMNAP Preliminary Research Report: Understanding Risk to National Antarctic Program Operations and Personnel in Coastal Antarctica from Tsunami Events.

Documentos de trabajo

Número	Puntos del programa	Título	Suministrado por	I	F	R	E	Adjuntos
WP014	CPA 7a	Grupo subsidiario sobre Planes de gestión – Informe del trabajo entre sesiones correspondiente al periodo 2011/2012	Australia	🔒	🔒	🔒	🔒	Plan de gestión revisado de la ZAEP 140
WP015	CPA 7c	Directrices para sitios para la isla D'Hainaut, puerto Mikkelsen, isla Trinity	Reino Unido Argentina Estados Unidos	🔒	🔒	🔒	🔒	Directrices para sitios para la isla d'Hainaut
WP016	CPA 7c	Directrices para sitios para puerto Charcot, isla Booth	Reino Unido Argentina Francia Ucrania Estados Unidos	🔒	🔒	🔒	🔒	Directrices para sitios para puerto Charcot
WP017 rev.1	RCTA 11	Compilación de directrices para yates que complementan los estándares de seguridad del tráfico de buques alrededor de la Antártida	Alemania Reino Unido Estados Unidos	🔒	🔒	🔒	🔒	Directrices para yates relativas a los Cruceros antárticos Información de contacto de las autoridades nacionales competentes Lista de verificación de artículos específicos para yates, a fin de preparar viajes seguros a la Antártida
WP018	CPA 9	Vigilancia de pingüinos mediante teledetección	Alemania	🔒	🔒	🔒	🔒	
WP019	CPA 7a	Designación propuesta de una Zona Antártica Especialmente Protegida (ZAEP) para las áreas geotérmicas de altitud elevada de la región del mar de Ross	Nueva Zelanda	🔒	🔒	🔒	🔒	Proyecto de Plan de Gestión para la ZAEP YYY
WP020	CPA 9	Implementación de un programa de vigilancia para evaluar los cambios en la vegetación en dos Zonas Antárticas Especialmente Protegidas	Nueva Zelanda	🔒	🔒	🔒	🔒	
WP021	CPA 12	Manual sobre limpieza de la Antártida	Australia Reino Unido	🔒	🔒	🔒	🔒	Comité de Protección Ambiental - Manual sobre limpieza de la Antártida
WP022	CPA 6b	Aspectos ambientales e impacto del turismo y las actividades no gubernamentales en la Antártida	Nueva Zelanda	🔒	🔒	🔒	🔒	
WP023 rev.1	CPA 7f	Regiones biogeográficas de conservación de la Antártida	Australia Nueva Zelanda SCAR	🔒	🔒	🔒	🔒	Regiones biogeográficas de conservación de la Antártida
WP024	RCTA 6	Guía para los sistemas y las fuentes de información de la Secretaría	Australia	🔒	🔒	🔒	🔒	
WP025 rev.1	CPA 8a	Directrices para minimizar los riesgos de especies no autóctonas y enfermedades asociadas con instalaciones hidropónicas en la Antártida	Australia Francia	🔒	🔒	🔒	🔒	
WP026	CPA 12	Aspectos ambientales relacionados con la posibilidad práctica de reparar o remediar el daño ambiental	Australia	🔒	🔒	🔒	🔒	
WP027 rev.1	RCTA 11	Informe del Grupo de contacto intersesional sobre "preguntas pendientes" del turismo en la Antártida	Países Bajos	🔒	🔒	🔒	🔒	
WP028	RCTA 5	La jurisdicción en la Antártida	Francia	🔒	🔒	🔒	🔒	
WP029	RCTA 17	Mejora del funcionamiento del	Francia	🔒	🔒	🔒	🔒	

Documentos de trabajo								
Número	Puntos del programa	Título	Suministrado por	I	F	R	E	Adjuntos
		Sistema Electrónico de Intercambio de Información (SEII) relativo a las actividades no gubernamentales en la Antártida						
WP030	RCTA 7	Formulación de un plan de trabajo estratégico plurianual para la Reunión Consultiva del Tratado Antártico	Australia Bélgica Países Bajos Nueva Zelanda Noruega Sudáfrica Suecia Reino Unido Estados Unidos					Plan de trabajo estratégico plurianual - Formato Plan de trabajo estratégico plurianual - Principios
WP031	RCTA 5	Fortalecimiento del respaldo del Protocolo al Tratado Antártico sobre Protección del Medio Ambiente	Australia Francia España					
WP032	RCTA 14	Los intereses de la RCTA en el debate internacional sobre cambio climático - alternativas para generar un mayor compromiso	Australia					
WP033	CPA 5	RACER1 - 'Evaluación rápida de la resiliencia del ecosistema que rodea al Ártico': una herramienta del Ártico para evaluar la resiliencia del ecosistema y de las áreas cuya conservación es importante, y su posible aplicación en la Antártida	Reino Unido Noruega					
WP034	CPA 6b	Tecnología para la investigación de la capa de agua del lago subglacial Vostok a través del pozo de perforación en el hielo 5G en la estación antártica rusa Vostok	Federación de Rusia					
WP035	CPA 7f	Propuestas sobre la preparación de planes de gestión revisados de Zonas Antárticas Especialmente Protegidas y Zonas Antárticas Especialmente Administradas	Federación de Rusia					
WP036	CPA 7b	Propuesta sobre la revisión de Sitios y Monumentos Históricos bajo la gestión de la Federación de Rusia	Federación de Rusia					
WP037	RCTA 11	Consideraciones sobre la realización de campamentos en la costa	Estados Unidos Noruega					
WP038	CPA 7f	Desarrollo de protección para una Zona geotérmica; Cavernas de hielo volcánicas en Monte Erebus, Isla Ross	Estados Unidos Nueva Zelanda					
WP039	RCTA 14	Invitación a la Organización meteorológica mundial, OMM	Noruega Reino Unido					
WP040	CPA 7a	Propuesta para una nueva Zona Antártica Especialmente Protegida en el cabo Washington y la bahía Silverfish, bahía Terra Nova, mar de Ross	Italia Estados Unidos					ASPA XYZ Cape Washington & Silverfish Bay Map 1 ASPA XYZ Cape Washington & Silverfish Bay Map 2 ZAEP XYZ, Plan de Gestión del cabo Washington y la bahía Silverfish
WP041	CPA 7a	Propuesta para una nueva Zona Antártica Especialmente Protegida en el glaciar Taylor y las Cataratas	Estados Unidos					ASPA 172 Lower Taylor Glacier and Blood Falls Map 1

Documentos de trabajo								
Número	Puntos del programa	Título	Suministrado por	I	F	R	E	Adjuntos
		de Sangre, valle de Taylor, valles secos McMurdo, Tierra de Victoria						ASPA 172 Lower Taylor Glacier and Blood Falls Map 2 Plan de gestión de la ZAEP 172 Parte inferior del glaciar Taylor y Cataratas de Sangre
WP042	CPA 7a	Revisión del Plan de gestión para la ZAEA Nº 4: isla Decepción	Argentina Chile Noruega España Reino Unido Estados Unidos					Plan de gestión revisado de la ZAEA 4
WP043	RCTA 11	Informe final del Grupo de contacto entre sesiones sobre la supervisión del turismo en la Antártida	Argentina					Documento adjunto : Lista de verificación para actividades de visitantes en el terreno
WP044	CPA 7a	Revisión del Plan de Gestión de la Zona Antártica Especialmente Protegida Nro. 132 (Península Potter)	Argentina					Plan de Gestión revisado ZAEP 132
WP045	CPA 7c	Directrices para visitantes para la Caleta Péndulo, isla Decepción, islas Shetland del Sur	Argentina Chile Noruega España Reino Unido Estados Unidos					Directrices para sitios para la caleta Péndulo
WP046	CPA 7b	Informe final de los debates informales sobre Sitios y Monumentos Históricos	Argentina					
WP047	RCTA 7	Priorización de temas en un Plan de trabajo estratégico plurianual de la RCTA	Nueva Zelanda					
WP048	RCTA 11	Reiterada expedición comercial no autorizada: Nilaya/Berserk	Nueva Zelanda					
WP049	RCTA 10	Respuesta de la RCTA ante la CCRVMA con respecto de los incidentes que implican a buques pesqueros	Nueva Zelanda					
WP050	CPA 7d	Conceptos para la protección de la vida silvestre en la Antártida utilizando los instrumentos del Protocolo	**Nueva Zelanda** Países Bajos					
WP051	RCTA 10	Coordinación de la Búsqueda y salvamento marítimo y aeronáutico (SAR) – Propuesta sobre considerar los medios para mejorar la coordinación de SAR en la Antártida	Estados Unidos					
WP052	CPA 7a	Revisión del Plan de Gestión de la Zona Antártica Especialmente Protegida Nro. 133 (Punta Armonia)	Argentina Chile					Plan de gestión revisado de la ZAEP 133
WP053	CPA 6b	Estación Comandante Ferraz: Plan propuesto para la demolición y construcción de Módulos de emergencia en la Antártida	Brasil					
WP054	CPA 7a	Plan de Gestión Revisado de la Zona Antártica Especialmente Protegida Nº 145 Puerto Foster, isla Decepción, islas Shetland del Sur	Chile					Mapa 1 Plan de gestión revisado ZAEP 145
WP055	CPA 9	Nuevos registros de microorganismos asociados a la	Chile					

274

Documentos de trabajo								
Número	**Puntos del programa**	**Título**	**Suministrado por**	**I**	**F**	**R**	**E**	**Adjuntos**
		presencia humana en el medio marino antártico						
WP056 rev.1	CPA 7b	Propuesta de modificación del Sitio Histórico N° 37	Chile					
WP057	CPA 3	Portal de medioambientes antárticos	Nueva Zelanda Australia SCAR					
WP058	CPA 7a	Plan de Gestión de la Zona Antártica Especialmente Protegida N° 112 península Coppermine, isla Robert, islas Shetland del Sur	Chile					ASPA 112 Table toponyms in four languages Plan de gestión revisado de la ZAEP 112
WP059	CPA 7c	Revisión de las directrices para sitios visitados: Isla Barrientos (Islas Aitcho)	Ecuador España					Guía para sitios Barrientos revisada Mapa Isla Barrientos
WP060	CPA 7a	Plan de Gestión de la Zona Antártica Especialmente Protegida N° 146, Bahía Sur (Bahía South), isla Doumer, archipiélago de Palmer	Chile					Plan de gestión revisado para la ZAEP 146
WP061	CPA 7a	Plan de Gestión de la Zona Antártica Especialmente Protegida N° 144, Bahía Chile (Bahía Discovery), isla Greenwich, Shetland del Sur	Chile					Plan de gestión revisado ZAEP 144
WP062	CPA 12	Reparación o remediación del daño ambiental: Informe del COMNAP sobre su experiencia	COMNAP					List of Papers
WP063	RCTA 17	Intercambio de información en tiempo real del tráfico marítimo en la Antártica	Chile					
WP064	RCTA 5	Establecimiento de un Grupo de Trabajo sobre cooperación antártica	Chile					

Documentos de Información

Número	Puntos del programa	Título	Suministrado por	I	F	R	E	Adjuntos
IP001	RCTA 4 CPA 11	Informe anual para 2011/12 del Comité Científico de Investigación Antártica (SCAR)	SCAR	⏦	⏦	⏦	⏦	
IP002	RCTA 13 CPA 9	The Southern Ocean Observing System (SOOS)	SCAR	⏦				
IP003	RCTA 4 CPA 11	Informe anual para 2011 del Consejo de Administradores de los Programas Nacionales Antárticos (COMNAP)	COMNAP	⏦	⏦	⏦	⏦	
IP004	RCTA 14	Implicaciones de la gestión de una Antártida que cambia -Taller del COMNAP	COMNAP	⏦	⏦	⏦	⏦	
IP005	RCTA 4	Informe presentado por el gobierno depositario de la Convención para la Conservación de las Focas Antárticas en la XXXV Reunión Consultiva del Tratado Antártico, en virtud de la Recomendación XIII-2, párrafo 2(D)	Reino Unido	⏦	⏦	⏦	⏦	
IP006	CPA 12	Resumen temático: Debates del CPA sobre la limpieza	Australia	⏦	⏦	⏦	⏦	
IP007	RCTA 15	Revisión de los Documentos de Trabajo del COMNAP y los Documentos de Información presentados a la RCTA 1988 - 2011	COMNAP	⏦	⏦	⏦	⏦	Attachments 1 and 2: Lists of COMNAP papers 1988-2011
IP008	RCTA 5	Contemporary opportunities for weather and related Polar Observations, Research and Services - leading to improved mitigation of risk	OMM	⏦				
IP009 rev.1	RCTA 4	Informe presentado por el Gobierno depositario de la Convención sobre la Conservación de los Recursos Vivos Marinos Antárticos (CCRVMA)	Australia	⏦	⏦	⏦	⏦	
IP010	RCTA 4	Informe presentado por el Gobierno depositario sobre el acuerdo acerca de la conservación de albatros y petreles (ACAP)	Australia	⏦	⏦	⏦	⏦	
IP011	RCTA 7	Resumen temático: Formulación de un plan de trabajo estratégico plurianual para la Reunión Consultiva del Tratado Antártico	Australia	⏦	⏦	⏦	⏦	
IP012	RCTA 7	Ejemplos para ilustrar la propuesta aplicación de un Plan de trabajo estratégico plurianual	Australia	⏦	⏦	⏦	⏦	
IP013	CPA 8a	Colonisation status of the non-native grass Poa pratensis at Cierva Point, Danco Coast, Antarctic Peninsula	España Argentina Reino Unido	⏦				
IP014	CPA 7b	Brief Introduction of the Maintenance and Conservation Project of No.1 Building at Great Wall Station	China	⏦				
IP015	RCTA 10	The Crash and Rescue of Chinese Ka-32 Helicopter	China	⏦				
IP016	RCTA 7	Priorización de temas de la RCTA: Cuadro ilustrativo	Nueva Zelanda	⏦	⏦	⏦	⏦	

Documentos de Información								
Número	Puntos del programa	Título	Suministrado por	I	F	R	E	Adjuntos
IP017	RCTA 10	Incidentes de Búsqueda y rescate ocurridos en la temporada 2011/2012: buques pesqueros FV SPARTA y FV JEONG WOO 2	Nueva Zelanda	☐	☐	☐	☐	
IP018	RCTA 13	Contribuciones chilenas al conocimiento científico de la Antártica: Expedición 2011/12	Chile				☐	
IP019	RCTA 4	Informe del Gobierno depositario del Tratado Antártico y su Protocolo de conformidad con la Recomendación XIII-2	Estados Unidos	☐	☐	☐	☐	Cuadro de estado del Protocolo Cuadro de estado del Protocolo al Tratado antártico Lista de Recomendaciones/Medidas y su aprobación
IP020	CPA 8c	Evaluation of the "Strategic assessment of the risk posed to marine mammals by the use of airguns in the Antarctic Treaty area"	Alemania	☐				
IP021	RCTA 13 CPA 8c	Anthropogenic Sound in the Southern Ocean: an Update	SCAR	☐				
IP022	RCTA 18	Report on the bioprospecting activities carried out by Belgian scientists since 1998	Bélgica	☐				
IP023	CPA 6b	Final Comprehensive Environmental Evaluation (CEE) for the Proposed Construction and Operation of the Jang Bogo Station, Terra Nova Bay, Antarctica	Corea RDC	☐				
IP024	CPA 7a	Management Report of Narębski Point (ASPA 171) and Ardley Island (ASPA 150) during the 2011/2012 period	Corea RDC	☐				
IP025	CPA 12	Examples to illustrate key environmental issues related to the practicality of repair or remediation of environmental damage	Australia	☐				
IP026	CPA 7f	Analyses of the Antarctic protected areas system using spatial information	Australia	☐				
IP027	RCTA 4	Informe del observador de la CCRVMA en la trigésima quinta Reunión Consultiva del Tratado Antártico	CCRVMA	☐	☐	☐	☐	
IP028	CPA 11	Informe del observador de SC CAMLR en la decimoquinta reunión del Comité de Protección Ambiental	CCRVMA	☐	☐	☐	☐	
IP029	CPA 8a	Colonisation status of known non-native species in the Antarctic terrestrial environment (updated 2012)	Reino Unido	☐				
IP030	CPA 6b	The Final Comprehensive Environmental Evaluation (CEE) for the Proposed Exploration of Subglacial Lake Ellsworth, Antarctica	Reino Unido	☐				Proposed Exploration of Subglacial Lake Ellsworth, Antarctica - Final Comprehensive Environmental Evaluation
IP031	RCTA 14 CPA 5	Best Practice for Energy Management – Guidance and Recommendations	COMNAP	☐				Survey questions and summary of results
IP032	RCTA 10 CPA 13	COMNAP Survey of National Antarctic Programs on Oil Spill	COMNAP	☐				

Documentos de Información								
Número	Puntos del programa	Título	Suministrado por	I	F	R	E	Adjuntos
		Contingency Planning						
IP033	CPA 6b	Environmental Aspects and Impacts of Tourism and Non-governmental Activities in Antarctica	Nueva Zelanda	🔊				CEP Tourism Study Tourism and Non-governmental Activities in the Antarctic: Environmental Aspects and Impacts Tourism Study Supporting Tables and Data Sets
IP034	CPA 7e	Using ASMAs and ASPAs when necessary to complement CCAMLR MPAs	UICN	🔊				
IP035	RCTA 13 CPA 8c	Antarctic Conservation for the 21st Century: Background, progress, and future directions	SCAR UICN Nueva Zelanda	🔊				
IP036	RCTA 4	Informe de la Asociación Internacional de Operadores Turísticos de la Antártida 2011-2012	IAATO	🔊	🔊	🔊	🔊	
IP037	RCTA 11 CPA 7c	Report on IAATO Operator use of Antarctic Peninsula Landing Sites and ATCM Visitor Site Guidelines, 2011-2012 Season	IAATO	🔊				
IP038	RCTA 11 CPA 7a	Establishing IAATO Safety Asesories	IAATO	🔊				
IP039	RCTA 11	IAATO Overview of Antarctic Tourism: 2011-12 Season and Preliminary Estimates for 2012-13 Season	IAATO	🔊				
IP040 rev.1	RCTA 13 CPA 9	SCAR Products available to support the deliberations of the ATCM	SCAR	🔊				
IP041	CPA 6b	Starting a feasibility study for the realization of a gravel runway near Mario Zucchelli Station	Italia	🔊				
IP042	RCTA 11	Data Collection and Reporting on Yachting Activity in Antarctica in 2011-12	Reino Unido IAATO	🔊				
IP043	CPA 6b	Establishment and Operation of New Indian Research Station "Bharati" at Larsemann Hills	India	🔊				
IP044	RCTA 16 CPA 5	Communicating the Science of Climate Change	SCAR	🔊				
IP045	RCTA 14 CPA 5	Antarctic Climate Change and the Environment: an Update	SCAR	🔊				
IP046	CPA 9	Pilot study on monitoring climate-induced changes in penguin colonies in the Antarctic using satellite images	Alemania	🔊				
IP047	RCTA 12 CPA 10	Estados Unidos-Federación de Rusia Report of Inspection	Estados Unidos Federación de Rusia	🔊				U.S.-Federación de Rusia Report of Inspection
IP048	RCTA 13	Japón's Antarctic Research Highlights in 2011–2012	Japón	🔊				
IP049	CPA 7f	Annex V Inviolate and Reference Areas: Current Management Practices	ASOC	🔊				

Documentos de Información								
Número	**Puntos del programa**	**Título**	**Suministrado por**	**I**	**F**	**R**	**E**	**Adjuntos**
IP050	CPA 7e	Antarctic Ocean Legacy: A Marine Reserve for the Ross Sea	ASOC	📄				Report "Antarctic Ocean Legacy: A Marine Reserve for the Ross Sea"
IP051	CPA 7e	Antarctic Ocean Legacy: A Vision for Circumpolar Protection	ASOC	📄				Report "Antarctic Ocean Legacy: A Vision for Circumpolar Protection"
IP052	CPA 7d	Data Sources for Mapping the Human Footprint in Antarctica	ASOC	📄				
IP053	RCTA 10 CPA 9	Follow-up to Vessel Incidents in Antarctic Waters	ASOC	📄				
IP054	CPA 7e	Implications of Antarctic krill fishing in ASMA No. 1 - Admiralty Bay	ASOC	📄				
IP055	RCTA 11	Key Issues for a Strategic Approach to Review Tourism Policies	ASOC	📄				
IP056	RCTA 10	Progress on the Development of a Mandatory Polar Code	ASOC	📄				
IP057	CPA 12	Repair or Remediation of Environmental Damage	ASOC	📄				
IP058 rev.1	CPA 5	Earth Hour Antarctica (2013)	**ASOC** Australia Reino Unido	📄				
IP059	RCTA 12 CPA 10	Review of the Implementation of the Madrid Protocol: Inspections by Parties (Article 14)	**PNUMA** ASOC	📄				
IP060	CPA 7d	Further information about wilderness protection in Antarctica and use of tools in the Protocol	**Nueva Zelanda** Paises Bajos	📄				
IP061	CPA 7a	Report of the Larsemann Hills Antarctic Specially Managed Area (ASMA) Management Group	Australia China India Rumania Federación de Rusia	📄				
IP062	RCTA 15	The Dirck Gerritsz Laboratory at the UK's Rothera Research Station	Paises Bajos Reino Unido	📄				
IP063	RCTA 18	An Update on Biological Prospecting in Antarctica and Recent Policy Developments at the International Level	**Países Bajos** Bélgica Finlandiaia Suecia PNUMA	📄				
IP064	RCTA 10	Brasilian Yacht Accident	Brasil	📄				
IP065	RCTA 10	Comandante Ferraz Station: Oil Barge Incident	Brasil	📄				
IP066	CPA 7a	Working Plan Proposal for the Review of the Admiralty Bay Antarctic Specially Managed Area Management Plan (ASMA No. 1)	Brasil	📄				
IP067	RCTA 11	'Outstanding Questions' on Antarctic Tourism: An Inventory and Discussion	Paises Bajos	📄				
IP068	CPA 7e	Progress of Ucrania on Designation of Broad-scale Management System in the	Ucrania	📄		📄		

Documentos de Información

Número	Puntos del programa	Título	Suministrado por	I	F	R	E	Adjuntos
		Vernadsky Station Area						
IP069	RCTA 15	Proyecto para que la Estación Científica Ecuatoriana "Pedro Vicente Maldonado", tenga el carácter de permanente	Ecuador				⚓	
IP070	RCTA 4	Informe de la Organización Hidrográfica Internacional (OHI) sobre la "Cooperación en Levantamientos hidrográficos y Cartografía de las aguas antárticas"	OHI	⚓	⚓	⚓	⚓	
IP071	RCTA 9	On preparation for ratification of Annex VI of the Protocol on Environmental Protection to the Antarctic Treaty	Federación de Rusia	⚓		⚓		
IP072	RCTA 11	Activity of the international air program DROMLAN and its interaction with non-governmental activity in the Antarctic	Federación de Rusia	⚓		⚓		
IP073	RCTA 10	Russian experience of applying automatic aids to approach of heavy transport aircraft at the Antarctic aerodromes using satellite navigation systems	Federación de Rusia	⚓		⚓		
IP074	CPA 6b	Results of Russian activity for penetrating subglacial Lake Vostok in the season 2011–12	Federación de Rusia	⚓		⚓		
IP075	RCTA 11	Participación de Chile en situación yate Nilaya / Berserk	Chile	⚓			⚓	
IP076	CPA 9	Centro de Monitoreo Ambiental Antártico	Chile	⚓			⚓	
IP077	RCTA 10	Apoyos marítimos realizados por Chile en la Antártica durante la temporada 2011/2012	Chile	⚓			⚓	
IP078	CPA 7a	Amundsen-Scott South Pole Station, South Pole Antarctica Specially Managed Area (ASMA No. 5) 2012 Management Report	Estados Unidos	⚓				
IP079	RCTA 10	Apoyo aéreos efectuados por Chile en la Antártica durante los años 2011 y 2012	Chile				⚓	
IP080	CPA 7e	Report of The CEP Observer To The CCAMLR Workshop On Marine Protected Areas.Brest, Francia, 29 August to 2 September 2011	CCRVMA	⚓				
IP081	RCTA 11	The Nilaya/Berserk Expedition	Noruega	⚓				
IP082	CPA 7a	Deception Island Specially Managed Area (ASMA) Management Group Report	Argentina Chile Noruega España Reino Unido Estados Unidos	⚓				
IP083	RCTA 13	Medical scientific cooperation between Romania and UK within the SCAR for the study of biometeorological human adaptation in a changing climate	Rumania	⚓				
IP084	RCTA 18	Management Plan for Romanian Biological Prospecting Activities in	Rumania	⚓				

Documentos de Información								
Número	Puntos del programa	Título	Suministrado por	I	F	R	E	Adjuntos
		Antarctica						
IP085	RCTA 4	Informe de la Coalición Antártica y del Océano Austral	ASOC					
IP086	RCTA 11	Áreas de interés turístico en la región de la Península Antártica e Islas Orcadas del Sur. Temporada 2011/2012	Argentina					
IP087	RCTA 11	El turismo antártico a través de Ushuaia. Comparación de las últimas cuatro temporadas	Argentina					
IP088	RCTA 11	Informe sobre flujos de visitantes y de buques de turismo antártico que operaron en el puerto de Ushuaia durante la temporada 2011/2012	Argentina					

Documentos de la Secretaría								
Número	**Puntos del programa**	**Título**	**Suministrado por**	**I**	**F**	**R**	**E**	**Adjuntos**
SP001 rev.1	RCTA 1 CPA 1	Programa y calendario de la XXXV RCTA y XV Reunión del CPA	STA					
SP002 rev.1	RCTA 6	Informe de la Secretaría 2011/2012	STA					Contribuciones recibidas por la Secretaría del Tratado Antártico durante 2011/2012 Estimado de Ingresos y desembolsos 2011/12 Informe financiero auditado 2010/2011
SP003 rev.1	RCTA 6	Programa de la Secretaría 2012/2013	STA					Escala de contribuciones 2013/2014 Escala de suedos 2012/2013 Estado provisional 2011/12, Pronóstico 2012/13, Presupuesto 2012/13, Presupuesto proyectado 2013/14 Programa de la Secretaría 2012/2013
SP004	RCTA 6	Contribuciones recibidas por la Secretaría del Tratado Antártico durante 2009/2012	STA					
SP005	RCTA 6	Presupuesto quinquenal prospectivo 2012 - 2017	STA					Apéndice 1: Escenario 1 Apéndice 2: Escenario 2
SP006 rev.1	CPA 6b	Lista anual de evaluaciones medioambientales iniciales (IEE) y evaluaciones medioambientales globales (CEE) preparadas entre el 1 de abril de 2011 y el 31 de marzo de 2012	STA					
SP007	CPA 7a	Situación de los Planes de Gestión de las Zonas Antárticas Especialmente Protegidas y las Zonas Antárticas Especialmente Administradas	STA					
SP008	RCTA 14 CPA 5	Medidas adoptadas por el CPA y la RCTA con base en las recomendaciones de la RETA sobre el cambio climático	STA					
SP009	RCTA 5	Informe de avance del Grupo de Contacto Intersesional sobre la Revisión de las Recomendaciones de la RCTA sobre asuntos operacionales	STA					Anexo a la Decisión 1 (2012)
SP010	RCTA 17 CPA 4	Informe del Grupo de Contacto Informal sobre la mejora del SEII y otros temas vinculados con el intercambio de información	STA					
SP012	RCTA 1	Summary of Papers - Legal & Insitutional Working Group	STA					
SP013	RCTA 11	Annotated Agenda and Summary of Papers Tourism Working Group	STA					
SP014	RCTA 15	Operations WG - Summary of Papers	STA					
SP015	CPA 1	CEP XV: Summary of Papers	STA					Work of the CEP during the 2011-2012 intersession period
SP016	RCTA 10	Joint Session Operations WG and Tourism WG Summary of Papers	STA					

Documentos de la Secretaría								
Número	Puntos del programa	Título	Suministrado por	I	F	R	E	Adjuntos
SP017 rev.1	RCTA 19	XXXVI RCTA y XVI Reunión del CPA Programa preliminar y proyecto de cronograma	STA					Programa preliminar de la XXXVI RCTA

Documentos de Antecedentes

Número	Puntos del programa	Título	Suministrado por	I	F	R	E	Adjuntos
BP001	CPA 8a	Continent-wide risk assessment for the establishment of nonindigenous species in Antarctica	SCAR	📄				
BP002	RCTA 16	Estrategias para acercar la Antártica a los ciudadanos	Chile				📄	
BP003	RCTA 11 CPA 7c	Antarctic Site Inventory: 1994-2012	Estados Unidos	📄				
BP004	RCTA 13	Report on Scientific Activity of Ucrania for 2011/2012 Season	Ucrania	📄				
BP005	RCTA 15	Cambio de nombre a una base antártica de Argentina	Argentina	📄			📄	
BP006	RCTA 13	La base Belgrano II: un punto aventajado para observaciones científicas en el extremo austral del Mar de Weddell	Argentina				📄	
BP007	RCTA 13	Evaluación institucional del Instituto Antártico Argentino	Argentina				📄	
BP008	RCTA 15	The Second Antarctic Expedition of Araon (2011/2012)	Corea RDC	📄				
BP009	RCTA 13	Scientific & Science-related Collaborations with Other Parties During 2011-2012	Corea RDC	📄				
BP010	CPA 9	Assessment of Environmental impacts arising from sewage discharge at Davis Station	Australia	📄				Marine Environment and Survey Design
BP011	CPA 12	Clean-up Techniques for Antarctica	Australia	📄				
BP012	CPA 12	Clean-up of a fuel spill near Lake Dingle, Vestfold Hills	Australia	📄				
BP013	CPA 12	Development of environmental quality standards for the management of contaminated sites in Antarctica	Australia	📄				
BP014	CPA 12	Assessment, monitoring and remediation of old Antarctic waste disposal sites: the Thala Valley example at Casey station	Australia	📄				
BP015	CPA 9	Summary information on improvements and modernizations done on Polish Antarctic Station "Arctowski"	Polonia	📄				
BP016	RCTA 11	Natación en aguas antárticas	Chile				📄	
BP017	RCTA 14 CPA 5	Energy Efficiency and Carbon Reduction Initiatives	Nueva Zelanda	📄				
BP018	RCTA 9	Australia's progress on the implementation of Measure 4 (2004), Measure 1 (2005), and Measure 15 (2009)	Australia	📄				
BP019	RCTA 20	Minimising the environmental impacts of the 35th Antarctic Treaty Consultative Meeting	Australia	📄				
BP020	RCTA 16	Australia's Antarctic Centenary	Australia	📄				

Documentos de Antecedentes								
Número	Puntos del programa	Título	Suministrado por	I	F	R	E	Adjuntos
		celebrations						
BP021	RCTA 13	Icebreaker Oden and her Southern Ocean missions	Suecia	▯				
BP022	CPA 10	Measures Adopted at Maitri Station on the Recommendations of Recent Visit of Japonese Inspection Team	India	▯				
BP023	RCTA 16	Centenario de la conquista del Polo Sur: Eventos organizados por Uruguay	Uruguay	▯			▯	
BP024	RCTA 16	Actividades educativas, culturales y de difusión del Instituto Antártico Uruguayo en el período 2011-2012	Uruguay	▯			▯	
BP025	RCTA 14	Proyecto Eficiencia Energética en la Base Científica Antártica Artigas (BCAA)	Uruguay	▯			▯	
BP026	RCTA 13	XI Encuentro de Historiadores Antárticos Iberoamericanos Playa Hermosa, Piriápolis - Uruguay - 24 y 25 de noviembre de 2011	Uruguay	▯			▯	
BP027	RCTA 13	Actividades de investigación y proyectos científicos coordinados por el Instituto Antártico Uruguayo en la campaña 2011 - 2012	Uruguay				▯	
BP028	RCTA 15	Renovación del Parque de Tanques de combustible de la Base Científica Antártica Artigas (BCAA)	Uruguay				▯	
BP029	RCTA 15	Tareas de mantenimiento de la Estación Científica T/N Ruperto Elichiribehety, Bahía Esperanza, Península Antártica	Uruguay	▯			▯	
BP030	RCTA 16	Re-Edición del "Acta Antártica Ecuatoriana", publicación científica oficial del Ecuador sobre investigación antártica	Ecuador				▯	
BP031	RCTA 16	II Concurso Intercolegial sobre Temas Antárticos, CITA2011	Ecuador				▯	
BP032	RCTA 16	Seminario Taller "Ecuador en la Antártida: Historia, Perspectivas y Proyecciones"	Ecuador				▯	
BP033	RCTA 13	Programa de cooperación binacional en asuntos antárticos "Ecuador-Venezuela"	Ecuador				▯	
BP034	RCTA 18	Paleo-ecología de las diatomeas en el Río Culebra y Puntas: Fort William y Hermosilla, Isla Greenwich (Islas Shetland del Sur)-Antártida y el comportamiento climático	Ecuador				▯	
BP035	RCTA 13	Biorremediación con microorganismos antárticos	Ecuador				▯	
BP036	CPA 6b	Resumen de la Auditoría Ambiental de Cumplimiento de la Estación Científica Ecuatoriana Pedro Vicente Maldonado	Ecuador				▯	
BP037	RCTA 13	Scientific results of Russian studies in the Antarctic in 2011	Federación de Rusia	▯		▯		

Documentos de Antecedentes								
Número	Puntos del programa	Título	Suministrado por	I	F	R	E	Adjuntos
BP038	RCTA 15 CPA 12	Retiro de chatarra desde la base Presidente Eduardo Frei Montalva, isla Rey Jorge	Chile				🖫	
BP039	RCTA 13	Law-Racovita-Negoita Base. An example of cooperation in Antarctica	Rumania	🖫				
BP040	RCTA 13	ERICON Aurora Borealis Icebreaker. A new era in the polar research	Rumania	🖫				
BP041	CPA 7b	Antarctic Heritage Trust Conservation Update	Nueva Zelanda	🖫				
BP042	RCTA 13	Report on the Research Activities: Czech Research Station J. G. Mendel, James Ross Island, January - March 2012	República Checa	🖫				

3. Lista de participantes

3. Lista de participantes

Participantes: Partes Consultivas				
Parte	Tratamiento	Contacto	Función	Dirección de correo electrónico
Alemania	Dr.	Hain, Stefan	Asesor	Stefan.Hain@awi.de
Alemania	Dr.	Herata, Heike	Representante del CPA	heike.herata@uba.de
Alemania	Sra.	Heyn, Andrea	Delegada	Andrea.Heyn@bmbf.bund.de
Alemania	Dr.	Läufer, Andreas	Asesor	andreas.laeufer@bgr.de
Alemania		Liebschner, Alexander	Delegado	alexander.liebschner@bfn-vilm.de
Alemania		Lindemann, Christian	Delegado	christian.lindemann@bmu.bund.de
Alemania	Sr.	Lorenz, Sönke	Jefe de delegación	504-0@diplo.de
Alemania	Prof. Dr.	Miller, Heinrich	Delegado	heinrich.miller@awi.de
Alemania	Dr.	Nixdorf, Uwe	Delegado	Uwe.Nixdorf@awi.de
Argentina	Sr.	Castro Lacroze, Gustavo	Asesor	gacastrolacroze@ara.mil.ar
Argentina	Sr.	Conde Garrido, Rodrigo	Delegado	xgr@mrecic.gov.ar
Argentina	Lic.	Daverio, María Elena	Asesora	medaverio@arnet.com.ar
Argentina	Sr.	Mansi, Ariel	Jefe de delegación	digea@mrecic.gov.ar
Argentina	Dr.	Marenssi, Sergio	Delegado	smarenssi@dna.gov.ar
Argentina	Dr.	Memolli, Mariano A.	Representante del CPA	drmemolli@gmail.com
Argentina	Sra.	Ortúzar, Patricia	Delegada	portuzar@dna.gov.ar
Argentina	Lic.	Vereda, Marisol	Asesora	marisol.vereda@speedy.com.ar
Argentina	Sra.	Vlasich, Verónica	Delegada	veronicavlasich@hotmail.com
Australia	Sra.	Broweleit, Jane	Asesor	jane.broweleit@ona.gov.au
Australia	Sr.	Clifton, Robb	Delegado	robb.clifton@aad.gov.au
Australia	Sra.	Curtis, Rebecca	Delegada	rebecca.curtis@dfat.gov.au
Australia	Dr.	Fleming, Tony	Sustituto	tony.fleming@aad.gov.au
Australia	Dr.	French, Greg	Jefe de delegación	greg.french@dfat.gov.au
Australia	Dr.	Gales, Nick	Delegado	nick.gales@aad.gov.au
Australia	Sr.	Graham, Alistair	Asesor	alistairgraham1@bigpond.com
Australia	Sra.	Matley, Holly	Delegada	holly.matley@ag.gov.au
Australia	Sr.	McIvor, Ewan	Representante del CPA	ewan.mcivor@aad.gov.au
Australia	Dr.	Miller, Denzil	Asesor	denzil.miller@development.tas.gov.au
Australia	Sr.	Mundy, Jason	Delegado	Jason.Mundy@aad.gov.au
Australia	Sr.	Parker, David	Asesor	david.parker@environment.gov.au
Australia	Dr.	Potter, Sandra	Delegado	sandra.potter@aad.gov.au
Australia	Sra.	Ralston, Kim	Delegada	Kim.Ralston@dfat.gov.au
Australia	Dr.	Riddle, Martin	Delegado	martin.riddle@aad.gov.au
Australia	Sr.	Rowe, Richard	Presidente de la RCTA	Richard.Rowe@dfat.gov.au
Australia	Sr.	Rudkin, Tobin	Delegado	tobin.rudkin@amsa.gov.au
Australia	Sr.	Sulikowski, Edward	Delegado	edward.sulikowski@dfat.gov.au
Australia	Sra.	Taylor, Hannah	Delegada	hannah.taylor@aad.gov.au
Australia	Dr.	Tracey, Phillip	Delegado	phil.tracey@aad.gov.au
Australia	Sra.	Trousselot, Chrissie	Asesora	chrissie.trousselot@development.tas.gov.au
Australia	Sra.	Werner, Stephanie	Delegado	Stephanie.Werner@dfat.gov.au
Australia	Dr.	Wooding, Rob	Delegado	rob.wooding@aad.gov.au
Bélgica	Sr.	Andre, François	Representante del CPA	francois.andre@environnement.belgique.be
Bélgica	Sr..	Jordens, David	Personal	david.jordens@diplobel.fed.be
Bélgica	Sr.	Marsia, Luc	Personal	luc.marsia@diplobel.fed.be
Bélgica	Sr.	Régibeau, Jean-Arthur	Jefe de delegación	jean-arthur.regibeau@diplobel.fed.be
Bélgica	Su Excelencia	Renault, Patrick	Delegado	patrick.renault@diplobel.fed.be
Bélgica	Sra.	Vancauwenberghe, Maaike	Delegada	maaike.vancauwenberghe@belspo.be
Bélgica	Sra.	Wilmotte, Annick	Asesora	awilmotte@ulg.ac.be
Brasil	Comandante	Corrêa Paes Filho, José	Delegado	paes@secirm.mar.mil.br
Brasil	Comandante	do Amaral Silva, Marco Antonio	Delegado	amaral.silva@secirm.mar.mil.br
Brasil	Sra.	Leal Madruga, Jaqueline	Representante del CPA	jaqueline.madruga@mma.gov.br
Brasil	PhD	S.Campos, Lucia	Delegado	campos-lucia@biologia.ufrj.br
Brasil	Contralmirante	Silva Rodrigues, Marcos	Suplente	proantar@secirm.mar.mil.br
Brasil	Ministro	Vaz Pitaluga, Fábio	Jefe de delegación	dmae@itamaraty.gov.br

Participantes: Partes Consultivas				
Parte	Tratamiento	Contacto	Función	Dirección de correo electrónico
Bulgaria	Prof.	Pimpirev, Christo	Suplente	polar@gea.uni-sofia.bg
Bulgaria	Embajador	Stefanov, Krassimir	Jefe de delegación	stefanovkd@yahoo.com
Chile	Sr.	Cariceo Yutronic, Yanko Jesús	Delegado	ycariceo.12@mma.gob.cl
Chile	Sra.	Carvallo, María Luisa	Delegada	mlcarvallo@minrel.gov.cl
Chile	Sr.	Ferrada, Luis Valentín	Delegado	lferrada@ssdefensa.gov.cl
Chile	Sr.	Figueroa, Miguel	Delegado	mfigueroa@fach.cl
Chile	Sr.	Prado, Carlos	Delegado	prado.antartica@gmail.com
Chile	Dr.	Retamales, José	Suplente	jretamales@inach.cl
Chile	Sr.	Sainz, Manuel	Delegado	msainz@fach.cl
Chile	Consejero Sr.	Sanhueza, Camilo	Jefe de delegación	csanhueza@minrel.gov.cl
Chile	Sr.	Sepulveda, Victor	Delegado	vsepulveda@armada.cl
Chile	Sr.	Soto, Juan Luis	Delegado	jsoto@inach.cl
Chile	Sra.	Vallejos, Verónica	Representante del CPA	vvallejos@inach.cl
Chile	Sr.	Velasquez, Ricardo	Delegado	rvelasquezo@dgtm.cl
China	Sr.	Gao, Feng	Jefe de delegación	gao_feng@mfa.gov.cn
China	Segundo Secretario	Kong , Xiangwen	Delegado	kong_xiangwen@mfa.gov.cn
China	Director General	Qu, Tanzhou	Delegado	chinare@263.net.cn
China	Sr.	Wei, Long	Delegado	chinare@263.net.cn
China	Funcionario del Programa	Yang, Lei	Delegado	chinare@263.net.cn
China	Director	Zhu, Jiangang	Delegado	chinare@263.net.cn
Corea (RDC)	Dr.	Ahn, In-Young	Representante del CPA	iahn@kopri.re.kr
Corea (RDC)	Sra.	An, Heeyoung	Delegada	1234567@korea.kr
Corea (RDC)	Sra.	Cho, Ji I	Delegada	jicho07@mofat.go.kr
Corea (RDC)	Dr.	Choi, Jaeyong	Representante del CPA	jaychoi@cnu.ac.kr
Corea (RDC)	Dr.	Chung, Hosung	Asesor	hchung@kopri.re.ke
Corea (RDC)	Dr.	Jin, Dongmin	Delegado	dmjin@kopri.re.kr
Corea (RDC)	Sr.	Kang, Jiwon	Delegado	jwkang515@gmail.com
Corea (RDC)	Dr.	Kim, Ji Hee	Asesor	jhalgae@kopri.re.kr
Corea (RDC)	Dr.	Kim, Yeadong	Delegado	ydkim@kopri.re.kr
Corea (RDC)	Sr.	Kim, Young-won	Jefe de delegación	youngwon05@hotmail.com
Corea (RDC)	Dr.	Lee, Yoo Kyung	Delegado	yklee@kopri.re.kr
Corea (RDC)	Dr.	Seo, Hyun kyo	Delegado	shkshk@kopri.re.kr
Corea (RDC)	Sr.	Shin, Maengho	Jefe de delegación	mhshin85@mofat.go.kr
Corea (RDC)	Dr.	Shin, Hyoung Chul	Delegado	hcshin@kopri.re.kr
Ecuador	CPFG-EM	Gomez, Humberto	Delegado	mhgomezp@yahoo.com
Ecuador	Capitán	Olmedo Morán, José	Jefe de delegación	pinguino.olmedo@gmail.com
Ecuador	Embajador	Suarez, Alejandro	Delegado	cartografia@mmrree.gob.ec
España	Sr.	Catalan, Manuel	Representante del CPA	cpe@mineco.es
España	Dr.	Dañobeitia, Juan Jose	Asesor	jjdanobeitia@cmima.csic.es
España	Embajador	Gomez Martinez, Marcos	Jefe de delegación	marcos.gomez@maec.es
España	Sra.	Puig, Roser	Asesora	rpuigmar@ub.edu
España	Sra.	Ramos, Sonia	Asesora	sonia.ramos@mineco.es
Estados Unidos	Sr.	Bloom, Evan T.	Jefe de delegación	bloomet@state.gov
Estados Unidos	Sra.	Cooper, Susannah	Suplente	cooperse@state.gov
Estados Unidos	Sra.	Dahood, Adrian	Delegada	adahood@nsf.gov
Estados Unidos	Sr.	Edwards, David	Delegado	david.l.edwards@uscg.mil
Estados Unidos	Dr.	Falkner, Kelly	Delegado	kfalkner@nsf.gov
Estados Unidos	Sr.	Gilanshah, Bijan	Delegado	bgilansh@nsf.gov
Estados Unidos	Sra.	Hessert, Aimee	Delegada	hessert.aimee@epamail.epa.gov
Estados Unidos	Sr.	Israel, Brian	Delegado	israelbr@state.gov
Estados Unidos	Dr.	Karentz, Deneb	Asesor	karentzd@usfca.edu
Estados Unidos	Sr.	Naveen, Ron	Asesor	oceanites.mail@verizon.net
Estados Unidos	Dr.	Penhale, Polly A.	Representante del CPA	ppenhale@nsf.gov
Estados Unidos	Sr.	Smith, Lowell	Asesor	lowsmith@mail2Scientist.com
Estados Unidos	Sr.	Stone, Brian	Delegado	bstone@nsf.gov

Participantes: Partes Consultivas				
Parte	Tratamiento	Contacto	Función	Dirección de correo electrónico
Estados Unidos	Sra.	Toschik, Pamela	Delegado	pamela.toschik@noaa.gov
Estados Unidos	Sr.	Watters, George	Delegado	George.Watters@noaa.gov
Estados Unidos	Sra.	Wheatley, Victoria	Asesora	vewheatley@gmail.com
Federación de Rusia	Sra.	Antonova, Anna	Delegada	avant71@yandex.ru
Federación de Rusia	Sr.	Gonchar, Dmitry	Jefe de delegación	dp@mid.ru
Federación de Rusia	Sr.	Lukin, Valery	Representante del CPA	lukin@aari.nw.ru
Federación de Rusia	Sr.	Pomelov, Victor	Delegado	pom@aari.nw.ru
Federación de Rusia	Sra.	Stetsenko, Ksenia	Delegada	dp@mid.ru
Finlandia	Sra.	Mähönen, Outi	Representante del CPA	outi.mahonen@ely-keskus.fi
Finlandia	Sra.	Pohjanpalo, Maria	Suplente	maria.pohjanpalo@formin.fi
Finlandia	Sra.	Valjento, Liisa	Jefe de delegación	liisa.valjento@formin.fi
Francia	Sra.	Belna, Stéphanie	Representante del CPA	stephanie.belna@developpement-durable.gouv.fr
Francia	Dr.	Choquet, Anne	Delegada	annechoquet@orange.fr
Francia		Dalmas, Dominique	Representante del CPA	dominique.dalmas@interieur.gouv.fr
Francia	Dr.	Frenot, Yves	Representante del CPA	yves.frenot@ipev.fr
Francia	Sr.	Lebouvier, Marc	Representante del CPA	marc.lebouvier@univ-rennes1.fr
Francia	Sr.	Maxime, Reynaud	Delegado	maxime.reynaud@diplomatie.gouv.fr
Francia	Sr.	Mayet, Laurent	Asesor	laurent.mayet@diplomatie.gouv.fr
Francia	Sr.	Reuillard, Emmanuel	Delegado	emmanuel.reuillard@taaf.fr
Francia	Embajador	Rocard, Michel	Jefe de delegación	laurent.mayet@diplomatie.gouv.fr
Francia	Sr.	Segura, Serge	Jefe de delegación	serge.segura@diplomatie.gouv.fr
Francia	M.	Trouyet, Marc	Delegado	marc.trouyet@diplomatie.gouv.fr
India	Dr.	Bhat, Kajal	Delegado	bhatkajal@yahoo.com
India	Dr.	Gupta, Vasudha	Delegado	vasudha.gupta@nic.in
India	Dr.	Ravindra, Rasik	Jefe de delegación	rasik@ncaor.org
India	Dr.	Tiwari, Anoop	Delegado	anooptiwari@ncaor.org
Italia	Embajador	Fornara, Arduino	Jefe de delegación	arduino.fornara@esteri.it
Italia	Dr.sa	Mecozzi, Roberta	Delegada	roberta.mecozzi@enea.it
Italia	Profesor	Moze, Oscar	Suplente	adscien.canberra@esteri.it
Italia	Dr.	Tamburelli, Gianfranco	Asesor	gtamburelli@pelagus.it
Italia	Sra.	Tomaselli, Maria Stefania	Delegada	tomaselli.stefania@minambiente.it
Italia	Dr.	Torcini, Sandro	Delegado	sandro.torcini@casaccia.enea.it
Japón	Sr.	Amada, Shinichi	Delegado	shinichi_amada@env.go.jp
Japón	Sra.	Fujimoto, Masami	Delegada	masami.fujimoto@mofa.go.jp
Japón	Sr.	Hasegawa, Shuichi	Representante del CPA	SHUICHI_HASEGAWA@env.go.jp
Japón	Sr.	Kawashima, Tetsuya	Delegado	tetsuya_kawashima@nm.maff.go.jp
Japón	Sr.	Sasaki, Hideki	Delegado	ssk@mext.go.jp
Japón	Prof.	Shiraishi, Kazuyuki	Jefe de delegación	kshiraishi@nipr.ac.jp
Japón	Prof.	Watanabe, Kentaro	Delegado	kentaro@nipr.ac.jp
Noruega	Sra.	Gaalaas, Siv Christin	Asesora	scg@nhd.dep.no
Noruega	Sr.	Halvorsen, Svein Tore	Asesor	sth@md.dep.no
Noruega	Sra.	Njaastad, Birgit	Representante del CPA	njaastad@npolar.no
Noruega	Sra.	Nygaard, Kristina	Asesora	krny@mfa.no
Noruega	Sr.	Rognhaug, Magnus H.	Asesor	mar@md.dep.no
Noruega	Sr.	Rosenberg, Stein Paul	Jefe de delegación	stro@mfa.no
Nueva Zelandia	Sra.	Bird, Rebecca	Delegada	rbird@wwf.org.nz
Nueva Zelandia	Sr.	Gaston, David	Asesor	david.gaston@mfat.govt.nz
Nueva Zelandia	Dr.	Gilbert, Neil	Suplente	n.gilbert@antarcticanz.govt.nz
Nueva Zelandia	Dr.	Keys, Harry	Asesor	hkeys@doc.govt.nz
Nueva Zelandia	Sr.	Kingston, Charles	Asesor	charles.kingston@mfat.govt.nz
Nueva Zelandia	Sr.	MacKay, Don	Asesor	don_maria_mackay@msn.com
Nueva Zelandia	Sra.	Newman, Jana	Asesora	j.newman@antarcticanz.govt.nz

Participantes: Partes Consultivas				
Parte	Tratamiento	Contacto	Función	Dirección de correo electrónico
Nueva Zelandia	Sra.	Ng, Jocelyn	Asesora	jocelyn.ng@mfat.govt.nz
Nueva Zelandia	Sr.	Sanson, Lou	Asesor	l.sanson@antarcticanz.govt.nz
Nueva Zelandia	Sra.	Schwalger, Carolyn	Jefa de delegación	carolyn.schwalger@mfat.govt.nz
Nueva Zelandia	Dr.	Sharp, Ben	Asesor	ben.sharp@mpi.govt.nz
Nueva Zelandia	Sr.	Zuur, Bob	Delegado	bzuur@wwf.org.nz
Países Bajos	Prof. dr.	Bastmeijer, Kees	Asesor	c.j.bastmeijer@uvt.nl
Países Bajos		Elstgeest, Marlynda	Asesora	marlynda@waterproof-expeditions.com
Países Bajos	Sr.	Hernaus, Reginald	Suplente	Reggie.hernaus@minienm.nl
Países Bajos	Prof. dr.	Lefeber, René J.M.	Jefe de delegación	rene.lefeber@minbuza.nl
Países Bajos	drs. ir.	Martijn, Peijs	Delegado	w.f.peijs@minlnv.nl
Perú	Emb.	Quesada, Luis	Jefe de delegación	lquesada@embaPerú.org.au
Perú	Dr.	Sueldo, Jaime	Asesor	jaimesueldo@yahoo.com
Polonia	Dr.	Kidawa, Anna	Delegado	akidawa@arctowski.pl
Polonia	Director	Sarkowicz, Ryszard	Jefe de delegación	ryszard.sarkowicz@msz.gov.pl
Polonia	Dr.	Tatur, Andrzej	Delegado	tatura@interia.pl
Polonia	Embajador	Wolski, Jakub T.	Suplente	jakub.wolski@msz.gov.pl
Reino Unido	Sr.	Burgess, Henry	Representante del CPA	henry.burgess@fco.gov.uk
Reino Unido	Sra.	Clarke, Rachel	Delegada	racl@bas.ac.uk
Reino Unido	Sr.	Downie, Rod	Delegado	rhd@bas.ac.uk
Reino Unido	Sr.	Drakeford, Jonathan	Delegado	jonathan.drakeford@fco.gov.uk
Reino Unido	Dr.	Hughes, Kevin	Delegado	kehu@bas.ac.uk
Reino Unido	Sr.	Madden, Paul	Delegado	paul.madden@fco.gov.uk
Reino Unido	Sra.	Rumble, Jane	Jefe de delegación	Jane.Rumble@fco.gov.uk
Reino Unido	Dr.	Shears, John	Delegado	jrs@bas.ac.uk
Sudáfrica	Asesora	Dwarika, Yolande	Delegada	DwarikaY@dirco.gov.za
Sudáfrica	Sra.	Jacobs, Carol	Representante del CPA	cjacobs@environment.gov.za
Sudáfrica	Sr.	Janse Van Noordwyk, Christo	Suplente	JanseVanNoordwykC@dirco.gov.za
Sudáfrica	Dr.	Mphepya, Jonas	Delegado	jmphepya@environment.gov.za
Sudáfrica	Dr.	Siko, Gilbert	Delegado	Gilbert.Siko@dst.gov.za
Sudáfrica	Sr.	Valentine, Henry	Jefe de delegación	hvalentine@environment.gov.za
Suecia	Coordinador de investigación	Jonsell, Ulf	Suplente	ulf.jonsell@polar.se
Suecia	Embajador	Ödmark, Helena	Jefe de delegación	helena.odmark@foreign.ministry.se
Suecia	Sra.	Selberg, Cecilia	Representante del CPA	cecilia.selberg@polar.se
Ucrania		Fedchuk, Andrii	Representante del CPA	andriyf@gmail.com
Ucrania	Dr.	Gurzhii, Andrii	Jefe de delegación	valery_sav@ukr.net
Uruguay	Sr.	Abdala, Juan	Representante del CPA	jabdala@iau.gub.uy
Uruguay	Sr.	Alonzo, Ismael	Jefe de delegación	presidente@iau.gub.uy
Uruguay	Embajador	Fajardo, Alberto	Suplente	urucan@iimetro.com.au
Uruguay	Sr.	Fontes, Waldemar	Delegado	dirsecretaria@iau.gub.uy
Uruguay	Sr.	González Otero, Alvaro	Delegado	politica@mrree.gub.uy
Uruguay	Sr.	Saravia, Ricardo	Delegado	rsaravia@iau.gub.uy
Uruguay	Sr.	Vignali, Daniel	Asesor	dvignal@adinet.com.uy

Participantes: Partes No Consultivas				
Parte	Tratamiento	Contacto	Función	Dirección de correo electrónico
Canadá		Sadar, Kamuran	Jefe de delegación	kamuran.sadar@ec.gc.ca
Colombia		Bula, Olga	Jefa de delegación	olenabula@gmail.com
Malasia	Prof.	Abu Samah, Azizan	Suplente	azizans@um.edu.my
Malasia	Dr.	Goh, Hong Ching	Delegado	gohhc@um.edu.my
Malasia	Dr.	Hamzah, B.Ahmad	Delegado	bahamzah@pd.jaring.my
Malasia	Sr.	Hashim, Eldeen	Delegado	ehusaini@hotmail.com
Malasia	Sr.	Leman, Wan Ashbi	Delegado	ashbi@mosti.gov.my
Malasia	Dr.	Mohd Nor, Salleh	Delegado	salleh.mohdnor@gmail.com
Malasia	Prof.	Mohd Shah, Rohani	Delegado	rohanimohdshah@yahoo.com
Malasia	Dr.	Syed Ahmad, Sharifah Zarah	Jefe de delegación	zarah@mosti.gov.my
Mónaco	Del.	Van Klaveren, Céline	Delegada	cevanklaveren@gouv.mc

Participantes: Partes No Consultivas

Parte	Tratamiento	Contacto	Función	Dirección de correo electrónico
República Checa	Sr.	Prošek, Pavel	Asesor	prosek@geogr.muni.cz
República Checa	Sr.	Venera, Zdenek	Jefe de delegación	zdenek.venera@geology.cz
República Eslovaca	Ing.	Petrasova, Anna	Delegada	anna.petrasova@mzv.sk

Participantes: Observadores

Parte	Tratamiento	Contacto	Función	Dirección de correo electrónico
CCAMLR	Dr.	Jones, Christopher	Representante del CPA	chris.d.jones@noaa.gov
CCAMLR	Sr.	Kremzer, Ed	Asesor	ed.kremzer@ccamlr.org
CCAMLR		Nilsson, Jessica	Asesora	Jessica.nilsson@ccamlr.org
CCAMLR	Dr.	Reid, Keith	Asesor	keith@ccamlr.org
CCAMLR	Sr.	Wright, Andrew	Jefe de delegación	andrew_wright@ccamlr.org
COMNAP	Sra.	Rogan-Finnemore, Michelle	Jefa de delegación	michelle.finnemore@comnap.aq
SCAR	Prof.	Chown, Steven L.	Representante del CPA	slchown@sun.ac.za
SCAR	Prof	Kennicutt, Mahlon (Chuck)	Delegado	m-kennicutt@tamu.edu
SCAR	Dr.	Newman, Louise	Delegado	Louise.Newman@utas.edu.au
SCAR	Dr.	O'Brien, Philip	Delegado	phil.obrien.ant@gmail.com
SCAR	Dr.	Sparrow, Mike	Jefe de delegación	mds68@cam.ac.uk
SCAR	Dr.	Terauds, Aleks	Delegado	aleks.terauds@gmail.com

Participantes: Expertos

Parte	Tratamiento	Contacto	Función	Dirección de correo electrónico
ACAP	Dr.	Misiak, Wieslawa	Asesor	wieslawa.misiak@acap.aq
ACAP	Sr.	Papworth, Warren	Jefe de delegación	warren.papworth@acap.aq
ASOC	Sr.	Barnes, James	Jefe de delegación	james.barnes@asoc.org
ASOC	Sra.	Barrett, Jill	Asesora	j.barrett@bilcl.org
ASOC	Sr.	Campbell, Steve	Asesor	steve@antarcticocean.org
ASOC	Sra.	Christian, Claire	Asesora	Claire.Christian@asoc.org
ASOC	Sr.	Harte, Michael	Asesor	MHarte@wwf.org.au
ASOC	Sr.	Keey, Geoff	Asesor	geoff.keey@gmail.com
ASOC	Sr.	Kennedy, Michael	Asesor	michael@hsi.org.au
ASOC	Sr.	Nicoll, Rob	Asesor	rnicoll@wwf.org.au
ASOC	Dr.	Roura, Ricardo	Representante del CPA	ricardo.roura@worldonline.nl
ASOC	Sra.	Smith, Elyse	Asesora	elysedav@aol.com
ASOC	Dr.	Tin, Tina	Asesor	tinatintk@gmail.com
ASOC	Sr.	Werner Kinkelin, Rodolfo	Asesor	rodolfo.antarctica@gmail.com
IAATO	Dr.	Crosbie, Kim	Jefe de delegación	kimcrosbie@iaato.org
IAATO	Sra.	Hohn-Bowen, Ute	Delegada	ute@antarpply.com
IAATO	Sra.	Holgate, Claudia	Delegada	cholgate@iaato.org
IAATO	Sr.	Ledingham, Rod	Asesor	rod.ledingham@bigpond.com
IAATO	Sr.	Rootes, David	Delegado	david.rootes@antarctic-logistics.com
IAATO	Sra.	Schillat, Monika	Delegado	Monika@antarpply.com
IAATO	Sr.	Wellmeier, Steve	Suplente	swellmeier@iaato.org
OHI	Capitán	Gorziglia, Hugo	Jefe de delegación	hgorziglia@ihb.mc
OMM	Sr.	Ondras, Miroslav	Jefe de delegación	mondras@wmo.int
OMM	Sr.	Pendlebury, Steve	Delegado	s.pendlebury@bom.gov.au
PNUMA	Sr.	Johnston, Sam	Asesor	johnston@ias.unu.edu

Participantes: Secretarías

Parte	Tratamiento	Contacto	Función	Dirección de correo electrónico
Secretaría del País Anfitrión	Sra.	Bartley, Rhonda	Personal	rhonda.bartley@aad.gov.au
Secretaría del País Anfitrión	Sra.	Bourke, Deborah	Personal	deborah.bourke@aad.gov.au
Secretaría del País Anfitrión	Sra.	Chapman, Fiona	Personal	Fiona.Chapman@development.tas.gov.au
Secretaría del País Anfitrión	Sra.	Chin, Mey	Personal	Mey.Chin@development.tas.gov.au
Secretaría del País Anfitrión	Sra.	Coad, Lizzy	Personal	lizzy.coad@aad.gov.au
Secretaría del País Anfitrión	Sr.	Cooper, Jamie	Personal	Jamie.Cooper@dfat.gov.au

Participantes: Secretarías				
Parte	Tratamiento	Contacto	Función	Dirección de correo electrónico
Secretaría del País Anfitrión	Sr.	Cullen, Paul	Personal	Cullen254@hotmail.com
Secretaría del País Anfitrión	Sr.	Davis, Bob	Personal	bob.davis@dfat.gov.au
Secretaría del País Anfitrión	Sra.	Eldershaw, Jane	Personal	Jane.Eldershaw@development.tas.gov.au
Secretaría del País Anfitrión	Sra.	Erceg, Diane	Personal	dzerceg@gmail.com
Secretaría del País Anfitrión	Sra.	Forman, Catherine	Personal	Catherine.Forman@development.tas.gov.au
Secretaría del País Anfitrión	Sra.	Foster, Phillipa	Personal	Phillipa.Foster@tmag.tas.gov.au
Secretaría del País Anfitrión	Sra.	Goldworthy, Lyn	Personal	lyn.goldsworthy@ozemail.com.au
Secretaría del País Anfitrión	Sr.	Gonzalez Vaillant, Joaquín	Personal	joacogv@hotmail.com
Secretaría del País Anfitrión	Sra.	Hamilton, Katie	Personal	Katie.hamilton@dfat.gov.au
Secretaría del País Anfitrión	Sr.	Hanson, Paul	Personal	paul.hanson@aad.gov.au
Secretaría del País Anfitrión	Sra.	Hwang, Eugenie	Personal	Eugenie.hwang@dfat.gov.au
Secretaría del País Anfitrión	Sra.	Idiens, Melissa	Personal	melissa.idiens@canterbury.ac.nz
Secretaría del País Anfitrión	Sr.	Jackson, Andrew	Secretario Ejecutivo del País Anfitrión	andrew.jackson@aad.gov.au
Secretaría del País Anfitrión	Sra.	Jacobs, Linda	Personal	linda.jacobs@aad.gov.au
Secretaría del País Anfitrión	Sra.	Johnson, Constance	Personal	constancemgj2003@yahoo.com.au
Secretaría del País Anfitrión	Sra.	Leaney, Tara	Personal	tara.leaney@dfat.gov.au
Secretaría del País Anfitrión	Sra.	Leeson, Karin	Personal	Karin.Leeson@development.tas.gov.au
Secretaría del País Anfitrión	Sra.	Lloyd, Megan	Personal	megan.lloyd@aad.gov.au
Secretaría del País Anfitrión	Sra.	Lovell, Georgia	Personal	Georgia.Lovell@dfat.gov.au
Secretaría del País Anfitrión	Sra.	Malcolm, Rebecca	Personal	Rebecca.malcolm@aad.gov.au
Secretaría del País Anfitrión	Sra.	Marshall, Rebecca	Personal	Rebecca.marshall@dfat.gov.au
Secretaría del País Anfitrión	Sr.	Moles, Nick	Personal	Nick.Moles@tourism.tas.gov.au
Secretaría del País Anfitrión	Sra.	Pike, Melanie	Personal	Melanie.pike@aad.gov.au
Secretaría del País Anfitrión	Sr.	Powell, Stephen	Personal	stephen.powell@environment.gov.au
Secretaría del País Anfitrión	Sra.	Raw, Kristin	Personal	kristin.raw@aad.gov.au
Secretaría del País Anfitrión	Srta.	Sulikowski, Chavelli	Personal	chavelli.sulikowski@utas.edu.au
Secretaría del País Anfitrión	Sra.	Swift, Isabella	Personal	Isabella.swift@dfat.gov.au
Secretaría del País Anfitrión	Sra.	Tisdall, Amy	Personal	Amy.tisdall@dfat.gov.au
Secretaría del País Anfitrión	Sra.	Wallace, Heather	Personal	Heather.wallace@environment.gov.au
Secretaría del País Anfitrión	Sra.	Woolnough, Mary	Personal	Mary.Woolnough@development.tas.gov.au
Secretaría del País Anfitrión		x, x	Personal	xxx@xxx.xxx
Secretaría del País Anfitrión	y	y, y	Personal	yyy@yyy.yyy
STA	Sr.	Acero, José María	Personal	tito.acero@antarctictreaty.org
STA	Sr.	Agraz, José Luis	Personal	pepe.agraz@antarctictreaty.org
STA	Sra.	Balok, Anna	Personal	anna.balok@antarctictreaty.org
STA	Sr.	Davies, Paul	Personal	littlewest2@googlemail.com
STA	Sra.	Guretskaya, Anastasia	Personal	a.guretskaya@googlemail.com
STA	Dr.	Reinke, Friederike	Personal	friederike.reinke@uni-bremen.de
STA	Dr.	Reinke, Manfred	Jefe de delegación	manfred.reinke@antarctictreaty.org
STA	Sr.	Wainschenker, Pablo	Personal	pablo.wainschenker@antarctictreaty.org
STA	Sr.	Walton, David W H	Personal	dwhw@bas.ac.uk
STA	Sr.	Wydler, Diego	Personal	diego.wydler@antarctictreaty.org
Traducción e Interpretación.	Sra.	Alal, Cecilia	Personal	conference@oncallinterpreters.com
Traducción e Interpretación.	Sr.	Aroustian, Aramais	Personal	conference@oncallinterpreters.com
Traducción e Interpretación.	Sr.	Avella, Alex	Personal	conference@oncallinterpreters.com
Traducción e Interpretación.	Sra.	Avila, Patricia	Personal	conference@oncallinterpreters.com
Traducción e Interpretación.	Sra.	Barua, Lucy	Personal	conference@oncallinterpreters.com
Traducción e Interpretación.	Sra.	Blundo-Grimison, Rosemary	Personal	conference@oncallinterpreters.com
Traducción e Interpretación.	Sra.	Boury, Marjorie	Personal	conference@oncallinterpreters.com
Traducción e Interpretación.	Sra.	Christopher, Vera	Personal	conference@oncallinterpreters.com
Traducción e Interpretación.	Sra.	Coussaert, Joelle	Personal	conference@oncallinterpreters.com
Traducción e Interpretación.	Sr.	Giglio, Daniel	Personal	conference@oncallinterpreters.com
Traducción e Interpretación.	Sr.	Hulusi, Hulus	Personal	conference@oncallinterpreters.com
Traducción e Interpretación.	Sr.	ISTAenko, Viktor	Personal	conference@oncallinterpreters.com

Participantes: Secretarías				
Parte	Tratamiento	Contacto	Función	Dirección de correo electrónico
Traducción e Interpretación.	Sr.	Ivacheff, Alexey	Personal	conference@oncallinterpreters.com
Traducción e Interpretación.	Sra.	Kasimova, Zouchra-Katerina	Personal	conference@oncallinterpreters.com
Traducción e Interpretación.	Sra.	Lacey, Roslyn	Personal	conference@oncallinterpreters.com
Traducción e Interpretación.	Sra.	Lieve, Marisol	Personal	conference@oncallinterpreters.com
Traducción e Interpretación.	Sra.	Lira, Isabel	Personal	conference@oncallinterpreters.com
Traducción e Interpretación.	Sra.	McGrath, Peps	Personal	peps.mcgrath@oncallinterpreters.com
Traducción e Interpretación.	Sr.	Merlot, Christian	Personal	conference@oncallinterpreters.com
Traducción e Interpretación.	Sra.	Mullova, Ludmila	Personal	conference@oncallinterpreters.com
Traducción e Interpretación.	Sr.	Orlando, Marc	Personal	conference@oncallinterpreters.com
Traducción e Interpretación.	Sra.	Poblete, Verónica	Personal	conference@oncallinterpreters.com
Traducción e Interpretación.	Sra.	Radetskaya, Maria	Personal	conference@oncallinterpreters.com
Traducción e Interpretación.	Sr.	Tanguy, Philippe	Personal	conference@oncallinterpreters.com
Traducción e Interpretación.	Dr.	Watt, Emy	Personal	conference@oncallinterpreters.com
Traducción e Interpretación.	Sr.	Yeo, Anson	Personal	conference@oncallinterpreters.com

www.ingramcontent.com/pod-product-compliance
Lightning Source LLC
Chambersburg PA
CBHW080719220326
41520CB00056B/7144